D1726946

Studien zum Internationalen Wirtschaftsrecht/
Studies on International Economic Law

Herausgegeben von
Prof. Dr. Marc Bungenberg, LL.M., Universität des Saarlandes
Prof. Dr. Christoph Herrmann, LL.M., Universität Passau
Prof. Dr. Markus Krajewski, Friedrich-Alexander-Universität
Erlangen-Nürnberg
Prof. Dr. Carsten Nowak, Europa Universität Viadrina,
Frankfurt/Oder
Prof. Dr. Jörg Philipp Terhechte,
Leuphana Universität Lüneburg
Prof. Dr. Wolfgang Weiß, Deutsche Universität
für Verwaltungswissenschaften, Speyer

Band 31

Sören Gerhard Räthling

Die Kartellrechtsregelungen in den Freihandelsabkommen der Europäischen Union

Eine Analyse im Kontext der Internationalisierung des Kartellrechts

Nomos

Onlineversion
Nomos eLibrary

Die Deutsche Nationalbibliothek verzeichnet diese Publikation in
der Deutschen Nationalbibliografie; detaillierte bibliografische
Daten sind im Internet über http://dnb.d-nb.de abrufbar.

Zugl.: Passau, Univ., Diss., 2020

ISBN 978-3-8487-7920-8 (Print)
ISBN 978-3-7489-2308-4 (ePDF)

1. Auflage 2021
© Nomos Verlagsgesellschaft, Baden-Baden 2021. Gesamtverantwortung für Druck
und Herstellung bei der Nomos Verlagsgesellschaft mbH & Co. KG. Alle Rechte, auch
die des Nachdrucks von Auszügen, der fotomechanischen Wiedergabe und der Übersetzung, vorbehalten. Gedruckt auf alterungsbeständigem Papier.

Vorwort

Die vorliegende Arbeit wurde im Juli 2020 von der Juristischen Fakultät der Universität Passau als Dissertation angenommen. Die Disputation fand am 25. August 2020 statt.

Mein erster ganz herzlicher Dank gilt meinem Doktorvater, Herrn Prof. Dr. Christoph Herrmann, LL.M. European Law (London). Diesen Dank spreche ich nicht nur für die Begleitung der vorliegenden Arbeit aus, sondern auch für die akademische Unterstützung während der letzten rund zehn Jahre. Im Rahmen der Begleitung meines Promotionsvorhabens hat er es optimal verstanden, mir sowohl genug Freiraum zur eigenen Entfaltung zu lassen als auch wertvolle Unterstützung zu geben. Neben äußerst hilfreichen Diskussionen und Denkanstößen möchte ich hierbei insbesondere die Einladung zu einer Fachtagung in Brüssel und die Organisation eines Doktorandenseminars nennen.

Mein Dank gebührt zudem Herrn Prof. Dr. Michael Beurskens, LL.M. (University of Chicago), LL.M. (Gew. Rechtsschutz), für die zügige Erstellung des Zweitgutachtens.

Ebenfalls danken möchte ich Herrn Prof. Dr. Hans-Georg Dederer für die angenehme Leitung der Disputation.

Den Mitherausgebern der „Studien zum Internationalen Wirtschaftsrecht / Studies on International Economic Law" danke ich für die Aufnahme in die Schriftenreihe.

Daneben gilt mein ausdrücklicher Dank Herrn Dr. Christian Hütt für die sehr angenehme gemeinsame Zeit in der Bibliothek des Max-Planck-Instituts für ausländisches und internationales Privatrecht in Hamburg und die dabei erfolgten kartellrechtlichen Diskussionen.

Gleichfalls danken möchte ich Herrn Jan Sager für den Austausch zu volkswirtschaftlichen Inhalten.

Besonders bedanken möchte ich mich bei Frau Paulina Pużuk. Sie hat sich nicht nur viel Zeit genommen für Gespräche über die Arbeit, sondern auch stetig moralische Unterstützung geleistet und damit maßgeblich zum erfolgreichen Abschluss meines Promotionsvorhabens beigetragen.

Mein größter Dank gilt meiner Mutter Kirsten Räthling, ohne die diese Arbeit nicht denkbar gewesen wäre. Sie hat durch die frühzeitige Förderung meiner Bildung dafür gesorgt, dass der Grundstein für diese Arbeit gelegt wurde. Während des Promotionsvorhabens hat sie unermüdlich den Gedankenaustausch gesucht und dabei wichtige Anregungen für diese Arbeit geliefert.

Sören Räthling   Hamburg, im Oktober 2020

Inhaltsverzeichnis

Kapitel 1: Einführung

A. *Einleitung und Relevanz der Thematik*

Wettbewerbsbeschränkende Verhaltensweisen mit grenzüberschreitendem Charakter beschäftigen die Weltgemeinschaft schon seit rund einem Jahrhundert.[1] Ein neuerer Ansatz, der auch von der Europäischen Union (EU) verfolgt wird, ist es, diesen wettbewerbsbeschränkenden Verhaltensweisen und den mit ihnen im Zusammenhang stehenden Problemen mit Kartellrechtsregelungen[2] in Freihandelsabkommen zu begegnen. Diese Regelungen bilden den Gegenstand der vorliegenden Arbeit. Hierbei wird auch geklärt, ob die Befürchtung der „Deformierung des wettbewerbsrechtlichen Kulturguts in Europa" durch die Wettbewerbsregelungen in den Freihandelsabkommen eingetreten ist.[3]

Die Relevanz dieser Arbeit zeigt sich unter anderem an der Aktualität des Themas. Im Jahr 2017 trat CETA in Kraft, 2019 traten die Freihandelsabkommen der EU mit Japan und Singapur in Kraft und im August 2020 trat das Freihandelsabkommen der EU mit Vietnam in Kraft. Zahlreiche weitere Verhandlungen sind noch im Gange.[4] All diese Freihandelsabkommen enthalten oder sollen Kartellrechtsregelungen enthalten. Weiterhin ergibt sich die Relevanz daraus, dass die EU-Kommission den Kartellrechtsregelungen in ihren Freihandelsabkommen „große Bedeutung" beimisst.[5]

---

1 Diskussionen über die Frage, wie mit internationalen Kartellen umgegangen werden soll, fanden schon 1927 im Rahmen der Genfer Weltwirtschaftskonferenz statt, auf der jedoch nicht einmal ein minimaler Konsens erzielt werden konnte; siehe hierzu *Nörr/Waibel*, in: FS Oppermann, S. 346 (348).

2 Die Begriffe „Kartellrecht/Wettbewerbsrecht" sowie damit zusammenhängende Begriffe wie „Wettbewerbsbehörde/Kartellbehörde" u. ä. werden in der vorliegenden Arbeit synonym verwendet.

3 So bezüglich des Beginns der Verhandlungen über ein Freihandelsabkommen der EU mit den USA, *Kapp*, WUW 2013, 331.

4 Vgl. unten Kapitel 4. A. V. 2.

5 Bezogen auf die Verhandlungen über Freihandelsabkommen mit Armenien, Mexiko, Indonesien, Philippinen, dem Mercosur und Japan, siehe beispielsweise EU-Kommission, Bericht über die Wettbewerbspolitik 2016, 25, hier heißt es: „[...] maß die Kommission der Einbeziehung der Wettbewerbs- und Beihilfevorschriften große Bedeutung zu".

B. *Begriffsklärung Freihandelsabkommen*

Freihandelsabkommen sind völkerrechtliche Verträge zur Bildung einer Freihandelszone. Freihandelszonen sind zusammen mit Präferenzabkommen und Zollunionen Unterkategorien von regionalen Handelsabkommen.[6] Regionale Handelsabkommen wiederum sind Verträge zwischen zwei oder mehr Staaten, in denen diese sich für ihre gegenseitigen Handelsbeziehungen günstigere Bedingungen einräumen als für Nichtvertragsstaaten.[7] Präferenzzonen, Freihandelszonen und Zollunionen unterscheiden sich durch den Grad ihrer wirtschaftlichen Integration.[8] Präferenzzonen behandeln regelmäßig nur produkt- oder sektorenspezifische günstigere Marktzugangsbedingungen.[9] Im Gegensatz hierzu verpflichten sich die Vertragsparteien einer Freihandelszone dazu, Zölle und sonstige Handelsbeschränkungen im Innenverhältnis „[...] für annähernd den gesamten Handel mit den aus den teilnehmenden Gebieten der Zone stammenden Waren [...]" zu beseitigen.[10] Sie behalten aber, anders als in einer Zollunion[11], das Recht, in Bezug auf Drittstaaten autonom über ihre Handelspolitik zu bestimmen.[12]

---

6 So bezeichnet z. B. in Art. XXIV GATT (zum GATT vgl. unten Kapitel 3. B. II. 1.); diese Terminologie ist jedoch keinesfalls einheitlich, es wird als übergeordnete Kategorie auch der Begriff „Regionale Integrationsabkommen" (*regional integration agreements*) verwendet, siehe beispielsweise *Herrmann/Würdemann*, in: Felbermayr/Göler/Herrmann/Kalina, Multilateralismus und Regionalismus in der EU-Handelspolitik, S. 33 (38); ein weiterer Begriff, der verwendet wird, ist präferenzielle Handelsabkommen (*preferential trade agreement*), da solche Abkommen mittlerweile immer häufiger zwischen Staaten abgeschlossen werden, die gerade nicht in derselben Region liegen, siehe u. a. *Bhagwati*, Termites in the Trading System, S. XI, Fn. 1; *Trebilcock/Howse/Eliason*, The Regulation of International Trade, S. 83, die diesen Begriff sogar als vorherrschend in der Literatur bezeichnen; siehe zu der unterschiedlichen Terminologie auch *Herrmann/Weiß/Ohler*, Welthandelsrecht, S. 266.

7 *Baetge*, Globalisierung des Wettbewerbsrechts, S. 399 f.

8 *Goode*, Dictionary of Trade Policy Terms, S. 292 f.

9 *Herrmann/Würdemann*, in: Felbermayr/Göler/Herrmann/Kalina, Multilateralismus und Regionalismus in der EU-Handelspolitik, S. 33 (38); siehe auch *Herrmann/Ohler/Weiß*, Welthandelsrecht, S. 270, die darauf hinweisen, dass diese nach dem WTO-Recht verboten sind.

10 Siehe Art. XXIV:8 b) GATT.

11 Definiert durch Art. XXIV:8 a) GATT.

12 *Herrmann/Weiß/Ohler*, Welthandelsrecht, S. 265; eine noch tiefere Integration sind der Gemeinsame Markt und die Wirtschafts- und Währungsunion, siehe *Herrmann/Würdemann*, in: Felbermayr/Göler/Herrmann/Kalina, Multilateralismus und Regionalismus in der EU-Handelspolitik, S. 33 (40 f.).

Der Begriff „Freihandelsabkommen" wurde als juristischer Fachbegriff erstmals während der Planung über die Internationale Handelsorganisation benutzt.[13] Seitdem ist er immer gebräuchlicher geworden. Der Begriff „Freihandelsabkommen" ist nicht unumstritten. Es wird teilweise vertreten, dass der Begriff „Präferenzabkommen" passender sei. Dies wird damit begründet, dass die Abkommen keinen freien Handel im Allgemeinen fördern, sondern präferenziell seien, das heißt gegenüber Drittstaaten diskriminierend wirken.[14] Trotz dieser Kritik hat sich der Begriff „Freihandelsabkommen" sowohl in der juristischen Literatur als auch in der Praxis durchgesetzt.

C. Gegenstand der Arbeit

I. Forschungsfrage und Interdisziplinarität

Die Forschungsfrage der vorliegenden Arbeit lautet: Wie sind die Kartellrechtsregelungen in den Kartellrechtskapiteln der Freihandelsabkommen der EU mit Ecuador/Kolumbien/Peru, Japan, Kanada, Singapur, Südkorea, Vietnam und Zentralamerika zu bewerten?

Die Kartellrechtsregelungen in den Freihandelsabkommen haben einen wirtschaftlichen, rechtlichen und politischen Hintergrund. Die Arbeit ist damit interdisziplinär angelegt und verbindet Elemente der Internationalen Beziehungen, der Ökonomie und des Rechts, wobei der eindeutige Schwerpunkt auf Letzterem liegt.[15]

II. Eingrenzung des Untersuchungsgegenstands

1. Beschränkung auf ausgewählte Abkommen

Die EU hat über einhundert Handelsabkommen abgeschlossen oder befindet sich in entsprechenden Verhandlungen.[16] Eine Vielzahl davon beinhal-

---

13 *Mathis*, Regional Trade Agreements in the GATT/WTO, S. 42 f.
14 *Panagariya*, World Economy 1999, 477 (478).
15 Ähnlich auch *Demedts*, The long-term potential of an interim-solution, S. 7; *Papadopoulos*, The International Dimension of EU Competition Law and Policy, S. 6.
16 Stand 5.7.2018, siehe Website des Europäischen Parlaments (http://www.europar l.europa.eu/news/en/headlines/economy/20180703STO07132/the-eu-s-position-in -world-trade-in-figures-infographic), zuletzt besucht am 5.2.2019.

tet zumindest eine Freihandelskomponente und auch Vereinbarungen zum Kartellrecht. Schon aufgrund dieser Anzahl muss die vorliegende Arbeit eine Schwerpunktsetzung bezüglich des Untersuchungsgegenstandes vornehmen.

Die Freihandelsabkommen der EU lassen sich in drei grobe Kategorien unterteilen: 1. Abkommen mit (möglichen) EU-Beitrittskandidaten, 2. Abkommen mit Staaten des südlichen Mittelmeerraums und der ehemaligen Sowjetunion, 3. Abkommen mit anderen ausgewählten Staaten rund um den Globus.[17] Bei der letzten Kategorie sind wiederum Wirtschaftspartnerschaftsabkommen von sonstigen Abkommen zu unterscheiden. Daneben gibt es noch Sonderfälle wie den Europäischen Wirtschaftsraum (EWR) und die Vereinbarungen mit der Schweiz.[18]

Diese grobe Einteilung ergibt sich aus den speziellen EU-Programmen, innerhalb derer sie abgeschlossen werden, und der geographischen Lage der Vertragspartner sowie den hiermit verbundenen unterschiedlichen Interessenlagen, die hinter dem Abschluss der Abkommen im Allgemeinen und der Kartellrechtsregelungen im Speziellen stehen.[19]

Die Abkommen der dritten Kategorie lassen sich in die Abkommen der „ersten Generation" vor der Mitteilung „Ein wettbewerbsfähiges Europa in einer globalen Welt" von 2006 und Abkommen der „neuen Generation", die nach dieser Mitteilung abgeschlossen wurden, einteilen.[20] Die Abkommen der „ersten Generation" sind die Abkommen mit Chile, Mexiko und Südafrika.[21] Die Abkommen der „neuen Generation" sind die Abkommen

---

17 *Bourgeois*, in: FS Maresceau, S. 381 (384 f.); *Papadopoulos*, The International Dimension of EU Competition Law and Policy, S. 97; *Demedts*, The long-term potential of an interim-solution, S. 320 f.; *Melo Araujo*, The EU Deep Trade Agenda, S. 191; ähnlich auch *Wagner-von Papp*, in: Bungenberg/Krajewski/Tams/Terhechte/Ziegler, EYIEL 2017, S. 301 (327 f).

18 Diese werden im Rahmen dieser Arbeit nicht näher betrachtet; siehe ausführlich zu den Kartellrechtsregeln im EWR-Abkommen *Bourgeois*, in: FS Norberg, S. 125; siehe zum bilateralen Kartellrecht mit der Schweiz *Tobler*, ZSR 2013, 3.

19 Zu den Interessenlagen der Abkommen der anderen Kategorien vgl. unten Kapitel 4. B. II. 5.

20 EU-Kommission, Bericht über die Umsetzung von Freihandelsabkommen, 1. Januar 2017 – 31. Dezember 2017, COM(2018) 728 final., 1. Vgl. zu dieser Mitteilung und der Entwicklung der EU-Handelsstrategie unten Kapitel 2. A. II.

21 Dass diese Kategorisierung nicht ganz eindeutig ist, zeigt, dass beispielsweise *Cremona* auch die Abkommen mit Chile und Mexiko in die Kategorie der Wirtschaftspartnerschaftsabkommen einordnen möchte, obwohl sie anerkennt, dass die Hauptmotivation und der Hauptfokus der Abkommen nicht auf entwicklungspolitischen Zielen liegen; siehe *Cremona*, in: Herrmann/Terhechte, EYIEL 2010, S. 245 (259 ff.); aufgrund dieser stärkeren Fokussierung auf wirtschaftliche

der EU mit Ecuador/Kolumbien/Peru, Japan, Kanada, Singapur, Südkorea, Vietnam und Zentralamerika.

Der Schwerpunkt dieser Arbeit liegt auf den Abkommen der „neuen Generation" mit anderen ausgewählten Staaten rund um den Globus. Die anderen Abkommen werden lediglich im Rahmen eines Vergleichs dargestellt. Die Fokussierung auf diese Abkommen erfolgt, weil die Freihandelsabkommen, wie der Untertitel dieser Arbeit besagt, „[...] im Kontext der Internationalisierung des Kartellrechts" analysiert werden sollen. Abkommen mit (möglichen) EU-Beitrittskandidaten, mit Staaten des südlichen Mittelmeerraums und der ehemaligen Sowjetunion sowie Wirtschaftspartnerschaftsabkommen sind hingegen auf speziell eingrenzbare Vertragspartner beschränkt. Sie sind somit nur ein kleinerer Teil der Lösung der Probleme, die sich aus der Internationalisierung des Wettbewerbsrechts ergeben. Die hier besprochenen Freihandelsabkommen werden außerhalb von speziellen Programmen abgeschlossen und können prinzipiell mit allen Staaten der Erde geschlossen werden.

Der Schwerpunkt dieser Arbeit auf die Abkommen der „neuen Generation", innerhalb der Kategorie der Abkommen mit ausgewählten weiter entfernten Staaten außerhalb eines speziellen Programms, rechtfertigt sich aufgrund der Aktualität dieser Abkommen.

2. Beschränkung auf Kartellrechtsregelungen in den Wettbewerbskapiteln

Diese Arbeit beschränkt sich auf die Untersuchung der Kartellrechtsregelungen in den Wettbewerbskapiteln der Freihandelsabkommen. Regelungen außerhalb der Kartellrechtskapitel werden nicht behandelt. Dies gilt zunächst für Regelungen in sektorspezifischen Kapiteln und bereichsübergreifende Verpflichtungen. Bereichsübergreifende Verpflichtungen, wie das allgemeine Diskriminierungsverbot, die Verfahrensgerechtigkeit und

---

Aspekte werden die Abkommen in dieser Arbeit der dritten Kategorie zugeordnet; für eine Einordnung mit einer stärkeren wirtschaftspolitischen Komponente vgl. auch *Keim*, TRIPS-plus Patentschutzklauseln in bilateralen Freihandelsabkommen der EU, S. 40 (Fn. 125); sowie *Brown/Record*, in: Lester/Mercurio/Bartels, Bilateral and Regional Trade Agreements, S. 39 (42); *Woolcock*, ELJ 2014, 718 (719), für Mexiko mit dem Argument, dass die wirtschaftliche Motivation daran zu erkennen sei, dass das Abkommen kurz nach dem Abschluss des NAFTA abgeschlossen wurde und daher bezweckte, einen Wettbewerbsnachteil der EU gegenüber den US-Exporteuren zu vermeiden.

die Transparenz, können zwar auch das Kartellrecht betreffen,[22] sie werden aber nicht in dieser Arbeit dargestellt, da ansonsten der Begriff von Kartellrechtsregelungen so weit ausgedehnt werden würde, dass er seinen analytischen Nutzen verlöre.[23] Die sektorspezifischen kartellrechtsrelevanten Regelungen sind wichtig,[24] jedoch ist im Rahmen dieser Arbeit die Forschungsfrage auf die Kartellrechtskapitel beschränkt.[25] Der Grund hierfür ist, dass für eine umfassende Analyse dieser Regelungen die Motivation und die unterschiedlichen Interessenlagen in den verschiedenen Sektoren beschrieben werden müssten. Dies würde den Rahmen dieser Arbeit überschreiten und wird daher nachfolgenden Arbeiten vorbehalten.

Ebenfalls nicht behandelt werden Bestimmungen, die eng mit der Wettbewerbspolitik verflochten sind und sich somit teilweise auch in den Wettbewerbskapiteln befinden, aber keine originären Kartellrechtsregelungen sind. Dies betrifft insbesondere Regelungen über staatliche Beihilfen, Subventionen und öffentliche Unternehmen, Unternehmen mit besonderen oder ausschließlichen Rechten oder Vorrechten und staatliche Monopole.[26] Lediglich die Anwendbarkeit des Kartellrechts auf öffentliche Unternehmen wird behandelt, da dies eine originäre Frage des Kartellrechts ist.

D. Verortung im wissenschaftlichen Diskurs

Es gibt eine Reihe von Untersuchungen zu Wettbewerbsregelungen, die keine Eingrenzung auf die EU als Vertragspartner vornehmen, sondern

---

22 *Anderson/Müller*, in: Cottier/Nadakavukaren Schefer, Elgar Encyclopedia of International Economic Law, S. 487 (488).

23 Vgl. *Bradford/Büthe*, in: Dür/Elsig, Trade Cooperation, S. 246 (255); zustimmend *Laprévote/Frisch/Can*, E15 Expert Group on Competition Policy and the Trade System – Think Piece – Competition Policy within the context of Free Trade Agreements, S. 1.

24 *Anderson/Müller*, in: Cottier/Nadakavukaren Schefer, Elgar Encyclopedia of International Economic Law, S. 487 (487 f.).

25 So auch *Solano/Sennenkamp*, OECD Trade Policy Papers 2006, 1; Kritik hieran *Teh, in:* Estevadeordal/Suominen/Teh, Regional Rules in the Global Trading System, S. 418; der Kritik folgend *Laprévote/Frisch/Can*, E15 Expert Group on Competition Policy and the Trade System – Think Piece – Competition Policy within the context of Free Trade Agreements, S. 1.

26 Anders beispielsweise *Laprévote/Frisch/Can*, E15 Expert Group on Competition Policy and the Trade System – Think Piece – Competition Policy within the context of Free Trade Agreements, S. 1, welche diese Bestimmungen in ihre Arbeit miteinbeziehen.

die Regelungen in den Freihandelsabkommen insgesamt betrachten.[27] Aufgrund der jeweiligen Breite des Untersuchungsgegenstandes handelt es sich hierbei bezüglich der EU-Abkommen nicht um detaillierte Analysen.

Es existieren darüber hinaus Arbeiten, welche sich ausschließlich oder im Schwerpunkt mit den Kartellrechtsregelungen in den Freihandelsabkommen der EU beschäftigen. *Bourgeois* behandelt ausschließlich Kartellrechtsregelungen in den EU-Abkommen, konzentriert sich dabei aber hauptsächlich auf die Regelungen zum Streitbeilegungsmechanismus.[28] *Stancke*s Analyse zu kartellrechtlichen Regelungen in den EU-Freihandelsabkommen bezieht sich auf alle kartellrechtlichen Regelungen, ist aber begrenzt auf einzelne Freihandelsabkommen und gibt keinen Gesamtüberblick.[29] Gleiches gilt für die Analyse von *Baier*.[30] *Melo Araujos* Analyse der Kartellrechtsregelungen in den EU-Freihandelsabkommen aus dem Jahr 2016 ist weder auf bestimmte Regelungen noch auf bestimmte Abkommen beschränkt.[31] Die Arbeit hat allerdings einen breiten Untersuchungsgegenstand. Sie beinhaltet alle Bereiche, die in den neuen „weitreichenden und umfassenden" Handelsabkommen der EU behandelt werden. Aus diesem Grund bleibt die Analyse, bezogen auf die kartellrechtlichen Regelungen, oberflächlicher als die in der vorliegenden Arbeit. Ähnliches gilt für die Arbeit von *Papadopoulos*, der mit einer breiteren Perspektive internationale Vereinbarungen untersucht, die den Wettbewerbsbestimmungen gewidmet sind oder diese beinhalten. Hierzu geht er auch auf die Kartellrechtsregelungen in den bis 2010 abgeschlossenen Freihandelsabkommen der EU ein.[32]

Zwei Arbeiten aus dem Jahr 2017 sind der vorliegenden Arbeit am ähnlichsten. *Wagner-von Papp* stellt die Kartellrechtsregelungen in den Freihandelsabkommen im breiten Kontext des Verhältnisses von Handels-

---

27 Bspw. *Laprévote/Frisch/Can*, E15 Expert Group on Competition Policy and the Trade System – Think Piece – Competition Policy within the context of Free Trade Agreements; *Bradford/Büthe*, in: Dür/Elsig, Trade Cooperation, S. 246; *Solano/Sennenkamp*, OECD Trade Policy Papers 2006; *Teh, in:* Estevadeordal/Suominen/Teh, Regional Rules in the Global Trading System, S. 418; *Tschaeni/Engammare*, in: Herrmann/Krajewski/Terhechte, EYIEL 2013, S. 39; *Bourgeois/Dawar/Evenett*, A Comparative Analysis of Selected Provisions in Free Trade Agreement, die auf S. 190 f. weitere Analysen hierzu auflisten.

28 *Bourgeois*, in: FS Maresceau, S. 381.

29 Vgl. *Stancke*, EuZW 2016, 567, der nur CETA und TTIP behandelt.

30 *Baier*, ÖZK 2012, 174 beschränkt sich auf das Abkommen der EU mit Südkorea.

31 *Melo Araujos*, The EU Deep Trade Agenda, S. 197 ff.

32 *Papadopoulos*, The International Dimension of EU Competition Law and Policy, S. 93 ff.

und Wettbewerbsrecht sowie den Problemen der Internationalisierung dar. Er geht darüber hinaus auch auf die Kooperationsabkommen ein.[33] Die Arbeit vergleicht die Regelungen der verschiedenen Kategorien von Abkommen miteinander. Die Analyse der Regelungen bleibt dagegen hauptsächlich auf den Gedanken beschränkt, dass ein Netz von Kartellrechtsregelungen durch Freihandelsabkommen entstehen kann.[34] *Demedts* nimmt neben einem Vergleich auch eine umfassende Analyse der Relevanz der Kartellrechtsregelungen vor.[35] Der Schwerpunkt liegt jedoch auf den Kooperationsabkommen der Wettbewerbsbehörden. Hierdurch spielen die Kartellrechtsregelungen in den Freihandelsabkommen der EU nur eine untergeordnete Rolle in der Arbeit von *Demedts*.

Eine umfassende Darstellung der kartellrechtlichen Regelungen in den Freihandelsabkommen der EU liegt somit noch nicht vor. Insbesondere enthält keine der genannten Arbeiten einen umfassenden Vorschlag zur Optimierung der Kartellrechtsregelungen in den Freihandelsabkommen. Des Weiteren behandelt die vorliegende Arbeit mit den Abkommen der EU mit Japan und Vietnam zwei Abkommen, die aufgrund ihrer Aktualität in keiner der zuvor genannten Arbeiten berücksichtigt sind. Die vorliegende Arbeit schließt daher eine Lücke im wissenschaftlichen Diskurs, indem sie umfassend die Kartellrechtsregelungen in den EU-Freihandelsabkommen miteinander vergleicht, eine detaillierte Analyse der Abkommen der EU mit Ecuador/Kolumbien/Peru, Japan, Kanada, Singapur, Südkorea, Vietnam und Zentralamerika vornimmt sowie einen Vorschlag zu deren Optimierung unterbreitet.

E. Gang der Arbeit

Die Forschungsfrage wird in vier Schritten angegangen. Zur Darstellung der Grundlagen werden die Kartellrechtsregelungen in den EU-Freihandelsabkommen im Umfeld einer immer stärker globalisierten Welt betrachtet und das Verhältnis zwischen Handels- und Wettbewerbsrecht respektive Handels- und Wettbewerbspolitik beschrieben (Kapitel 2). Anschließend werden andere Formen des Umgangs mit der Internationalisierung des Kartellrechts analysiert, um den Kontext, in dem sich die Kartell-

---

33 *Wagner-von Papp*, in: Bungenberg/Krajewski/Tams/Terhechte/Ziegler, EYIEL 2017, S. 301.

34 Vgl. hierzu unten Kapitel 4. C. II. 4.

35 *Demedts*, The long-term potential of an interim-solution.

rechtsregelungen in den Freihandelsabkommen befinden, zu betrachten (Kapitel 3). Hierauf folgt eine Analyse der einzelnen Kartellrechtsregelungen in den Wettbewerbskapiteln der Freihandelsabkommen der EU (Kapitel 4). Abschließend wird ein Vorschlag zur Optimierung der Kartellrechtsregelungen unterbreitet (Kapitel 5).

Kapitel 2: Handels- und Kartellrecht sowie Handels- und Wettbewerbspolitik der EU im internationalen Umfeld

A. Gemeinsame Handelspolitik der EU

I. EU-Kompetenz

Die EU kann als Völkerrechtssubjekt mit eigener Rechtspersönlichkeit (Art. 47 EUV[36]) völkerrechtliche Abkommen schließen, welche die Union selbst und die Mitgliedsstaaten binden (Art. 216 Abs. 2 AEUV[37]). Art. 207 AEUV ist für die explizite ausschließliche Kompetenz der gemeinsamen Handelspolitik die zentrale Kompetenznorm der EU und zugleich Verfahrensnorm.[38] Große Teile der Freihandelsabkommen können auf diese gemeinsame Handelspolitik gestützt werden.[39] Gemäß Art. 207 Abs. 3 AEUV kann die Union im Rahmen der gemeinsamen Handelspolitik mit einem oder mehreren Drittländern Abkommen schließen.[40] Der Begriff der „Handelspolitik" bestimmt, welche Bereiche von der Kompetenz des Art. 207 Abs. 1 AEUV umfasst sind.[41] Er ist nicht definiert, lässt sich aber durch die beispielhafte Aufzählung der betreffenden Bereiche der Handelspolitik in Art. 207 AEUV bestimmen.[42]

In dem Gutachten 2/15 setzte sich der Europäische Gerichtshof (EuGH) mit der Kompetenz der EU zum Abschluss des Freihandelsabkommens der EU mit Singapur auseinander.[43] In diesem Gutachten stellte der EuGH

---

36 Vertrag über die Europäische Union, Konsolidierte Fassung bekanntgemacht im ABl.EU 2008, Nr. C 115/13.
37 Vertrag über die Arbeitsweise der Europäischen Union, Konsolidierte Fassung bekanntgemacht im ABl.EU 2008, Nr. C 115/47.
38 *Weiß*, in: Grabitz/Hilf/Nettesheim, EUV/AEUV, Art. 207 AEUV, Rn. 1.
39 So bezogen auf das bisher umfangreichste Freihandelsabkommen mit Kanada *Herrmann*, CETA Stellungnahme für die öffentliche Anhörung des Ausschusses für Wirtschaft und Energie des Deutschen Bundestages, 3.
40 *Obwexer*, in: von der Groeben/Schwarze/Hatje, Europäisches Unionsrecht, Art. 3 AEUV, Rn. 57.
41 *Hahn*, in: Calliess/Ruffert, EUV/AEUV, Art. 207 AEUV, Rn. 6.
42 *Müller-Ibold*, in: Lenz/Borchardt, EU-Verträge, Vorb. Art. 206-207 AEUV, Rn. 8.
43 EuGH, Gutachten 2/15 v. 16.5.2017, ECLI:EU:C:2017:376 – *EUSFTA*.

fest, dass das Wettbewerbskapitel unter die Kompetenz der EU nach Art. 207 Abs. 1 AEUV fällt.[44] Nach der Begründung des EuGH macht Art. 207 Abs. 1 S. 2 AEUV deutlich, dass die gemeinsame Handelspolitik zum „auswärtigen Handeln der Union" gehört und daher den Handelsverkehr mit Drittländern betrifft.[45] Um unter Art. 207 AEUV zu fallen, reicht es hiernach nicht aus, dass die betreffende Regelung Auswirkungen auf den Handelsverkehr mit einem oder mehreren Drittstaaten haben kann. Vielmehr muss diese speziell den Handelsverkehr betreffen, indem sie diesen fördert, erleichtert oder regelt und sich direkt und sofort auf ihn auswirkt.[46] Bezogen auf die materiell-rechtlichen Kartellrechtsregelungen, betonte der EuGH, dass diese Teil der Liberalisierung des Handels zwischen der EU und Singapur seien. Den Grund hierfür sah der EuGH darin, dass diese Regelungen speziell der Bekämpfung wettbewerbswidriger Verhaltensweisen und Zusammenschlüssen dienten und damit bewirkten, dass der Handel zwischen den Vertragsparteien unter fairen Wettbewerbsbedingungen stattfinde.[47] Aus diesem Grund stellte der EuGH fest, dass diese Bestimmungen in den Bereich der gemeinsamen Handelspolitik und nicht in den Bereich des Binnenmarktes fallen.[48] Die Wettbewerbsbestimmungen des Abkommens bezögen sich nicht auf die Harmonisierung der Rechtsvorschriften der EU-Mitgliedstaaten oder den Handel zwischen Mitgliedstaaten, sondern auf den Handel zwischen den Vertragsstaaten des Freihandelsabkommens.[49] Die Bestimmungen zur Kooperation und Konsultation haben nach dem EuGH lediglich „[…] Hilfscharakter und fallen damit in die gleiche Zuständigkeit wie die materiell-rechtlichen Bestimmungen, denen sie zur Seite gestellt sind."[50] Die dargestellten Aussagen des EuGH zum Freihandelsabkommen mit Singapur lassen sich aufgrund der Ähnlichkeit der Wettbewerbskapitel auf die anderen Frei-

---

44 EuGH, Gutachten 2/15 v. 16.5.2017, ECLI:EU:C:2017:376, Rn. 138 – *EUSFTA*.
45 EuGH, Gutachten 2/15 v. 16.5.2017, ECLI:EU:C:2017:376, Rn. 35 – *EUSFTA*.
46 EuGH, Gutachten 2/15 v. 16.5.2017, ECLI:EU:C:2017:376, Rn. 36 – *EUSFTA*.
47 EuGH, Gutachten 2/15 v. 16.5.2017, ECLI:EU:C:2017:37, Rn. 1346 – *EUSFTA*.
48 EuGH, Gutachten 2/15 v. 16.5.2017, ECLI:EU:C:2017:376, Rn. 135 – *EUSFTA*.
49 EuGH, Gutachten 2/15 v. 16.5.2017, ECLI:EU:C:2017:376, Rn. 135 – *EUSFTA*.
50 EuGH, Gutachten 2/15 v. 16.5.2017, ECLI:EU:C:2017:376, Rn. 276 – *EUSFTA*; die Kooperationsabkommen der Wettbewerbsbehörden lassen sich demgegenüber auf die Wettbewerbsvorschriften des AEUV stützen, siehe hierzu *Hahn*, in: Calliess/Ruffert, EUV/AEUV, Art. 207 AEUV, Rn. 47 mit Verweis auf EuGH, Gutachten 1/92 v. 10.4.1992, Slg. 1992, I-2821, Rn. 40 – *EWR-II*; EuGH, Urt. v. 9.8.1994 – C-327/91, Slg. 1994, I-3641 – *Frankreich/Kommission*.

handelsabkommen der „neuen Generation" mit weiter entfernten Staaten übertragen.[51]

II. EU-Handelspolitik hin zur „neuen" Handelsstrategie seit 2006

Die EU (respektive die EWG/EG) ist schon lange ein Akteur im Feld der bi- und plurilateralen Handelsabkommen. Bereits im Jahr 1963, nur fünf Jahre nach der Gründung der EWG, wurde das Yaoundé-Abkommen geschlossen. Dieses schrieb eine privilegierte (einseitige) Behandlung von Produkten aus 18 verschiedenen afrikanischen Ländern, die gerade erst die Unabhängigkeit von Belgien und Frankreich erlangt hatten, fest.[52] Solche Präferenzabkommen waren in den ersten Jahrzehnten aber nur auf unmittelbare Nachbarn und auf ehemalige Kolonien beschränkt.[53] Wie bi- und plurilaterale Handelsabkommen ist auch die internationale Angleichung von Kartellrechtsregelungen als Teil der Handelsstrategie der EU im größeren Rahmen des Abbaus nichttarifärer Handelshemmnisse kein neues Phänomen. Als Beispiel lässt sich die aus dem Jahr 1996 stammende Mitteilung der Europäische Kommission mit dem Titel „Welthandel als globale Herausforderung: Eine Marktöffnungsstrategie der Europäischen Union" nennen.[54] Hier wird der Abbau nichttarifärer Handelshemmnisse, zu dem explizit auch Wettbewerbsregelungen gezählt werden, als Priorität genannt.[55] Ein relativ neues Phänomen ist hingegen der Versuch der Regelung von Kartellrecht im Rahmen von bi- und plurilateralen Handelsabkommen. Bis zum Jahr 2003 lag der Fokus der Handelsstrategie im Allgemeinen und bezogen auf das Kartellrecht im Speziellen praktisch ausschließlich auf der Welthandelsorganisation (*World Trade Organization*, kurz: WTO).[56] Erst nachdem auf der WTO-Ministerkonferenz in Cancún

---

51 Für einen Vergleich der Regelungen, die diese Ähnlichkeit deutlich macht, vgl. unten Kapitel 4. A.

52 *Sapir*, in: Badinger/Nitsch, Routledge Handbook of the Economics of European Integration, S. 205 (212).

53 *Weiß*, in: von Arnauld, Europäische Außenbeziehungen, S. 515 (539).

54 EU-Kommission, Mitteilung v. 14.2.1996, Welthandel als globale Herausforderung: Eine Marktöffnungsstrategie der Europäischen Union, KOM(96) 53 endg.

55 EU-Kommission, Mitteilung v. 14.2.1996, Welthandel als globale Herausforderung: Eine Marktöffnungsstrategie der Europäischen Union, KOM(96) 53 endg., 16 f.

56 Für eine Beschreibung der Bemühungen, ein Kartellrechtsabkommen im Rahmen der WTO abzuschließen, vgl. unten Kapitel 3. B. I. 2.

die sogenannten „Singapur-Themen", das heißt Investment, Kartellrecht und Transparenz im Vergabeverfahren, von der Doha-Entwicklungsagenda gestrichen wurden,[57] setzte sich die EU zwar weiterhin hauptsächlich für multilaterale Verhandlungen ein, doch die Europäische Kommission machte in einer Mitteilung im November 2003 klar, dass der Abschluss von Freihandelsabkommen nicht mehr prinzipiell ausgeschlossen sei.[58] Während der Kommissionspräsidentschaft von *Romano Prodi* (1999-2004) und dem Kommissar für Außenhandel *Pascal Lamy* gab es zuvor noch de facto ein Moratorium für neue Verhandlungen von Freihandelsabkommen, welches die Vorbereitungen auf die sogenannte Millennium-Runde der WTO stärken sollte.[59] Die EU wollte damit nach außen ihre Prioritäten deutlich machen und nach innen dementsprechend ihre Ressourcen einteilen.[60]

Zwei wesentliche Aspekte änderten sich ab dem 4.10.2006, als die EU durch die Mitteilung „Ein wettbewerbsfähiges Europa in einer globalen Welt" eine Neuausrichtung der Handelspolitik einleitete.[61] Tiefgreifende und umfassende (*deep and comprehensive*) Freihandelsabkommen rückten in den Vordergrund der Handelspolitik.[62] In der Mitteilung heißt es dazu, dass Freihandelsabkommen „[...] eine schnellere und weitergehende Marktöffnung und Integration fördern, wenn sie auf Fragen abstellen, die noch nicht reif sind für multilaterale Gespräche".[63] Hierzu werden beispielsweise „Wettbewerbsregelungen" gezählt.[64] Des Weiteren stellt die

---

57 2004 beschloss der Allgemeine Rat der WTO endgültig, diese Themen nicht weiter im Rahmen der Doha-Runde zu behandeln, siehe hierzu *WTO*, Doha Work Programme – Decision Adopted by the General Council on 1 August 2004, WT/L/579, 04-3297, 3.

58 *Woolcock*, EcIPE Working Paper 2007, 1 (2 f.); EU-Kommission, Mitteilung v. 26.11.2003, Neubelebung der DDA-Verhandlungen aus der Sicht der EU, KOM/ 2003/0734 endg.

59 *Woolcock*, EcIPE Working Paper 2007, 1 (2).

60 *Paemen*, in: FS Steenbergen, S. 131 (137).

61 EU-Kommission, Mitteilung v. 4.10.2006, Ein wettbewerbsfähiges Europa in einer globalisierten Welt, KOM(2006) 567 endg.; von einer solchen Neuausrichtung sprechen *Vedder/Lorenzmeier*, in: Grabitz/Hilf, Das Recht der Europäischen Union, Art. 133 EGV, Rn. 85; *Weiß*, in: von Arnauld, Europäische Außenbeziehungen, S. 515 (535) macht jedoch zu Recht deutlich, dass diese Neuausrichtung weniger einen Bruch als vielmehr eine neue Akzentuierung darstelle.

62 *Melo Araujo*, The EU Deep Trade Agenda, S. 2.

63 EU-Kommission, Mitteilung v. 4.10.2006, Ein wettbewerbsfähiges Europa in einer globalisierten Welt, KOM(2006) 567 endg., 11.

64 EU-Kommission, Mitteilung v. 4.10.2006, Ein wettbewerbsfähiges Europa in einer globalisierten Welt, KOM(2006) 567 endg., 11.

Mitteilung klar, dass „[…] wirtschaftliche Faktoren bei der Wahl der künftigen Freihandelspartner eine Hauptrolle spielen [...]" sollen.[65] Dies bedeutet eine wesentliche Veränderung der Handelsstrategie in zwei Punkten: Erstens hat die EU durch diese Mitteilung ihre Fokussierung auf eine multilaterale Handelsliberalisierung aufgegeben.[66] Bilaterale Abkommen bilden somit seit 2006 neben multilateralen und regionalen Verhandlungsforen eine bedeutende Facette europäischer Einflussnahme auf die Formung der internationalen Weltordnungspolitik.[67] Zweitens hat die EU-Kommission zwar bereits vor 2006 viele Freihandelsabkommen, vor allem mit Nachbarstaaten und Entwicklungsländern, abgeschlossen, diese dienten jedoch hauptsächlich der Erreichung politischer Ziele.[68] Ausnahmen hiervon waren die mit Chile, Mexiko und Südafrika geschlossenen Abkommen, deren Schwerpunkt zwar auch eher auf dem politischen Bereich liegt, die aber zusätzlich eine erstzunehmende wirtschaftliche Komponente enthalten.[69] Seit der Mitteilung aus dem Jahr 2006 sind die Ziele der Freihandelsabkommen hauptsächlich wirtschaftlicher Natur.[70] Es kann daher von einer erheblichen Veränderung der Handelspolitik seit 2006 gesprochen werden.[71]

Die Konzentration auf bilaterale Verhandlungen lässt sich mannigfaltig erklären: zuerst damit, dass die Verhandlungen auf multilateraler Ebene im Rahmen der von der WTO eingesetzten Doha-Entwicklungsrunde seit 2001 kaum vorankommen,[72] aber auch damit, dass Europa stetig aufgrund des Aufstiegs Chinas, Brasiliens und Indiens politischen Einfluss in der WTO verliert und damit diese Organisation unattraktiver für die EU wird.[73] Des Weiteren hatte die EU die Befürchtung, durch ihre Fokussierung auf Handelsgespräche im Rahmen der WTO bei gleichzeitiger

---

65 Europäischen Kommission, Mitteilung v. 4.10.2006, Ein wettbewerbsfähiges Europa in einer globalisierten Welt, KOM(2006) 567 endg., 11.
66 Auch wenn betont wird, dass „Europa [...] sich nicht vom Multilateralismus verabschieden" werde, siehe EU-Kommission, Mitteilung v. 4.10.2006, Ein wettbewerbsfähiges Europa in einer globalisierten Welt, KOM(2006) 567 endg., 10.
67 *Nowak*, EuR 2010, 746.
68 *Bendini*, Die Zukunft der Handelspolitik der Europäischen Union, 10 f.
69 Ähnlich *Bendini*, Die Zukunft der Handelspolitik der Europäischen Union, 10 f., bezogen auf die Abkommen mit Chile und Mexiko. Für Südafrika dürfte dies jedoch ebenso, wenn auch in geringerem Maße, gelten.
70 *Melo Araujo*, The EU Deep Trade Agenda, S. 2.
71 *Brown/Record*, in: Lester/Mercurio/Bartels, Bilateral and Regional Trade Agreements, S. 39 (43).
72 *Herrmann/Müller-Ibold*, EuZW 2016, 646 (650).
73 *Weiß*, in: von Arnauld, Europäische Außenbeziehungen, S. 515 (535).

Zunahme von Freihandelsabkommen zwischen anderen Nationen benachteiligt zu werden.[74] Beispielsweise setzten die USA immer stärker auf bilaterale Freihandelsabkommen. Der Grund hierfür lag auch in der Osterweiterung der EU, in der die USA eine Gefahr für ihre wirtschaftliche und handelspolitische Vormachtstellung sahen.[75] Dies wiederum setzte die EU unter Zugzwang, vor allem wenn es um die wichtigen Handelspartner in dem wachsenden asiatischen Markt ging. So unterzeichneten die USA unter anderem 2007 mit Südkorea ein Freihandelsabkommen.[76] EU-Exporteure und Investoren hatten Bedenken, gegenüber US-Unternehmen in Bezug auf den Marktzugang schlechter gestellt zu sein, und setzten sich somit stark für den Abschluss von Freihandelsabkommen ein.[77] Dementsprechend ist es kein Zufall, dass die EU 2010, nach dem oben beschriebenen Strategiewechsel, als Erstes ein Freihandelsabkommen mit Südkorea abschloss.[78] Ein weiterer Grund für die Veränderung der Handelspolitik hing mit den Entscheidungsträgern in der EU zusammen. Das Moratorium für den Abschluss neuer Freihandelsabkommen war eng mit der Person *Pascal Lamy* verbunden. Der EU-Handelskommissar *Peter Mandelson*, der ungefähr ein Jahr vor der Publizierung der Mitteilung „Ein wettbewerbsfähiges Europa in einer globalen Welt" ins Amt kam, stand Freihandelsabkommen offener gegenüber.[79]

Die EU ist dabei, ihre Handelsstrategie weiterzuentwickeln, indem sie Freihandelsabkommen nicht mit einzelnen Drittstaaten, sondern mit anderen regionalen Präferenzzonen abzuschließen versucht.[80] Dies war bisher nur teilweise erfolgreich. Auf der einen Seite wurden die Verhandlungen mit der Vereinigung Südostasiatischer Staaten (*Association of South-East Asian Nations*, kurz: ASEAN) auf bilaterale Verhandlungen mit einzelnen Staaten der Vereinigung umgestellt. Es trifft sich allerdings weiterhin regelmäßig eine gemeinsame EU-ASEAN-Arbeitsgruppe für die Entwicklung eines Rahmens, der die Parameter für ein zukünftiges ASEAN-EU-Frei-

---

74 *Weiß*, in: von Arnauld, Europäische Außenbeziehungen, S. 515 (535).
75 *Behrens*, in: Laursen, The EU and the Political Economy of Transatlantic Relations, S. 101 (106).
76 *Woolcock*, EcIPE Working Paper 2007, 1 (4).
77 *Woolcock*, EcIPE Working Paper 2007, 1 (4).
78 Zum Abschluss dieses Abkommens vgl. unten Kapitel 4. A. I.
79 *Woolcock*, EcIPE Working Paper 2007, 1 (5); ausführlich zu den Gründen der Neuausrichtung auch *Meunier*, JCMS 2007, 905 (918 ff.).
80 *Weiß*, in: von Arnauld, Europäische Außenbeziehungen, S. 515 (539).

handelsabkommen festlegen soll.[81] Auf der anderen Seite hat sich die EU mit dem Gemeinsamen Markt im südlichen Lateinamerika (*Mercado Común del Cono Sur*, kurz: Mercosur) am 28.6.2019 auf den Abschluss eines Freihandelsakommens geeinigt.[82] Es bleibt abzuwarten, ob weitere Freihandelsabkommen mit regionalen Präferenzzonen folgen und somit von einer erfolgreichen Weiterentwicklung der Handelsstrategie der EU gesprochen werden kann.

B. Internationalisierung des Kartellrechts

Kartellbehörden, Unternehmen und Verbraucher müssen sich in immer stärkerer Weise mit verschiedenen Kartellrechtsjurisdiktionen beschäftigen und/oder werden von diesen berührt. Dieses in der vorliegenden Arbeit als „Internationalisierung des Kartellrechts" bezeichnete Phänomen soll nachfolgend erläutert werden.

Es gibt vier Hauptgründe für diese Internationalisierung des Kartellrechts: erstens die Globalisierung der Wirtschaft und die Liberalisierung des Welthandels, zweitens Wettbewerbsbeschränkungen, die einen internationalen Effekt haben, drittens die globale Verbreitung von Kartellrechtsregimen und viertens die extraterritoriale Anwendung dieser nationalen Kartellrechte.[83] Diese vier Gründe bedingen und beeinflussen sich gegenseitig.[84] Einer der wesentlichen Gründe für die schnell voranschreitende Globalisierung der Wirtschaft ist der Abbau von Handelsschranken.[85] Gleichzeitig ist die von globalen Unternehmen aus wirtschaftlichen Gründen vorgenommene Verteilung der Wertschöpfungskette über die gesamte Welt ein entscheidender Grund für den Abbau der Handelsschranken.[86] Wenn der Markt und der Wettbewerb immer stärker internationalisiert sind, gilt das Gleiche für wettbewerbsbeschränkende Verhaltensweisen von Unternehmen.[87] Die Verbreitung von Kartellregimen ist wie die

---

81 Website der EU-Kommission (http://ec.europa.eu/trade/policy/countries-and-regions/regions/asean/), zuletzt besucht am 6.12.2018; siehe zu den Verhandlungen mit ASEAN auch *Huck*, EuZW 2018, 886 (890).

82 EU-Kommission, Pressemitteilung v. 28.6.2019, EU und Mercosur erzielen Einigung in Handelsfragen, IP/19/3396.

83 Ähnlich *Baetge*, Globalisierung des Wettbewerbsrechts, S. 6.

84 Ähnlich *Baetge*, Globalisierung des Wettbewerbsrechts, S. 7.

85 *Sweeney*, The Internationalisation of Competition Rules, S. 1.

86 *Baetge*, Globalisierung des Wettbewerbsrechts, S. 7.

87 *Dabbah*, The Internationalisation of Antitrust Policy, S. 14.

Globalisierung eng verbunden mit der Ausbreitung marktwirtschaftlicher Wirtschaftssysteme und gleichzeitig ein wichtiges Element dieser.[88] Die extraterritoriale Anwendung des nationalen Kartellrechts wiederum war die Antwort der Staaten auf Wettbewerbsbeschränkungen, die einen internationalen Effekt haben.[89]

I. Globalisierung der Wirtschaft und Liberalisierung des Welthandels

Globalisierung meint im Zusammenhang dieser Arbeit die wirtschaftliche Globalisierung. Diese wird beschrieben als die zunehmende Verknüpfung der nationalen Wirtschaftssysteme durch die Zunahme von internationalem Handel, Investitionen und Kapitalflüssen[90] und der damit verbundenen Integration von Märkten, Unternehmen, Wertschöpfungsketten und der Finanzsysteme.[91]

Die Globalisierung hat vielfältige Gründe, jedoch ist es nicht möglich, im Rahmen einer kurzen Einführung alle zu nennen. Wichtige Gründe, warum Unternehmen sich zunehmend international betätigen, sind die Liberalisierung des Welthandels durch die Regeln der WTO (vor 1995 des GATT) und die Deregulierung von ehemals staatlichen Industrien in vielen Ländern.[92] Durch die WTO/das GATT wurden die Zölle dramatisch gesenkt. Lagen diese 1940 noch bei durchschnittlich 40 %, waren es 1995 nach dem Abschluss der Uruguay-Handelsrunde nur noch durchschnittlich 5 %.[93] Der technische Fortschritt hat zu geringeren Transportkosten und schnellerem Transport geführt und damit den Verkauf und die Pro-

---

88 *Baetge*, Globalisierung des Wettbewerbsrechts, S. 7.
89 *Terchechte*, International Competition Enforcement Law Between Cooperation and Convergence, S. 75.
90 *Goode*, Dictionary of Trade Policy Terms, S. 156, welcher auch noch weitere Definitionen, die über diese rein wirtschaftliche Definition hinausgehen, nennt, die im Zusammenhang mit dieser Arbeit unerheblich sind.
91 *Brawley*, in: Reinert/Rajan/Glass/Davis, The Princeton Encyclopedia of the World Economy, S. 555; für mehrere verschiedene Definitionen von Globalisierung siehe auch *Held/Goldblatt/McGrew/Perraton*, Global Transformations, S. 2 ff.; *Herrmann/Weiß/Ohler*, Welthandelsrecht, S. 11 stellen aber richtigerweise fest, dass es keine einzelne universelle und konsensfähige Definition des Begriffes Globalisierung gebe.
92 *Budzinski*, The Governance of Global Competition, S. 11; *Akbar*, Global Antitrust, S. 3.
93 *Steenbergen*, in: Goevaere/Quick/Bronchers, Trade and Competition Law in the EU and Beyond, S. 3 (6).

duktion von Waren weltweit erleichtert.[94] Unterschiedliche Lohnkosten sind ein Anreiz für Unternehmen, in ausländischen Märkten zu produzieren.[95] Die Suche nach neuen Kunden, vor allem die immer größer werdende Mittelschicht in vielen Ländern, hat Unternehmen dazu bewogen, sich zunehmend international zu betätigen.[96] Die Entwicklung und Verbesserung der Informations- und Kommunikationstechnik erleichterte nicht nur den Handel mit Waren,[97] sondern ermöglichte es auch, dass einige Dienstleitungen international handelbar wurden.[98]

II. Internationale Auswirkungen wettbewerbsbeschränkender Verhaltensweisen

Die Wettbewerbsverhältnisse werden infolge der oben beschriebenen Entwicklungen immer mehr durch das Verhalten ausländischer Unternehmen beeinflusst.[99] Wenn Wettbewerb, Märkte und Unternehmen internationaler werden, dann geschieht dies auch mit wettbewerbswidrigem Verhalten der Unternehmen.[100] Bei der nachfolgenden Beschreibung der internationalen Dimension von Wettbewerbsbeschränkungen werden Markteintrittshemmnisse für ausländische Unternehmen ausgeklammert, da diese auch und vor allem ein Hauptaspekt des Verhältnisses zwischen Handels- und Wettbewerbspolitik sind und daher gesondert in dem Abschnitt dazu dargestellt werden.[101]

---

94 *Budzinski*, The Governance of Global Competition, S. 11.

95 *Kantzenbach*, in: FS Immenga, S. 213.

96 *Damro/Guay*, European Competition Policy and Globalization, S. 3.

97 *Budzinski/Kerber*, in: Oberender, Internationale Wettbewerbspolitik, S. 9.

98 *Deckwirth*, Vom Binnenmarkt zum Weltmarkt, S. 82, die zu Recht darauf hinweist, dass dies auch das Ergebnis politischer und ökonomischer Prozesse ist, welche sie anschließend ausführlich beschreibt; *Steenbergen*, in: Goevaere/Quick/Bronchers, Trade and Competition Law in the EU and Beyond, S. 3, ist sogar der Meinung, dass der technische Fortschritt und die damit einhergehende Möglichkeit, Produkte und Dienstleistungen in Größenordnungen zu produzieren und anzubieten, die weit über die der Nationalstaaten hinausgehen, fast unweigerlich zur Globalisierung führen mussten.

99 Ähnlich auch *Kantzenbach*, in: Theurl/Smekal, Globalisierung, S. 231 (233).

100 *Dabbah*, The Internationalisation of Antitrust Policy, S. 14.

101 Vgl. unten Kapitel 2. E. II. 2.

1. Horizontale Vereinbarungen oder abgestimmte Verhaltensweisen

Internationale Kartelle sind solche, bei denen Unternehmen, die in einem horizontalen Wettbewerbsverhältnis zueinander stehen, aus unterschiedlichen Ländern oder für unterschiedliche Länder wettbewerbsbeschränkende Absprachen treffen.[102] Ein Beispiel hierfür sind Gebietsabsprachen, bei denen die Märkte zwischen den Unternehmen aufgeteilt und oft auch Preise vereinbart werden.[103] Aus Sicht der Unternehmen sind solche internationalen Kartelle, die oftmals den größten Teil eines potenziellen Weltmarkts umfassen, eine notwendige Antwort auf die fortschreitende Globalisierung. Ein effektives Kartell muss dabei alle Märkte umfassen, aus denen potenziell die Waren zu günstigeren als dem künstlich erhöhten Kartellpreis in den kartellierten Markt importiert werden können.[104] Ist dies nicht der Fall, ergibt sich für Unternehmen außerhalb des Kartells die Möglichkeit von Arbitragegeschäften.[105] Doch selbst Kartelle, die sich auf einen nationalen Markt beschränken und nur von nationalen Unternehmen vereinbart werden, können einen internationalen Effekt haben. Die grenzüberschreitende Wirkung erfolgt dadurch, dass die wettbewerbswidrig erzielten Gewinne in einer Weise verwendet werden, die den Wettbewerb auf anderen Märkten verzerrt. Neben Dumping ist dies beispielsweise möglich, indem ein Unternehmen, welches auch exportiert, die Kartellrendite in Forschung und Entwicklung investiert und so langfristig einen Vorteil gegenüber konkurrierenden Unternehmen auf dem Exportmarkt erhält.[106]

Im Zuge der Internationalisierung der Wettbewerbsbeziehungen ist seit den 1990er Jahren eine signifikante Zunahme von internationalen Kartellen zu beobachten.[107] Es wird geschätzt, dass 40 % bis 50 % des internationalen Handels durch Kartelle vorgenommen oder zumindest beeinflusst wurde.[108] Gerade in den letzten Jahren hat ihre Verbreitung oder zumin-

---

102 *Podszun*, Internationales Kartellverfahrensrecht, S. 9.
103 *Podszun*, Internationales Kartellverfahrensrecht, S. 9.
104 *Wäschle*, Die internationale Zuständigkeit für Schadensersatzklagen gegen Weltkartelle, S. 1.
105 *Buxbaum*, Ind. J. Global Legal Stud 2010, 165 (168).
106 *Scherer*, Competition Policies, S. 45; zum Dumping vgl. unten Kapitel 2. E. I. 3. b).
107 *Budzinski/Kerber*, in: Oberender, Internationale Wettbewerbspolitik, S. 9.
108 *Utton*, International Competition Policy, S. 23.

dest ihre Aufdeckung erheblich zugenommen.[109] Internationale Kartelle sind weit davon entfernt, ein Nischenthema zu sein. So gab es zwischen 1990 und Mitte 2016 alleine 198 aufgedeckte Kartelle, welche sich auf mindestens zwei Kontinente bezogen.[110] Es gibt empirische Nachweise, dass internationale Kartelle einen großen Wohlfahrtsschaden anrichten.[111] Auch in der EU spielen internationale Kartelle eine immer größere Rolle.[112]

Schätzungen gehen davon aus, dass Kartellanten bei internationalen Kartellen eine durchschnittliche „Kartellrendite" von 30 % bis 33 % erzielen, was deutlich über der von nationalen Kartellen, bei denen die Kartellrendite auf 17 % bis 19 % geschätzt wird, liegt.[113] Internationale Kartelle sind für Unternehmen daher noch attraktiver als nationale Kartelle. Außerdem sind internationale Kartelle für die Kartellbehörden schwerer aufzudecken und spiegelbildlich für Unternehmen weniger riskant.[114] Vor diesem Hintergrund überrascht die Zunahme von internationalen Kartellen nicht.

Eine spezielle Form horizontaler Kartelle, die eine internationale Dimension haben, sind Exportkartelle. Dies sind Absprachen zwischen exportierenden Unternehmen, die den Wettbewerb in Bezug auf den Export untereinander ausschalten, um auf einem Markt, auf dem sie nicht ihre Hauptniederlassung haben, erfolgreicher zu sein.[115]

Die Bekämpfung von internationalen Kartellen ist die wichtigste Aufgabe von internationalen Vereinbarungen im Bereich des Kartellrechts und auf der Agenda aller internationaler Organisationen, die sich mit Kartellrecht befassen (zum Beispiel der OECD und des ICN).[116] Das verstärkte Vorkommen internationaler Kartelle ist ein wichtiger Grund dafür, dass in

---

109 *Fels*, in: Hwang, The Role of Competition Law/Policy In the Socio-Economic Development, S. 167 (168).

110 *Connor*, The Private International Cartels (PIC) Data Set, S. 1.

111 Ausführlich hierzu *Connor*, Global Price Fixing.

112 *Almunia*, Rede vom 3.4.2014, Fighting against cartels: A priority for the present and for the future.

113 *Franz/Jüntgen*, BB 2007, 1681 (1685) m. w. N.

114 *Sweeney*, The Internationalisation of Competition Rules, S. 73.

115 Ausführlich zu der Definition von Exportkartellen *Dursun*, Exportkartellausnahmen in einer globalen Handelsordnung, S. 21 ff. m. w. N.

116 *Papadopoulos*, The International Dimension of EU Competition Law and Policy, S. 42; zur Arbeit dieser Organisationen vgl. unten Kapitel 3. B. III und Kapitel 3. C. I.

der Literatur die Stärkung der internationalen Kooperation im Bereich des Kartellrechts gefordert wird.[117]

2. Vertikale Vereinbarungen oder abgestimmte Verhaltensweisen

Vertikale Vereinbarungen oder abgestimmte Verhaltensweisen können dadurch, dass sie zwischen Unternehmen aus verschiedenen Ländern vereinbart werden, eine internationale Dimension bekommen.[118] Ein weiterer Fall, in dem vertikale Vereinbarungen einen internationalen Effekt haben, sind territoriale Beschränkungen durch absolute Gebietsbindungen und Exportbeschränkungen zwischen Unternehmen einer Jurisdiktion.[119] Diese können, wenn sämtliche Händler gebunden sind, den Handel zwischen einzelnen Ländern spürbar einschränken, indem sie wie „Marktaustrittsschranken" wirken.[120]

Gerade die Variante, dass wettbewerbswidrige vertikale Vereinbarungen zwischen ausländischen und einheimischen Unternehmen vereinbart werden, ist aufgrund der Vielzahl multinationaler Unternehmen häufig. Dieses ist besonders im Bereich des Internethandels der Fall. Ein Beispiel hierfür aus neuerer Zeit ist die Festsetzung von Online-Wiederverkaufspreisen in der EU durch Elektronikhersteller aus Japan, Taiwan und den Niederlanden.[121] Die Zahl von internationalen Kartellen, die verschiedene Märkte umfassen und dabei (auch) vertikale Beschränkungen als Teil ihrer Strategie verwenden, ist signifikant. Sie sind allerdings weniger relevant als die anderen drei Arten internationaler wettbewerbswidriger Handlungen.[122]

---

117 *Fels*, in: Hwang, The Role of Competition Law/Policy In the Socio-Economic Development, S. 167 (170).

118 *Podszun*, Internationales Kartellverfahrensrecht, S. 9.

119 *Jofer*, Vertkalvereinbarungen als Regelungsproblematik des internationalen Handels- und Kartellrechts, S. 31.

120 *Jofer*, Vertkalvereinbarungen als Regelungsproblematik des internationalen Handels- und Kartellrechts, S. 31 und mit weiteren Beispielen auf S. 32 f.

121 EU-Kommission, Pressemitteilung v. 24.7.2018, Kartellrecht: Kommission verhängt Geldbußen gegen vier Elektronikhersteller wegen Festsetzung von Online-Wiederverkaufspreisen, IP/18/4601.

122 Ungefähr ein Viertel der von *Levenstein* und *Suslow* untersuchten 81 internationalen Kartelle in Bezug auf Preisabsprachen im Zeitraum zwischen 1990 und 2007 verwendeten vertikale Beschränkungen als Teil ihrer Absprachenstrategie, siehe *Levenstein/Suslow*, J.L. & Econ 2014, 33 (41 f.).

3. Missbrauch marktbeherrschender Stellungen

Der Missbrauch einer marktbeherrschenden Stellung auf einem Markt kann sich insbesondere dann auf mehrere Staaten auswirken, wenn die räumliche Ausdehnung eines Marktes über verschiedene Landesgrenzen hinaus reicht.[123] Die Fälle dieser Variante haben in den letzten Jahren zugenommen.[124] Die Bedeutung reicht bisher aber nicht an die von internationalen horizontalen Kartellen und Fusionen heran.[125] Prominente Beispiele sind die Fälle *Microsoft*,[126] *Intel*[127] und *Google*.[128] Gegen *Google* laufen oder liefen ähnliche Verfahren in der EU, Indien, Brasilien, Kanada, Taiwan und den USA.[129]

Obwohl keine Daten hierzu zur Verfügung stehen, ist davon auszugehen, dass Unternehmen auf die voranschreitende Globalisierung immer stärker auch mit dem Missbrauch ihrer marktbeherrschenden Stellung in internationalen Märkten reagieren werden.[130] Die Wahrscheinlichkeit wächst mit der Zunahme von immer größeren Unternehmen durch die nachfolgend beschriebenen Fusionen.[131]

4. Unternehmenszusammenschlüsse

Die Vernetzung der verschiedenen nationalen Märkte führt grundsätzlich zu einer Intensivierung des Wettbewerbs, da Unternehmen aus verschiedenen Ländern miteinander im Wettbewerb stehen und es damit mehr Wettbewerber und ergo mehr Wettbewerb gibt.[132] Anders ausgedrückt, führt die Integration der Weltwirtschaft durch die Globalisierung zu einer räumlichen Ausdehnung der Märkte und erhöht damit die Wettbewerbsintensität.[133] Auf der anderen Seite versuchen die Unternehmen, durch

---

123 *Klauß*, Die Aufsicht über ein Gemeinsames Wettbewerbsgebiet, S. 37.
124 *Budzinski*, The Governance of Global Competition, S. 18.
125 *Sweeney*, The Internationalisation of Competition Rules, S. 139.
126 EuG, Urt. v. 27.6.2012 – T-167/08, ECLI:EU:T:2012:323 – *Microsoft/Kommission*.
127 EuGH, Urt. v. 6.9.2017 – C-413/14, ECLI:EU:C:2017:632 – *Intel*.
128 EU-Kommission, Entscheidung v. 27.6.2017 – COMP/AT.39.740 – *Google*.
129 *Podszun*, ZWer 2016, 360 (365) m. w. N. zu den jeweiligen Verfahren.
130 *Budzinski*, The Governance of Global Competition, S. 18.
131 *Kleinert/Klodt*, in: Oberender, Megafusionen, S. 9 (13) sehen in der Erlangung von Marktmacht sogar den Hauptgrund für die meisten Fusionen.
132 *Budzinski*, The Governance of Global Competition, S. 13.
133 *Klodt*, Wege zu einer globalen Wettbewerbsordnung, S. 28.

Fusionen diesen internationalen Wettbewerbsdruck zu mindern.[134] Grenzüberschreitende Fusionen sind die natürliche Antwort auf die Vergröße-
rung des räumlichen Marktes durch die Öffnung von Märkten anderer
Länder,[135] da in einem größeren Markt oft ein größeres Unternehmen
oder die Fusion/Übernahme eines bereits in dem Markt tätigen Unternehmens von Vorteil ist, weil es bereits auf dem Markt etabliert ist, was unter
anderem Vorteile bezüglich Verbraucherpräferenzen, Lieferketten und
Vertriebswegen mit sich bringt.[136] Fusionen sind nicht per se wettbewerbsbeschränkend.[137] Die meisten internationalen Fusionen sind daher kartellrechtlich unbedenklich.[138] Inwieweit allerdings sogenannte Megafusionen,
die besonders häufig internationale Fusionen sind, sich positiv oder negativ auf die internationalen Wettbewerbsverhältnisse auswirken, darüber
besteht kein Konsens.[139] Doch auch Volkswirtschaftler, die insgesamt für
die Weltwirtschaft als Ganzes eine positive Intensivierung des Wettbewerbs mit Blick auf den Saldo aus Globalisierung und Fusionen sehen, erkennen an, dass internationale Fusionen teilweise infolge der Bildung
marktbeherrschender Stellungen ein Problem sein können.[140] Daher müssen auch aus ihrer Sicht Antworten hierfür gefunden werden.[141]

III. Ausbreitung von Kartellrechtsregimen

Im Jahr 1889 war Kanada das erste Land, das ein Gesetz verabschiedete,
welches als ein Kartellrecht in heutigem Sinne charakterisiert werden
kann.[142] Weltweit hatten bis 1990 aber nur wenige ausgewählte Staaten
Kartellgesetze.[143] Wirtschaftliche Relevanz hatte das Kartellrecht in noch

---

134 *Kantzenbach*, in: Theurl/Smekal, Globalisierung, S. 231 (233).
135 *Budzinski*, The Governance of Global Competition, S. 19.
136 *Budzinski*, The Governance of Global Competition, S. 19.
137 *Budzinski*, The Governance of Global Competition, S. 21-22.
138 *Utton*, International Competition Policy, S. 74.
139 *Baetge*, Globalisierung des Wettbewerbsrechts, S. 34 m. w. N.
140 *Klodt*, Wege zu einer globalen Wettbewerbsordnung, S. 28 f.
141 *Klodt*, Wege zu einer globalen Wettbewerbsordnung, S. 28 f.
142 *Dabbah*, International and Comparative Competition Law, S. 227.
143 OECD, Challenges of International Co-operation in Competition Law Enforce-
    ment, S. 26, zählt 9 Kartellrechtsregimen Ende der 1970er Jahre und 23 im Jahr
    1990.

weniger Staaten.[144] Heute haben über 120 Staaten Kartellrechtsregime,[145] womit circa 85 % der Weltbevölkerung in Jurisdiktionen leben, die ein Kartellrecht haben.[146] Dieser Anstieg von Kartellrechtsjurisdiktionen geschah rasant: So gehen Schätzungen davon aus, dass in weniger als 25 Jahren ungefähr 100 neue Kartellrechtsregime entstanden sind.[147] Die OECD spricht in einer Studie von 2014 von einem Anstieg von mehr als 500 % zwischen 1990 und 2013.[148]

Neben dem Anstieg von Kartellrechtsjurisdiktionen ist seit 1990 auch ein weltweiter Trend zu einer stärkeren Durchsetzung zu beobachten.[149] Als Beispiel kann die Kartellbehörde in Japan dienen, welche das 1947 eingeführte Kartellrecht bis Ende der 1980er Jahre kaum durchgesetzt hat.[150] Mittlerweile gehört sie aber zu einer der aktivsten Kartellbehörden. Diese Veränderung lässt sich auch an den Mitarbeiterzahlen und an der Anzahl der Durchsuchungen nachweisen. Während die Wettbewerbsbehörde in Japan im Jahr 1995 nur 520 Mitarbeiter hatte, waren es im Jahr 2017 bereits 832 Mitarbeiter. Gleichzeitig stieg die Zahl der Untersuchungen von 220 im Jahr 1995 auf 438 im Jahr 2017.[151]

---

144 *Gerber*, Global Competition, S. 85, nennt die USA und einige Länder in Europa.
145 OECD, Challenges of International Co-operation in Competition Law Enforcement, S. 26 geht von ungefähr 120 Kartellrechtsregimen aus; von über 130 sprechen allerdings *Kovacic/Lopez-Galdos*, L&CP 2016, 85 (86); *Fox/Crane*, Global Issues in Antitrust and Competition Law, S. 1; *Martyniszyn*, in: Cottier/Nadakavukaren Schefer, Elgar Encyclopedia of International Economic Law, S. 479. Exakte Angaben über die genaue Anzahl der Gesetze ist aufgrund der verschiedenen Regelungsansätze und der damit nicht ganz eindeutigen Charakterisierung als Kartellgesetz sehr schwierig, wie *Terhechte*, in: Terhechte, Internationales Kartell- und Fusionskontrollverfahrensrecht, S. 1 (15) anmerkt; ausführlich zu diesen Problemen *Palim*, Antitrust Bull. 1998, 105.
146 *Weltbank*, A Step Ahead, S. 5.
147 *Kovacic/Lopez-Galdos*, L&CP 2016, 85 (87) m. w. N. Es haben allein im Zeitraum von 1998-2008 mehr als 60 Länder Kartellrechtsregime eingeführt; siehe *Heimler/Jenny*, in: Lewis, Building New Competition Law Regimes, S. 183 (185), Fn. 2, hier findet sich eine Auflistung dieser Staaten mit dem jeweiligen Datum der Einführung; siehe ausführlich zur Geschichte der Ausbreitung von nationalen Kartellrechtsregeln und zur Internationalisierung des Kartellrechts *Fox/Fingleton/Mitchel*, in: Lewis, Building New Competition Law Regimes, S. 163 (163 ff.).
148 OECD, Challenges of International Co-operation in Competition Law Enforcement, S. 26.
149 *Gerber*, Global Competition, S. 85 f.
150 *Weitbrecht*, in: Messen, Economic Law as an Economic Good, S. 279 (280).
151 Siehe Website der japanischen Kartellbehörde (*www.jftc.go.jp/en/about_jftc/statistics.html*), zuletzt besucht am 6.12.2018. Ein weiteres Beispiel ist Mexiko, wel-

Ein so starker Anstieg der Anzahl von Jurisdiktionen ist in keinem anderen Rechtsgebiet so zu beobachten.[152] Er hängt vor allem mit dem Zusammenbruch der Sowjetunion und der Transformation vieler Länder hin zu marktwirtschaftlichen Wirtschaftssystemen und den damit verbundenen grundlegenden Wirtschaftsreformen zusammen.[153] Ein funktionierendes Kartellrecht wird dabei als eine der entscheidenden Voraussetzungen für den Aufbau einer funktionierenden Marktwirtschaft und der damit verbundenen Wohlstandsvergrößerung angesehen.[154] Durch die Einführung des Kartellrechts in China im Jahr 2008 verfügen alle wichtigen Handelspartner der EU über ein Kartellrecht.[155] Vor 30 Jahren schien eine solche Entwicklung noch nahezu ausgeschlossen.[156]

Der stetige Abbau der staatlichen Handelsschranken durch die WTO hat die Ausbreitung von Kartellrechtsregimen befördert. Wenn staatliche Handelsschranken wegfallen oder verringert werden, sind die nationalen Firmen immer mehr dem internationalen Wettbewerb ausgesetzt. Sie haben einen immer größer werdenden Anreiz, sich diesem ausländischen Wettbewerbsdruck durch wettbewerbsbeschränkende Vereinbarungen zu entziehen oder zumindest auf diesen zu reagieren. Daher ersetzen sie die staatlichen Handelsschranken durch private Handelsschranken.[157] Eine Öffnung der Märkte geht in der Folge sinnvollerweise mit der Einführung eines Kartellrechts einher.[158]

Einer der Treiber der Entwicklung hin zu immer mehr nationalen Kartellrechtsregimen waren auch (Frei-)Handelsabkommen. Tschechien, Ungarn, die Slowakei und Polen wurden jeweils im Rahmen eines Han-

---

ches von 2013 auf 2014 ca. 30 % mehr Kartellbeamte eingestellt hat als Ergebnis der Neugründung ihrer Kartellbehörde, siehe hierzu *Palacios Prieto*, in: Keyte, International Antitrust Law & Policy: Fordham Competition Law 2015, S. 65 (71).

152 *Dabbah*, International and Comparative Competition Law, S. 1; *Kovacic/Lopez-Galdos*, L&CP 2016, 85 (87 Fn. 13).

153 *Kovacic*, DE Paul L. Rev. 1995, 1199; *Baetge*, Globalisierung des Wettbewerbsrechts, S. 21.

154 *Baetge*, Globalisierung des Wettbewerbsrechts, S. 21; OECD, Challenges of International Co-operation in Competition Law Enforcement, S. 26; *Weitbrecht*, in: Messen, Economic Law as an Economic Good, S. 279 (282-283); *Konings/Van Cayseele/Warzynski*, IJIO 2001, 841, schätzen den positiven Effekt eines Kartellrechts für ein nachhaltiges Wachstum auf mindestens 0,1 % des BIP.

155 *Podszun*, ZWeR 2016, 360 (361).

156 *Kovacic/Lopez-Galdos*, L&CP 2016, 85 (86).

157 Vgl. unten Kapitel 2. E. II. 2.

158 *Basedow*, in: Neuman/Weigand, The International Handbook of Competition Law, S. 321.

delsabkommens, bevor sie Mitgliedsstaaten der EU wurden, zur Einführung eines Kartellrechts gebracht.[159] Auch im Rahmen der EU-Nachbarschaftspolitik wurde die Einführung oder Intensivierung der nationalen Kartellrechtsordnungen in Nordafrika und dem Nahen Osten gefordert.[160] Auch die USA verlangten für den Abschluss von Freihandelsabkommen die Einführung eines Kartellrechts zum Beispiel von Guatemala, Singapur und Jordanien.[161]

IV. Extraterritoriale Anwendung des Kartellrechts – Auswirkungsprinzip

Die bisher beschriebene Entwicklung führt zu dem Problem, dass Wettbewerbsbeschränkungen global sind, aber Wettbewerbsordnungen national.[162] Durch das Auswirkungsprinzip können Lücken in der Verfolgung von internationalen Wettbewerbsbeschränkungen geschlossen werden. Gleichzeitig führt es jedoch zu einem parallelen Geltungsanspruch mehrerer Kartellrechtsordnungen, und einhergehend damit, zu einem parallelen Tätigwerden mehrerer Kartellbehörden bezogen auf eine Wettbewerbsbeschränkung. Beides führt zu verschiedenen Problemen. Bevor diese Probleme dargestellt werden, soll zuerst das Auswirkungsprinzip skizziert werden.

Das Auswirkungsprinzip ist in den meisten Ländern der Anknüpfungspunkt für die exterritoriale Anwendung des nationalen Kartellrechts.[163] Es entstand als Antwort auf die Probleme, die bestehen bleiben würden, wenn die Zuständigkeit auf die beiden traditionellen Grundlagen (Territorialität und Nationalität) beschränkt würde.[164] Nach dem Auswirkungsprinzip ist das nationale Kartellrecht anwendbar, auch wenn die wettbewerbswidrigen Verhaltensweisen nicht in dem Geltungsbereich des Kartellrechts beschlossen oder durchgeführt wurden (Territorialitätsprinzip) und/oder die beteiligten Personen ihren Sitz nicht in dem Geltungsbereich

---

159 *Palim*, Antitrust Bull. 1998, 105 (120 f.).
160 *Drexl*, in: Oberender, Internationale Wettbewerbspolitik, S. 41 (59).
161 *Evans/Jenny*, in: Evans/Jenny, Trustbusters, S. 7 (11); siehe ausführlich zu dem Beispiel von Singapur *Pang*, The U.S.-Singapore Free Trade Agreement, 216 ff.
162 Zu diesem Problem vgl. unten Kapitel 2. D.
163 *Martyniszyn*, ECLR 2015, 291 m. w. N.
164 *Oxman*, in: Wolfrum, The Max Planck Encyclopedia of Public International Law, S. 546 (548).

haben (Personalitätsprinzip), das Verhalten der Unternehmen sich jedoch auf den Geltungsbereich des jeweiligen Kartellrechts auswirkt.[165]

Das Auswirkungsprinzip wirft eine Reihe hochsensibler Fragen völkerrechtlicher Natur auf.[166] Grundsätzlich ist das Auswirkungsprinzip aber völkergewohnheitsrechtlich anerkannt.[167] Es wird in der EU von der Kommission und vom EuG schon länger anerkannt.[168] Der EuGH gelangte traditionell über das Territorialitätsprinzip zu einer weiten Anwendung des EU-Kartellrechts.[169] Eine ausdrückliche Anerkennung des Auswirkungsprinzips vermied der EuGH lange Zeit.[170] Eine Entscheidung des EuGH aus dem Jahr 2015 deutete schon darauf hin, dass er das Auswirkungsprinzip als Anknüpfungspunkt anerkennen würde.[171] Im Jahr 2017 erkannte der EuGH dann endgültig das Auswirkungsprinzip explizit an.[172]

---

165 *Podszun*, ZWeR 2016, 360 (368) m. w. N.

166 *Terhechte*, in: Terhechte, Internationales Kartell- und Fusionskontrollverfahrensrecht, S. 1 (9).

167 *Krajewski*, Wirtschaftsvölkerrecht, S. 219; *Khan/Suh*, in: Geiger/Khan/Kotzur, EUV/AEUV, Art. 101 AEUV, Rn. 7; *Stadler*, in: Langen/Bunte, Kartellrecht, § 130 GWB, Rn. 143.

168 Bspw. EU-Kommission, Entscheidung v. 24.7.1969 – IV/26 267, ABl.EG 1969, Nr. L 195/11 – *Farbstoffe*; EuG, Urt. v. 25.3.1999 – Rs T-102/96, Slg. 1999, II-753, Rn. 90 ff. – *Gencor*; EuG, Urt. v. 12.6.2014 – Rs T-286/09, ECLI:EU:T:2014:547, Rn. 231 ff. – *Intel*; ausführlich hierzu m. w. N. *Behrens*, Europäisches Marktöffnungs- und Wettbewerbsrecht, S. 228 ff.

169 Während die Anknüpfung an das Territorialitätsprinzip theoretisch zu einer engeren Anwendung des Kartellrechts auf Sachverhalte mit Auslandsbezug führt als das Auswirkungsprinzip, kam es in der praktischen Anwendung des EuGH nicht zu einer restriktiveren Anwendung des Kartellrechts, als es bei einer Anwendung des Auswirkungsprinzips gekommen wäre; siehe *Wagner-von Papp*, in: Bungenberg/Krajewski/Tams/Terhechte/Ziegler, EYIEL 2017, S. 301 (312).

170 *Kamann*, in: *Kamann/Ohlhoff/Völcker*, Kartellverfahren und Kartellprozess, S. 32 (33), vermuteten den Widerstand aus Großbritannien als Grund hierfür. Zu diesem Widerstand vgl. unten Kapitel 2. D. I. 1.

171 Einige gehen davon aus, dass sich der EuGH in EuGH, Urt. v. 9.6.2015 – C-231/14 P, ECLI:EU:C:2015:451, Rn. 57, 71 – *InnoLux*, durch seine Wortwahl dem Auswirkungsprinzip so stark angenähert hat, dass sie von einer Akzeptanz auch durch den EuGH ausgehen; *Podszun*, ZWeR 2016, 360 (368); *Chan*, E.C.L.R. 2015, 463 (468 f.).

172 EuGH, Urt. v. 6.9.2017 – C-413/14, ECLI:EU:C:2017:632, Rn. 46 – *Intel*.

C. Gemeinsamkeiten und Unterschiede weltweiter Kartellrechtsordnungen

I. Gemeinsamkeiten

Zunächst ist festzuhalten, dass es einen Grundkonsens zwischen den verschiedenen Rechtsordnungen gibt.[173] Es gibt in den meisten Kartellrechtsregimen Regelungen zu den drei Grundsäulen des modernen Kartellrechts: erstens zu Kartellen im engeren Sinne, das heißt Absprachen und aufeinander abgestimmte Verhaltensweisen, die den Wettbewerb vertikal oder horizontal beeinträchtigen, zweitens den Missbrauch einer wie auch immer gearteten starken Marktposition und drittens eine Zusammenschlusskontrolle.[174]

Die Formulierungen und die Interpretation der Grundprinzipien, bezogen auf horizontale Handlungen, sind weltweit sehr ähnlich. Das hängt damit zusammen, dass ein breiter internationaler Konsens darüber besteht, dass „Hardcore-Kartelle" schädlich für den Wettbewerb sind.[175] Eine Definition von Hardcore-Kartellen findet sich in der Empfehlung der OECD von 1998, die solche definiert als wettbewerbswidrige Vereinbarungen, abgestimmte Verhaltensweisen oder Absprachen zwischen Wettbewerbern zur Preisfestsetzung bei Ausschreibungen über Produktionsmengen und die Aufteilung von Märkten durch Zuteilung von Kunden, Lieferanten, Gebieten oder Produktmärkten.[176]

Die Gemeinsamkeit bei vertikalen Vereinbarungen und abgestimmte Verhaltensweisen zwischen den verschiedenen Jurisdiktionen ist, dass diese grundsätzlich weniger streng beurteilt werden als horizontale Vereinbarungen und abgestimmte Verhaltensweisen.[177] Der Grund hierfür ist, dass sie den sogenannten Inter-brand-Wettbewerb, das heißt den Wettbewerb zwischen den Marken, verstärken können.[178]

---

173 *Papadopoulos*, The International Dimension of EU Competition Law and Policy, S. 17.

174 *Terhechte*, in: Terhechte, Internationales Kartell- und Fusionskontrollverfahrensrecht, S. 1 (4); *Papadopoulos*, The International Dimension of EU Competition Law and Policy, S. 17; *Noonan*, The Emerging Principles of International Competition Law, S. 59; *Cottier*, in: Cottier/Nadakavukaren Schefer, Elgar Encyclopedia of International Economic Law, S. 481.

175 *Martyniszyn*, World Competition 2017, 299 (305 f.); *Terhechte*, in: Terhechte, Internationales Kartell- und Fusionskontrollverfahrensrecht, S. 1 (16).

176 OECD, Recommendation of the Council Concerning Effective Action Against Hard Core Cartels, C(98)35/FINAL – C/M(98)7/PROV, I(A)2(a).

177 *Noonan*, The Emerging Principles of International Competition Law, S. 61.

178 Siehe zum Europäischen Kartellrecht *Kling/Thomas*, Kartellrecht, S. 82.

Die meisten Kartellrechtsjurisdiktionen haben auch Regeln, die sich gegen einseitige und wettbewerbswidrige Handlungen von Unternehmen mit Marktmacht richten.[179] Regeln zur Zusammenschlusskontrolle von Unternehmen und deren Effekt auf den Wettbewerb gibt es auch in immer mehr Kartellrechtsjurisdiktionen.[180] Hierbei werden Fusionen meist kartellrechtlich geprüft, wenn sie bestimmte Schwellenwerte überschreiten, und verboten, wenn sie den Wettbewerb erheblich einschränken.[181]

Der Austausch von Erfahrungen und die Entwicklung von Best Practices über verschiedenste Wege führen dazu, dass bestimmte allgemein anerkannte Grundsätze zum Vorschein kommen.[182] Einige gehen sogar so weit, vom Völkergewohnheitsrecht bezüglich der Grundprinzipien des Kartellrechts, vor allem bezogen auf sogenannte Hardcore-Kartelle, zu sprechen.[183] Festhalten lässt sich zumindest, dass Entwicklungen wie die Einführung von Kronzeugenprogrammen oder die verstärkte private Durchsetzung des Kartellrechts wertvolle Formen der Konvergenz sind. Diese Entwicklungen zeigen, dass sich auch außerhalb der weltweit anerkannten Grundsätze die Kartellrechtssysteme annähern.[184] Konvergenz bedeutet hierbei die schrittweise Annäherung der verschiedenen Kartellrechtssysteme und kann sowohl in materieller als auch in verfahrenstechnischer Sicht verwendet werden.[185] Gleichzeitig ist aber auch richtig, dass trotz einer gewissen Konvergenz die Angleichungen begrenzt geblieben sind. Dieses lässt sich mit dem sensiblen Charakter des Rechtszweiges erklären. Die wichtigsten wettbewerbsrechtlichen Grundsätze sind global weitgehend ähnlich, bilden aber nur ein Grundgerüst.[186] Obwohl die drei Säulen des Kartellrechts fast in allen Kartellrechtsregimen vorkommen und auch in anderen Bereichen eine Konvergenz stattgefunden hat, darf nicht übersehen werden, dass in der Anwendung des Kartellrechts weltweit weiterhin große Unterschiede bestehen.[187]

---

179 *Noonan*, The Emerging Principles of International Competition Law, S. 61.
180 Zur Ausbreitung der Fusionskontrollregime vgl. unten Kapitel 2. D. II. 1.
181 *Noonan*, The Emerging Principles of International Competition Law, S. 61.
182 *Joelson*, An International Antitrust Primer, S. 6.
183 *Anderson/Sen*, in: Cottier/Nadakavukaren Schefer, Elgar Encyclopedia of International Economic Law, S. 488 (489).
184 *Terhechte*, International Competition Enforcement Law Between Cooperation and Convergence, S. 77; *Farmer*, in: Backer, Harmonizing Law in an Era of Globalisation, S. 185 (193).
185 *Terhechte*, International Competition Enforcement Law Between Cooperation and Convergence, S. 2.
186 *Ezrachi*, JAE 2017, 49 (51 f.).
187 *Weitbrecht*, in: Messen, Economic Law as an Economic Good, S. 279 (283).

II. Unterschiede

Mit der stetig wachsenden Anzahl wettbewerbsbeschränkender Handlungen, die einen Effekt auf die Märkte unterschiedlicher Länder haben, werden die Unterschiede der verschiedenen Kartellrechtsordnungen relevant. Diese Relevanz zeigt sich insbesondere in Fällen, in denen sich unterschiedliche Kartellbehörden für zuständig halten und zu verschiedenen Beurteilungen kommen.[188]

1. Ziele und Reichweite

Schon bei der Zielsetzung des Kartellrechts beginnen die Unterschiede.[189] Ziel aller Kartellrechtsordnungen ist im Grundsatz der Schutz des Wettbewerbs vor verfälschendem Verhalten von Unternehmen.[190] Das Problem hierbei ist, dass es schon keine einheitliche Definition von Wettbewerb gibt.[191] Daneben gibt es von Jurisdiktion zu Jurisdiktion weitere unterschiedliche Primär- und Sekundärziele, von denen der Schutz der Verbraucher und die Effizienz der Märkte praktisch auch universell anerkannt sind.[192] Auch bezüglich dieser Ziele gibt es keine einheitliche Definition.[193] Es gibt beispielsweise verschiedene Arten von Effizienzzielen: allokative und dynamische Effizienz.[194] Weitere Ziele der Kartellrechtsordnungen unterscheiden sich weltweit und sind unter anderem Innovationsförderung, Chancengleichheit, Beschäftigungssicherung oder -steigerung.[195] Eines der besonderen Ziele des EU-Kartellrechts ist es, die

---

188 *Papadopoulos*, The International Dimension of EU Competition Law and Policy, S. 17.
189 Siehe für viele nur *Kaplow*, in: Zimmer, The Goals of Competition Law, S. 3 (26); *Dabbah*, International and Comparative Competition Law, S. 2; ausführlich zu verschiedenen Zielen des Kartellrechts *Vanberg*, in: Drexl/Kerber/Podszun, Competition Policy and the Economic Approach, S. 44.
190 *Gerber*, Global Competition, S. 4.
191 *Stucke*, in: Zimmer, The Goals of Competition Law, S. 27 (28).
192 *Zimmer*, in: Zimmer, The Goals of Competition Law, S. 486 (490).
193 *Fox*, in: Fox/Crane, Antitrust Stories, S. 331 (356 f.); ausführlich zum Verbraucherschutz *Möller*, Verbraucherbegriff und Verbraucherwohlfahrt im europäischen und amerikanischen Kartellrecht.
194 *Budzinski/Kerber*, in: Oberender, Internationale Wettbewerbspolitik, S. 9 (16) m. w. N.
195 Siehe für eine ausführliche und instruktive Zusammenstellung von Zielen verschiedener Kartellrechtsordnungen UNCTAD, Model Law on Competition,

Integration des Binnenmarktes zu fördern.[196] Bei den unterschiedlichen Zielen lassen sich auch regionale Besonderheiten beobachten. In Afrika ist beispielsweise unter anderem die Verringerung von Armut und Ungleichheit ein Ziel vieler Kartellrechtsordnungen. Eine Befragung im Jahr 2016 von 18 afrikanischen Wettbewerbsbehörden ergab, dass zwölf Behörden erklärten, dass die Erhöhung von Fairness und Gleichheit ein Ziel ihres Wettbewerbsrechts sei.[197] Neun Wettbewerbsbehörden gaben Armutsreduzierung als explizites Ziel ihres Wettbewerbsrechts an.[198]

Unterschiedliche Ziele können zu einer unterschiedlichen Kartellrechtsanwendung führen.[199] So führt das Ziel des EU-Kartellrechts, die Integration des Binnenmarktes zu fördern, im Vergleich zu anderen Kartellrechtsordnungen zu einer kritischeren Betrachtung von Vertikalvereinbarungen und dem Missbrauch einer marktbeherrschenden Stellung.[200] Hierbei muss allerdings beachtet werden, dass die Bedeutung des Ziels der Integration des Binnenmarktes aufgrund der voranschreitenden Marktintegration immer weiter hinter die klassischen Ziele des Kartellrechts wie wirtschaftliche Effizienz und Konsumentenwohlfahrt zurücktritt.[201]

Darüber hinaus unterscheiden sich die Reichweiten des Kartellrechts, da eine Reihe von Rechtsordnungen Sonderregeln für bestimmte Wirtschaftssektoren beinhalten.[202] In einigen Ländern ist das Kartellrecht in speziellen Sektoren, wie der Landwirtschaft oder dem Gesundheitswesen, nicht

---

Substantive Possible Elements for a Competition Law, Commentaries and Alternative Approaches in Existing Legislations, TD/RBP/CONF.7/8, 2010, 13 ff.; siehe auch *Noonan*, The Emerging Principles of International Competition Law, S. 63 ff.

196 *Parret*, in: Zimmer, The Goals of Competition Law, S. 61 (65); differenzierend *Behrens*, Europäisches Marktöffnungs-und Wettbewerbsrecht, S. 213 f., der der Ansicht ist, dass das Integrationsziel kein eigenes Ziel des EU-Kartellrechts sei, sondern sich mit dem Wettbewerbsziel decke.

197 *Weltbank*, A Step Ahead, S. 6 f.

198 *Weltbank*, A Step Ahead, S. 6 f.

199 *Parret*, in: Zimmer, The Goals of Competition Law, S. 61.

200 *Wagner-von Papp*, in: Bungenberg/Krajewski/Tams/Terhechte/Ziegler, EYIEL 2017, S. 301 (306); bezogen auf vertikale Vereinbarungen auch *Parret*, in: Zimmer, The Goals of Competition Law, S. 61 (65).

201 Ausführlich hierzu m. w. N. *Baetge*, Globalisierung des Wettbewerbsrechts, S. 90 f.

202 *Papadopoulos*, The International Dimension of EU Competition Law and Policy, S. 17 ausführlich hierzu S. 26 ff.; Für einen Rechtsvergleich, bspw. bezogen auf die Besonderheiten der Pressefusionskontrolle, siehe *Wiring*, Pressefusionskontrolle im Rechtsvergleich.

anwendbar.[203] Die meisten Jurisdiktionen unterwerfen ihre eigenen staatlichen Unternehmen dem nationalen Wettbewerbsgesetz.[204] Dennoch bestehen bezüglich der Rolle des Staates im Allgemeinen und der Behandlung von öffentlichen Unternehmen im Speziellen deutliche Unterschiede.[205]

2. Materiell-rechtliche Unterschiede und unterschiedliche Durchsetzung

Die zwei wichtigsten Kartellrechtsordnungen sind die der USA und der EU.[206] Aus diesem Grund legt der nachfolgende Vergleich den Schwerpunkt auf das Recht der EU und das der USA. Das Kartellrecht der USA und der EU als Referenzpunkt eines Vergleichs ist weiterhin sinnvoll, da sich die meisten Kartellrechtsordnungen an dem Recht der USA und/oder der EU orientieren.[207]

Im materiellen Recht gibt es weltweit fundamentale Unterschiede in der Beurteilung des einseitigen Verhaltens eines marktbeherrschenden Unternehmens.[208] Dies gilt insbesondere zwischen dem US-Kartellrecht und dem der EU.[209] Im EU-Recht gibt es das Verbot des Ausbeutungsmissbrau-

---

203 *Papadopoulos*, The International Dimension of EU Competition Law and Policy, S. 26.

204 *Martyniszyn*, World Competition 2017, 299 (302) m. w. N. Öffentliche Unternehmen genießen grundsätzlich keine Sonderbehandlung im EU-Kartellrecht; siehe *Wiedemann*, in: Wiedemann, Handbuch des Kartellrechts, § 4, Rn. 1.

205 *Terhechte*, in: Terhechte, Internationales Kartell- und Fusionskontrollverfahrensrecht, S. 1 (16); siehe bspw. zu den Sonderregelungen für öffentliche Unternehmen in China *Mao/Glass*: GRUR Int 2008, 105 (106); *Mesenbrink*, Das Antimonopolgesetz der VR China im Spannungsfeld zwischen Politik und Wettbewerbsrecht; *Ng*, The Political Economy of Competition Law in China.

206 *Passaro*, G.C.L.R. 2018, 72.

207 *Passaro*, G.C.L.R. 2018, 72 (81); *Joekes/Evans*, Competition and Development, S. 14; Welche Länder welchem Modell folgen, ist dabei schwierig zu kategorisieren und hat jeweils spezifische Gründe. So folgen beispielsweise in Lateinamerika einige dem US- und andere dem EU-Modell, siehe *Sokol*, Chi.-Kent L. Rev. 2008, 231 (241).

208 *Terhechte*, in: Terhechte, Internationales Kartell- und Fusionskontrollverfahrensrecht, S. 1 (36); *Cabral*, NZEP 2017, 100 (105). Darüber hinaus existieren in den meisten Bereichen des Kartellrechts wesentliche Unterschiede in den verschiedenen Rechtsordnungen; siehe hierzu *Basedow*, Weltkartellrecht, S. 7 ff. mit weiteren Beispielen.

209 Ausführlich hierzu *Marcos*, Int Co Commerc Law Rev 2017, 338; *Fox*, Antitrust Bull. 2014, 129; *Hujo*, Die wettbewerbsrechtliche Beurteilung von einseitigem Missbrauchsverhalten („Unilateral Conduct") in den Vereinigten Staaten von Amerika und der Europäischen Union; *Stancke*, EuZW 2016, 567 (570).

ches. Hiernach ist es einem marktbeherrschenden Unternehmen untersagt, sich geschäftliche Vorteile zu verschaffen, die es „[...] bei einem normalen und hinreichend wirksamen Wettbewerb nicht erhalten hätte".[210] Den Ausbeutungsmissbrauch gibt es im US-Recht nicht.[211] Das US-amerikanische Recht geht grundsätzlich von der Annahme aus, dass das unternehmerische Handeln eines marktbeherrschenden Unternehmens nicht zu beanstanden ist, solange es alleine und nicht mit seinen Wettbewerbern zusammen handelt.[212] Es bietet sich an, Südafrika als weitere Jurisdiktion in diesen Vergleich einzubeziehen, da hier unter anderem sowohl das US-Recht als auch das EU-Recht als Vorbild für das nationale Kartellrecht dienten.[213] In Südafrika ist nur ein spezieller Fall eines Ausbeutungsmissbrauches, und zwar der Preishöhenmissbrauch (*excessive pricing*), verboten.[214] Dieser Vergleich macht deutlich, dass es bei der wettbewerbsrechtlichen Beurteilung von unternehmerischem Handeln verschiedene Varianten gibt. Eine Kartellrechtsordnung verbietet den Ausbeutungsmissbrauch umfassend (EU), eine Kartellrechtsordnung gar nicht (USA) und eine Kartellrechtsordnung zum Teil (Südafrika).[215]

Im Bereich der vertikalen Vereinbarungen und Beschränkungen des Wettbewerbs gibt es weltweit auch viele Unterschiede zwischen den Kartellrechtsordnungen.[216] Das Ziel der Integration des Binnenmarktes in der

---

210 EuGH, Urt. v. 14.2.1978 – C-27/76, Slg. 1978, 207, Rn. 248/257 – *United Brands*; siehe ausführlich hierzu *Jung*, in: Grabitz/Hilf/Nettesheim, EUV/AEUV, Art. 102 AEUV, Rn. 166 ff.

211 Generalanwalt *Wahl*, Schlussanträge v. 6.4.2017 C-177/16, ECLI:EU:C:2017:286, Rn. 1-3 – *AKKA/LAA*, der nicht nur auf den Unterschied des EU-Rechts in diesem Punkt zu den USA, sondern auch zu anderen Rechtsordnungen hinweist.

212 *Fox*, Utah L. Rev. 2006, 725 (728) mit einer ausführlichen Analyse der Unterschiede zwischen dem EU- und dem US-Recht.

213 *Sutherland/Kemp*, Competition Law of South Africa, section 2.2.

214 Section 8 (c) des südafrikanischen Kartellrechts (South African Competition Law Act) siehe hierzu *Sutherland/Kemp*, Competition Law of South Africa, section 4.6.

215 Es muss jedoch beachtet werden, dass dieser Unterschied nur als Beispiel dient und nicht überbewertet werden darf. In der EU gab es im Zeitraum zwischen 2000 und Mitte 2017 nur drei Fälle von insgesamt 43 Fällen im Bereich des Missbrauchs einer marktbeherrschenden Stellung, in denen die EU-Kommission einen Ausbeutungsmissbrauch angenommen hat, siehe hierzu *Dethmers/Blondeel*, E.C.L.R. 2017, 147 (151).

216 *Terhechte*, in: Terhechte, Internationales Kartell- und Fusionskontrollverfahrensrecht, S. 1 (16); siehe ausführlich zu den Unterschieden zwischen dem US- und dem EU-Recht bezüglich vertikaler Wettbewerbsbeschränkungen *Nagy*, EU and US Competition Law: Divided in Unity?; *Böni*, WUW 2012, 699.

EU hat beispielsweise Auswirkungen darauf, wie die EU-Kommission Einschränkungen im Bereich des Online-Vertriebes sieht. Dieser gilt als besonders geeignet für die Integration des Binnenmarktes.[217] Die Beschränkung des Online-Vertriebs wird daher von der EU-Kommission grundsätzlich kritischer beurteilt als von Wettbewerbsbehörden anderer Länder.[218] Ein Indiz hierfür ist beispielsweise die Entscheidung des EuGHs in *Pierre Fabre*.[219] In dieser Entscheidung wurde ein absolutes Verbot von Internetverkäufen für unzulässig erklärt, obwohl für dieses Verbot gute Gründe sprachen, die in anderen Jurisdiktionen mutmaßlich zu einer anderen Entscheidung geführt hätten. Das Verbot des Internetvertriebs sollte dazu dienen, das Image einer Luxusmarke zu erhalten. Des Weiteren sollte es verhindern, dass Verkäufer von dem Marketing profitieren, ohne selbst Marketing zu betreiben, also sogenanntes unternehmerisches Trittbrettfahren (*free-riding*).[220]

Ein gutes Beispiel dafür, dass trotz einer voranschreitenden Konvergenz noch große Unterschiede bestehen, ist zudem die Fusionskontrolle. Es wurde zwar weltweit eine signifikante Konvergenz bei substanziellen Tests erreicht, da die meisten Jurisdiktionen Zusammenschlüsse verbieten, wenn es wahrscheinlich ist, dass die Fusion den Wettbewerb auf einem Markt erheblich einzuschränkt.[221] Was allerdings eine erhebliche Einschränkung des Wettbewerbs darstellt und das Maß an Plausibilität oder Wahrscheinlichkeit, das erforderlich ist, um ein Verbot oder einen Rechtsbehelf zur Genehmigung der Transaktion zu rechtfertigen, sind von Land zu Land unterschiedlich.[222]

---

217 *Apostolakis*, E.C.L.R. 2016, 114 (116 f.); *Hachmeister*, Internetvertrieb und Kartellrecht, S. 20.

218 *Hachmeister*, Internetvertrieb und Kartellrecht, S. 20.

219 EuGH, Urt. v. 13.10.2011 – C-439/09, Slg. 2011, I-9447 – *Pierre Fabre*.

220 Ein vollständiges Verbot von Internetverkäufen ist nach EU-Kartellrecht aber grundsätzlich nicht denkbar, siehe *Dias Pereira*, E.C.L.R. 2017, 478 (482); siehe aber auch EuGH, Urt. v. 6.12.2017 – C-230/16, ECLI:EU:C:2017:941 – *Coty*, In diesem Urteil wurde das Verbot des Internetvertriebs über bestimmte Online-Plattformen mit der Begründung des Schutzes des Images einer Luxusmarke für rechtmäßig erklärt.

221 OECD, Working Party No. 3 on Co-operation and Enforcement, Roundtable on the Extraterritorial Reach of Competition Remedies – Issues Paper by the Secretariat, DAF/COMP/WP3(2017)4, Rn. 20.

222 OECD, Working Party No. 3 on Co-operation and Enforcement, Roundtable on the Extraterritorial Reach of Competition Remedies – Issues Paper by the Secretariat, DAF/COMP/WP3(2017)4, Rn. 20.

Bezüglich der Durchsetzung des Rechts lassen sich die Wettbewerbssysteme grob in drei Kategorien einteilen: das US-Modell, welches sich bei der Durchsetzung des Wettbewerbsrechts verstärkt auf Straf- und Zivilgerichte stützt; das EU-Modell, das stark auf einem Verwaltungssystem basiert; und das asiatische Modell, welches stärker von Warnungen abhängt und in dem die Durchsetzungsbehörde in der Regel Teil der Exekutive ist.[223] Diese Unterschiede sind oft nicht nur regulatorische Entscheidungen, sondern spiegeln tiefsitzende systemische Unterschiede wider, die wiederum oft kulturell bedingt sind.[224] Hierbei muss allerdings beachtet werden, dass die zivilrechtliche Durchsetzung in Europa immer wichtiger wird.[225]

3. Gründe für Unterschiede

Der wohl entscheidende Faktor für die Unterschiede im Kartellrecht ist, zumindest in Bezug auf hochindustrialisierte Länder, welche Rolle die Wettbewerbstheorien und andere ökonomische Erkenntnisse für die Anwendung der Kartellrechtsregelungen spielen.[226] Die Ökonomie hilft bei der Kartellrechtsanwendung insbesondere dabei, den Markt zu bestimmen und bestimmte Verhaltensweisen von Unternehmen und ihrer Auswirkung auf den Markt zu bewerten.[227] Weitere entscheidende Faktoren sind der Einfluss politischer,[228] kultureller und geschichtlicher[229] sowie sogar religiöser Aspekte.[230] So ist eines der Ziele des Kartellrechts in Südafrika die Beseitigung der Unterschiede zwischen den Rassen, welche

---

223 *Jenny*, Antitrust Bull. 2003, 985.

224 *Sweeney*, in: Duns/Duke/Sweeney, Comparative Competition Law, S. 345 (348).

225 Siehe zu dieser Entwicklung ausführlich *Wiegandt*, Bindungswirkung kartellbehördlicher Entscheidungen im Zivilprozess, S. 67 ff.

226 Ausführlich hierzu *Papadopoulos*, The International Dimension of EU Competition Law and Policy, S. 18 ff.; *Noonan*, The Emerging Principles of International Competition Law, S. 69 ff.; *Budzinski/Kuchinke*, in: Wentzel, Internationale Organisationen, S. 176 (177).

227 *Maher*, in: Parker/Scott/Lacey/Braithwaite, Regulating Law, S. 187 (194).

228 *Papadopoulos*, The International Dimension of EU Competition Law and Policy, S. 30 ff.

229 *Papadopoulos*, The International Dimension of EU Competition Law and Policy, S. 32 f.

230 Zum Einfluss des Islam auf das Kartellrecht siehe *Dabbah*, Competition Law and Policy in the Middle East, 2007, S. 18 ff.

ein historisches Erbe des Apartheidsregimes ist.[231] Die Entwicklungs- und Wirtschaftssituation eines Landes beeinflusst ebenfalls das Kartellrecht.[232] Ein weiterer Grund für den Unterschied der Kartellrechtsgestaltung ist die Größe der Volkswirtschaft.[233] Kleine Volkswirtschaften mit kleineren Märkten akzeptieren zum Teil größere Konzentrationsgrade in einem Markt als größere Volkswirtschaften mit größeren Märkten, da diese in kleineren Volkswirtschaften notwendig sein können, um Skaleneffekte (*economies of scale*) zu erzielen.[234]

D. Diskrepanz von globalem Wettbewerb und nationalen Kartellrechtsordnungen

Unternehmen agieren global, dadurch werden Wettbewerbsbeschränkungen immer internationaler. Gleichzeitig gibt es immer mehr Kartellgesetze, die national sind. Eine der wenigen Ausnahmen hierzu ist das supranationale europäische Kartellrecht. Diese nationalen/supranationalen Kartellgesetze werden allerdings extraterritorial angewendet. Durch das Auswirkungsprinzip bestehen grundsätzlich kaum materiell-rechtliche Schutzlücken.[235] Die Schutzlücken, die vor allem in der Durchsetzung des materiellen Rechts bestehen bleiben, und die Probleme, die sich vor allem durch die parallele Anwendbarkeit von immer mehr Kartellrechtsjurisdiktionen ergeben, sollen nachfolgend dargestellt werden.

Die Einteilung ist aus der Sicht der jeweils betroffenen Akteure gegliedert. Sie bedeutet explizit nicht, dass die anderen Beteiligten von den angesprochenen Problemen nicht betroffen sind. Das ergibt sich schon aus der grundsätzlichen Überlegung, dass Kartellbehörden das Kartellrecht nicht als Selbstzweck durchsetzen, sondern die Verbraucherwohlfahrt ein

---

231 Art. 2 (f) und die Präambel des competition act (no. 89/1998) der Republik Südafrika; ausführlich hierzu auch *Fox*, Harv. Int'l. L. J. 2000, 579; siehe für weitere Beispiele *Podszun*, ZWeR 2016, 360 (380 f.).

232 *Sweeney*, in: Duns/Duke/Sweeney, Comparative Competition Law, S. 345 (348).

233 *Podszun*, ZWeR 2016, 360 (381).

234 *Trebilcock/Howse/Eliason*, The Regulation of International Trade, S. 756, die als Auswirkung auf das Kartellrecht den Vergleich zwischen kanadischem Kartellrecht und US-Kartellrecht nennt. Bei Ersterem gibt es im Gegensatz zu Letzterem eine explizite Einrede der Effizienz, aufgrund derer Unternehmenszusammenschlüsse genehmigt werden können; ausführlich hierzu *Gal*, Competition Policy for Small Market Economies.

235 *Möschel*, WuW 2005, 599 (604).

entscheidendes Ziel ist.[236] Somit ist jedes Problem der Kartellbehörden auch eines der Verbraucher. Gleichzeitig erleiden auch die Wettbewerber der Kartellanten einen Nachteil, und daher ist eine effektive Kartellrechtsdurchsetzung durch die Kartellbehörden auch in ihrem Sinne.[237]

I. Sicht der Kartellbehörden

1. Zuständigkeitskonflikte

Zuständigkeitskonflikte können entstehen, wenn Kartellbehörden oder Regierungen gegen die Ausübung einer parallelen Kompetenz einer Kartellbehörde eines anderen Landes protestieren.[238] Dies kann durch Unternehmen veranlasst werden, welche sich vor negativen kartellrechtlichen Sanktionen oder der Offenlegung von Informationen (*pre-trial discovery*) fürchten.[239] Ein historisches Beispiel für einen Zuständigkeitskonflikt ist die Ablehnung des Auswirkungsprinzips durch das Vereinigte Königreich. Es lehnte den aus der Sicht des Vereinigten Königreichs zu interventionistischen Gebrauch des (vor allem US-amerikanischen) Wettbewerbsrechts – gestützt auf das Auswirkungsprinzip – ab und erließ Abwehrgesetze (*blocking statutes*), um dies zu verhindern.[240] Auch andersherum können Konflikte entstehen, wenn die Nichtanwendung des Kartellrechts gerügt wird.[241] Dieses könnte beispielsweise im Fall von Exportkartellen geschehen. Mittlerweile ist das Auswirkungsprinzip allgemein anerkannt.[242] Nationale Ausnahmen für Exportkartelle sind ebenfalls anerkannt.[243] Zuständigkeitskonflikte sind daher äußerst selten.

---

236 Zu den Zielen der Wettbewerbsordnungen vgl. oben Kapitel 2. C. II. 1.
237 Diese Wechselwirkung unter den verschiedenen Beteiligten ließe sich noch weiter ausführen.
238 *Podszun*, Internationales Kartellverfahrensrecht, S. 34.
239 *Podszun*, Internationales Kartellverfahrensrecht, S. 34 f.
240 *Whish/Bailey*, Competition Law, S. 537 ff.
241 *Podszun*, Internationales Kartellverfahrensrecht, S. 36.
242 Vgl. oben Kapitel 2. B. IV.
243 *Basedow*, in: Neuman/Weigand, The International Handbook of Competition Law, S. 321 (323).

2. Zwischenstaatliche Konfliktfälle

Im Kartellrecht haben Konflikte zwischen verschiedenen Jurisdiktionen eine größere Bedeutung als in Privatrechtsfällen, wie zum Beispiel Vertragsrechtsstreitigkeiten. Es sind nicht nur die einzelnen Parteien betroffen, sondern Kartellrechtsentscheidungen haben oft weitreichende (volks-)wirtschaftliche und sogar politische Konsequenzen.[244] Kartellrechtsentscheidungen können die Wettbewerbsbedingungen und -strukturen eines Staates und daher vieler nationaler Unternehmen und damit die (Volks-)Wirtschaft als Ganzes beeinflussen.[245] Das Kartellrecht betrifft des Weiteren typischerweise große und einflussreiche Unternehmen, deren Interessen zum Beispiel über den Erhalt von Arbeitsplätzen mit denen der Öffentlichkeit und/oder der Politik verbunden sind.[246] Werden Wettbewerbsbeschränkungen, die einen internationalen Effekt haben, von den verschiedenen Kartellrechtsordnungen unterschiedlich gelöst, kann dies zu widersprüchlichen Ergebnissen und daraus resultierenden diplomatischen und handelspolitischen Konflikten führen.[247] Konflikte aufgrund unterschiedlicher kartellrechtlicher Beurteilungen werden zum Teil hinter verschlossenen Türen zwischen den Kartellbehörden geklärt; es kommt aber auch vor, dass diese in der Öffentlichkeit ausgetragen werden.[248] Einige Beispiele solcher Konfliktfälle folgen im nächsten Abschnitt, in dem beispielhaft wieder auf Konflikte zwischen den Kartellbehörden der EU und den USA eingegangen wird.

a) Fusionskontrolle

Konflikte in der Fusionskontrolle sind nicht überraschend, da diese erstens den Großteil der Verfahren ausmachen und zweitens Prognoseentscheidungen erfordern.[249]

Im Fall der 1996 von den Unternehmen *Boeing* und *McDonnell-Douglas* beschlossenen Fusion wollte die EU-Kommission den Zusammenschluss nicht akzeptieren, obwohl die US-Behörden ihn vorbehaltlos genehmigt

---

244 *Gerber*, Global Competition, S. 91.
245 *Gerber*, Global Competition, S. 91.
246 *Gerber*, Global Competition, S. 91.
247 *Klodt*, Internationale Politikkoordination, S. 10.
248 *Gerber*, Global Competition, S. 91.
249 *Bätge*, Wettbewerb der Wettbewerbsordnungen?, S. 107.

hatten.[250] Erst nach Androhung eines Handelskrieges durch die USA genehmigte die EU-Kommission den Zusammenschluss nach Zusagen einer der Parteien.[251] Es handelte sich hierbei um einen Fall, bei dem der Konflikt eher auf der politischen Ebene als auf der Ebene der Wettbewerbsbehörden ausgetragen wurde.[252] Das dürfte mit dem betroffenen Flugzeugmarkt zusammenhängen, da dieser sowohl militärische Bedeutung hat als auch von starkem staatlichen Einfluss geprägt ist.[253] Der Konflikt war daher eher industriepolitischer Natur.[254]

Im Gegensatz dazu steht der Konflikt einer geplanten Fusion im Jahr 2001 von *General Electric* und *Honeywell*.[255] Dies war ein Konflikt, der hauptsächlich zwischen den Wettbewerbsbehörden ausgetragen wurde und fast ausschließlich auf unterschiedlichen kartellrechtlichen Bewertungen beruhte.[256] Der Hauptkonflikt bestand in der unterschiedlichen Beurteilung, ob die Fusion zu einer Marktbeherrschung in den relevanten Märkten führen werde. Dabei stellte sich die Frage, ob *General Electric* ein marktbeherrschendes Unternehmen auf dem Triebwerksmarkt sei und ob ein bestimmtes Triebwerk in diesen Markt einbezogen werden solle.[257] Die USA einigten sich mit beiden Parteien, aber die EU blockierte den Zusammenschluss.[258] Der Konflikt beruhte daher erstens auf unterschiedlichen Methoden der Marktabgrenzung[259] und zweitens und hauptsächlich auf der unterschiedlichen Einschätzung von vertikalen und konglomeraten Zusammenschlüssen. Es ging um die Bewertung, ob und wann solche Fu-

---

250 EU-Kommission, Entscheidung v. 30.7.1997 – IV/M.877, ABl.EG 1997, Nr. L 336/16 – *Boeing/McDonnell Douglas*; *Bätge*, Wettbewerb der Wettbewerbsordnungen?, S. 107 m. w. N. zu dieser Unterscheidung der Konflikte.

251 Ausführlich *Klauß*, Die Aufsicht über ein Gemeinsames Wettbewerbsgebiet, S. 239 ff.; *Fox*, in: Fox/Crane, Antitrust Stories, S. 331 (351); Kovacic, Antitrust L J 2001, 805.

252 *Bätge*, Wettbewerb der Wettbewerbsordnungen?, S. 109 m. w. N.

253 *Bätge*, Wettbewerb der Wettbewerbsordnungen?, S. 109.

254 Ähnlich auch *Klauß*, Die Aufsicht über ein Gemeinsames Wettbewerbsgebiet, S. 254.

255 EU-Kommission, Entscheidung v. 31. 7. 2001 – COMP/M.2220, ABl.EU 2004, Nr. L 48/1 – *General Electric/Honeywell*. Ausführlich hierzu *Klauß*, Die Aufsicht über ein Gemeinsames Wettbewerbsgebiet, S. 255 ff.

256 *Bätge*, Wettbewerb der Wettbewerbsordnungen?, S. 109-112.

257 *Fox*, in: Fox/Crane, Antitrust Stories, S. 331 (350 f.).

258 *Bätge*, Wettbewerb der Wettbewerbsordnungen?, S. 110.

259 Hierzu *Neven/Röller*, JICT 2003, 235 (246 ff.).

sionen zu einer marktbeherrschenden Stellung führen würden.[260] Hierzu besteht international allgemein keine Einigkeit.[261]

b) Missbrauchskontrolle

Konflikte treten auch in der Missbrauchskontrolle auf, obwohl diese deutlich seltener vorkommen als in der Fusionskontrolle, was vor allem mit der kleineren Fallzahl zusammenhängt.[262]

Ein Beispiel für einen solchen Konflikt ist der Fall *Microsoft*. Die EU-Kommission entschied 2004, dass *Microsoft* seine marktbeherrschende Stellung ausgenutzt habe. Die EU-Kommission ordnete das Ende der wettbewerbswidrigen Praktiken an und verhängte das zu diesem Zeitpunkt höchste je verhängte Bußgeld in Höhe von 497 Millionen Euro.[263] In den USA hingegen einigte sich die zuständige US-Kartellbehörde mit *Microsoft*. Diese Einigung wurde gerichtlich bestätigt.[264] Die Abhilfemaßnahmen der EU- und US-Kartellbehörden ähneln sich, wobei im Detail die der Europäischen Union aber strenger waren.[265] Nach der weitergehenden Bestätigung der EU-Kommissionsentscheidung durch das EuG im Jahr 2007[266] kritisierte der amerikanische Assistant Attorney General die Entscheidung, was wiederum die damalige Wettbewerbskommissarin *Kroes* dazu veranlasste, diese Einmischung ihrerseits zu kritisieren.[267]

Bei einer ähnlichen Bewertung des Falles durch die Wettbewerbsbehörden zeigt sich, dass dieser Konflikt vor allem in der strengeren Bewertung durch die EU lag. Abstrakt formuliert, ist dies ein Beispiel für einen Konflikt, in dem der Heimatstaat eines Weltmarktführers das Verhalten weniger streng beurteilt als eine ausländische Jurisdiktion, in der die Auswirkungen des Verhaltens zu spüren sind.[268]

---

260 *Papadopoulos*, The International Dimension of EU Competition Law and Policy, S. 45; ausführlich hierzu *Petrasincu*, Horizontale, vertikale und konglomerate Zusammenschlüsse in der europäischen und amerikanischen Fusionskontrolle.

261 *Bätge*, Wettbewerb der Wettbewerbsordnungen?, S. 114 m. w. N.

262 *Bätge*, Wettbewerb der Wettbewerbsordnungen?, S. 120.

263 EU-Kommission, Entscheidung v. 24.5.2004 – COMP/C-3/37.792 – *Microsoft*.

264 *Hesse*, Antitrust L. J. 2009, 847 (847 f.).

265 Ausführlich hierzu *Platt Majoras*, in: Hawk, Fordham Corp. L. Inst. 2007, S. 1 (14 ff.).

266 EuG, Urt. v. 17.9.2007 – T-201/04 – *Microsoft*.

267 *Bätge*, Wettbewerb der Wettbewerbsordnungen?, S. 118 f.

268 *Bätge*, Wettbewerb der Wettbewerbsordnungen?, S. 119 f.

Konflikte sind somit in Missbrauchsfällen oft wirtschaftspolitisch motiviert. Zu unterschiedlichen Bewertungen werden unterschiedliche Kartellbehörden allerdings im Bereich des Missbrauches einer marktbeherrschenden Stellung häufiger kommen, da in Jurisdiktionen Unterschiede im Detail und bezüglich des Ausbeutungsmissbrauches auch ganze Fallgruppen betreffend bestehen.[269]

Echte Konflikte, die dazu führten, dass es Unternehmen unmöglich war, in allen Kartellrechtsjurisdiktionen rechtmäßig zu handeln, sind nicht bekannt.[270]

c) Vereinbarungen oder abgestimmte Verhaltensweisen

In Kartellfällen sind Konflikte nicht zahlreich, was im Vergleich zur Fusionskontrolle mit der geringeren Fallzahl und im Vergleich zur Missbrauchskontrolle mit der größeren globalen Konvergenz in diesem Bereich erklärt werden kann.[271] Im Bereich der horizontalen Vereinbarungen oder abgestimmten Verhaltensweisen bestehen dabei weniger weltweite Unterschiede in der kartellrechtlichen Beurteilung als bezüglich vertikaler.[272] Konflikte bezüglich der unterschiedlichen Bewertung von vertikalen Vereinbarungen oder abgestimmter Verhaltensweisen sind jedoch auch kaum aufgetreten.[273] Ein Grund hierfür könnte sein, dass Konsens darüber besteht, dass diese sowohl wettbewerbsfördernd als auch wettbewerbsbeschränkend wirken können. Allen Akteuren ist daher die Schwierigkeit der Bewertung dieser Verhaltensweisen bewusst.[274]

---

269 Vgl. oben Kapitel 2. C. II. 2. Siehe ausführlich zu Unterschieden im Bereich des Missbrauchsverbotes zwischen der EU und den USA auch *Campbell/Rowley*, Antitrust L. J. 2008, 267 (300 ff.).

270 *Bätge*, Wettbewerb der Wettbewerbsordnungen?, S. 120, die feststellt, dass dies in der Theorie denkbar ist, wenn eine Kartellbehörde einem Unternehmen ein Verhalten als Abhilfemaßnahme vorschreibt, welches in einer anderen Jurisdiktion gerade den Tatbestand des Missbrauches auslöst.

271 *Bätge*, Wettbewerb der Wettbewerbsordnungen?, S. 134.

272 Vgl. oben Kapitel 2 C.

273 Eine Ausnahme hierzu ist das sog. *Keiretsu-System* in Japan, vgl. unten Kapitel 2. E. II. 2. a) (2) und Kapitel 3. B. II. 1.

274 *Bätge*, Wettbewerb der Wettbewerbsordnungen?, S. 134.

d) Zwischenfazit

Die genannten zwei Beispiele sind nur eine Auswahl besonders bekannter Fälle. Hierbei muss allerdings beachtet werden, dass der *General Electric/Honeywell*-Fall aus dem Jahr 2001 der erste Fall von vorher über 394 Fusionskontrollverfahren mit Beteiligung eines US-Unternehmens war, in dem die EU-Kommission eine Fusion untersagte, welche vorher von den Wettbewerbsbehörden der USA genehmigt worden war.[275] Zwischen 2010 und 2015 hat die EU-Kommission in mehr als der Hälfte aller Fusionskontrollentscheidungen mit Kartellbehörden aus Nicht-EU-Ländern kooperiert.[276] Ähnliche Konflikte wie im *General Electric/Honeywell*-Fall sind dabei nicht aufgetreten. Dies zeigt, dass dieses Problem nicht überbewertet werden darf, da ernsthafte Auseinandersetzungen in der Zusammenarbeit von Wettbewerbsbehörden die Ausnahme sind.[277] Konflikte, zumindest solche, die offen zutage treten, sind sehr selten.[278] Es wird geschätzt, dass 99,9 % aller internationalen Kartellrechtsfälle ohne Konflikt ablaufen.[279]

Die Auslöser der Konflikte, also Situationen, die über eine unterschiedliche Beurteilung hinausgehen, sind dabei oft industriepolitisch motiviert. Es ist darüber hinaus auffällig, dass meist die unterschiedlichen Bewertungen und die sich daraus ergebenden Konflikte weniger mit grundsätzlichen Unterschieden der Kartellrechtjurisdiktionen als vielmehr mit Unterschieden im Detail zusammenhängen.

3. Effektivität der Wettbewerbsaufsicht

Hoheitliche Maßnahmen auf dem Gebiet eines anderen Staates ohne dessen Zustimmung sind völkerrechtlich eine Verletzung des Grundsatzes der territorialen Souveränität, wie er in Art. 2 Abs. 1 der Charta der Vereinten Nationen niedergelegt ist. Eine völkerrechtliche Befugnisnorm als Entsprechung des Auswirkungsprinzips existiert nicht.[280] Dies ist unumstritten.[281]

---

275 *International Business Publications*, European Union Free Trade Agreements Handbook, S. 20.
276 EU-Kommission, EU-Wettbewerbspolitik in Aktion, 39.
277 *Baron*, in: Oberender, Internationale Wettbewerbspolitik, S. 111 (125).
278 *Sweeney*, in: Duns/Duke/Sweeney, Comparative Competition Law, S. 345 (350); *Farmer*, in: Backer, Harmonizing Law in an Era of Globalisation, S. 185 (201).
279 *Fox*, in: Fox/Crane, Antitrust Stories, S. 331 (335).
280 *Podszun*, Internationales Kartellverfahrensrecht, S. 43.
281 *Meng*, Extraterritoriale Jurisdiktion im öffentlichen Wirtschaftsrecht, S. 500 f.

Die völkerrechtlichen Fragen der extraterritorialen Durchsetzung von Kartellrecht sind ansonsten aber weitgehend unklar.[282] So ist es beispielsweise strittig, ob bloße Mitteilungen und Auskunftsersuche an den Adressaten in einem Drittstaat gerichtet werden dürfen.[283]

Ein Fallbeispiel aus der Praxis, welches die Probleme in diesem Bereich beschreibt, ist der Fall eines internationalen Kartells auf dem türkischen Exportkohlemarkt. In diesem Fall hatte die türkische Kartellbehörde massive Schwierigkeiten bei der Beweiserhebung, der Zustellung von Verwaltungsakten sowie der Durchsetzung von Sanktionen.[284]

a) Aufdecken

Es ist kompliziert für nationale Kartellbehörden, international wettbewerbswidrige Verhaltensweisen zu erkennen.[285] Werden zum Beispiel Kartellabsprachen in Büros und Hotelzimmern über den Globus verteilt abgehalten, ist es schwierig für nationale Kartellbehörden, diese zu erkennen.[286] Solche Absprachen werden häufig durch die Kartellbehörden aufgedeckt, wenn diese oder die Kunden, die betroffen sind, Muster in der Preisentwicklung oder anderen Marktfaktoren bemerken. In globalen Märkten wird jedoch auch dies zunehmend schwieriger.[287]

Kronzeugenprogramme sind weltweit eines der wichtigsten Instrumente zur Aufdeckung von (internationalen) Kartellen.[288] Der Prozentsatz aller Hardcore-Kartelle, die durch Kronzeugenanträge aufgedeckt wurden, liegt nach einer Umfrage der OECD aus dem Jahr 2017 zwischen 45 % und 55 % in Ländern wie Kanada, Chile, Deutschland, Korea und Neuseeland und bei bis zu 80 % in der EU.[289] In den USA standen sogar über 90 % der vom US-Justizministerium (DOJ) verhängten Strafen im

---

282 *Zurkinden*, in Kronke/Melis/Kuhn, Handbuch Internationales Wirtschaftsrecht, S. 1821 (1825).

283 *Grill*, in: Lenz/Borchardt, EU-Verträge, Vorb. Art. 101-106 AEUV, Rn. 24.

284 Siehe hierzu ausführlich *Dursun*, Exportkartellausnahmen in einer globalen Handelsordnung, S. 121 ff.

285 *Gerber*, Global Competition, S. 89.

286 *Gerber*, Global Competition, S. 89.

287 *Gerber*, Global Competition, S. 89 f.

288 *Choi/Gerlach*, IJIO 2012, 528 (538).

289 OECD, Directorate for Financial and Enterprise Affairs, Working Party No. 3 on Co-operation and Enforcement, Challenges and Co-Ordination of Leniency Programmes – Background Note by the Secretariat, DAF/COMP/WP3(2018)1, Rn. 1.

Zusammenhang mit Untersuchungen, die von Kronzeugenantragstellern unterstützt wurden.[290] Mehr als 60 Jurisdiktionen haben Kronzeugenprogramme.[291] Hierbei sind sowohl deren oft nicht ausreichende oder gänzlich fehlende Abstimmung sowie der Fakt, dass nicht alle Länder ein Kronzeugenprogramm haben, ein Problem. Während individuelle Probleme, bezogen auf die Kronzeugenregelungen, für die betroffenen Unternehmen ärgerlich sind, sind die Schäden, die diese Probleme allgemein auslösen, und der damit verbundene Verlust der Attraktivität der Kronzeugenregelungen noch bedeutsamer.[292] Ein Unternehmen, das einen Antrag auf Kronzeugenregelung für die Teilnahme an einem grenzüberschreitenden Kartell erwägt, wird nicht nur auf der Grundlage des Kronzeugenprogramms eines Landes, sondern auch auf der Grundlage der kumulativen Kosten und Nutzen der Programme aller vom Kartellverhalten betroffenen Gerichtsbarkeiten entscheiden, ob es als Kronzeuge auftritt.[293] Die Kosten und Störungen, die durch die Beantragung von Kronzeugenregelungen in mehreren Rechtsordnungen für die Geschäftstätigkeit eines Unternehmens entstehen können, können sogar dazu führen, dass Unternehmen einen solchen Antrag gar nicht stellen, wenn die kumulierten Kosten höher sind als der erwartete Nutzen.[294] So sind die Kronzeugenregelungen weltweit verschieden. Das kann aus verschiedenen Gründen dazu führen, dass Kartellanten keine Reduktion der Geldbuße oder sonstige Vorteile durch den Kronzeugenantrag in allen Ländern bekommen.[295] Dies wiederum kann dazu führen, dass gänzlich auf einen Kronzeugenantrag verzich-

---

290 OECD, Directorate for Financial and Enterprise Affairs, Working Party No. 3 on Co-operation and Enforcement, Challenges and Co-Ordination of Leniency Programmes – Background Note by the Secretariat, DAF/COMP/WP3(2018)1, Rn. 1.

291 OECD, Directorate for Financial and Enterprise Affairs, Working Party No. 3 on Co-operation and Enforcement, Challenges and Co-Ordination of Leniency Programmes – Background Note by the Secretariat, DAF/COMP/WP3(2018)1, Rn. 3.

292 *Wagner-von Papp*, in: Bungenberg/Krajewski/Tams/Terhechte/Ziegler, EYIEL 2017, S. 301 (323).

293 OECD, Directorate for Financial and Enterprise Affairs, Working Party No. 3 on Co-operation and Enforcement, Challenges and Co-Ordination of Leniency Programmes – Background Note by the Secretariat, DAF/COMP/WP3(2018)1, Rn. 42.

294 OECD, Directorate for Financial and Enterprise Affairs, Working Party No. 3 on Co-operation and Enforcement, Challenges and Co-Ordination of Leniency Programmes – Background Note by the Secretariat, DAF/COMP/WP3(2018)1, Rn. 42.

295 *Podszun*, ZWer 2016, 360 (369).

tet wird, was die Effektivität der nationalen Kronzeugenprogramme verringert.[296] Dadurch ist die Verfolgbarkeit von internationalen im Vergleich zu nationalen Kartellen geschwächt.[297] Derzeit müssen die Unternehmen bei jeder Kartellbehörde weltweit einen Kronzeugenantrag stellen, die sich möglicherweise mit dem Fall befassen könnte.[298] Ein weiteres Problem stellt sich dadurch, dass einige weniger aktive Kartellrechtsjurisdiktionen kein Kronzeugenprogramm haben und dadurch in diesen Ländern für Kronzeugen ein Verfahren möglich bleibt. Dies kann die Attraktivität von Kronzeugenprogrammen in anderen Ländern ebenfalls schmälern.[299]

Statistiken zu nicht aufgedeckten Kartellen sind naturgemäß eher schwierig zu erstellen. Die wenigen vorhandenen Versuche zeigen jedoch ein deutliches Bild. Es wird geschätzt, dass zwischen ca. 70 % und 90 % der Kartelle nicht aufgedeckt werden.[300] Was internationale Kartelle betrifft, potenzieren sich die Schwierigkeiten aus den oben genannten Gründen noch zusätzlich, sodass davon ausgegangen werden kann, dass diese Prozentzahl eher am höheren Ende liegen dürfte.

b) Beweisen

Bei einem Verdacht auf wettbewerbswidrige Verhaltensweisen ist die Beweisführung in globalen Märkten schwieriger, da die Mitarbeiter der Kartellbehörden Beweise im Ausland nicht ohne Weiteres ermitteln dürfen und können.[301] Ermittlungsmaßnahmen von Kartellbehörden sind in einem anderen Hoheitsgebiet ohne Zustimmung des betreffenden Hoheitsträgers aus völkerrechtlicher Sicht unzulässig.[302] Dies gilt insbesondere für Auskunftsverlangen, Zeugenbefragungen und Durchsuchungen auf

---

296 *Albrecht*, Die Anwendung von Kronzeugenregelungen bei der Bekämpfung internationaler Kartelle, S. 436.

297 *Albrecht*, Die Anwendung von Kronzeugenregelungen bei der Bekämpfung internationaler Kartelle, S. 436.

298 *Bechtold*, in: Oberender, Internationale Wettbewerbspolitik, S. 129 (141).

299 *Schroll*, Der Einfluss interner und externer Faktoren auf die Effektivität der Kronzeugenprogramme der EU-Kommission und des Bundeskartellamtes, S. 275.

300 Siehe für eine Zusammenfassung verschiedener Studien zu dieser Thematik *Connor/Lande*, Cardozo L. Rev. 2012, 427 (462 ff.).

301 *Gerber*, Global Competition, S. 90.

302 *Basedow*, Weltkartellrecht, S. 46; *Wagner-von Papp*, in: Bungenberg/Krajewski/Tams/Terhechte/Ziegler, EYIEL 2017, S. 301 (321).

dem Gebiet eines anderen Landes.[303] So können beispielsweise in der EU möglicherweise nur dann, wenn ein Nicht-EU-Unternehmen eine Tochtergesellschaft in der EU hat, Beweise sichergestellt werden.[304] In vielen Fällen wird der Kartellrechtsverstoß vollständig im Ausland begangen. Dies geschieht vor allem in Fällen, bei denen der/die Kartellant(en) keine direkten Verkäufe in der EU tätigt/tätigen. Das ist vor allem dann der Fall, wenn sich der Kartellverstoß nur auf ein Bauteil eines ausländischen Zulieferers eines in der EU verkauften Produktes bezieht (sogenannte *component cases*).[305]

c) Durchsetzen

Die Anwendbarkeit des Kartellrechts ist durch das Auswirkungsprinzip sehr weitreichend und lässt nur wenige Lücken.[306] Für die Rechtsdurchsetzung gilt dies nicht in gleicher Weise.[307] Die Zuständigkeit für die Durchsetzung war und bleibt strikt territorial bezogen.[308] Hieraus ergibt sich, dass die Eingriffsverwaltung nur auf dem eigenen und nicht auf fremdem Staatsgebiet ausgeübt werden darf.[309] Demnach wäre die Ausübung von Hoheitsbefugnissen durch die nationalen Kartellbehörden auf fremdem Staatsgebiet eine völkerrechtswidrige Einmischung.[310] Hat eine Mitteilung Zwangscharakter, wird Hoheitsgewalt ausgeübt, und eine Zustimmung des Staates, in dem das Unternehmen seinen Sitz hat, ist notwendig.[311] Bei der Durchsetzung einer Zwangsmaßnahme wie beispielsweise eines Bußgeldes ergibt sich, wenn das Unternehmen kein ausreichendes Vermögen

---

303 *Podszun*, Internationales Kartellverfahrensrecht, S. 44 f.

304 *Wagner-von Papp*, in: Bungenberg/Krajewski/Tams/Terhechte/Ziegler, EYIEL 2017, S. 301 (321).

305 *Wagner-von Papp*, in: Bungenberg/Krajewski/Tams/Terhechte/Ziegler, EYIEL 2017, S. 301 (321).

306 Vgl. oben Kapitel 2. B. IV.

307 *Wagner-von Papp*, in: Bungenberg/Krajewski/Tams/Terhechte/Ziegler, EYIEL 2017, S. 301 (321); vgl. aber unten Kapitel 3. A. II für auch in diesem Bereich mögliche unilaterale Möglichkeiten, die Probleme der Effektivität der Wettbewerbsaufsicht in Bezug auf grenzüberschreitende Wettbewerbsbeschränkungen zu mildern.

308 *Wagner-von Papp*, in: Bungenberg/Krajewski/Tams/Terhechte/Ziegler, EYIEL 2017, S. 301 (321).

309 *Podszun*, Internationales Kartellverfahrensrecht, S. 16.

310 *Podszun*, Internationales Kartellverfahrensrecht, S. 16.

311 *Bätge*, Wettbewerb der Wettbewerbsordnungen?, S. 174 f. m. w. N.

im Staat hat, das Problem, dass dann ein anderer Staat das Bußgeld durchsetzen muss.[312] In Bezug auf die Vollstreckungszuständigkeit stellte der Ständige Internationale Gerichtshof in dem bereits erwähnten *Lotus*-Fall klar, dass diese ohne Erlaubnis eines anderen Staates nur auf dem eigenen Staatsgebiet gegeben sei.[313]

In einigen Fällen kann die nationale Durchsetzung dazu genutzt werden, die Lücke zu schließen.[314] Ein Beispiel hierfür ist, wenn der Kartellant direkt in die EU importiert. In diesem Fall können finanzielle Sanktionen durchgesetzt werden.[315] Strafrechtliche Sanktionen gegen Individuen sind dagegen schwierig durchzusetzen.[316] In den sogenannten *component cases* ist jegliche Art der Sanktion nur sehr schwierig durchzusetzen.[317]

4. Konsequenzen für die Wettbewerbspolitik

a) Zurückhaltung bei internationalen Konstellationen

Die dargestellten Probleme führen ohne eine effektive Lösung zu einer Zurückhaltung der Kartellbehörden gegenüber internationalen Fällen und gegenüber Unternehmen außerhalb des eigenen Staatsgebietes.[318] Vor der Kontaktierung von Unternehmen und Kartellbehörden im Ausland findet eine Verhältnismäßigkeitsprüfung statt, in der der zeitliche und organisatorische Aufwand für die Ermittlung und Prüfung ausländischer Informationen sowie das Risiko von rechtlichen Problemen betrachtet wird.[319] Das Ergebnis dieser Prüfung kann dabei sein, dass beispielsweise

---

312 *Gerber*, Global Competition, S. 90.
313 Permanent Court of Int'l Justice, Urt. v. 07.09 1927, P.C.I.J. (ser. A) No. 10 (1927) – *S.S. Lotus (France v. Turkey)*, Rn. 46; so explizit in einem Kartellrechtsfall auch Generalanwalt *Mayras*, Schlussanträge v. 14.7.1972, Rs. 48, 49 und 51-57/69, Slg 1972, 619, S. 702 – *ICI*.
314 *Wagner-von Papp*, in: Bungenberg/Krajewski/Tams/Terhechte/Ziegler, EYIEL 2017, S. 301 (321).
315 *Wagner-von Papp*, in: Bungenberg/Krajewski/Tams/Terhechte/Ziegler, EYIEL 2017, S. 301 (321).
316 *Wagner-von Papp*, in: Bungenberg/Krajewski/Tams/Terhechte/Ziegler, EYIEL 2017, S. 301 (321).
317 *Wagner-von Papp*, in: Bungenberg/Krajewski/Tams/Terhechte/Ziegler, EYIEL 2017, S. 301 (321).
318 *Podszun*, Internationales Kartellverfahrensrecht, S. 46; *Basedow*, Weltkartellrecht, S. 22; *Klauß*, Die Aufsicht über ein Gemeinsames Wettbewerbsgebiet, S. 103 f.
319 *Podszun*, Internationales Kartellverfahrensrecht, S. 46.

die Beschaffung von beweisrelevanten Dokumenten ausländischer Kartellbehörden nur mit unverhältnismäßigem Aufwand möglich ist, sodass aus
verfahrensökonomischen Gründen von der Verfolgung von im Ausland
begangenen wettbewerbswidrigen Absprachen abgesehen wird.[320] Fälle, in
denen Staaten auf diplomatischem Wege andere Staaten um Hilfe bei der
Verfolgung wettbewerbswidrigen Verhaltens gebeten haben, sind sehr selten vorgekommen respektive bekannt geworden.[321] Das Aufgreifermessen
der *Generaldirektion Wettbewerb* wird somit ohne eine effektive Lösung dieser Probleme durch „kartellrechtsfremde" Erwägungen stark beeinflusst.[322]

Gerichte und Behörden machen aufgrund von prozessualen Problemen
und der Angst vor Konflikten mit ausländischen Regierungen oft nur
zurückhaltend von dem Auswirkungsprinzip Gebrauch. Dieses führt dazu,
dass das Wettbewerbsrecht in Bezug auf den internationalen Kontext nicht
immer effizient durchgesetzt wird.[323] Eine Studie, in welcher alle Fusionen
untersucht werden, die zwischen 1990 und 2014 bei der EU-Kommission angemeldet wurden, deutet darauf hin, dass die Wahrscheinlichkeit,
dass die EU-Kommission Transaktionen mit ausländischen Erwerbern verbietet, geringer ist, als dies bei reinen EU-Fusionen der Fall ist.[324] Dies
kann viele Gründe haben, es ist jedoch zumindest nicht ausgeschlossen,
dass es auch mit einigen der dargestellten Probleme zusammenhängt.
Die EU-Kommission könnte diplomatische/politische Konflikte vermeiden
wollen. Ein weiterer Grund könnte sein, dass die EU-Kommission nicht
ausreichend in der Lage ist, die Informationen der Parteien zu überprüfen
oder eigene Marktuntersuchungen anzustellen.[325]

---

320 *Böge*, in: Oberender, Internationale Wettbewerbspolitik, S. 74 (75 f.).

321 *Bätge*, Wettbewerb der Wettbewerbsordnungen?, S. 174.

322 Im EU-Kartellrecht gilt das Opportunitätsprinzip, wonach das Aufgreifen von
Wettbewerbsverstößen im pflichtgemäßen Ermessen der EU-Kommission liegt
und vom EuGH nur auf eine Ermessensüberschreitung/ einen Ermessensmiss-
brauch überprüft wird; siehe *Behrens*, Europäisches Marktöffnungs- und Wettbewerbsrecht, S. 918.

323 *Basedow*, Weltkartellrecht, S. 22.

324 *Bradford/Jackson/Zytnick*, JELS 2018, 165 (188).

325 *Podszun*, in: Terhechte, Internationales Kartell- und Fusionskontrollverfahrensrecht, S. 2048 (2053).

b) Abschreckungseffekt gegenüber grenzüberschreitenden Praktiken

Das primäre Ziel von Kartellrecht ist nicht die Aufdeckung und Sanktionierung von wettbewerbswidrigen Verhaltensweisen, sondern deren Verhinderung.[326] Insbesondere auch bei einer ökonomischen Betrachtung, die den Schwerpunkt auf die Effizienz legt, ist die Präventionsfunktion des Kartellrechts gegenüber der Kompensationsfunktion die entscheidende Funktion. Ein bereits eingetretener gesamtwirtschaftlicher Schaden durch wettbewerbswidrige Handlungen kann nicht mehr rückgängig gemacht werden, während eine funktionierende Prävention dafür sorgt, dass schon kein Schaden eintritt.[327]

Eine optimale Abschreckung ist dann gegeben, wenn die Sanktion (S) mindestens so hoch ist wie der Quotient aus dem zu erreichenden Gewinn der wettbewerbswidrigen Praktik (G) geteilt durch das Produkt der Entdeckungswahrscheinlichkeit (W_e) und der Bestrafungswahrscheinlichkeit (W_b), das heißt $S = G/(W_e \times W_b)$.[328]

Das bedeutet, dass die Entdeckungs- und Bestrafungswahrscheinlichkeit für die Effektivität der Abschreckungswirkung entscheidend sind.[329] Wie oben beschrieben, können grenzüberschreitende wettbewerbswidrige Praktiken schwieriger entdeckt („Aufdecken") und schwieriger bestraft werden („Beweisen" und „Durchsetzung"), sodass für eine verbesserte Abschreckungswirkung eine wie auch immer geartete weltweite Zusammenarbeit der Kartellbehörden in diesen Bereichen notwendig ist.[330]

Eine starke Präventionswirkung in Bezug auf wettbewerbswidrige Vereinbarungen und abgestimmte Verhaltensweisen haben vor allem funktionierende Kronzeugenprogramme. Die abschreckende Wirkung von Kronzeugenprogrammen wurde in verschiedenen Studien nachgewiesen. In den USA gab es beispielsweise nach der Überarbeitung der Kronzeugenregelung von 1993 zuerst einen starken Anstieg der Zahl der Kartellfunde und nach einiger Zeit dann einen starken Rückgang.[331] Ähnliche Ergebnisse lassen sich für die EU-Kronzeugenregelung bemerken, nämlich dass

---

326 *Wagner-von Papp*, in: Bungenberg/Krajewski/Tams/Terhechte/Ziegler, EYIEL 2017, S. 301 (322); ausführlich zu Präventionsgesichtspunkten der EU-Kartellsanktionspolitik *Chmeis*, Kartellsanktionsrecht, S. 60 ff.

327 *Wils*, The Optimal Enforcement of EC Antitrust Law, S. 10.

328 *Sester/Cárdenas*, RIW 2006, 179 (181).

329 *Sester/Cárdenas*, RIW 2006, 179 (181).

330 *Sester/Cárdenas*, RIW 2006, 179 (181).

331 Ausführlich hierzu *Miller*, AER 2009, 750.

sie zur Bildung von weniger Kartellen führte und diejenigen, die sich herausgebildet hatten, weniger stabil machte.[332]

II. Sicht der Unternehmen

1. Fusionskontrolle

Die Belastungen der Unternehmen durch die Internationalisierung des Kartellrechts zeigen sich am deutlichsten bei internationalen Fusionen.[333] Durch die Zunahme der Kartellrechtsregime weltweit nahm auch die Zahl der Fusionskontrollregime zu. Mitte der achtziger Jahre gab es zehn und zu Beginn der neunziger Jahre noch weniger als 20 Fusionskontrollregime.[334] Allerdings war die Zahl der Fusionskontrollregime, welche tatsächlich durchgesetzt wurden, jeweils noch geringer.[335] Heute gibt es über 100 Fusionskontrollregime.[336] Da in den meisten Ländern die Anmeldung des geplanten Zusammenschlusses bei Überschreitung gewisser Schwellenwerte zwingend vorgeschrieben ist, müssen Unternehmen ihre Fusionen in immer mehr Jurisdiktionen anmelden.[337] Eine Anmeldung kann in diesen Fällen selbst dann notwendig sein, wenn der Zusammenschluss zu gar keinen schweren Wettbewerbsproblemen führt und dies von Anfang an abzusehen war,[338] zum Beispiel, wenn die Schwellenwerte sehr gering sind.[339] Neben der schieren Anzahl der Fusionskontrollregime steigt auch die Schärfe der Kontrolle der Kartellbehörden weltweit in diesem Bereich.[340]

---

332 *Colino*, Vand. J. Transnat'l L. 2017, 535.
333 *Sester/Cárdenas*, RIW 2006, 179 (180).
334 *Baetge*, Globalisierung des Wettbewerbsrechts, S. 58; auf europäischer Ebene wurde 1989 ein Fusionskontrollregime eingeführt. Es gilt jedoch zu beachten, dass der Vertrag über die Gründung der Europäischen Gemeinschaft für Kohle und Stahl (EGKS) bereits ein Fusionskontrollregime enthielt; siehe *Weitbrecht*, in: Messen, Economic Law as an Economic Good, S. 279 (280 f.).
335 *Baetge*, Globalisierung des Wettbewerbsrechts, S. 58.
336 *Gaßner*, in: Seibt, Beck'sches Formularbuch Mergers & Acquisitions, S. 1759.
337 *Baetge*, Globalisierung des Wettbewerbsrechts, S. 58.
338 *Wagner-von Papp*, in: Bungenberg/Krajewski/Tams/Terhechte/Ziegler, EYIEL 2017, S. 301 (323).
339 Ein Beispiel hierfür ist Serbien, siehe *Gaßner*, in: Seibt, Beck'sches Formularbuch Mergers & Acquisitions, S. 1759 (1774).
340 *Allen & Overy*, Global Trends on Merger Control.

Der erhöhte Aufwand für Unternehmen durch weltweit immer mehr Fusionskontrollen verstärkt sich insbesondere dadurch, dass die verschiedenen Rechtsordnungen unterschiedliche materielle und formelle Voraussetzungen haben.[341] So schätzte eine Studie von 2003, dass sich die durchschnittlichen externen Kosten wie Anwaltskosten, Anmeldegebühren bei Kartellbehörden und sonstige Kosten eines grenzüberschreitenden Zusammenschlussvorhabens auf ca. 3,8 Mio. EUR belaufen würden.[342] Das entspricht rund 50 % der externen Fusionskosten und hängt maßgeblich mit der Anzahl der Fusionsanmeldungen in unterschiedlichen Staaten zusammen.[343] Diese Zahlen dürften seit 2003 aufgrund der weiteren Ausbreitung von Fusionskontrollregimen noch deutlich gestiegen sein.[344] Hinzu kommen die Opportunitätskosten, das bedeutet Kosten für die nicht realisierten Erlöse, die bei einer früheren Fusion hätten erzielt werden können. Das Verfahren dauert nach der Studie von 2003 durchschnittlich sieben Monate.[345] Zusätzlich führt die unterschiedliche Dauer der Fusionskontrolle zu Unsicherheit und Verzögerungen, die für Unternehmen ein Problem sind.[346] Bei internationalen Fusionen kann zwischen Abschluss einer Fusionsvereinbarung (*signing*) und dem vollständigen Vollzug (*closing*) mittlerweile oft ein Jahr oder länger vergehen, was unter anderem an der hohen Zahl an notwendigen Fusionskontrollverfahren liegt.[347]

Zwischen *signing* und *closing* wollen die Parteien des geplanten Zusammenschlusses in fast allen Fällen die Zeit nutzen, um wichtige Umsetzungsmaßnahmen zu planen und vorzubereiten. Welche Maßnahmen hierbei genau in den einzelnen Jurisdiktionen weltweit erlaubt und welche verboten sind, ist dabei oft nicht nur für die beteiligten Unternehmen zumindest undurchsichtig.[348] Dabei ist unklar, was das sogenannte Vollzugsverbot umfasst und damit als sogenanntes *Gun-Jumping* zu qualifizie-

---

341 Siehe zur Beschreibung von 52 verschiedenen Fusionskontrollregimen *Bellis*, Merger Control.
342 *Sester/Cárdenas*, RIW 2006, 179 (180 Fn. 13) mit Rückgriff auf eine Studie von PWC.
343 Die Studie ging von durchschnittlich sechs Anmeldungen aus, *Sester/Cárdenas*, RIW 2006, 179 (180 Fn. 13) mit Rückgriff auf eine Studie von PWC.
344 *Podszun*, ZWer 2016, 360 (370).
345 *Podszun*, ZWer 2016, 360 (369 f.) mit Rückgriff auf die Studie von PWC.
346 *Ingen-Housz*, Interview with Gabriel McGann, Concurrences Review 2018, 1.
347 *Purps/Beaumunier*, NZKart 2017, 224.
348 *Purps/Beaumunier*, NZKart 2017, 224.

ren ist.[349] Die Sanktionen für einen Verstoß gegen das Vollzugsverbot sind teilweise sehr streng und können im schlimmsten Fall zu einer teilweisen Rückgängigmachung der Fusion führen. In einigen Ländern kann ein Verstoß sogar zu Haftstrafen führen.[350] Oft müssen bei einem Verstoß zumindest hohe Bußgelder gezahlt werden.[351] So verhängte die EU-Kommission 2018 eine Strafe in Höhe von 125 Mio. EUR gegen ein Unternehmen wegen des Verstoßes gegen das Vollzugsverbot.[352] Die Vielzahl der Fusionskontrollanmeldungen und die damit verbundene Verzögerung der Transaktion können darüber hinaus zu Finanzierungsproblemen führen.[353]

In den meisten Fällen ist die Genehmigung der Fusion durch alle Kartellbehörden, in denen die Schwellenwerte für eine Fusionskontrolle überschritten werden, Voraussetzung für den Vollzug der Fusion.[354] Die Genehmigungen der Kartellbehörden werden in den entsprechenden Verträgen als aufschiebende Bedingung aufgenommen.[355] Daraus ergibt sich, dass das strengste Kontrollregime dasjenige ist, welches die Voraussetzungen der Fusion bestimmt.[356] Problematisch für Unternehmen sind daher in besonderem Maße die Vollzugverbote der nationalen Rechtsordnungen, denn wenn alle Fusionskontrollordnungen beachtet werden, ist aufgrund

---

349 *Purps/Beaumunier*, NZKart 2017, 224; siehe für eines der wenigen Urteile zum EU-Recht im Zusammenhang mit diesem Themenbereich EuGH, Urteil v. 31.5.2018 – C-633/16, ECLI:EU:C:2018:371 – *EY/KPMG Dänemark*.

350 Australien und Israel sind Beispiele hierfür, siehe hierzu *Gaßner*, in: Seibt, Beck'sches Formularbuch Mergers & Acquisitions, S. 1759 (1774).

351 Brasilien und die USA sind Beispiele hierfür und seit nicht allzu langer Zeit auch z. B. Indien und China, siehe hierzu *Gaßner*, in: Seibt, Beck'sches Formularbuch Mergers & Acquisitions, S. 1759 (1773 f.); siehe für eine Auflistung der Verhängung von Bußgeldern von Wettbewerbsbehörden weltweit wegen Verstoßes internationaler Fusionen gegen das Vollzugsverbot *Purps/Beaumunier*, NZKart 2017, 224.

352 EU-Kommission, Pressemitteilung v. 24.4.2018, Fusionskontrolle: Kommission verhängt Geldbuße von 125 Mio. EUR gegen Altice wegen Verstoß gegen EU-Vorschriften und Kontrolle von PT Portugal vor Genehmigung der Übernahme durch die Kommission, IP/18/3522.

353 *Wagner-von Papp*, in: Bungenberg/Krajewski/Tams/Terhechte/Ziegler, EYIEL 2017, S. 301 (323).

354 *Gaßner*, in: Seibt, Beck'sches Formularbuch Mergers & Acquisitions, S. 1759 (1774).

355 *Gaßner*, in: Seibt, Beck'sches Formularbuch Mergers & Acquisitions, S. 1759 (1774).

356 *Wagner-von Papp*, in: Bungenberg/Krajewski/Tams/Terhechte/Ziegler, EYIEL 2017, S. 301 (323).

der völlig verschiedenen Verfahren und Verfahrensdauern nicht eindeutig vorhersehbar, wann der Vollzug der Fusion stattfinden kann.[357]

Ein weiteres Problem für Unternehmen ist, dass unterschiedliche und zum Teil gegensätzliche Entscheidungen der verschiedenen Kartellbehörden möglich sind. Die einzelnen Auflagen der Kartellbehörden für die Fusion können dabei so gestaltet sein, dass die Gesamtkonzeption der Fusion erheblich gestört wird, selbst wenn die Auflage(n) bei einer Vielzahl von Anmeldungen nur von einer Behörde gestellt werden/wird.[358] Die Auflage(n) kann/können sogar dazu führen, dass die Fusion durch die Zerstörung der gesamten strategischen Planung des Unternehmens verhindert wird, obwohl die Auflage(n) eigentlich nur eine im gesamten Kontext der Fusion kleine Änderung bewirken wollte(n).[359]

2. Kartell- und Missbrauchsfälle

a) Rechtsunsicherheit und Anwaltskosten

In Kartellrechtsfällen ist eine hohe Rechtsunsicherheit bei Unternehmen gegeben. Dies führt bei Unternehmen zu hohen Beratungskosten, ausgelöst durch die Prüfung von möglichen Freistellungen.[360] Während große multinationale Konzerne diese Kosten leicht stemmen können, ist dies für kleinere spezialisierte Unternehmen, die grenzüberschreitend tätig werden, ungleich schwieriger.[361]

b) Kumulierte Sanktionen

Grenzüberschreitende wettbewerbswidrige Verhaltensweisen werden oft in verschiedenen Jurisdiktionen sanktioniert. Diese Gefahr besteht allerdings nur bei Kartell- und Missbrauchsfällen, da durch die Ex-ante-Kontrolle bei wettbewerbswidrigen Fusionen die Untersagung oder die Ge-

---

357 *Bechtold*, in: Oberender, Internationale Wettbewerbspolitik, S. 129 (139).
358 *Podszun*, Internationales Kartellverfahrensrecht, S. 57.
359 *Podszun*, Internationales Kartellverfahrensrecht, S. 59.
360 *Podszun*, Internationales Kartellverfahrensrecht, S. 60.
361 *Geradin*, Chic J Int Law 2009, 189 (200).

nehmigung unter Auflagen die Rechtsfolge ist und nicht ein Bußgeld.[362] Die Sanktionierung in verschiedenen Jurisdiktionen birgt das Problem der Mehrfachbestrafung für im Wesentlichen gleiche Sachverhalte.[363] Als Beispiel hierfür lassen sich die internationalen Kartelle für gasisolierte Schaltanlagen[364] oder Vitamine[365] nennen.[366] Der *ne bis in idem*-Grundsatz findet kartelljurisdiktionsübergreifend keine Anwendung.[367] Der EuGH begründet dies, bezogen auf das EU-Kartellrecht, mit dem Fehlen der Tatidentität.[368] Zusammenfassen lässt sich die Rechtsprechung des EuGH dahingehend, dass Tatidentität nicht schon bei der Identität der Kartellabsprache, also der Tathandlung, vorliegt, sondern nur bei der Identität der Durchführung, das heißt des Taterfolges.[369] Der EuGH würde daher nur dann von einer Sanktionierung absehen, wenn eine außerunionale Kartellbehörde neben der Durchführung des Kartellrechtsverstoßes in der eigenen Jurisdiktion auch die Durchführung des Verstoßes in der EU sanktionieren wollte. Das wird grundsätzlich nicht der Fall sein, da jede Kartellbehörde in der Regel nur den Verstoß in dem Gebiet ihrer eigenen Jurisdiktion sanktioniert.[370] Neben dem Absehen von einer Sanktionierung kommt auch noch die Anrechnung einer durch eine andere Kartellrechtsjurisdiktion verhängte Sanktion in Betracht. Eine solche Anrechnung ist nach dem EU-Kartellrecht zwar möglich, aber nicht zwingend.[371] Der

---

362 *Bätge*, Wettbewerb der Wettbewerbsordnungen?, S. 136. Bußgelder aufgrund der Verletzung von Verfahrenspflichten wie dem Verstoß gegen die Anmeldepflicht werden außer Betracht gelassen.

363 *Völcker*, in: Immenga/Mestmäcker, EU-Wettbewerbsrecht, IntWbR B, Rn. 2.

364 EU-Kommission Entscheidung v. 24. 1. 2007 – COMP/38.899, ABl.EU 2008, Nr. C 5/7 – *Gasisolierte Schaltanlagen*; nachfolgend EuGH, Urt. v. 14. 2. 2012 – C-17/10, ECLI:EU:C:2012:72 – *Toshiba*.

365 EU-Kommission, Entscheidung v. 10. 1. 2003 – COMP/37.512, ABl.EG 2003, Nr. L 6/1 – *Vitamine*.

366 *Podszun*, ZWer 2016, 360 (369).

367 *Bätge*, Wettbewerb der Wettbewerbsordnungen?, S. 136, die in Fn. 614 die differenzierte Rechtslage beschreibt, wenn es zu einem parallelen Verfahren der Union und des Mitgliedsstaates kommt.

368 *Glöckner*, Kartellrecht. § 3 Rn. 298, mit Verweis auf EuGH, Urt. v. 14.12.1972, Rs. 7/72, Slg. 1972, 1281 –*Boehringer II*.

369 *Roesen*, Mehrfache Sanktionen im internationalen und europäischen Kartellrecht, S. 226.

370 *Glöckner*, Kartellrecht. § 3 Rn. 298 mit Verweis auf die einschlägige EuGH- und EuG-Rechtsprechung, insbesondere auf EuG, Urt. v. 29.4.2004 – T-236/01, T-239/01, T-244/01 bis T-246/01, T-251/01, T-251/01, T-252/01, Slg. 2004, II-1181, Rn. 143 – *Graphitelektroden*.

371 EuGH, Urt. v. 29. 6. 2006 – C-308/04 P, Rn. 36 – *Graphitelektroden*.

EuGH und die EU-Kommission sind der Ansicht, dass sich bei internationalen Kartellen die unterschiedlichen Territorien und damit auch die unterschiedlichen Durchführungen unterscheiden lassen und es daher zu einer fairen Sanktionierung in Europa kommt.[372] Dass eine solche strikte Trennung bei komplizierten internationalen Kartellrechtsverstößen in jedem Fall möglich sei, wird jedoch in der Literatur zu Recht bezweifelt.[373] Zusammenfassend lässt sich feststellen, dass es keine funktionierende Abstimmung von Kartellbußgeldern zwischen den weltweiten Kartellbehörden gibt, sodass eine doppelte Bestrafung zumindest nicht ausgeschlossen ist.[374]

c) Kohärenz von Abhilfemaßnahmen

Geradin zeigt am Beispiel der Fälle, die *Microsoft* betrafen, dass Unternehmen, die bestimmte Praktiken, wie die Verweigerung von Lizenzen oder Kopplungsvereinbarungen, anwenden, am Ende wegen eines Missbrauchs einer marktbeherrschenden Stellung gegen die Kartellgesetze verschiedener Länder verstoßen.[375] In der Folge können diese mit einer Vielzahl von Abhilfemaßnahmen konfrontiert werden, die nicht unbedingt kohärent sind. So musste *Microsoft* in den USA erstens Schnittstellen zur Anwendungsprogrammierung offenlegen, um es Softwareentwicklern anderer Firmen leichter zu machen, ihre Produkte in das Windows-Betriebssystem zu integrieren. Zweitens musste *Microsoft* Protokolle offenlegen, die es zur Steuerung der Kommunikation zwischen Desktop-PCs und Servern verwendete. In der EU musste *Microsoft*, was die Interoperabilität betrifft, innerhalb von 120 Tagen eine vollständige und genaue Schnittstellendokumentation vorlegen, die es Nicht-*Microsoft*-Arbeitsgruppenservern ermöglichen würde, eine vollständige Interoperabilität mit Windows-PCs und -Servern zu erreichen. Hinsichtlich der Kopplung musste *Microsoft* den PC-Herstellern innerhalb von 90 Tagen eine Version seines Windows-Cli-

---

372 *Podszun*, ZWer 2016, 360 (369) mit Verweis auf EuGH, Urt. v. 14. 2. 2012 – C-17/10, ECLI:EU:C:2012:72 – *Toshiba*; EuGH, Urt. v. 18. 5. 2006 – C-397/03 P, Slg. 2006, 4429, Rn. 68 ff. – *Archer Daniels Midland u. a./Kommission*.

373 So z. B. von *Podszun*, Internationales Kartellverfahrensrecht, S. 60; kritisch bezüglich der Behandlung des *ne bis in idem*-Grundsatzes durch den EuGH auch *Brammer*, EuZW 2013, 617.

374 *Fox/Fingleton/Mitchel*, in: Lewis, Building New Competition Law Regimes, S. 163 (176).

375 *Geradin*, Chic J Int Law 2009, 189 (190 f.).

ent-PC-Betriebssystems ohne Windows Media Player anbieten. Die südkoreanische Kartellbehörde verlangte von *Microsoft* wiederum, gebundene Produkte zu entbündeln und Media Center und Messenger Center zu installieren, über die Download-Links zu Wettbewerbern bereitgestellt werden.[376]

d) Marktabschottung gegenüber europäischen Exportunternehmen

Obwohl viele international wettbewerbsbeschränkende Verhaltensweisen durch das Auswirkungsprinzip verfolgt werden können, gilt dieses nicht für alle.[377] Können keine qualifizierten Auswirkungen der wettbewerbswidrigen Verhaltensweisen auf den EU-Markt nachgewiesen werden, ist das EU-Kartellrecht nicht anwendbar. Dies ist insbesondere dann der Fall, wenn der ausländische Markt durch wettbewerbswidrigen privaten Behinderungsmissbrauch verschlossen ist und dieser Behinderungsmissbrauch keine unmittelbaren substantiellen und vorhersehbaren Auswirkungen auf den Wettbewerb in der Europäischen Union hat.[378] Dieses Problem der Marktabschottung für die europäischen Exportunternehmen kann aus europäischer Sicht daher nur durch das nationale Kartellrecht des anderen Staates geregelt werden.[379]

3. Zwischenfazit

Internationale Unternehmen müssen durch die sich ausbreitenden Kartellrechtsordnungen mit unterschiedlichen Voraussetzungen gerade bei Fusionen eine Abwägung treffen, ob sich der Aufwand für sie rentiert.[380] Dieses gilt auch bei sonstigen Verhaltensweisen, die möglicherweise mit dem Kartellrecht in Berührung kommen, wie die Zusammenarbeit mit Wettbewerbern im Rahmen von technischen Entwicklungen.[381] Dies birgt die

---

376 Zum Ganzen *Geradin*, Chic J Int Law 2009, 189 (190 f.).
377 *Wagner-von Papp*, in: Bungenberg/Krajewski/Tams/Terhechte/Ziegler, EYIEL 2017, S. 301 (314).
378 *Wagner-von Papp*, in: Bungenberg/Krajewski/Tams/Terhechte/Ziegler, EYIEL 2017, S. 301 (319).
379 *Wagner-von Papp*, in: Bungenberg/Krajewski/Tams/Terhechte/Ziegler, EYIEL 2017, S. 301 (319 ff).
380 *Podszun*, Internationales Kartellverfahrensrecht, S. 61.
381 *Podszun*, Internationales Kartellverfahrensrecht, S. 61.

Gefahr, dass das Kartellrecht, welches eigentlich den Wettbewerb schützen und fördern soll, selbst zu einer Beschränkung desselbigen und von Investitionen im internationalen Kontext führen kann.[382] Unternehmen haben daher ein großes Bedürfnis nach internationaler Harmonisierung der nationalen Wettbewerbsordnungen.[383] Dieses gilt sowohl in materieller Hinsicht als auch speziell bezogen auf die Fusionskontrolle in Bezug auf die formalen Voraussetzungen wie die Anmeldevorschriften.[384]

III. Sicht der Verbraucher

Das Problem für Verbraucher, welches sich daraus ergibt, dass Unternehmen zunehmend global agieren und dabei unterschiedliche Kartellrechtsregelungen beachten müssen, kann als das Problem der „Überregulierung" bezeichnet werden.[385] Wenn ein bestimmtes wettbewerbswidriges Verhalten durch mehrere Wettbewerbsgesetze geregelt wird, wird das Unternehmen am Ende die restriktivste Regel einhalten.[386] Das bedeutet im Ergebnis eine Art „Vetorecht" in den Händen der restriktivsten Jurisdiktion.[387] Insbesondere in der Fusionskontrolle, der Missbrauchskontrolle und bei vertikalen Vereinbarungen „gewinnt" somit das strengste Kartellregime und bestimmt das Verhalten von Unternehmen.[388] Ein Fall, der dies für die Missbrauchskontrolle illustriert, ist wiederum der *Microsoft*-Fall, welcher den Windows Media Player betraf.[389] Nach der Entscheidung des EuG änderte *Microsoft* seine Geschäftspraxis, um den Verstoß abzustellen. Durch die globale Standardisierung sowohl der Software als auch der Hardware für PCs war die Änderung der Geschäftspraxis einzig darauf ausgerichtet, der Entscheidung der EU-Kommission Rechnung zu tragen, wirkte sich aber auf die gesamte Geschäftspraxis weltweit aus, obwohl die vorherige Geschäftspraxis zum Beispiel in den USA größtenteils erlaubt

---

382 *Podszun*, Internationales Kartellverfahrensrecht, S. 61.
383 *Bechtold*, in: Oberender, Internationale Wettbewerbspolitik, S. 129 (131).
384 *Bechtold*, in: Oberender, Internationale Wettbewerbspolitik, S. 129 (131).
385 So bezeichnet von *Demedts*, The long-term potential of an interim-solution, S. 26.
386 *Demedts*, The long-term potential of an interim-solution, S. 26.
387 *Gal*, in: Drexl/Grimes/Jones/Peritz/Swaine, More Common Ground for International Competition Law?, S. 239 (242).
388 *Geradin*, Chic J Int Law 2009, 189 (192).
389 Vgl. oben Kapitel 2. D. II. 2. c).

war.[390] Diese Auswirkung kann zu einem Hindernis für Innovation und wettbewerbsförderndes Verhalten werden.[391] *Geradin* zeigt am Beispiel von Rabatten, dass die Entscheidung einer Kartellbehörde in einer Jurisdiktion die Verbraucher in anderen Jurisdiktionen verschiedener Effizienzgewinne berauben könne, die von ihrer eigenen nationalen Kartellbehörde anerkannt wurden.[392] So sei es für Unternehmen nicht immer einfach, zwischen Kunden aus verschiedenen Ländern zu unterscheiden, da einige dieser Kunden wirklich globale Unternehmen seien. Darüber hinaus könne die Gewährung von Rabatten für einige Kunden bei gleichzeitiger Ablehnung für andere Kunden zu komplexen Diskriminierungsproblemen führen, die dem Ruf des Unternehmens schaden könnten. Angesichts dieser Schwierigkeiten könnten Situationen entstehen, in denen Weltkonzerne beschließen, allen ihren Kunden, wo immer sie sich befinden, nur Rabatte zu gewähren, die den strengsten kartellrechtlichen Vorschriften entsprechen, selbst wenn dies die Realisierung von Effizienzsteigerungen verhindere und den Kunden den Vorteil niedrigerer Preise vorenthalte.[393]

Bei Fusionen können die Kartellbehörden der großen Volkswirtschaften oder Volkswirtschaften, welche für die betroffenen Unternehmen als Märkte wichtig sind, in der Praxis ein Veto bezüglich einer Fusion einlegen.[394] Dies hängt damit zusammen, dass sich die Fusion ohne die Zustimmung dieser Kartellbehörden nicht lohnt und damit die Fusion in vielen Fällen volständig verhindert wird, auch wenn es in einigen anderen oder sogar allen anderen Jurisdiktionen zu wettbewerbsfördernden Effekten durch die Fusion käme und sie von den Kartellbehörden dieser Länder genehmigt wurde.[395] Dies führt somit zu Wohlfahrtsverlusten für die Länder, in denen die Fusion wettbewerbsfördernde Effekte gehabt hätte. Insbesondere Verbrauchern werden Vorteile, die sich aus der Realisierung der Fusion ergeben hätten, vorenthalten.

Eine interessante Rechnung in diesem Zusammenhang stellt *Wagner-von Papp* an, welche das Dilemma dieser Überregulierung zeigt. Wenn jede Wettbewerbsbehörde weltweit eine Wahrscheinlichkeit von 5 % hat, dass sie ein wettbewerbsneutrales oder sogar -förderndes Verhalten fälschlich

---

390 *Weitbrecht*, in: Messen, Economic Law as an Economic Good, S. 279 (284).

391 *Elhauge/Geradin*, Global Competition Law and Economics, S. 1137 f.

392 Zu nachfolgendem insgesamt *Geradin*, Chic J Int Law 2009, 189 (192 f.).

393 Siehe hierzu *Geradin*, Chic J Int Law 2009, 189 (206), der vorher auf 204 f. beispielhaft die Unterschiede der Beurteilung von Rabatten durch die US-Kartellbehörden und die EU-Kommission aufzeigt.

394 *Cabral*, NZEP 2017, 100 (104).

395 *Cabral*, NZEP 2017, 100 (104).

als wettbewerbswidrig einstufen wird, besteht bei einer Prüfung von weltweit zwei Wettbewerbsbehörden eine Wahrscheinlichkeit von „nur" 9,75 %, dass mindestens eine der beiden das Verhalten irrtümlich verbietet.[396] Wenn allerdings weltweit zwanzig verschiedene Wettbewerbsbehörden das Verhalten untersuchen, ist die Wahrscheinlichkeit 64 %, dass mindestens ein Vollstreckungsbeamter das Verhalten irrtümlich verbietet.[397] *Wagner-von Papp* gibt dabei zu, dass dies natürlich ein nur rein mathematischer Wert ist, der nicht beachtet, dass, wenn neunzehn Wettbewerbsbehörden das Verhalten untersucht und keinen Verstoß festgestellt haben, die zwanzigste Wettbewerbsbehörde die Untersuchung wahrscheinlich doppelt und dreifach überprüfen würde, bevor sie zu einer Feststellung der Verletzung kommt.[398] Allerdings ist die Rechnung gut dazu geeignet, das Problem zu verdeutlichen.

E. Verhältnis zwischen Handels- und Kartellrecht sowie Handels- und Wettbewerbspolitik

Die internationale Handelspolitik und die Wettbewerbspolitik respektive das internationale Handelsrecht und das Kartellrecht sind zwei Bereiche, die dazu dienen, die Globalisierung zu gestalten und zu managen.[399] Die Verbindung von Handels- und Kartellpolitik und -recht wird durch diese Globalisierung und zwei miteinander verknüpfte Entwicklungen, die mit der Globalisierung zusammenhängen, in den letzten Jahrzehnten tendenziell immer stärker. Die Verbindung wird zum einen dadurch verstärkt, dass nichttarifäre Schranken, sogenannte *behind the border issues*, wie wettbewerbswidriges Verhalten respektive das Kartellrecht als relevante Handelsschranken an Bedeutung gewinnen.[400] Dies hängt zum einen wiede-

---

396 *Wagner-von Papp*, MJIL 2015, 609 (623), der folgende Formel für die Rechnung verwendet: $P=1-0.95^2=0.0975$, oder $P(A \cup B)=P(A)+P(B)-P(A \cap B)$, wo $P(A)=P(B)=0.05$ und $P(A \cap B)=P(A)P(B)$, sodass $P(A \cup B)=0.05+0.05-0.0025=0.0975$.

397 *Wagner-von Papp*, MJIL 2015, 609 (623). Mit folgendem Rechenweg: $P=1-0.95^{20}=0.6415$.

398 *Wagner-von Papp*, MJIL 2015, 609 (623).

399 *Steenbergen*, in: Goevaere/Quick/Bronchers, Trade and Competition Law in the EU and Beyond, S. 3 (8).

400 *Klodt*, Wege zu einer globalen Wettbewerbsordnung, S. 9; WTO, World Trade Report 2011. The WTO and preferential trade agreements: From co-existence to coherence, S. 109. Verfügbar auf der Website der WTO (https://www.wto.org/en

rum damit zusammen, dass Zölle und andere staatliche Handelsbeschränkungen immer stärker abgebaut wurden,[401] und zum anderen damit, dass durch den Abbau von Zöllen und anderen staatlichen Handelsbeschränkungen sich globale Wertschöpfungsketten immer weiter verbreitet haben und dadurch Handel und Wettbewerb immer stärker miteinander verknüpft sind.[402]

I. Gemeinsamkeiten und Unterschiede

1. Grundsätzliche Gemeinsamkeiten

In der Theorie haben Handels- und Wettbewerbsrecht und -politik viele Gemeinsamkeiten. Internationale Handelspolitik im Allgemeinen und Freihandelsabkommen im Speziellen haben als Ziel, die (nationalen) Märkte für ausländische Unternehmen zu öffnen, indem Handelsschranken beseitigt werden, und dadurch so viel Wettbewerb wie möglich zwischen den Unternehmen der jeweiligen Staaten zuzulassen.[403] Die Erleichterung des Marktzugangs ist eines der Hauptziele der Handelsliberalisierung durch die Welthandelsrunden im Rahmen der WTO (vormals GATT) wie auch in der aktuellen Doha-Runde.[404] Weder das GATT noch das GATS verwenden den Begriff des Marktzugangs (*market access*).[405] Art. XI:1 GATT verbietet grundsätzlich neben den ausdrücklich genannten Formen wie Kontingenten, auch alle „anderen Maßnahmen", die den Marktzugang behindern.[406] In Art. XVI GATS findet sich mit einem Ver-

---

glish/res_e/booksp_e/anrep_e/world_trade_report11_e.pdf), zuletzt besucht am 19.2.2019.

401 *Klodt*, Wege zu einer globalen Wettbewerbsordnung, S. 9; WTO, World Trade Report 2011. The WTO and preferential trade agreements: From co-existence to coherence, S. 109. Verfügbar auf der Website der WTO (https://www.wto.org/en glish/res_e/booksp_e/anrep_e/world_trade_report11_e.pdf), zuletzt besucht am 19.2.2019.

402 Vgl. oben Kapitel 2. B. I.

403 Siehe beispielsweise die Präambel des Freihandelsabkommen der EU mit Südkorea: „Entschlossen, zur [...] Ausweitung des Welthandels durch Beseitigung von Handelsschranken mittels dieses Abkommens beizutragen [...]". Ausführlich zu diesem Abkommen vgl. unten Kapitel 4. A.

404 *WTO*, Doha Work Programme, Decision Adopted by the General Council, 1.8.2004, WT/L/579, Nr. 27 ff.

405 *Baetge*, Globalisierung des Wettbewerbsrechts, S. 137.

406 *Herrmann/Weiß/Ohler*, Welthandelsrecht, S. 200.

weis auf eine Liste von Maßnahmen, die generell als Marktzugangshindernisse untersagt sind, eine indirekte Umschreibung des Marktzugangs.[407] Kartellrecht wiederum hat die Aufgabe, dass dieser auch durch die Handelsliberalisierung erreichte Wettbewerb nicht durch die Handlung Privater beschränkt wird. In Bezug auf das Ziel des Marktzuganges ergänzen und verstärken sich Handels- und Kartellrecht damit gegenseitig.[408]

Ein ökonomisches Ziel, das sowohl das Kartell- als auch das internationale Handelsrecht respektive die Handels- und Wettbewerbspolitik erreichen wollen, ist somit die Erzielung von Effizienzsteigerungen,[409] genauer gesagt die Erreichung allokativer Effizienz.[410] Effizienzsteigerungen werden aus der Handelsperspektive nach *Ricardos* klassischer Außenhandelstheorie durch die Realisierung von komparativen Kostenvorteilen erreicht.[411] Nach dieser produzieren Staaten diejenigen Güter, für deren Produktion ihre Opportunitätskosten am geringsten sind. Dies hat sowohl einen Vorteil für die Staaten, welche einen absoluten Kostenvorteil gegenüber allen anderen Staaten haben, als auch für Staaten, die einen Kostennachteil gegenüber allen anderen Staaten haben. Für Letztere ist der Vorteil, dass sie alle ihre Ressourcen auf die Produktion der relativ effizientesten Güter konzentrieren und die anderen Güter bei verbleibendem Zugewinn importieren.[412] Die Aufgabe des Kartellrechts ist unter anderem, die Effizienzsteigerungen durch die Handelsliberalisierung dadurch zu schützen, dass es Monopole verhindert.[413]

Zusammenfassend sind gemeinsame Ziele des Handels- und Wettbewerbsrechts und der Handels- und Wettbewerbspolitik die Errichtung und Beibehaltung eines offenen Marktes, in dem die optimale Verteilung

---

407 *Baetge*, Globalisierung des Wettbewerbsrechts, S. 137.

408 *Weinrauch*, Competition Law in the WTO, S. 55.

409 *Kennedy*, Competition Law and the World Trade Organisation, S. 4; *Lo*, in: Hwang, The Role of Competition Law/Policy in the Socio-Economic Development, S. 47 (50); *Gadbaw*, in: Cimino-Isaacs/Schott, Trans-Pacific Partnership, S. 323 (324).

410 *Mardsen*, A Competition Policy for the WTO, S. 257.

411 *Ricardo*, Principles of Political Economy and Taxation.

412 *Holzmüller*, Einseitige Wettbewerbsbeschränkungen als Regelungsproblem des internationalen Kartellrechts, S. 184; für eine Zusammenfassung der klassischen Außenhandelstheorie und weiterer Außenhandelstheorien siehe *Herrmann/Weiß/Ohler*, Welthandelsrecht, S. 11 ff.

413 *Papadopoulos*, The International Dimension of EU Competition Law and Policy, S. 38.

der ökonomischen Ressourcen durch Wettbewerb zwischen den Unternehmen erreicht wird.[414]

2. Grundsätzliche Unterschiede

a) Markteintrittsschranken

Der offensichtlichste Unterschied zwischen der internationalen Handelspolitik und der Wettbewerbspolitik respektive des internationalen Handelsrechts und des Wettbewerbsrechts ist der systemische Unterschied. Die internationale Handelspolitik konzentriert sich klassischerweise auf den Abbau staatlicher Markteintrittsschranken, indem sie in Gestalt des GATT und des WTO-Regelungsregimes hauptsächlich Zölle und nichttarifäre Handelshemmnisse beseitigt.[415] Mit Ausnahme der Antidumpingmaßnahmen behandelt das WTO-System daher nur staatliche Schranken für den grenzüberschreitenden Handelsverkehr mit dem Zweck der Marktöffnung.[416] Die Wettbewerbspolitik nimmt demgegenüber private Markteintrittsschranken in den Blick. Hierbei muss beachtet werden, dass dies nur einen Teilbereich des Kartellrechts ausmacht.[417]

Des Weiteren ist der Regelungsansatz ein anderer. Marktzutrittsschranken sind aus Sicht des internationalen Handelsrechts respektive der internationalen Handelspolitik grundsätzlich negativ und sollen verringert werden.[418] Im Wettbewerbsrecht wird diesbezüglich eine differenzierte Beurteilung vorgenommen.[419] Geschäftspraktiken, die handelspolitisch unerwünscht sind, da sie einen exklusiven Effekt haben, können wettbewerbspolitisch erwünscht sein, wenn sie beispielsweise Innovationen über den *Inter-brand-Wettbewerb* fördern.[420] Als Illustration dieser Unterschiede lässt sich folgendes Beispiel nennen: An einem nationalen Markt, auf dem

---

414 *Matshuhita/Schoenbaum/Mavroidis/Hahn*, The World Trade Organization, S. 787.
415 Siehe Art. 3 der Präambel zum GATT. Zum GATT vgl. unten Kapitel 3. B. II. 1.
416 *Herrmann*, in: Terhechte, Internationales Kartell- und Fusionskontrollverfahrensrecht, S. 1891 (1903).
417 Zu weiteren Zielen des Kartellrechts vgl. oben Kapitel 2. C. II. 1.
418 *Holzmüller*, Einseitige Wettbewerbsbeschränkungen als Regelungsproblem des internationalen Kartellrechts, S. 186.
419 *Holzmüller*, Einseitige Wettbewerbsbeschränkungen als Regelungsproblem des internationalen Kartellrechts, S. 186.
420 *Holzmüller*, Einseitige Wettbewerbsbeschränkungen als Regelungsproblem des internationalen Kartellrechts, S. 186.

sich zehn nationale Unternehmen, die alle weniger als 15 % Marktanteil haben, einen starken Wettbewerb liefern und ein ausgeklügeltes Vertriebsnetzwerk und *After-sales*-Netzwerk aufgebaut haben und daher der Markteintritt für ausländische Unternehmen sehr schwer ist ohne große Investitionen in ebensolche Netzwerke, ist aus kartellrechtlicher Sicht aufgrund der hohen Wettbewerbsintensität nichts zu beanstanden.[421] Aus Sicht der internationalen Handelspolitik stellt dieser Markt jedoch ein Problem wegen des schwierigen Marktzugangs für ausländische Unternehmen dar.[422] Der Grund für diesen Unterschied ist, dass der relevante Markt ein anderer ist. Der Abbau der staatlichen Handelsschranken, vor allem im Rahmen der WTO-Abkommen, sollte als Katalysator für die Bildung von internationalen, nicht an die Grenzen von Staaten gebundenen Weltmärkten dienen.[423] Dies steht im Konflikt zum nationalen Kartellrecht, welches von seinem Ursprung her nur den Wettbewerb auf dem nationalen Markt im Blick hat.[424] Während also das nationale Kartellrecht grundsätzlich nur den Wettbewerb auf dem nationalen Markt zu schützen bezweckt, ist das Ziel der internationalen Handelspolitik, Hindernisse zwischen verschiedenen nationalen Märkten zu beseitigen. Dies gilt grundsätzlich unabhängig davon, ob Wettbewerb auf diesem Markt herrscht.

b) Berücksichtigung von Konsumenten- und Produzenteninteressen in der Praxis

In der Theorie ist ein gemeinsames grundlegendes Ziel der Handels- wie der Wettbewerbspolitik und des Handels- und Wettbewerbsrechts, durch die Gewährleistung effizienter Ressourcenverteilung zur Förderung der Konsumentenwohlfahrt beizutragen.[425]

In der Praxis hingegen gibt es fundamentale Unterschiede, wenn es um die Förderung der Konsumentenwohlfahrt geht. Die Handelspolitik ist im Gegensatz zur Wettbewerbspolitik mehr darauf ausgerichtet, die Interessen und das Wohlergehen der heimischen Produzenten und Exporteure

---

421 Vorausgesetzt, es gibt keine anderweitigen wettbewerbswidrigen Absprachen in dem Markt; siehe hierzu *Tarullo*, Am. J. In'l. 2000, 478 (483).

422 *Tarullo*, Am. J. In'l. 2000, 478 (483).

423 *Sester/Cárdenas*, RIW 2006, 179 (180).

424 *Sester/Cárdenas*, RIW 2006, 179 (180).

425 *WTO*, Report of the Working Group on the Interaction of Trade and Competition Policy to the General Council, 8.12.1998, WT/WGTCP/2, Rn. 22.

zu vertreten und zu fördern.[426] Klassischerweise schützen internationales Handelsrecht und internationale Handelspolitik daher Wettbewerber und richten den Fokus auf den freien Marktzugang und die Verhinderung ungerechtfertigter Diskriminierung, während das Kartellrecht und die Wettbewerbspolitik Konsumentenwohlfahrt als Allererstes im Blick haben und nur der Wettbewerb und nicht der Wettbewerber als solcher geschützt wird.[427] Handelspolitik wird daher auch als ein „anbieterbasiertes Paradigma" mit großem politischen Rückhalt und Kartellrecht als ein „verbraucherbasiertes Paradigma" mit schwachem politischen, aber starkem historischen Rückhalt beschrieben.[428] Folgerichtig stehen die Interessen der heimischen Industrie im Mittelpunkt von Verhandlungen über Freihandelsabkommen.[429]

Ein Grund dafür, dass die Handelspolitik hauptsächlich die Interessen und das Wohlergehen der Unternehmen im Blick hat, sind die strategisch-politischen Vorteile der Produzenteninteressen gegenüber den Konsumentenbelangen.[430] Die Interessen der Verbraucher als eine große inhomogene Gruppe sind schwieriger zu organisieren und in den politischen Entscheidungsprozess in der Form des Lobbying einzubinden als die Interessen der Unternehmen.[431] Es gilt jedoch zu beachten, dass auch die Wettbewerbsbehörden aus ähnlichen Gründen nicht immun dagegen sind, im Einzelfall Herstellerinteressen stärker zu gewichten als Konsumenteninteressen.[432]

3. Unterschiede zwischen Antidumping- und Kartellrecht sowie Antidumping- und Wettbewerbspolitik

Der für die vorliegende Arbeit wichtigste Aspekt im Verhältnis zwischen Kartell- und Handelsrecht ist die Beziehung zwischen Antidumpingrecht und Kartellrecht. Hieran lässt sich die bereits abstrakt beschriebene Unter-

---

426 *Wagner-von Papp*, in: Bungenberg/Krajewski/Tams/Terhechte/Ziegler, EYIEL 2017, S. 301 (308); *Tarullo*, Am. J. In'l. 2000, 478 (483).
427 *Goldman/Facey*, in: Hawk, Fordham Corp. L. Inst. 1998, S. 279 (284).
428 *Klein*, in: Bundeskartellamt, Megafusionen, S. 138 (143).
429 *Baetge*, Globalisierung des Wettbewerbsrechts, S. 151.
430 *Baetge*, Globalisierung des Wettbewerbsrechts, S. 169.
431 *Baetge*, Globalisierung des Wettbewerbsrechts, S. 152 und S. 169.
432 *Utton*, International Competition Policy, S. 99.

scheidung der Beachtung von Konsumenten- und Produzenteninteressen konkret darstellen.[433]

Analog zum allgemeinen Verhältnis zwischen Handels- und Kartellrecht waren auch Antidumpingrecht und Kartellrecht von der Entstehungsgeschichte her eng miteinander verbunden. In den USA wurde das erste Antidumpingrecht kurz nach dem ersten Kartellrecht erlassen.[434] Es wurde eingeführt, um auch ausländische Unternehmen an wettbewerbsbeschränkenden Verhaltensweisen hindern zu können, die sich auf den eigenen Markt auswirkten.[435] Hier ging es insbesondere um Kampfpreisunterbietungen (*predatory pricing*).[436] Antidumpingrecht und Kartellrecht hatten also beide unter anderem das Ziel, Wettbewerbsverzerrungen durch Preisdiskriminierung zwischen verschiedenen Märkten und/oder Kunden zu verhindern.[437] Das Antidumpingrecht war von seinem Ursprung her demnach nur die notwendige Ergänzung des Kartellrechts, welches nicht gegenüber ausländischen Unternehmen durchsetzbar war.[438] Vor diesem Hintergrund kann das Verhältnis zwischen Antidumpingrecht und Kartellrecht als eine gegenseitige Ergänzung angesehen werden, indem Kartellrecht intern wirkt, das heißt grundsätzlich innerstaatlich, und Antidumpingrecht extern, also gegenüber ausländischen Märkten.[439] Man kann das Antidumpingrecht aber auch als einen Ersatz für ein unzureichendes Kartellrecht oder eine unzureichende Kartellrechtsdurchsetzung im Heimatland des Exporteurs sehen, denn Dumping auf ausländischen Märkten kann das Resultat von Wettbewerbsverzerrungen auf dem Markt des Exportunternehmens sein, welches von der Wettbewerbsbehörde des Heimatmarktes des Exportunternehmens nicht geahndet wird.[440]

Im Folgenden wird dargestellt, dass Antidumpingrecht und Kartellrecht respektive deren Anwendung nicht nur als gegenseitige Ergänzung, son-

---

433 *Wagner-von Papp*, in: Bungenberg/Krajewski/Tams/Terhechte/Ziegler, EYIEL 2017, S. 301 (308).
434 Der Wilson Tariff Act of 1894, siehe *Messerling*, World Competition 1995, 37 (38 f.).
435 *Knorr*, List Forum 1999, S. 414 (417).
436 *Knorr*, List Forum 1999, S. 414 (417).
437 *Laprévote*, Concurrences 2015, 1 (2).
438 *Knorr*, List Forum 1999, S. 414 (417).
439 *Zanardi/Wooton*, in: Choi/Hartigan, Handbook of international trade, S. 358 (369).
440 *Laprévote*, Concurrences 2015, 1 (3).

dern vor allem auch als Konfliktfeld zwischen der Handels- und der Wettbewerbspolitik angesehen werden können.[441]

a) Dumping im Handelsrecht

Im Bereich der Handelspolitik gehört Dumping zusammen mit bestimmten Arten von Subventionen zu den „unfairen" Handelspraktiken.[442] Als Gegenmaßnahme zu „unfairen" Handelspraktiken erlaubt das GATT in Art. VI sogenannte handelspolitische Schutzinstrumente.[443] Details zur Anwendung finden sich in dem Übereinkommen zur Durchführung des Art. VI des Allgemeinen Zoll- und Handelsabkommens 1994 (ÜAD)[444] und dem Übereinkommen über Subventionen und Ausgleichsmaßnahmen (ÜSCM)[445]. Antidumpingmaßnahmen werden von den handelspolitischen Schutzinstrumenten mit Abstand am häufigsten weltweit von den Staaten erlassen.[446]

Gemäß Art. VI:1 GATT (Art. 2 und 3 ÜAD) liegt Dumping vor, wenn der Exporteur für die gleiche oder gleichartige Ware einen Preis verlangt, der niedriger ist als der „Normalwert", und dies zu bedeutenden Schädigungen der heimischen Wirtschaft des Exportmarktes führt.[447] Der „Normalwert" ist dabei grundsätzlich derjenige Preis für das Produkt auf dem Heimatmarkt.[448] Es handelt sich somit um eine Art der Preisdiskriminierung im internationalen Handel.[449] Nach dieser Definition kann Dumping

---

441 Diesen Konflikt betont *Baetge*, Globalisierung des Wettbewerbsrechts, S. 166.

442 *Tietje*, in: Tietje, Internationales Wirtschaftsrecht, S. 158 (220).

443 Ausführlich zu handelspolitischen Schutzinstrumenten *Herrmann/Weiß/Ohler*, Welthandelsrecht, S. 282 ff. Für eine kurze Zusammenfassung der verschiedenen handelspolitischen Schutzinstrumente siehe *Herrmann*, in: Terhechte, Internationales Kartell- und Fusionskontrollverfahrensrecht, S. 1891 (1898 f.).

444 ABl.EG 1994, Nr. L 336/103.

445 ABl.EG 1994, Nr. L 336/156.

446 *Trebilcock/Howse/Eliason*, The Regulation of International Trade, S. 333; Nach Art. XVIII:5 GATT müssen die Mitgliedstaaten Antidumpingmaßnahmen notifizieren. Siehe für einen Überblick von der Einführung von Antidumpingmaßnahmen nach Land und Jahr zwischen 1/01/1995 – 31/12/2016 die Website der WTO (www.wto.org/english/tratop_e/adp_e/AD_InitiationsByRepMem.pdf), zuletzt besucht am 10.10.2018.

447 *Herrmann/Weiß/Ohler*, Welthandelsrecht, S. 290.

448 Ausführlich zu Details bezüglich Art. VI GATT siehe *Herrmann/Weiß/Ohler*, Welthandelsrecht, S. 290 f.

449 *Müller-Ibold*, in: Bungenberg/Hahn/Herrmann/Müller-Ibold, EYIEL Trade Defence, S. 191 (193).

verschiedene Erscheinungsformen annehmen, wobei die extremste Form das „räuberische Dumping" (*predatory dumping*) ist, bei dem ein marktmächtiges Unternehmen Wettbewerber aus dem Markt verdrängen will, um danach seine Stellung im Markt zur Abschöpfung von Monopolrenten zu missbrauchen.[450]

Das WTO-Recht schreibt dem Staat des Exportunternehmens keine Verpflichtung der Unterbindung solcher Praktiken vor, sondern erlaubt vielmehr gemäß Art. VI:2 GATT (Art. 9 ÜAD) dem Importstaat, einen Ausgleichszoll zu erheben.[451] Dies sind zusammen mit vorläufigen Maßnahmen (Art. 7 ÜAD) und Preisverpflichtungen (Art. 8 ÜAD) die einzigen Maßnahmen, die Staaten aufgrund von gedumpten Einfuhren ergreifen dürfen, sodass die Anwendung des Kartellrechts praktisch ausgeschlossen ist.[452]

Das EU-Recht bezüglich Antidumpingmaßnahmen ist dem WTO-Recht sehr ähnlich.[453] Ein Unterschied ist, dass im EU-Recht die Verhängung einer Antidumpingmaßnahme gemäß Art. 21 Abs. 1 der Antidumping-Grundverordnung (AD-GVO)[454] im Unionsinteresse sein muss.[455] Diese Voraussetzung der Übereinstimmung mit dem „öffentlichen Interesse" besteht im WTO-Recht nicht, liegt jedoch mit diesem auf einer Linie, da es eine Voraussetzung ist, die den Automatismus einer Verhängung einer Antidumpingmaßnahme verhindert.[456] Im EU-Recht ist diese Voraussetzung sogar, anders als in anderen Jurisdiktionen, zwingend anzuwenden.[457]

---

450 *Hoffmeister*, in: Krenzler/Herrmann/Niestedt, EU-Außenwirtschafts- und Zollrecht, AD-GVO – Erwägungsgründe, Rn. 8 ff., auch mit einer Beschreibung verschiedener anderer Erscheinungsformen.

451 *Herrmann*, in: Terhechte, Internationales Kartell- und Fusionskontrollverfahrensrecht, S. 1891 (1907).

452 *Herrmann/Weiß/Ohler*, Welthandelsrecht, S. 298.

453 *Khalfaoui/Gehring*, in: Bungenberg/Hahn/Herrmann/Müller-Ibold, EYIEL Trade Defence, S. 159 (176).

454 VO (EU) 2016/1036 des Europäischen Parlaments und des Rates vom 8. Juni 2016 über den Schutz gegen gedumpte Einfuhren aus nicht zur Europäischen Union gehörenden Ländern, ABl.EU 2016, Nr. L 176/21.

455 Vgl. unten Kapitel 2. E. I. 3. e) (1).

456 *Weiß*, in: Grabitz/Hilf/Nettesheim, EUV/AEUV, Art. 207 AEUV Rn. 160 mit Verweis auf Art. 9.1 ÜAD.

457 *Bienen*, in: Bienen/Brink/Ciuriak, Guide to International Anti-Dumping Practice, S. 271 (313). Neben der EU gibt es noch weitere Jurisdiktionen, die eine solche Überprüfung des öffentlichen Interesses vornehmen; siehe *Vermulst*, The WTO Anti-Dumping Agreement, S. 171; jedoch nur von wenigen und nicht in einer so komplexen Weise wie von der EU; siehe *Hartmann*, in: Krenzler/Herrmann/Niestedt, EU-Außenwirtschafts- und Zollrecht, Art. 21 AD-GVO, Rn. 5.

Eine wesentliche Voraussetzung für Dumping ist eine wirksame Markt-trennung. Der Grund dafür ist, dass Dumping nicht funktioniert, wenn die billigeren Exporte leicht in das Ursprungsland zurückgeführt werden können und der daraus resultierende Verkaufspreis aus dem Ursprungs-land transferiert werden kann.[458] In einem solchen Fall würden die ausge-führten Waren mit einer gewissen Preisanpassung für Transportkosten und Arbitrage mit den Inlandsverkäufen des Herstellers im Ausfuhrland konkurrieren und damit jeden vom Hersteller angestrebten Vorteil zunich-temachen.[459] Eine solche Markttrennung respektive die Markteintritts-hemmnisse kann/können neben staatlichen Beschränkungen auch durch private (wettbewerbswidrige) Maßnahmen erreicht werden, die die (Wie-der-)Einfuhr von Produkten in das Ursprungsland einschränken.[460]

b) Kampfpreisunterbietung im Kartellrecht

Im Kartellrechtszusammenhang ist der Begriff des Dumpings ungebräuch-lich, es gibt jedoch mit der Kampfpreisunterbietung eine Fallgruppe, die dem räuberischen Dumping ähnelt.[461] Kampfpreisunterbietung ist nicht nur nach EU-Kartellrecht, sondern auch in vielen anderen Kartellrechts-ordnungen verboten.[462]

Im Wettbewerbsrecht liegt eine wettbewerbswidrige Kampfpreisunter-bietung vor, wenn die Preise des Unternehmens mit einer marktbeherr-schenden Stellung unter den eigenen durchschnittlichen variablen Kosten

---

Insbesondere das Antidumpingrecht in Australien und Kanada kennt auch die Berücksichtigung des „öffentlichen Interesses", siehe hierzu: *Müller/Khan/Scharf*, EC and WTO Anti-Dumping Law, Art. 21, Rn. 21.02.

458 *Müller-Ibold*, in: Bungenberg/Hahn/Herrmann/Müller-Ibold, EYIEL Trade De-fence, S. 191 (194).

459 *Müller-Ibold*, in: Bungenberg/Hahn/Herrmann/Müller-Ibold, EYIEL Trade De-fence, S. 191 (194).

460 *Müller-Ibold*, in: Bungenberg/Hahn/Herrmann/Müller-Ibold, EYIEL Trade De-fence, S. 191 (194); vgl. unten Kapitel 2. E. II. 2.

461 *Baetge*, Globalisierung des Wettbewerbsrechts, S. 162.

462 *Baetge*, Globalisierung des Wettbewerbsrechts, S. 162 m. w. N.; für einen aktu-ellen Fall der EU-Kommission zur Kampfpreisunterbietung vgl. EU-Kommissi-on, Pressemitteilung v. 18.7.2019, Kartellrecht: Kommission verhängt wegen Verdrängungspreisen Geldbuße von 242 Mio. EUR gegen US amerikanischen Chiphersteller Qualcomm, IP/19/4350.

liegen.[463] Die Kostenunterschreitung genügt im EU-Recht hierbei grundsätzlich als Beweis.[464] Wenn die Kosten allerdings nur unter den durchschnittlichen Gesamtkosten liegen, muss zusätzlich eine Verdrängungsabsicht des marktbeherrschenden Unternehmens vorliegen.[465] Im US-Recht dagegen dient die Unterschreitung der durchschnittlichen variablen Kosten lediglich als Vermutung.[466] Dafür ist im Gegensatz zum EU-Recht im US-Recht die konkrete Aussicht, dass das Unternehmen die ursprünglich erlittenen Verluste in Zukunft unter Ausnutzung seiner Monopolstellung durch höhere Preise ausgleicht, notwendig.[467] Trotz dieser Unterschiede im Detail ist die Gemeinsamkeit der meisten Kartellrechtsregime weltweit, dass sie relativ hohe Hürden für die Annahme einer wettbewerbswidrigen Kampfpreisunterbietung aufstellen.[468]

c) Unterschiede zwischen Kampfpreisunterbietung und räuberischem Dumping

(1) Einfluss politischer Erwägungen

Bei der Verhängung von Antidumpingmaßnahmen spielen politische Erwägungen und Kompromisse eine viel größere Rolle als bei Kartellrechtsverfahren, an denen nur von der Exekutive meist und weitestgehend unabhängige Behörden beteiligt sind.[469] Dies hängt vor allem mit der Gefahr

---

463 *Kling/Thomas*, Kartellrecht, S. 251 mit Verweis auf die einschlägige Rechtsprechung des EuGH. Variable Kosten sind – im Unterschied zu den Fixkosten – die Kosten, die je nach der produzierten Menge variieren. Die durchschnittlichen variablen Kosten sind die Summe der variablen Kosten geteilt durch die Ausbringungsmenge.

464 *Kling/Thomas*, Kartellrecht, S. 251 m. w. N. auch zu kritischen Stimmen bezüglich dieser Rechtsprechung.

465 *Kling/Thomas*, Kartellrecht, S. 252 mit Verweis auf EuGH, Urt. v. 2.4.2009 – C-202/07 P, Slg. 2009, I-2369 – *France Telecom SA/Kommission*.

466 *Sullivan/Harrison*, Understanding Antitrust and its Economic Implications, S. 329; weitere Details zum Vergleich US-/EU-Recht bezüglich Kampfpreisunterbietung *Bloch/Kamann/Brown/Schmidt*, ZWeR 2005, 325 (342 ff.).

467 Sog. „Recoupment", siehe hierzu *Kaplow*, Antitrust L. J. 2018, 167.

468 Zum EU-Recht *Laprévote*, Concurrences 2015, 1 (3); zum US-Recht *Bloch/Kamann/Brown/Schmidt*, ZWeR 2005, 325 (343).

469 *Laprévote*, Concurrences 2015, 1 (3); *Weiß*, in: Grabitz/Hilf/Nettesheim, EUV/AEUV, Art. 207 AEUV Rn. 164, stellt dementsprechend fest, dass die Dumpingabwehr kein „unpolitischer Bereich" ist.

von Vergeltungsmaßnahmen, die bei dem Verhängen einer Antidumpingmaßnahme beachten werden muss, zusammen.[470] Im EU-Antidumpingverfahren zeigt sich die politische Dimension von Antidumpingmaßnahmen auch daran, dass die Mitgliedsstaaten, spezieller deren Exekutive, einen Vorschlag der EU-Kommission zur Festlegung einer Antidumpingmaßnahme ablehnen können.[471] Die politische Dimension des Antidumpingrechts kann in der EU auch durch die gemäß Art. 21 AD-GVO angeordnete Überprüfung des Unionsinteresses verstärkt werden.[472] Dies liegt daran, dass diese Vorschrift einen weiten, gerichtlich kaum nachprüfbaren Ermessensspielraum eröffnet, ob eine Antidumpingmaßnahme selbst beim Vorliegen aller sonstigen Voraussetzungen erlassen wird oder nicht.[473] In der Praxis ist die EU-Kommission allerdings bisher bemüht, bei der Überprüfung des Unionsinteresses grundsätzlich nur wirtschaftliche Erwägungen zu berücksichtigen.[474] Die Voraussetzung der Feststellung, ob eine Schädigung eines Wirtschaftszweiges eingetreten ist oder droht, sowie das „Unionsinteresse" bieten jedoch Einfallstore für industriefördernde Motive bei dieser Berücksichtigung wirtschaftlicher Erwägungen.[475]

(2) Berücksichtigung von Konsumenten- und Produzenteninteressen

Die Aussage, dass sich die Handelspolitik primär um den Schutz der Wettbewerber kümmert und nicht wie das Kartellrecht um den Schutz des Wettbewerbs und damit letztendlich um den Verbraucherschutz, kann am Beispiel des Dumpings dargestellt werden. Bei Antidumpingmaßnahmen steht im Gegensatz zum Kartellrecht vor allem der Schutz strukturpolitisch

---

470 *Bienen/Brink/Ciuriak*, in: Bienen/Brink/Ciuriak, Guide to International Anti-Dumping Practice, S. 1 (35).

471 *Laprévote*, Concurrences 2015, 1 (3).

472 *Bienen/Brink/Ciuriak*, in: Bienen/Brink/Ciuriak, Guide to International Anti-Dumping Practice, S. 1 (35).

473 *Tietje*, in: Tietje, Internationales Wirtschaftsrecht, S. 792 (843 f.).

474 *Hartmann*, in: Krenzler/Herrmann/Niestedt, EU-Außenwirtschafts- und Zollrecht, Art. 21 AD-GVO, Rn. 2. Dies enspricht der gesetzgeberischen Vorgabe, welche aus der Aufzählung der denkbaren Verfahrensbeteiligten in Art. 21 Abs. 2 erkennen lässt, dass es nur auf wirtschaftliche Erwägungen ankommt, siehe *Tauschinsky/Weiß*, EuR 2018, 3 (26 f.); dazu, dass neuerdings nichtwirtschaftliche Aspekte in einigen seltenen Fällen Berücksichtigung finden, siehe *Tauschinsky/Weiß*, EuR 2018, 3 (29 f.).

475 *Teichner*, Industrieförderung durch Unionspolitik, S. 74 mit Beispielen solcher Industrieförderung auf S. 96 ff.

wichtiger Wirtschaftszweige und nicht der Schutz des Wettbewerbs im Vordergrund.[476] Der Schutzzweck von Antidumpingmaßnahmen ist dementsprechend der Schutz einheimischer Hersteller gleichartiger Waren, also der einheimischen Wettbewerber.[477] Verbraucherinteressen stehen dagegen nicht im Fokus von Antidumpingmaßnahmen.[478] Dass Antidumpingzölle im Interesse der Unternehmen und nicht im Interesse der Verbraucher verhängt werden, wird vor allem daran deutlich, dass nach Art. 5 Abs. 4 AD-GVO eine Antidumpinguntersuchung nur dann vorgenommen wird, wenn der Antrag von einem Wirtschaftszweig der Union oder in seinem Namen gestellt wurde,[479] respektive es nach Art. 5 Abs. 1 ÜAD zur Einleitung einer Antidumpinguntersuchung regelmäßig eines Antrages eines inländischen Wirtschaftszweiges oder im Namen eines solchen bedarf.[480] Verbraucherverbände und auch gewerbliche Abnehmer spielen im Antidumpingverfahren eine eher untergeordnete Rolle. Die Behörden müssen ihnen nach Art. 6 Abs. 12 ÜAD die Möglichkeit geben, relevante Informationen beizubringen. Da Abnehmerpreise aber keine Berücksichtigung finden müssen, hat diese Beteiligungsmöglichkeit nur eine geringe Bedeutung.[481] Der Schutz des Wettbewerbs ist nicht das Ziel. Dieses zeigt sich unter anderem auch daran, dass keine Schädigung eines Unionswirtschaftszweiges und damit kein Dumping vorliegen kann, wenn Dumping auf Märkten vorliegt, auf denen keine unionalen Unternehmen im Wettbewerb stehen.[482]

In der EU werden Verbraucherinteressen über das Unionsinteresse in Art. 21 AD-GVO berücksichtigt.[483] Die Berücksichtigung des Unionsinter-

---

476 *Teichner*, Industrieförderung durch Unionspolitik, S. 74, der aber richtigerweise feststellt, dass dies nicht bedeutet, dass im konkreten Fall die Interessen der Industrieförderung und die des Wettbewerbsschutzes nicht parallel laufen können.

477 *Herrmann*, in: Terhechte, Internationales Kartell- und Fusionskontrollverfahrensrecht, S. 1891 (1907).

478 *Abrenica/Bernabe*, in: Chaisse/Gao/Lo, Paradigm Shift in International Economic Law Rule-Making, S. 165 (181).

479 *Laprévote*, Concurrences 2015, 1 (3).

480 Ausführlich hierzu *Herrmann/Weiß/Ohler*, Welthandelsrecht, S. 298 ff.

481 *Herrmann*, in: Terhechte, Internationales Kartell- und Fusionskontrollverfahrensrecht, S. 1891 (1910), der feststellt, dass die Informationen nur dazu dienen können, die Kausalität des Dumpings dadurch infrage zu stellen, dass sie Informationen über Nachfragerückgänge oder Änderungen der Verbrauchervorgänge vorlegen.

482 *Teichner*, Industrieförderung durch Unionspolitik, S. 74.

483 Dem Wortlaut nach ist das Unionsinteresse auch bei der Fortsetzung eines Antidumpingverfahrens nach Rücknahme eines Antrags (Art. 9 Abs. 1 AD-GVO)

esses dient nach Erwägungsgrund 30 der AD-GVO dazu, dass „[…] Argumente zu der Frage vorgebracht werden können, ob Maßnahmen im Interesse der Union einschließlich des Interesses der Verbraucher liegen […]". Dementsprechend sind neben den Interessen des inländischen Wirtschaftszweigs und der Verwender explizit Verbraucherinteressen in Art. 21 AD-GVO als Bestandteil des Unionsinteresses genannt (Abs. 1). Verbraucherorganisationen können Informationen innerhalb der in der Bekanntmachung über die Einleitung der Antidumpinguntersuchung gesetzten Frist vorlegen (Abs. 2). Außerdem gilt grundsätzlich, dass das Unionsinteresse so neutral wie möglich bestimmt werden muss.[484] Es gilt jedoch zu beachten, dass Verbraucherinteressen nur ein Aspekt einer umfassenden Abwägung sind. Im Rahmen dieser Abwägung wird in der Mehrzahl der Fälle angenommen, dass die positiven Effekte für die Unionsindustrie die möglichen Nachteile für Verbraucher aufwiegen.[485] Weiterhin ist das Absehen der Ergreifung einer Antidumpingmaßnahme aufgrund des Unionsinteresses nur als eine Ausnahme zur Regel formuliert. Praktisch können, wie bereits erwähnt, die Produzenten ihre Interessen besser koordinieren und formulieren, als dies den Konsumenten als einer heterogeneren und schlechter organisierten Gruppe möglich ist. Das zeigt sich daran, dass Verbraucherorganisationen nur sehr selten von ihrem Recht auf Stellungnahmen Gebrauch machen.[486] Dementsprechend spielen Verbraucherinteressen nur eine sehr geringe Rolle bei der Verhängung von Antidumpingmaßnahmen.[487] Hinzu kommt, dass das Interesse der Verbraucher auch deshalb schwer zu bestimmen ist, weil sie sich am Ende der Vertriebskette befinden.[488] Ihr unmittelbares Interesse betrifft bei Verfahren gegen

---

und für die vorläufige Aussetzung von Maßnahmen (Art. 14 Abs. 4 AD-GVO) von Relevanz. In der Praxis spielen das Unionsinteresse und insbesondere die Interessen der Verbraucher hierbei jedoch keine eigenständige Rolle, siehe *Scharf*, in: Krenzler/Herrmann/Niestedt, EU-Außenwirtschafts- und Zollrecht, Art. 14 ADGVO, Rn. 13.

484 *Hartmann*, in: Krenzler/Herrmann/Niestedt, EU-Außenwirtschafts- und Zollrecht, Art. 21 AD-GVO, Rn. 49 mit Verweis auf EuG, Urt. v. 1.8.2001- T-132/01, Slg. 2001 II-02307, Rn. 54 – *Euroalliages u. a./Kommission*; *Tauschinsky/Weiß*, EuR 2018, 3 (26) mit Verweis auf Art. 41 GRC.

485 *Luo*, Anti-Dumping in the WTO, the EU and China, S. 138.

486 *Hartmann*, in: Krenzler/Herrmann/Niestedt, EU-Außenwirtschafts- und Zollrecht, Art. 21 AD-GVO, Rn. 29.

487 *Van Beal/Bellis*, EU Anti-Dumping and Other Trade Defence Instruments, S. 384.

488 *Krzeminska-Vamvaka*, in: Dauses/Ludwigs, Handbuch des EU-Wirtschaftsrechts, K. II. Antidumping- und Antisubventionsrecht, Rn. 250 f.

Einfuhren von Industrieprodukten daher nur das Endprodukt, welches jedoch bei Verfahren über Produkte, die keine Industrieprodukte sind, nicht Gegenstand des Verfahrens ist.[489]

(3) Voraussetzungen

Des Weiteren hat räuberisches Dumping im Handelsrecht sehr viel leichter zu erfüllende Voraussetzungen als eine wettbewerbswidrige Kampfpreisunterbietung im Wettbewerbsrecht.[490] Es genügt, dass der Preis auf dem Exportmarkt niedriger ist als auf dem nationalen Markt und dadurch eine Schädigung der Wirtschaft des Importlandes eintritt. Weitere Voraussetzungen, wie später höher zu erwartende Preise, existieren nicht.[491] Anders als im Wettbewerbsrecht ist es auch nicht notwendig, dass das dumpende Unternehmen marktbeherrschend ist; die Marktanteile sind vielmehr gleichgültig. Ganz im Gegenteil kann in vielen Fällen sogar argumentiert werden, dass das marktbeherrschende Unternehmen nicht der Exporteur ist, sondern das Unternehmen, welches auf die Antidumpingmaßnahme drängt, und dass die Verhängung eines Antidumpingzolls gegen einen Exporteur mit geringem Marktanteil wettbewerbsbehindernde Auswirkungen haben kann.[492] Im Kartellrecht dagegen ist für die Feststellung einer Kampfpreisunterbietung oder jeder anderen Form eines wettbewerbswidrigen Verhaltens das Verhältnis zwischen dem Preis auf dem Heimatsmarkt des Exporteurs und auf dem Exportmarkt grundsätzlich irrelevant.[493] Vielmehr beanstandet das Kartellrecht zu niedrige

---

489 *Krzeminska-Vamvaka*, in: Dauses/Ludwigs, Handbuch des EU-Wirtschaftsrechts, K. II. Antidumping- und Antisubventionsrecht, Rn. 250 f.; ähnlich auch *Hartmann*, in: Krenzler/Herrmann/Niestedt, EU-Außenwirtschafts- und Zollrecht, Art. 21 AD-GVO, Rn. 29 f., der jedoch mit Verweis auf EuG, Urt. v. 1.2.1999 – T-256/97, Slg. 2000, II-101 Rn. 76 – *BEUC* darauf hinweist, dass es für die Bestimmung, wer „interessierte Partei" ist, auf die besonderen Umstände des jeweiligen Einzelfalls ankommt und daher Verbraucherorganisationen nicht pauschal durch die Unterscheidung zwischen im Einzelhandel verkauften und sonstigen Waren aus dem Kreis der interessierten Parteien ausgeschlossen werden können.
490 *Abrenica/Bernabe*, in: Chaisse/Gao/Lo, Paradigm Shift in International Economic Law Rule-Making, S. 165 (181).
491 *Baetge*, Globalisierung des Wettbewerbsrechts, S. 163.
492 *Laprévote*, Concurrences 2015, 1 (3).
493 *Wagner-von Papp*, in: Bungenberg/Krajewski/Tams/Terhechte/Ziegler, EYIEL 2017, S. 301 (308 f.).

Preise nur, wenn es eine Absprache zwischen Wettbewerbern gibt oder, wie im Fall der Kampfpreisunterbietung, eine Ausnutzung einer marktbeherrschenden Stellung vorliegt.[494] Im Kartellrecht ist dementsprechend anders als im internationalen Handelsrecht die Frage „Gibt es so etwas wie unangemessene Preise?" nicht völlig abwegig.[495] Dies macht deutlich, wie viel schwieriger die Voraussetzungen für eine Kampfpreisunterbietung zu erfüllen sind. Die meisten Dumpingpraktiken sind damit unter den geltenden Kartellgesetzen nicht verboten. Empirische Studien haben gezeigt, dass weniger als 10 % der Fälle, in denen Antidumpingmaßnahmen verhängt wurden, auch gegen Kartellgesetze verstoßen hätten.[496] Auf der anderen Seite würden viele inländische Firmen dumpen, wenn die Antidumpinggesetze auch für sie gelten würden.[497]

(4) Grund für die Unterschiede

Der Grund für die unterschiedliche Behandlung von Dumping in der Wettbewerbs- und der Handelspolitik ist, dass nicht der Schutz des Wettbewerbs oder die Verhinderung unerwünschter Wohlfahrtseffekte das Ziel des Antidumpingrechts ist. Es gibt wenig wirtschaftliche Beweise dafür, dass Dumping in der Regel zu unerwünschten Wohlfahrtseffekten führt.[498] Vielmehr führt Dumping aus wirtschaftlicher Sicht nur zu einem Ressourcen- und Wohlfahrtstransfer aus dem Ursprungsland in das Bestimmungsland.[499] Dies geschieht, indem Verbraucher von niedrigeren Preisen profitieren und daher die Auswirkungen aus wirtschaftlicher Sicht durchaus als positiv angesehen werden können.[500] Auch der erhöhte Wett-

---

494 *Wagner-von Papp*, in: Bungenberg/Krajewski/Tams/Terhechte/Ziegler, EYIEL 2017, S. 301 (309).
495 So Generalanwalt *Wahl*, Schlussanträge v. 6.4.2017 – C-177/16, ECLI:EU:C:2017:286, Rn. 1 – *AKKA/LAA* zu einem möglichen Fall von Ausbeutungsmissbrauch durch eine Kampfpreisunterbietung nach Art. 102 S. 2 lit. a AEUV.
496 *Baetge*, Globalisierung des Wettbewerbsrechts, S. 164 m. w. N.
497 *Baetge*, Globalisierung des Wettbewerbsrechts, S. 164 m. w. N.
498 *Müller-Ibold*, in: Bungenberg/Hahn/Herrmann/Müller-Ibold, EYIEL Trade Defence, S. 191 (196).
499 *Müller-Ibold*, in: Bungenberg/Hahn/Herrmann/Müller-Ibold, EYIEL Trade Defence, S. 191 (196).
500 *Müller-Ibold*, in: Bungenberg/Hahn/Herrmann/Müller-Ibold, EYIEL Trade Defence, S. 191 (196).

bewerbsdruck ist grundsätzlich positiv zu bewerten.[501] Vielmehr ist das Antidumpingrecht nur aufgrund des Druckes inländischer Produzenten zu erklären, die sich vor ausländischer Konkurrenz schützen wollen.[502] Es ist demnach Teil einer protektionistischen Handelspolitik.[503] Dumping wirkt sich nur negativ auf eine weltweit optimale Ressourcenverteilung aus, wenn der niedrige Exportpreis nicht die wahre Leistungsfähigkeit des Unternehmens auf dem betroffenen Importmarkt widerspiegelt, sondern durch Subventionen, Monopolgewinne und ähnliche Mittel finanziert wird.[504] Problematisch aus wettbewerbsrechtlicher Sicht ist es daher, wenn die Markteintrittsschranken, welche Voraussetzung für effektives Dumping sind, auf wettbewerbswidrigem Verhalten beruhen.

Es gibt aber durchaus wettbewerbskonforme Gründe für den Exporteur, unterschiedliche Preise auf dem inländischen und dem ausländischen Markt zu verlangen.[505] Es kann daher auch wettbewerbskonforme Gründe dafür geben, dass ein Unternehmen auf einem ausländischen Markt niedrigere Preise verlangt als auf seinem „Heimatmarkt". Die Wettbewerbspolitik hat erkannt, dass es bei der Markteinführung betriebswirtschaftlich notwendige Gründe für niedrige Preise, die (kurzfristig)[506] zu Verlusten führen, geben kann.[507] Diese müssen nicht in jedem Fall einen negativen Effekt auf den Wettbewerb haben, sondern können im Gegenteil oft den Wettbewerb fördern.[508] Deshalb unterscheidet die Wettbewerbspolitik sozusagen zwischen wettbewerbsförderndem und wettbewerbsschädigendem „Dumping".[509] Nachfolgend sollen beispielhaft drei Situationen genannt werden, in denen aus Sicht der Wettbewerbspolitik Preise unter Stückkosten gerechtfertigt sein können. Die erste Situation ist die bei einem erstmaligen Eintritt in einen fremden Markt, bei dem das Unternehmen kurzfristig auf Gewinne verzichtet, um sich bei den Verbrauchern erst einmal bekannt zu machen.[510] Ein zweites Beispiel, in dem niedrige Preise,

---

501 *Müller-Ibold*, in: Bungenberg/Hahn/Herrmann/Müller-Ibold, EYIEL Trade Defence, S. 191 (196).

502 *Tietje*, in: Tietje, Internationales Wirtschaftsrecht, S. 158 (220).

503 *Tietje*, in: Tietje, Internationales Wirtschaftsrecht, S. 158 (220).

504 *Baetge*, Globalisierung des Wettbewerbsrechts, S. 164 m. w. N.

505 *Baetge*, Globalisierung des Wettbewerbsrechts, S. 164 m. w. N.

506 Jedes marktwirtschaftlich orientierte Unternehmen wird Verluste nur über einen gewissen Zeitraum tragen. Mittel- bis langfristig steht immer das Ziel der Gewinnmaximierung im Fokus.

507 *Klodt*, Wege zu einer globalen Wettbewerbsordnung, S. 71.

508 *Klodt*, Wege zu einer globalen Wettbewerbsordnung, S. 71 f.

509 *Klodt*, Wege zu einer globalen Wettbewerbsordnung, S. 72.

510 *Baetge*, Globalisierung des Wettbewerbsrechts, S. 164 f.

die (kurzfristig) zu Verlusten führen, kartellrechtlich unproblematisch sein können, ist das Ziel der Verlustminimierung, wenn die Nachfrage auf dem Markt überschätzt wurde und die dadurch entstandenen Lagerbestände und damit verbundenen Lagerkosten durch sehr geringe Preise abgebaut und minimiert werden sollen.[511] Drittens kann der Grund in ausgeprägten Skaleneffekten, Lernkurven oder Netzeffekten liegen, welche eine Mischkalkulation während des ganzen Produktlebenszyklus erfordern, um den Gewinn zu maximieren.[512] Dies kann nur dann vollständig ausgeschöpft werden, wenn das Unternehmen schnell eine möglichst hohe Ausstoßmenge und damit einen hohen Marktanteil hat.[513] Daher kann es legitim sein, wenn bei dem Eintritt in den Markt Preise unterhalb der Stückkosten liegen.[514] Die vorhergehenden Aspekte führen zu Kostendegressionseffekten. Diese wiederum führen mit immer größer werdender Ausbringungsmenge dann zu Stückgewinnen.[515]

d) Wettbewerbsargumente/-konzepte in der EU-Antidumpingpolitik

(1) Überprüfung des Unionsinteresses

Die EU-Kommission ist sich der Gefahr, welche sich aus den sich zum Teil widersprechenden Zielen des Kartellrechts und des Antidumpingrechts in der Praxis ergeben kann, bewusst.[516] Sie versucht diese vor allem durch Art. 21 AD-GVO in Einklang zu bringen, indem Wettbewerbsargumente in das Antidumpingverfahren eingebracht werden.[517]

Gemäß 21 Abs. 1 AD-GVO müssen die verschiedenen Interessen der Union gegeneinander abgewogen werden, wobei das Interesse an einer

---

511 *Knorr*, List Forum 1999, S. 414 (424). Ein weiteres Beispiel für den Abbau von Lagerbeständen ist ein Produktwechsel.

512 *Knorr*, List Forum 1999, S. 414 (425); Lernkurve bedeutet dabei, dass durch zunehmendes Wissen respektive zunehmende Erfahrungen die Herstellungskosten sinken. Netzwerkeffekte bedeuten, dass beispielsweise durch Kooperationen die Kosten sinken. Lernkurven- und Netzwerkeffekte tragen daher indirekt zu Skaleneffekte bei.

513 *Knorr*, List Forum 1999, S. 414 (425).

514 *Knorr*, List Forum 1999, S. 414 (425).

515 *Knorr*, List Forum 1999, S. 414 (425).

516 *Laprévote*, Concurrences 2015, 1 (4).

517 Daneben geschieht dies durch die „Niedrigzollregel" (*lesser duty rule*), siehe dazu sogleich, und den „Marktwirtschaftstest" (*market economy test*), *Laprévote*, Concurrences 2015, 1 (4 und 8 f.).

Wiederherstellung fairen Wettbewerbs besonders betont wird.[518] Bei der Wiederherstellung fairen Wettbewerbs kommt es auf die Wettbewerbssituation auf dem Unionsmarkt an, die sich anhand der Anzahl der Wettbewerber, des Einflusses nicht gedumpter Importe aus Drittländern, des Vorhandenseins von Wettbewerbsvereinbarungen und der Möglichkeit zum Markteintritt beurteilen lässt.[519] Der Umfang der „wettbewerblichen" Überprüfung ist dadurch, dass die *Generaldirektion Handel* hierfür zuständig ist, allerdings sehr viel oberflächlicher als in einem Wettbewerbsverfahren der *Generaldirektion Wettbewerb*.[520] Letztere wird nur in bestimmten Fällen, wenn beispielsweise die Unionsindustrie nur aus einem Unternehmen besteht oder die Antragsteller sich in der Vergangenheit wettbewerbswidrig verhalten haben, zu einer Stellungnahme aufgefordert.[521] In der Praxis führt dies dazu, dass selten alle oben genannten Faktoren sowie die Effektivität überhaupt oder überzeugend in die Betrachtung der Auswirkungen der Antidumpingmaßnahmen auf den Wettbewerb miteinbezogen werden. Die nachfolgenden Beispiele sollen verdeutlichen, dass wettbewerbliche Argumente lange nicht immer überzeugend in Antidumpingverfahren behandelt werden.

Im Rahmen des europäischen Antidumpingverfahrens werden Wettbewerbsargumente einerseits als Verteidigung gegen Antidumpingmaßnahmen vorgebracht und andererseits auch ins Feld geführt, um Antidumpingmaßnahmen zu rechtfertigen. Solche Argumente werden oft vorgebracht.[522] *Laprévote* gibt einen guten Überblick über die verschiedenen Argumente und deren Behandlung in Antidumpingverfahren.[523] Von diesen sollen einige nachfolgend exemplarisch zusammengefasst werden.

Werden Wettbewerbsargumente als Verteidigung gegen Antidumpingmaßnahmen ins Verfahren eingeführt, werden diese mittlerweile ausführlicher behandelt, jedoch fast immer – nicht immer aus überzeugenden

---

518 *Hartmann*, in: Krenzler/Herrmann/Niestedt, EU-Außenwirtschafts- und Zollrecht, Art. 21 AD-GVO, Rn. 36.

519 *Hartmann*, in: Krenzler/Herrmann/Niestedt, EU-Außenwirtschafts- und Zollrecht, Art. 21 AD-GVO, Rn. 36 mit Verweis auf VO (EG) Nr. 2557/94 des Rates vom 19. Oktober 1994 zur Einführung eines endgültigen Antidumpingzolls auf die Einfuhren von Calciummetall mit Ursprung in der Volksrepublik China und Rußland, ABl.EG 1994, Nr. L 270/27, Rn. 29.

520 *Müller/Khan/Scharf*, EC and WTO Anti-Dumping Law, Introduction, Rn. 1.57.

521 *Müller/Khan/Scharf*, EC and WTO Anti-Dumping Law, Introduction, Rn. 1.57.

522 *Van Beal/Bellis*, EU Anti-Dumping and Other Trade Defence Instruments, S. 391 mit Verweis auf Beispiele.

523 *Laprévote*, Concurrences 2015, 1 (5 ff.).

Gründen – abgelehnt.[524] Anders verhielt es sich in älteren Fällen, in denen die EU-Kommission die Interessen der Hersteller offen als wichtiger als die von Verbrauchern bezeichnete.[525]

Wettbewerbsargumente werden auf der anderen Seite aber auch ins Feld geführt, um Antidumpingmaßnahmen zu rechtfertigen. So wird oft vorgetragen, dass Antidumpingmaßnahmen notwendig seien, um einen fairen Wettbewerb wiederherzustellen; und dafür seien kurzfristige Preiserhöhungen für die Konsumenten hinzunehmen.[526] Dieses Argument ist oft nicht besonders überzeugend, da die Maßnahmen erstens meistens von Anfang an schon für fünf Jahre erhoben und außerdem sehr häufig dazu noch nach Ablauf dieser Zeit erneuert werden.[527] So bestehen Antidumpingzölle gegen Stahlseile aus China seit 1999 und wurden im April 2018 erneut um weitere fünf Jahre verlängert.[528] In anderen Fällen wurde argumentiert, dass ohne Antidumpingmaßnahmen EU-Produzenten langfristig den Markt verlassen würden, dies zu weniger Wettbewerb führe und langfristig die ausländischen Produzenten die einzigen Hersteller des Produktes seien und ihre Preise erhöhen könnten.[529] Dies ist deshalb zumindest problematisch, da die Argumentation zwar ähnlich ist wie bei der Kampf-

---

524 *Laprévote*, Concurrences 2015, 1 (5) mit Verweis u. a. auf VO (EU) Nr. 1071/2012 der Kommission vom 14. November 2012 zur Einführung eines vorläufigen Antidumpingzolls auf die Einfuhren von gegossenen Rohrformstücken, Rohrverschlussstücken und Rohrverbindungsstücken, mit Gewinde, aus verformbarem Gusseisen mit Ursprung in der Volksrepublik China und Thailand, ABl.EU 2012, Nr. L 318/10.

525 *Laprévote*, Concurrences 2015, 1 (5) u. a. mit Verweis auf VO (EWG) Nr. 550/93 der Kommission vom 5. März 1993 zur Einführung eines vorläufigen Antidumpingzolls auf die Einfuhren von Fahrrädern mit Ursprung in der Volksrepublik China ABl.EG 1993, Nr. L 58/12, Rn. 64.

526 *Laprévote*, Concurrences 2015, 1 (5) u. a. mit Verweis auf VO (EG) Nr. 172/2008 des Rates vom 25. Februar 2008 zur Einführung eines endgültigen Antidumpingzolls und zur endgültigen Vereinnahmung des vorläufigen Zolls auf die Einfuhren von Ferrosilicium mit Ursprung in der Volksrepublik China, Ägypten, Kasachstan, der ehemaligen jugoslawischen Republik Mazedonien und Russland, ABl.EU 2008, Nr. L 55/6, Rn. 107.

527 *Laprévote*, Concurrence 2015, 1 (8).

528 DurchführungsVO (EU) 2018/607 der Kommission vom 19. April 2018 zur Einführung eines endgültigen Antidumpingzolls auf die Einfuhren von Kabeln und Seilen aus Stahl mit Ursprung in der Volksrepublik China, ABl.EU 2018, Nr. L 101/40.

529 *Laprévote*, Concurrences 2015, 1 (6) mit Verweis auf VO (EG) Nr. 617/98 der Kommission vom 18. März 1998 zur Einführung eines vorläufigen Antidumpingzolls auf die Einfuhren von Polysulfidpolymeren mit Ursprung in den Vereinigten Staaten von Amerika ABl.EG 1998, Nr. L 82/25, Rn. 77; ähnlich auch

preisunterbietung im Kartellrecht, der Unterschied jedoch darin liegt, dass die Marktdominanz des ausländischen Unternehmens in der Zukunft vermutet und nicht mit belastbaren Prognosen belegt wird.[530] Des Weiteren wird auch die Marktmacht der ausländischen Unternehmen auf Industrielevel behauptet, also das kartellrechtliche Konzept der Marktmacht respektive des Monopols auf ganze ausländische Industrien angewendet.[531] Dies kann ohne die Prüfung möglicher Absprachen der Unternehmen in diesen Industrien nicht überzeugen.[532] In einem anderen Fall, in dem es neben den ausländischen nur zwei EU-Produzenten auf dem Markt gab, argumentierte die EU-Kommission, dass diese Situation durch die gedumpten Preise entstanden sei, da drei EU-Produzenten durch diese nicht mehr auf dem Markt seien.[533] Das Problem an dieser Argumentation ist, dass es nichts dazu sagt, ob die Antidumpingmaßnahmen zu einer weiteren Verringerung des Wettbewerbs durch die Schaffung eines Duopols oder ganz im Gegenteil zu mehr Wettbewerb durch den Marktzugang oder die Marktrückkehr von weiteren EU-Produzenten führen würden.[534] In allen genannten Fällen wurden die Maßnahmen nicht von den EU-Gerichten aufgehoben.[535]

Krzeminska-Vamvaka, in: Dauses/Ludwigs, Handbuch des EU-Wirtschaftsrechts, K. II. Antidumping- und Antisubventionsrecht, Rn. 255.

530 *Laprévote*, Concurrences 2015, 1 (6) mit Verweis auf DurchführungsVO des Rates (EU) Nr. 1239/2013 vom 2. Dezember 2013 zur Einführung eines endgültigen Ausgleichszolls auf die Einfuhren von Fotovoltaikmodulen aus kristallinem Silicium und Schlüsselkomponenten davon (Zellen) mit Ursprung in oder versandt aus der Volksrepublik China, ABl.EU 2013, L 269/4, Rn. 815.

531 *Laprévote*, Concurrences 2015, 1 (6 f.) mit Verweis u. a. auf VO (EG) Nr. 1331/2007 des Rates vom 13. November 2007 zur Einführung eines endgültigen Antidumpingzolls auf die Einfuhren von Dicyandiamid mit Ursprung in der Volksrepublik China, ABl.EU 2007, Nr. L 244/3, Rn. 108.

532 *Laprévote*, Concurrences 2015, 1 (6).

533 *Laprévote*, Concurrences 2015, 1 (7) mit Verweis auf DurchführungsVO (EU) 2015/82 der Kommission vom 21. Januar 2015 zur Einführung eines endgültigen Antidumpingzolls auf die Einfuhren von Zitronensäure mit Ursprung in der Volksrepublik China im Anschluss an eine Auslaufüberprüfung nach Artikel 11 Absatz 2 der VO (EG) Nr. 1225/2009 des Rates und an teilweise Interimsüberprüfungen nach Artikel 11 Absatz 3 der VO (EG) Nr. 1225/2009, ABl.EU 2015, Nr. L 15/8, Rn. 154 f.

534 *Laprévote*, Concurrences 2015, 1 (7).

535 *Laprévote*, Concurrences 2015, 1 (7).

(2) „Lesser duty rule"

Die „Niedrigzollregel" (*lesser duty rule*) ist in Art. 7 Abs. 2 AD-GVO und Art. 9 Abs. 4 S. 3 AD-GVO festgeschrieben. Hiernach unterliegen die Antidumpingzölle einer doppelten Obergrenze.[536] Erstens dürfen sie die Dumpingspanne nicht überschreiten und zweitens nicht höher sein, als dies zum Ausgleich der Schädigung erforderlich ist.[537] Die Regelung beruht auf Art. 9.1 ÜAD.[538] Nach Art. 9.1 ÜAD kann der Antidumpingzoll höchstens die volle Höhe der Dumpingspanne betragen – wobei es nach der Vorschrift jedoch „wünschenswert" ist, wenn ein Zoll, der niedriger als die Dumpingspanne ist, verhängt wird, wenn dieser niedrigere Zoll ausreicht, um die Schädigung zu beseitigen. Die zweite Begrenzung auf die sogenannte *injury margin* ist daher nach WTO-Recht nicht verpflichtend.[539] Sie wird in der EU, aber anders als in vielen anderen Staaten, wie etwa den USA und Kanada, angewendet.[540] Seit der Änderung der AD-GVO durch die Verordnung (EU) 2018/825[541] wird die *lesser-duty-rule* eingeschränkt, das heißt, es kann ein Antidumpinzoll bis zur Höhe der festgestellten Dumpingspanne erhoben werden, wenn im betroffenen Drittstaat bestimmte „Verzerrungen des Rohstoffangebots bei der betroffenen Ware" bestehen. Das ist dann möglich, wenn dadurch die Rohstoffpreise unter denen des internationalen Vergleichsniveaus liegen.[542]

Durch die Niedrigzollregel werden mögliche wettbewerbswidrige Auswirkungen eines Antidumpingverfahrens begrenzt.[543] Insbesondere wenn der „Normalwert" niedriger ist als das nicht schädliche Preisniveau, soll die Niedrigzollregel verhindern, dass die Höhe des Antidumpingzolls mögliche Ineffizienzen der EU-Industrie miteinbezieht, und somit den Verbraucher davor bewahren, einen zusätzlichen Preisaufschlag zu zahlen,

---

536 *Müller-Ibold/Herrmann*, EuZW 2018, 749 (754).
537 *Müller-Ibold/Herrmann*, EuZW 2018, 749 (754).
538 *Wolf*, ZfZ 2016, 166 (170).
539 *Müller-Ibold/Herrmann*, EuZW 2018, 749 (754).
540 *Scharf*, in: Krenzler/Herrmann/Niestedt, EU-Außenwirtschafts- und Zollrecht, Art. 7 AD-GVO, Rn. 10.
541 VO (EU) 2018/825 des Europäischen Parlaments und des Rates vom 30 Mai 2018 zur Änderung der VO (EU) 2016/1036 über den Schutz gegen gedumpte Einfuhren aus nicht zur Europäischen Union gehörenden Ländern und der VO (EU) 2016/1037 über den Schutz gegen subventionierte Einfuhren aus nicht zur Europäischen Union gehörenden Ländern, ABl.EU 2018, Nr. L 143/1.
542 *Müller-Ibold/Herrmann*, EuZW 2018, 749 (754).
543 *Laprévote*, Concurrences 2015, 1 (7).

der durch diese Ineffizienz verursacht wird.[544] Umgekehrt gilt, wenn die EU-Industrie vergleichsweise effizienter ist, sollte das nicht schädliche Preisniveau niedriger sein als der Normalwert; und die niedrigere Zollregel soll es den Verbrauchern ermöglichen, die Vorteile dieser Effizienz zu nutzen.[545] Eine weitere Folge der Regelung des niedrigeren Zolls ist, dass sie grundsätzlich sicherstellt, dass die Antidumpingmaßnahmen nur die durch Dumping verursachten Wettbewerbsverzerrungen ausgleicht und den Markt nicht vollständig für ausländische Exportunternehmen schließt.[546]

II. Ersetzung handelspolitischer Markteintrittshemmnisse

Zölle und andere klassische staatliche Handelsbeschränkungen bleiben weiterhin, zumindest im sogenannten „Westen", die wichtigste Handelsschranke.[547] Durch deren Abbau in den letzten Jahrzehnten werden jedoch andere Handelsschranken, wie die strategische Wettbewerbspolitik und wettbewerbswidrige Absprachen zwischen Privaten, immer wichtiger.[548]

1. Strategische Wettbewerbspolitik anstelle strategischer Handelspolitik

An die Stelle von strategischer Handelspolitik mit dem Ziel, nationale Unternehmen zu stärken, kann eine strategische Wettbewerbspolitik treten.[549] Das hängt damit zusammen, dass nationales Kartellrecht die

---

544 *Laprévote*, Concurrences 2015, 1 (7) mit Verweis auf EuG, Urteil v. 28.10.1999 – T-210/95, Slg. 1997, II-03291, Rn. 60 – *EFMA/Rat*.

545 *Laprévote*, Concurrences 2015, 1 (7).

546 *Laprévote*, Concurrences 2015, 1 (7) mit Verweis auf VO (EWG) Nr. 920/93 der Kommission vom 15. April 1993 zur Einführung eines vorläufigen Antidumpingzolls auf die Einfuhren bestimmter magnetischer Platten (3, 5-Mikroplatten) mit Ursprung in Japan, Taiwan und der Volksrepublik China, ABl.EG 1993, Nr. L 95/5, Rn. 78.

547 *Sokol*, Chi.-Kent L. Rev. 2008, 231 (239); ähnlich auch EU-Kommission, Bericht über die Umsetzung von Freihandelsabkommen 1. Januar 2017 – 31. Dezember 2017, COM (2018) 728 final., S. 5.

548 *Sokol*, Chi.-Kent L. Rev. 2008, 231 (240); ähnlich auch EU-Kommission, Bericht über die Umsetzung von Freihandelsabkommen 1. Januar 2017 – 31. Dezember 2017, COM (2018) 728 final.,S. 5; zu diesem Abbau vgl. oben Kapitel 2. A. I.

549 Zu diesem Begriff *Baetge*, Globalisierung des Wettbewerbsrechts, S. 120 m. w. N.

Wettbewerbsfähigkeit der nationalen Unternehmen auf dem Weltmarkt beeinflussen kann.[550] Daher haben nationale Regierungen einen Anreiz, ihr Kartellrecht anhand der internationalen Wettbewerbsfähigkeit ihrer nationalen Industriezweige zu gestalten.[551] Aus wettbewerbsrechtlicher Sicht ist dies in positiver Weise möglich durch ein striktes Kartellrecht, welches konsequent angewandt wird. Die nationalen Industriezweige werden durch einen starken Wettbewerb auf dem heimischen Markt wettbewerbsfähiger auf dem internationalen Markt.[552] In nachteiliger Weise aus wettbewerbsrechtlicher Sicht kann das Kartellrecht auch so gestaltet oder angewendet werden, dass „nationale Champions" entstehen oder bestehende „nationale Champions" unterstützt werden. Gerade in der Zeit der weltweiten Wirtschaftskrise ab 2008/2009 wurde eine solche strategische Wettbewerbspolitik weltweit beklagt.[553] In der letzten Zeit sind abermals Bestrebungen in diese Richtung zu erkennen.[554] Durch eine großzügige Ausgestaltung oder Anwendung der Fusionskontrolle kann das Entstehen von „nationalen Champions" gefördert werden, die dann von den Effizienzvorteilen wie Synergien und Skaleneffekten auf dem internationalen Markt profitieren.[555] Der großzügige Vollzug des Wettbewerbsrechts im Allgemeinen bezüglich „nationaler Champions" kann aber auch zu Markteintrittshindernissen für ausländische Unternehmen führen.[556] Die Tolerierung oder sogar Förderung von Kartellen, vor allem in Form von Exportkartellen, um nationalen Unternehmen einen Vorteil auf dem Weltmarkt zu verschaffen, ist ebenfalls als eine solche Form der strategischen Wettbewerbspolitik zu qualifizieren.[557]

---

550 *Kerber/Budzinski*, in: Epsein/Greve, Competition Laws in Conflict, S. 31 (34).
551 *Kerber/Budzinski*, in: Epsein/Greve, Competition Laws in Conflict, S. 31 (34).
552 *Kerber/Budzinski*, in: Epsein/Greve, Competition Laws in Conflict, S. 31 (40); So auch *Vestager*, Rede v. 7.11.2018, Opening of the Jean Monnet Chair of the University of Lisbon, EU Competition Law in today's global economic relations.
553 *Aggarwal/Evenett*, SPSR 2013, 550.
554 Eine kritische Analyse zu solchen Bestrebungen in Europa, ausgelöst durch das Fusionsverbot für Siemens/Alstom, liefert *Zimmer*, BB 2019, Umschlagteil, I.
555 *Kerber/Budzinski*, in: Epsein/Greve, Competition Laws in Conflict, S. 31 (41); siehe dazu, wie die Fusionskontrolle auch in der EU teilweise zur Industrieförderung eingesetzt wird, *Teichner*, Industrieförderung durch Unionspolitik, S. 177 ff.
556 *Herrmann*, in: Terhechte, Internationales Kartell- und Fusionskontrollverfahrensrecht, S. 1891 (1904).
557 *Podszun*, Internationales Kartellverfahrensrecht, S. 8; *Krajewski*, Wirtschaftsvölkerrecht, S. 220; *Basedow*, Weltkartellrecht, S. 46; WTO, Report of the Working

Zudem kann eine subtilere Beachtung von nationalen Interessen die Wettbewerbspolitik beeinflussen. Das Aufgreifermessen bezüglich Unter-suchungen ist hierfür ein Beispiel.[558] Es wird argumentiert, dass es kein Zufall sei, dass in der Vergangenheit die härtesten kartellrechtlichen Un-tersuchungen der großen amerikanischen Tech-Konzerne wie *Microsoft*, *Google* und *Intel* von der EU-Kommission und nicht von der amerikani-schen Kartellbehörde durchgeführt wurden.[559] Zumindest ordnete der amerikanische Präsident das Rekordbußgeld von über vier Millarden Euro für *Google*[560] anscheinend als strategische Wettbewerbspolitik ein.[561] Eine Studie von *Bradford/Jackson/Zytnick* fand hingegen zumindest keine Belege dafür, dass die EU-Kommission die Fusionskontrolle protektionistisch als Instrument der Industriepolitik einsetze.[562] Nach der Studie deutet dies auch darauf hin, dass die EU-Kommission dies auch nicht in anderen Be-reichen wie der Missbrauchskontrolle tue.[563] Das US-Justizministerium hat wiederum im Juli 2019 eine kartellrechtliche Untersuchung der großen In-ternetplattformen gestartet.[564] Es zeigt sich somit, dass es trotz des Ver-dachts und des Vorliegens von Indizien aufgrund der Komplexität der Be-weggründe von kartellrechtlichen Untersuchungen häufig schwer ist, sub-tile Formen von strategischer Wettbewerbspolitik zu belegen.

Group on the Interaction between Trade and Competition Policy to the Gener-al Council, 9.12.2002, WT/WGTCP/6, Rn. 57.

558 Zum Aufgreifermessen der EU-Kommission vgl. oben Kapitel 2. D. I. 4. a).

559 *Cabral*, NZEP 2017, 100 (105).

560 EU-Kommission, Pressemitteilung v. 18.7.2018, Kartellrecht: Kommission ver-hängt Geldbuße von 4.34 Milliarden Euro gegen Google wegen illegaler Prakti-ken bei Android-Mobilgeräten zur Stärkung der beherrschenden Stellung der Google-Suchmaschine, IP/18/4581.

561 Wörtlich twitterte er am 19.7.2018 hierzu: „I told you so! The European Union just slapped a Five Billion Dollar fine on one of our great companies, Google. They truly have taken advantage of the U.S., but not for long!" verfügbar auf der Website von Twitter (https://twitter.com/realDonaldTrump/status/10199326913 39399168), zuletzt besucht am 6.12.2018.

562 *Bradford/Jackson/Zytnick*, JELS 2018, 165 (188 f.).

563 *Bradford/Jackson/Zytnick*, JELS 2018, 165 (188 f.).

564 US-Justizministerium, Pressemitteilung v. 23.7.2019, Justice Department Re-viewing the Practices of Market-Leading Online Platforms, Press Release No. 19-799.

2. Ersetzung staatlicher Handelshemmnisse durch private Wettbewerbsbeschränkungen

Private wettbewerbsbeschränkende Handlungen können mit fast identischer Wirkung wie die staatlichen Handelshemmnisse die nationalen Märkte abschotten.[565] Dementsprechend ist das Grundargument für die Aufnahme von Kartellrechtsregelungen in Handelsabkommen, dass ein ineffektives oder nicht vorhandenes Kartellrecht die Ergebnisse der Handelsliberalisierung gefährden könne.[566] Fallen staatliche Handelsbeschränkungen weg, werden private Handelsbeschränkungen für die Unternehmen als Alternative, um ausländische Wettbewerber aus dem Markt zu halten, attraktiver.[567] *Karel Van Miert,* der ehemalige EU-Kommissar für Verkehr und Wettbewerb, beschreibt, dass die EU mit dem Problem, dass private Handelsschranken staatliche bei deren Wegfall ersetzten, bei dem Ausbau des EU-Binnenmarktes Erfahrungen gemacht habe.[568] In der Situation des Wegfalls der staatlichen Handelsschranken versuchten die Unternehmen zum Beispiel durch horizontale Kartelle ihren nationalen Markt zu schützen.[569] Aus diesem Grund stellt das europäische Kartellrecht sicher, dass private Handelsschranken ehemalige staatliche, jetzt mit Art. 26 ff. AEUV nicht vereinbare Handelsschranken nicht ersetzen.[570] Die gleiche Gefahr droht ohne strikte nationale Kartellrechtsgesetze und deren effektive Anwendung auch für internationale Märkte.[571]

Die wachsende Relevanz von wettbewerbspolitischen Fragen für die Handelspolitik hat zu einem großen Teil auch mit der als „Tertiarisierung" bezeichneten Veränderung der weltweiten Produktionsstrukturen zu tun.[572] Damit ist ein Vordringen von Dienstleistungen in fast alle Bereiche der Wirtschaft gemeint. Ein modernes Industrieprodukt kann nur dann erfolgreich auf einem Auslandsmarkt verkauft werden, wenn

---

565 *Herrmann,* in: Terhechte, Internationales Kartell- und Fusionskontrollverfahrensrecht, S. 1891 (1903 f.).

566 *Van Miert,* in: Hope/Maeleng, Competition and Trade Policies, S. 183 (184); vgl. hierzu auch unten Kapitel 4. A. II. 1. a).

567 *Stancke,* EuZW 2016, 567 (568); *Hilpold,* in: Welfens/Knipping/Chirathivat/Ryan, Integration in Asia and Europe, S. 241 (243); *Basedow,* in: Neuman/Weigand, The International Handbook of Competition Law, S. 321.

568 *Van Miert,* in: Hope/Maeleng, Competition and Trade Policies, S. 183 (184).

569 *Van Miert,* in: Hope/Maeleng, Competition and Trade Policies, S. 183 (184).

570 *Grill,* in: Lenz/Borchardt, EU-Verträge, Vorb. Art. 101-106 AEUV, Rn. 4 m. w. N. aus der Rspr. des EuGHs.

571 *Van Miert,* in: Hope/Maeleng, Competition and Trade Policies, S. 183 (184).

572 *Klodt,* Wege zu einer globalen Wettbewerbsordnung, S. 69.

es gelingt, auf diesem Auslandsmarkt ein effizientes Vertriebssystem aufzubauen, einen den Kundenwünschen entsprechenden *after-sales-service* bereitzustellen und Produktgestaltungen mit Anbietern von komplementären Produkten abstimmen zu können.[573] Die Möglichkeit eines Zugangs zu einem Auslandmarkt wird daher nicht mehr nur von der Höhe der Zollschranken bestimmt, sondern davon, auf dem Auslandsmarkt selbst Fuß fassen zu können.[574] Marktzutrittsschranken, die den internationalen Handel beeinträchtigen, können damit ihre Ursache in einem nicht funktionierenden Wettbewerb haben und damit auf Wettbewerbsrecht und nicht auf der Handelspolitik gründen.[575]

Für die folgende Beschreibung ist es sinnvoll, zwei Kategorien von Wettbewerbsbeschränkungen welche den internationalen Handel beeinträchtigen zu unterscheiden: solche, die den Marktzutritt erschweren oder unmöglich machen, also den Import betreffen, und zweitens wettbewerbsbeschränkende Handelsschranken durch die künstliche Verbesserung der Wettbewerbsposition inländischer Unternehmen, das heißt den Export unterstützende Wettbewerbsbeschränkungen.[576]

a) Marktzutrittsschranken als den Import behindernde
    Wettbewerbsbeschränkungen

(1) Horizontale Vereinbarungen oder abgestimmte Verhaltensweisen

Horizontale Vereinbarungen oder abgestimmte Verhaltensweisen können zu Marktzutrittsschranken für ausländische Unternehmen führen. Dies ist unter anderem beim sogenannten *standard setting* der Fall. Hierbei sprechen sich nationale Anbieter bezüglich Standards oder Normen für ihre Produkte ab. Diese Absprachen können dazu führen, dass ausländische Unternehmen, die diese Standards nicht erfüllen, aufgrund fehlender Kompatibilität weniger konkurrenzfähig sind und daher für einen Markteintritt teure Produktumstellungen vornehmen müssen.[577]

---

573 *Klodt*, Wege zu einer globalen Wettbewerbsordnung, S. 70.
574 *Klodt*, Wege zu einer globalen Wettbewerbsordnung, S. 70.
575 *Klodt*, Wege zu einer globalen Wettbewerbsordnung, S. 70.
576 So auch *Baetge*, Globalisierung des Wettbewerbsrechts, S. 136 f.
577 Ähnlich *Podszun*, Internationales Kartellverfahrensrecht, S. 8 f.

(2) Vertikale Vereinbarungen oder abgestimmte Verhaltensweisen

Markteintrittsschranken für ausländische Unternehmen entstehen in vertikaler Hinsicht hauptsächlich durch Alleinbezugs- und Alleinvertriebsvereinbarung.[578] Spezielle Rabattstrukturen können ebenfalls dazu führen, dass ausländischen Anbietern auch ohne Exklusivvereinbarungen zwar nicht rechtlich, aber tatsächlich alle Vertriebs- und Absatzwege versperrt sind und sie so vom Markteintritt abgehalten werden.[579]

Ein bekanntes Beispiel, in dem Unternehmen in den 1980er Jahren und Anfang der 1990er Jahre die Behinderung des Zugangs zu einem Markt aufgrund von vertikalen Vereinbarungen moniert haben, war der japanische Markt.[580] Das betraf vor allem Unternehmen aus den USA, aber teilweise auch aus Europa.[581] Der Grund hierfür lag darin, dass die dortigen Vertriebssysteme Schachtelbeteiligungen und gegenseitige Bindungen beinhalteten (sogenanntes *Keiretsu-System*). Dieses Problem landete durch den Fall *Kodak/Fuji* vor einem Streitbeilegungspanel der WTO.[582]

(3) Unternehmenszusammenschlüsse

Alle Arten von Unternehmenszusammenschlüssen können ebenfalls zu Markteintrittsschranken für ausländische Unternehmen beitragen.[583] Bei vertikalen Fusionen ist dies der Fall, wenn ein Hersteller einer Branche alle im Land tätigen Vertriebsunternehmen kauft und diese dazu bringt, ausländische Hersteller zu benachteiligen.[584] Bei Fusionen von Unternehmen, die weder in einem vertikalen noch einen horizontalen Verhältnis stehen (diagonale Fusionen), sind marktzutrittsbeschränkende Maßnahmen wie Vernichtungspreiskämpfe wahrscheinlicher.[585] Ein Beispiel einer interna-

---

578 *Jofer*, Vertikalvereinbarungen als Regelungsproblematik des internationalen Handels- und Kartellrecht, S. 26.
579 *Holzmüller*, Einseitige Wettbewerbsbeschränkungen als Regelungsproblem des internationalen Kartellrechts, S. 202; *Jofer*, Vertikalvereinbarungen als Regelungsproblematik des internationalen Handels- und Kartellrechts, S. 30 f.
580 *Basedow*, Weltkartellrecht, S. 42.
581 *Basedow*, Weltkartellrecht, S. 42.
582 WTO Panel, Report v. 31.3.1998, WT/DS44/R, – *Japan – Measures Affecting Consumer Photographic Film and Paper (Kodak-Fuji)*; vgl. hierzu auch unten Kapitel 3. B. II. 1.
583 *Baetge*, Globalisierung des Wettbewerbsrechts, S. 144.
584 *Basedow*, Weltkartellrecht, S. 42.
585 *Baetge*, Globalisierung des Wettbewerbsrechts, S. 145 m. w. N.

tionalen horizontalen Fusion, welche unter anderem dazu diente, die Einfuhr von Konkurrenzprodukten zu vermindern, war die Übernahme von Braun durch Gillette.[586]

(4) Missbrauch marktbeherrschender Stellungen

Einseitige Wettbewerbsbeschränkungen können ebenfalls zu Markteintrittsschranken für ausländische Unternehmen führen.[587] Durch Kopplungsbindungen eines Unternehmens mit Marktmacht können ausländische Unternehmen daran gehindert werden, in den Markt einzutreten.[588] Es können etwa (ehemalige) Staatsmonopolisten ihre unangreifbare Stellung auf einem Infrastrukturmarkt auf einen benachbarten Markt transferieren und damit den internationalen Austausch von Waren und Dienstleistungen behindern.[589] Zudem können Unternehmen mit Marktmacht von ihnen abhängige Wiederverkäufer durch Liefervereinbarungen dazu verpflichten, Produkte von ausländischen Firmen nicht zu verkaufen, und somit deren Marktzugang verhindern oder zumindest wesentlich erschweren.[590] Darüber hinaus können Kampfpreisstrategien den Marktzugang für ausländische Unternehmen verhindern oder wesentlich erschweren.[591] Kampfpreisstrategien, welche ausländische Unternehmen darin hindern, in den Markt einzutreten, können beispielsweise von ineffizienten Monopolunternehmen ausgehen, welche die Kampfpreise durch Monopolgewinne aus anderen Geschäftsbereichen quersubventionieren.[592]

---

586 *Baetge*, Globalisierung des Wettbewerbsrechts, S. 144.
587 *Dabbah*, The Internationalisation of Antitrust Policy, S. 210; *Hope*, in: Hope/ Maeleng, Competition and Trade Policies, 1 (5).
588 *Holzmüller*, Einseitige Wettbewerbsbeschränkungen als Regelungsproblem des internationalen Kartellrechts, S. 187.
589 *Holzmüller*, Einseitige Wettbewerbsbeschränkungen als Regelungsproblem des internationalen Kartellrechts, S. 187 f.
590 *Baetge*, Globalisierung des Wettbewerbsrechts, S. 144.
591 *Baetge*, Globalisierung des Wettbewerbsrechts, S. 142.
592 *Holzmüller*, Einseitige Wettbewerbsbeschränkungen als Regelungsproblem des internationalen Kartellrechts, S. 187.

(5) Ähnlichkeit der Wirkungen von privaten und staatlichen
    Marktzutrittsschranken

Es wurde gezeigt, dass Marktzutrittsschranken für ausländische Unternehmen durch horizontale und vertikale Vereinbarungen infolge des Missbrauchs einer marktbeherrschenden Stellung und durch Fusionen entstehen können. Nachfolgend soll dargestellt werden, dass diese wie staatliche Marktzutrittsschranken, insbesondere wie Zölle und mengenmäßige Beschränkungen, wirken können. Beispielsweise bei Importkartellen zeigt sich, dass private Marktzutrittsschranken ähnlich wirken können wie staatliche Zölle. Importkartelle werden von importierenden Unternehmen eines Landes gebildet, um eine Nachfragemacht gegenüber ihren ausländischen Lieferanten zu erhalten.[593] Dies führt dazu, dass sie die Waren von den ausländischen Lieferanten zu niedrigeren Preisen bekommen, als sie diese bei funktionierendem Wettbewerb bekämen.[594] Das Ergebnis von Importkartellen ist eine veränderte Ressourcenallokation, da die einheimischen Kartellanten auf Kosten der ausländischen Lieferanten höhere Gewinne machen.[595] Die Auswirkungen für die ausländischen Lieferanten sind bei Importkartellen die gleichen, als wenn der Staat einen Einfuhrzoll in Höhe dieser höheren Gewinne erheben würde.[596] Am Beispiel von internationalen Kartellen mit Gebietsaufteilungen zeigt sich, dass private wettbewerbsbeschränkende Absprachen ähnliche Wirkungen wie mengenmäßige Beschränkungen von Staaten haben können. Das ist dann der Fall, wenn die Mitglieder des Kartells durch die Zuteilung von Quoten unter sich mengenmäßige Beschränkungen festlegen.[597]

b) Den Export unterstützende Wettbewerbsbeschränkungen

Wettbewerbsbeschränkungen, die den Export unterstützen, sind vor allem Exportkartelle. Selbst wenn keine Unterstützung solcher Vereinbarungen durch den Staat vorgenommen wird und keine spezielle Ausnahme von Exportkartellen vorliegt und daher nicht von einer strategischen Wettbewerbspolitik eines Staates gesprochen werden kann, werden Exportkartelle

---

593 *Baetge*, Globalisierung des Wettbewerbsrechts, S. 141.
594 *Baetge*, Globalisierung des Wettbewerbsrechts, S. 141.
595 *Baetge*, Globalisierung des Wettbewerbsrechts, S. 141.
596 *Baetge*, Globalisierung des Wettbewerbsrechts, S. 141.
597 *Klauß*, Die Aufsicht über ein Gemeinsames Wettbewerbsgebiet, S. 37.

in der Regel von dem Heimatstaat der Unternehmen nicht verfolgt, da sie keine Auswirkungen auf diesen im Sinne des Auswirkungsprinzips haben.[598] Das Kartellrecht ist in praktisch allen Staaten der Welt nur auf Verhaltensweisen anwendbar, die den nationalen Märkten schaden.[599] In diesen Fällen wird von impliziten Ausnahmen für Exportkartelle gesprochen.[600] Das bedeutet, dass reine Exportkartelle in ihrem nationalen Markt keiner Bedrohung durch die nationalen Kartellbehörden ausgesetzt sind.[601] Reine Exportkartelle von EU-Unternehmen, die keine spürbaren Rückwirkungen auf den gemeinsamen Markt haben, sind auch nach Art. 101 Abs. 1 AEUV nicht verboten.[602] Exportkartelle führen dazu, dass die Kartellmitglieder einen höheren Verkaufspreis im Vergleich zu einer Situation von Wettbewerb erzielen können. Die Situation ist mit der Erhebung eines Ausfuhrzolls durch den Exportstaat zu vergleichen, da in beiden Fällen die Importeure einen höheren Preis zahlen müssen.[603] Prinzipiell können sie von dem Importstaat nach dem Auswirkungsprinzip sanktioniert oder unterbunden werden, allerdings stellt sich hierbei insbesondere das Problem des Aufdeckens, Beweisens und Durchsetzens.[604]

c) Unterschiede des Kartell- und Handelsrechts am Beispiel von Marktzutrittsschranken und Exportkartellen

An der unterschiedlichen Beurteilung von Markteintrittsschranken lässt sich ein weiterer Unterschied zwischen dem Handels- und dem Kartellrecht darstellen.[605] Das Kartellrecht verfolgt lediglich die Reduktion von Marktzutrittsschranken, die den Wettbewerb behindern, respektive bezweckt den Wegfall der Marktzutrittsschranken, wenn dies zu größerer wirtschaftlicher Effizienz führt.[606] Wenn die Marktzutrittsschranken aber auf der Effizienz der Unternehmen auf dem Markt beruhen und das Verbot bestimmter Verhaltensweisen zwar einen Markteintritt für neue Unter-

---

598 *Podszun*, Internationales Kartellverfahrensrecht, S. 8.
599 *Martyniszyn*, World Competition 2017, 299 (304).
600 *Dursun*, Exportkartellausnahmen in einer globalen Handelsordnung, S. 90.
601 *Martyniszyn*, World Competition 2017, 299 (304).
602 Ausführlich hierzu und dazu, was diese spürbaren Rückwirkungen sind, *Dursun*, Exportkartellausnahmen in einer globalen Handelsordnung, S. 90 ff.
603 *Baetge*, Globalisierung des Wettbewerbsrechts, S. 159.
604 Vgl. oben Kapitel 2. D. I. 3.
605 *Mavroidis/Van Siclen*, JWT 1997, 5 (13).
606 *Mavroidis/Van Siclen*, JWT 1997, 5 (13).

nehmen einfacher machen würde, gleichzeitig aber auch zu erhöhten Kosten und damit geringerer Effizienz führen würde, würde das Kartellrecht diese Verhaltensweisen nicht verbieten.[607] Die Verringerung von Marktzutrittsschranken ist somit kein grundsätzliches Ziel des Kartellrechts, sondern nur ein teilweise angewendetes Mittel zum Zweck.[608]

Der unterschiedliche Fokus von Kartellrecht und Handelspolitik lässt sich auch an impliziten oder expliziten Ausnahmen von Exportkartellen vom Kartellrecht weltweit zeigen.[609] Hierdurch soll auf Kosten anderer Staaten ein Vorteil für die eigene Volkswirtschaft erreicht werden: die sogenannte *beggar-thy-neighbour*-Strategie.[610] Dieses Ziel ist vor allem eines der Handelspolitik. Aus kartellrechtlicher Sicht werden Exportkartelle fast ausnahmslos kritisiert; und völkerrechtlich wäre es auf Grundlage des Territorialitätsprinzips auch möglich, solche zu verbieten.[611]

III. Abschließende Betrachtung des Verhältnisses

Es bestehen zwischen der Handels- und der Wettbewerbspolitik zahlreiche Unterschiede, was sich besonders deutlich an einem Vergleich zwischen Kampfpreisunterbietung und räuberischem Dumping zeigt. Trotzdem oder gerade wegen dieser Unterschiede werden die Kartellrechtsregelungen in den Freihandelsabkommen als passende Verbindung beschrieben.[612] Dies ergibt sich daraus, dass die Kartellrechtsanwendung der nationalen Kartellbehörden Auswirkungen auf die Handelspartner hat und da-

---

607 *Mavroidis/Van Siclen*, JWT 1997, 5 (13).

608 *Mavroidis/Van Siclen*, JWT 1997, 5 (13).

609 *Wagner-von Papp*, in: Bungenberg/Krajewski/Tams/Terhechte/Ziegler, EYIEL 2017, S. 301 (308); siehe für einen Überblick zu den verschiedenen Möglichkeiten der Ausnahmen in ausgewählten Ländern *Suslow*, ASIL 2005, 785 (819 f.).

610 *Wagner-von Papp*, in: Bungenberg/Krajewski/Tams/Terhechte/Ziegler, EYIEL 2017, S. 301 (309) m. w. N. in Fn. 29; zu den Ursprüngen der sog. *beggar-thy-neighbour*-Strategie, die im Bereich der Währungspolitik von Staaten zu Zeiten der Weltwirtschaftskrise in den 1930er Jahren und früher auch nur im Bereich der Währungspolitik verwendet wurde, mittlerweile aber allgemeiner für eine wie oben beschriebene Strategie verwendet wird inklusive dem Kartellrecht siehe *Bowles*, in: Reinert/Rajan/Glass/Davis, The Princeton Encyclopedia of the World Economy, S. 126.

611 Ausführlich dazu *Wagner-von Papp*, in: Bungenberg/Krajewski/Tams/Terhechte/Ziegler, EYIEL 2017, S. 301 (309 f.).

612 *Lo*, in: Hwang, The Role of Competition Law/Policy in the Socio-Economic Development, S. 47 (50).

mit eine enge Verbindung von Kartell- und Wettbewerbspolitik besteht.[613] Dies zeigt besonders deutlich die Möglichkeit der Ersetzung von handelspolitischen Markteintrittsschranken durch die strategische Wettbewerbspolitik und/oder wettbewerbswidrige Verhaltensweisen von Privaten.

---

613 *Van Miert*, in: Hope/Maeleng, Competition and Trade Policies, S. 183 (184).

Kapitel 3: Ansätze, mit der Internationalisierung des Kartellrechts umzugehen

A. *Unilaterale Anwendung des Kartellrechts*

Der Sinn der Kartellrechtsregelungen in den Freihandelsabkommen der EU ist eng verbunden mit der Frage der unilateralen Anwendung und Durchsetzung des Kartellrechts.[614] Wenn die EU im Einklang mit dem Völkerrecht in der Lage wäre, die EU-Kartellrechtsregelungen in jedem Fall, in dem die wettbewerbswidrigen Verhaltensweisen EU-Unternehmen schädigen, anzuwenden, wäre es schwierig, eine Rechtfertigung für die Kartellrechtsregelungen in den Freihandelsabkommen zu finden.[615]

Die Grundlagen des Auswirkungsprinzips als wesentliches Element der unilateralen Verfolgung internationaler wettbewerbswidriger Handlungen wurden bereits dargestellt.[616] Hiernach sind die Wettbewerbsbehörden durch das Auswirkungsprinzip rein rechtlich in der Lage, gegen fast jede wettbewerbswidrige Handlung vorzugehen, die relevant für die Volkswirtschaft ihrer Jurisdiktion ist. Dieses gilt unabhängig davon, ob die wettbewerbswidrige Handlung ausschließlich oder teilweise außerhalb ihrer Jurisdiktion (auch) von Rechtssubjekten anderer Jurisdiktionen begangen wurde. Gleichzeitig wurde aufgezeigt, dass trotz oder gerade wegen des Auswirkungsprinzips viele Probleme bezüglich internationaler wettbewerbsbeschränkender Handlungen bestehen.[617]

I. Kompetenzproblematik

Die völkerrechtlichen Grenzen des Auswirkungsprinzips, die sich aus den völkerrechtlichen Verboten der Einmischung und des Rechtsmissbrauches ergeben, sind im Detail umstritten.[618] Dies hängt damit zusammen, dass

---

614 *Bourgeois*, in: FS Maresceau, S. 381 (383).
615 *Bourgeois*, in: FS Maresceau, S. 381 (383).
616 Vgl. oben Kapitel 2. B. IV.
617 Vgl. oben Kapitel 2. D.
618 *Krajewski*, Wirtschaftsvölkerrecht, S. 219; siehe hierzu auch *Voß*, Behandlung internationaler kartellrechtlich relevanter Sachverhalte, S. 26.

schon der zentrale Begriff des Auswirkungsprinzips der Inlandsauswirkung sich einer präzisen rechtlichen Erfassung entzieht, da durch die ökonomischen Verflechtungen der Welt jede wettbewerbswidrige Verhaltensweise außerhalb einer Volkswirtschaft Auswirkungen und Rückwirkungen auf die Volkswirtschaft haben kann.[619] Nach dem vom Internationalen Gerichtshof (IGH) im sogenannten Nottebohm-Fall[620] geforderten *genuine link* zwischen dem Sachverhalt und der Jurisdiktion ist die völkerrechtliche Mindestvoraussetzung für die Anwendung des Auswirkungsprinzips, dass die Auswirkungen für den Geltungsbereich des Gesetzes vorhersehbar, unmittelbar und erheblich/wesentlich sind.[621] Gerichte weltweit haben daher entsprechende Erfordernisse aufgestellt, um eine Eingrenzung des Auswirkungsprinzips zu erreichen.[622] Der Grund hierfür ist, dass eine völkerrechtskonforme nationale Ausgestaltung des Auswirkungsprinzips erreicht werden sollte, die im internationalen Wirtschaftsverkehr von allen Staaten akzeptiert werden kann.[623] Diese Voraussetzungen für die Anwendung des Auswirkungsprinzips haben sich bisher aber nicht als besonders starke Begrenzung der Anwendung erwiesen.[624] Das Auswirkungsprinzip hat damit in der Praxis seine Grenze nur bei Wettbewerbsbeschränkungen, wenn der eindeutige Schwerpunkt der wettbewerbsbeschränkenden Handlungen und Wirkungen im Ausland liegt.[625]

Für Extremfälle der extraterritorialen Rechtswirkung wird auch eine einseitige und freiwillige Zurückhaltung erwogen.[626] Diese Zurückhaltung

---

619 *Basedow*, Weltkartellrecht, S. 21; *Böge*, WuW 2005, 590 (591).

620 IGH, Urteil v. 6.4.1955, ICJ Rep. 1955, S. 4 ff. – *Nottebohm*.

621 *Podszun*, Internationales Kartellverfahrensrecht, S. 39 m. w. N.

622 OECD, Working Party No. 3 on Co-operation and Enforcement, Roundtable on the Extraterritorial Reach of Competition Remedies – Issues Paper by the Secretariat, DAF/COMP/WP3(2017)4, Rn. 13; für die EU vgl. bspw. EuG, 25.3.1999 – T-102/96, Slg. 1999, II-753, Rn. 90, 92 – *Gencor*; für Kanada siehe die Entscheidungen des kanadischen Supreme Court, *Morguard v. De Savoye*, (1990) 3 S.C.R. 1088 und *R v. Libman* (1985) 2 S.C.R. 178, welche bestimmt haben, dass eine extraterritoriale Anwendung des kanadischen Kartellrechts dann gerechtfertigt ist, wenn ein „real and substantial link" zwischen dem Kartellrechtsverstoß und Kanada besteht; zum Auswirkungsprinzip in Südkorea siehe *Shin*, in: Hess/Hopt/Sieber/Stark, Unternehmen im globalen Umfeld, S. 85 (98 f.); zum Auswirkungsprinzip in Japan siehe *Martyniszyn*, ICLQ 2017, 747 ff.

623 *Klauß*, Die Aufsicht über ein Gemeinsames Wettbewerbsgebiet, S. 80.

624 Ausführlich *Wagner-von Papp*, in: Bungenberg/Krajewski/Tams/Terhechte/Ziegler, EYIEL 2017, S. 301 (312 ff.).

625 *Basedow*, Weltkartellrecht, S. 46.

626 *Klauß*, Die Aufsicht über ein Gemeinsames Wettbewerbsgebiet, S. 81.

wird als „comity-Prinzip" bezeichnet.[627] Es ist eine Ausprägung des völkerrechtlichen Rücksichtnahmegebots.[628] Das „comity-Prinzip" hat seinen Ursprung in der von niederländischen Gerichten entwickelten „comitas-Lehre".[629] Allerdings wurde es maßgeblich durch US-amerikanische Gerichte weiterentwickelt.[630] Hierbei handelt es sich nicht um eine formalisierte Abwägung mit den Interessen der anderen Rechtsordnung, sondern um einen informellen Interessenausgleich.[631] Es gibt zwei Ausprägungen des Prinzips. „negative comity" besagt, dass eine Wettbewerbsbehörde bei der Durchsetzung des nationalen Kartellrechts die Interessen anderer Jurisdiktionen berücksichtigt und mit den eigenen Interessen abwägt.[632] Ein Ergebnis hierbei könnte zum Beispiel sein, davon abzusehen, das eigene Recht gegen die Interessen der anderen Jurisdiktion extraterritorial durchzusetzen.[633] „Positive comity" geht weiter und besagt, dass, wenn eine Wettbewerbsbehörde der Ansicht ist, dass eine wettbewerbswidrige Handlung, die im Ausland vorgenommen wurde, eine Auswirkung auf den nationalen Markt hat, diese nicht nach nationalem Kartellrecht verfolgt wird, sondern die Wettbewerbsbehörde des Ursprungslandes ersucht wird, diese Handlung zu untersuchen.[634] In den USA beschränkte der *US Supreme Court* den Gedanken der „comity" auf „echte Jurisdiktionskonflikte" zwischen ausländischen Geboten und US-amerikanischen Verboten.[635] Auch in der Rechtsprechung der Unionsgerichte haben „comity-Gesichtspunkte" keine hohe Bedeutung.[636] In strittigen Einzelfällen, die nicht oft vorkommen, aber bei denen es gerade einer Kompetenzregelung bedarf, sind die entgegenstehenden Interessen der Staaten normalerweise so massiv, dass ein einseitiger Verzicht auf die Durchsetzung des nationalen Kar-

---

627 „Comity-Prinzip" kann als „Freundlichkeitsgrundsatz" übersetzt werden. Siehe hierzu *Do*, Globale Netzwerke als Gestaltungschance für internationale Politik, S. 92. Eine weitere mögliche Übersetzung ist „Rücksichtnahmegrundsatz"; siehe *Göranson/Reindl*, in: Terhechte, Internationales Kartell- und Fusionskontrollverfahrensrecht, S. 1916 (1931).

628 *Völcker*, in: Immenga/Mestmäcker, EU-Wettbewerbsrecht, IntWbR B, Rn. 3.

629 *Buchmann*, Positive Comity im internationalen Kartellrecht, S. 34.

630 *Buchmann*, Positive Comity im internationalen Kartellrecht, S. 37 ff.

631 *Podszun*, Internationales Kartellverfahrensrecht, S. 41.

632 *Kennedy*, Competition Law and the World Trade Organisation, S. 27 f.

633 *Kennedy*, Competition Law and the World Trade Organisation, S. 27 f.

634 *Janow*, in: Evenett/Lehmann/Steil, Antitrust Goes Global, S. 29 (32 f.).

635 *Völcker*, in: Immenga/Mestmäcker, EU-Wettbewerbsrecht, IntWbR B, Rn. 3 m. N. aus der US-amerikanischen Rspr.

636 *Völcker*, in: Immenga/Mestmäcker, EU-Wettbewerbsrecht, IntWbR B, Rn. 3 m. N. auf die Rspr. des EuGH.

tellrechts sehr unwahrscheinlich ist.[637] Ein Beispiel hierfür ist die Unterstützung von „national champions".[638] Die Gerichte und Behörden wären zudem faktisch und rechtlich überfordert, die Rechts- und Interessenlage in anderen Ländern kompetent und schnell einzuschätzen.[639]

II. Effektivität der Wettbewerbsaufsicht

Es gibt unilaterale Möglichkeiten, die Probleme der Effektivität der Wettbewerbsaufsicht zu mildern.[640] Das Problem der Zustellung von Verfügungen kann beispielsweise mit einer ausreichenden öffentlichen Bekanntgabe gelöst werden.[641] Vor allem versucht die EU durch das Prinzip der wirtschaftlichen Einheit, dem Problem zu begegnen.[642] Das Prinzip der wirtschaftlichen Einheit ist insbesondere eine Erleichterung, wenn es um die Vollstreckung von Bußgeldern gegen ausländische Unternehmen geht. Nach dieser zieht das europäische Kartellrecht auch nicht am Kartell beteiligte Rechtssubjekte für den Verstoß von ihnen zugerechneten Rechtssubjekten zur Verantwortung.[643] Es stellt ein im Kartellbußgeld eigenes Modell der Haftung für den Unternehmensverband dar, welches im Wege der Rechtsfortbildung entwickelt wurde.[644] Eine wirtschaftliche Einheit im Unternehmensverband, welche eine Zurechnung ermöglicht, liegt vor, wenn das nicht am Verstoß beteiligte Rechtssubjekt die Möglichkeit hatte, einen bestimmenden Einfluss auf das am Verstoß beteiligte Rechtssubjekt auszuüben, und diesen auch tatsächlich ausgeübt hat.[645] Eine Vollstreckung kann dann in sämtliches inländisches Vermögen dieses Unternehmens vorgenommen werden.[646] Eine weitere, allerdings nicht

---

637 *Völcker*, in: Immenga/Mestmäcker, EU-Wettbewerbsrecht, IntWbR B, Rn. 4.
638 *Völcker*, in: Immenga/Mestmäcker, EU-Wettbewerbsrecht, IntWbR B, Rn. 4.
639 *Podszun*, Internationales Kartellverfahrensrecht, S. 42.
640 Zu diesen Problemen der Effektivität vgl. oben Kapitel 2. D. I. 3.
641 *Bätge*, Wettbewerb der Wettbewerbsordnungen?, S. 175.
642 Ausführlich zum Prinzip der wirtschaftlichen Einheit im EU-Kartellrecht siehe *Braun*, Das Konzept der gesamtschuldnerischen Verantwortlichkeit von Konzerngesellschaften im europäischen Wettbewerbsrecht, S. 130 ff.
643 *Zandler*, NZKart 2016, 98.
644 *Mandsdörfer/Timmerbeil*, EuZW 2011, 214 (216).
645 Beispielsweise EuGH, Urt. v. 14.7.1972 – Rs. 48/69, Slg 1972, 619 Rn. 136 ff. – *ICI*; EuGH, Urt. v. 10.9.2009 – C-97/08 P, Rn. 60 – *Akzo Nobel*; siehe ausführlich zu den Voraussetzungen *Zandler*, NZKart, 2016, 98 (99 ff.).
646 *Klauß*, Die Aufsicht über ein Gemeinsames Wettbewerbsgebiet, S. 103.

praktikable Möglichkeit besteht darin, in Forderungen gegenüber inländischen Abnehmern zu vollstrecken.[647]

All diese unilateralen Ansätze helfen bei der Durchsetzung aber nur wenig, wenn zwar durch die wirksame Zustellung eine öffentlich-rechtliche Verpflichtung des Unternehmens hergestellt ist, die Wettbewerbsbehörde aber bei der Ermittlung, im Zusammenhang mit der Beschlagnahmung oder bei Durchsuchungen auf Sachen zugreifen will, die im Ausland belegen sind.[648] Gleiches gilt, wenn es gar kein inländisches Tochter- oder Mutterunternehmen gibt. Es gibt Wettbewerbsbeschränkungen, die sich auf einen Staat auswirken, in dem ein beteiligtes Unternehmen kein Vermögen hat. Dies ist insbesondere bei Marktaufteilungen, Boykotten und missbräuchlicher Lieferverweigerung eines ausländischen Unternehmens gegenüber einem inländischen Unternehmen der Fall.[649] In diesem Fall stoßen die Staaten, in denen sich die Wettbewerbsbeschränkung auswirkt, durch die territoriale Souveränität des Belegstaates an ihre Grenzen.[650] Selbst wenn sich alle Probleme der extraterritorialen Anwendung, bezogen auf das Aufdecken, Beweisen und Durchsetzen, unilateral lösen ließen, wäre es vorteilhafter, das nationale Kartellrecht des Staates der Kartellanten und dessen Durchsetzung zu fördern, als ein „fremdes" Kartellrecht extraterritorial durchzusetzen.[651] Der Grund hierfür ist, dass die Effektivität der Präventionswirkung, welche gegenüber der nachträglichen Sanktionierung von Kartellrechtsverstößen zu präferieren ist,[652] mit dem Verständnis des Rechts durch die Marktteilnehmer zusammenhängt.[653] Während man bei multinationalen Unternehmen davon ausgehen kann, dass sie in der Lage sind, sämtliche Kartellrechtsordnungen der Länder, in denen sie aktiv sind, zu beachten, wenn auch nicht immer einzuhalten, ist dies bei kleineren und mittleren Unternehmen aus Kapazitätsgründen nicht selbstverständlich. Wenn Unternehmen nicht bewusst ist, dass sie gegen Kartellrecht verstoßen, steigt die Präventionswirkung nicht mit einer erhöhten Wahrscheinlichkeit der Sanktionierung.

---

647 *Bätge*, Wettbewerb der Wettbewerbsordnungen?, S. 176.
648 *Basedow*, Weltkartellrecht, S. 32.
649 *Bätge*, Wettbewerb der Wettbewerbsordnungen?, S. 176.
650 *Basedow*, Weltkartellrecht, S. 32.
651 *Wagner-von Papp*, in: Bungenberg/Krajewski/Tams/Terhechte/Ziegler, EYIEL 2017, S. 301 (322).
652 Vgl. oben Kapitel 2. D. I. 4. b).
653 *Wagner-von Papp*, in: Bungenberg/Krajewski/Tams/Terhechte/Ziegler, EYIEL 2017, S. 301 (322).

III. Zwischenfazit

Insgesamt hat sich in der Staatenpraxis kein völkerrechtlicher Standard der einseitigen Begrenzung des Auswirkungsprinzips durchgesetzt, der in der Lage wäre, die Konflikte, die sich aus diesem ergeben, zu lösen.[654] Als einziges Instrument der einseitigen Konfliktvermeidung steht den Staaten die Möglichkeit zur Verfügung, im Einzelfall von der Anwendung des nationalen Kartellrechts abzusehen respektive die Reichweite der eigenen Rechtsanwendung zu begrenzen.[655] Die Staaten waren dazu in der Vergangenheit nur in Ausnahmefällen bereit, da dies zwangsläufig mit einer verringerten Effektivität des nationalen Kartellrechts verbunden ist.[656] Eine Lösung kann damit nicht einseitig, sondern nur durch eine Kooperation der Staaten gefunden werden.[657] Viel häufiger als Probleme bezüglich der Kompetenzverteilung ergeben sich in der Praxis der Kartellbehörden Koordinationsprobleme, beispielsweise bei der gegenseitigen Unterstützung und Abstimmung bei Paralleluntersuchungen.[658] Die Koordination der Wettbewerbsbehörden ist denknotwendig unilateral nicht möglich. Eine solche Koordination und Zusammenarbeit ist notwendig, um die Effektivität der Wettbewerbsaufsicht in Bezug auf internationale Fälle zu gewährleisten. Das Prinzip der wirtschaftlichen Einheit verbessert zwar die Effektivität der Wettbewerbsaufsicht in Bezug auf internationale Fälle, ist aber nicht in der Lage, alle Probleme zu lösen, und aus Gründen der Präventionswirkung nachteilig.

B. Multilaterale Ansätze in Internationalen Organisationen

I. Multilaterales Kartellrechtsabkommen

1. Havanna-Charta und andere Initiativen

Im Jahr 1948 unterzeichneten 53 Staaten die sogenannte Havanna-Charta[659], die als Gründungsdokument der geplanten Internationalen Handels-

---

654 *Klauß*, Die Aufsicht über ein Gemeinsames Wettbewerbsgebiet, S. 91.
655 *Klauß*, Die Aufsicht über ein Gemeinsames Wettbewerbsgebiet, S. 96.
656 *Klauß*, Die Aufsicht über ein Gemeinsames Wettbewerbsgebiet, S. 96.
657 *Klauß*, Die Aufsicht über ein Gemeinsames Wettbewerbsgebiet, S. 96.
658 *Völcker*, in: Immenga/Mestmäcker, EU-Wettbewerbsrecht, IntWbR B, Rn. 4.
659 Eine deutsche Übersetzung dieser findet sich in WuW 1953, 244ff.

organisation (*International Trade Organization – ITO*) dienen sollte. Die ITO scheiterte jedoch im Jahr 1950 am Widerstand des US-amerikanischen Kongresses.[660] Kapitel V (Art. 46-54) enthielt Regeln über private Wettbewerbsbeschränkungen. Der Sinn dieses Kapitels war aber nicht wie heute, internationale Wettbewerbsbeschränkungen einer globalisierten Wirtschaft zu bekämpfen, sondern das internationale Kartellrecht sollte als Motor für eine sich erst formende Weltwirtschaft dienen.[661] Das Allgemeine Zoll- und Handelsabkommen (*General Agreement on Tariffs and Trade – GATT*) übernahm einige Teile der Havanna-Charta, jedoch nicht die Wettbewerbsvorschriften.[662]

Darüber hinaus gab es weitere, meist eher kurzlebige multilaterale Initiativen, zum Beispiel den Vorschlag des Wirtschafts- und Sozialrates der Vereinten Nationen (ECOSOC) aus den frühen 1950er Jahren, der vor allem aufgrund des Widerstandes der USA nie verabschiedet wurde.[663]

2. WTO-Kartellrechtsabkommen

Am nächsten kam die Weltgemeinschaft einem umfassenden multilateralen Abkommen zum Kartellrecht im Rahmen der WTO. Insgesamt wurde das Kartellrecht fast zehn Jahre im Rahmen der WTO behandelt, jedoch ohne Ergebnis. Die Wettbewerbspolitik wurde schon im Jahr 1994 auf der Ministerkonferenz in Marrakesch als ein mögliches Thema für die künftige Arbeit der WTO betrachtet, aber erst der Bericht aus dem Jahr 1995 „Wettbewerbspolitik in der neuen Handelsordnung: Stärkung der internationalen Zusammenarbeit und der Regeln" gab den entscheidenden Anstoß für den Beginn echter Überlegungen zu diesem Thema.[664] Er wurde von Experten sowohl der Kommission als auch externer Gremien ausgearbeitet.[665] In diesem Bericht wurde die Idee eines internationalen Wettbewerbsabkommens innerhalb der WTO vorgeschlagen. Hieraufhin wurde die Wettbewerbspolitik auf der im Jahr 1996 stattfindenden WTO-Ministerkonferenz in Singapur als eines der vier sogenannten „Singapur-

---

660 Ausführlich zur Geschichte der Havanna-Charta, siehe *Aaronson*, Trade and the American Dream, S. 86 ff.
661 *Drexl*, in: Oberender, Internationale Wettbewerbspolitik, S. 41 (43 f.).
662 *Herrmann*, in: Terhechte, Internationales Kartell- und Fusionskontrollverfahrensrecht, S. 1891 (1906), m. w. N. zum Anpassungsprozess.
663 *Geradin*, Chic J Int Law 2009, 189 (193).
664 *Heimler*, in: Bindi, The Foreign Policy of the European Union, S. 82 (87).
665 *Heimler*, in: Bindi, The Foreign Policy of the European Union, S. 82 (87).

Themen"[666] als Gegenstand weiterer Entwicklung aufgenommen und die Arbeitsgruppe für die Wechselwirkung zwischen Handels- und Wettbewerbspolitik „Working Group on the Interface of Trade and Competition Policy" eingesetzt.[667] Es wurde jedoch klargestellt, dass die Einrichtung dieser „Working Group" nicht die Entscheidung vorwegnehmen sollte, ob in Zukunft Verhandlungen über ein Kartellrechtsabkommen aufzunehmen seien.[668] Dass die EU, unter anderem unterstützt durch Südkorea und Japan, es schaffte, das Kartellrecht auf die Agenda zu setzen, war insoweit bemerkenswert, als sowohl die USA als auch die Entwicklungsländer von Anfang an Bedenken hiergegen hatten.[669]

Politisch war die Initiative der EU wenig überraschend, da die Union als einziges Mitglied über die Erfahrung in der Entwicklung und Anwendung eines supranationalen Rechts mit Vorrang gegenüber nationalen Gesetzen verfügte.[670] Rechtspolitische Grundlage für den Antrag war die Überzeugung, dass ein Markt, der frei oder zumindest fast frei von staatlichen Handelsbeschränkungen ist, von Wettbewerbsregeln komplementiert werden müsse, weil ansonsten Unternehmen durch Marktabschließungen und -aufteilungen die Handelsliberalisierung wieder zunichtemachen würden.[671] Die EU setzte sich dabei für ein Wettbewerbsabkommen im Rahmen der WTO ein, welches vom Streitbeilegungsmechanismus umfasst war.[672] Diese Präferenz für verbindliche Regelungen ergab sich wahrscheinlich aus ihrer eigenen Erfahrung mit der Harmonisierung des Wettbewerbsrechts mit einer verbindlichen Streitbeilegung durch das Gericht und den Gerichtshof.[673] Außerdem glaubten die EU-Beamten weniger stark als die Amerikaner an die Möglichkeit einer reibungslosen Konvergenz der Wettbewerbssysteme durch informelle und bilaterale Zusammenarbeit.[674] Diese Ansicht der EU-Beamten war möglicherweise beeinflusst durch ihre Erfahrungen der langsamen und unvollständigen Konvergenz

---

666 Die anderen drei Themen waren Investitionsschutz, Transparenz bei der Vergabe öffentlicher Aufträge und Handelserleichterungen, siehe *Hilpold*, in: Welfens/Knipping/Chirathivat/Ryan, Integration in Asia and Europe, S. 241 (244).

667 WTO Ministererklärung, WT/MIN(96)/DEC, 18.12.1996, Rn. 20.

668 WTO Ministererklärung, WT/MIN(96)/DEC, 18.12.1996, Rn. 20.

669 *Schmitt*, in: Felbermayr/Göler/Herrmann/Kalina, Multilateralismus und Regionalismus in der EU-Handelspolitik, S. 223 (242).

670 *Immenga*, Internationales Wettbewerbsrecht, S. 13.

671 *Immenga*, Internationales Wettbewerbsrecht, S. 13.

672 *Melo Araujo*, The EU Deep Trade Agenda, S. 187.

673 *Damro*, Antitrust Bull. 2012, 565.

674 *Demedts*, The long-term potential of an interim-solution, S. 84.

der Wettbewerbsvorschriften der Mitgliedstaaten selbst im Rahmen der durch die Verträge auferlegten Verpflichtungen.[675] Es sei jedoch darauf hingewiesen, dass Sir *Leon Brittan* und die *Generaldirektion Handel* die wichtigsten Befürworter eines Kartellrechtsabkommens im Rahmen der WTO waren, während die *Generaldirektion Wettbewerb* dem ganzen Projekt sehr viel kritischer gegenüberstand,[676] genauso wie die nationalen Kartellbehörden der Mitgliedsstaaten.[677]

Letztendlich scheiterte der Versuch allerdings, ein Kartellrechtsabkommen im Rahmen der WTO abzuschließen. In der Ministererklärung von Doha im Jahr 2001 wurde noch deutlich zum Ausdruck gebracht, dass ein Kartellrechtsabkommen abgeschlossen und hierzu Verhandlungen nach der fünften Ministerkonferenz aufgenommen werden sollten; lediglich über die Verhandlungsmodalitäten sollte noch ein Beschluss gefasst werden.[678] Gleichzeitig wurde das Mandat der „Working Group" konkretisiert. Um mögliche Elemente eines multilateralen Rahmens zu prüfen, sollte sie sich auf Grundprinzipien wie Transparenz, Nichtdiskriminierung und Verfahrensgerechtigkeit, Bestimmungen über Hardcore-Kartelle sowie auf Modalitäten der freiwilligen Zusammenarbeit und Unterstützung der schrittweisen Stärkung der Wettbewerbsinstitutionen in Entwicklungsländern durch Kapazitätsaufbau konzentrieren.[679] Die Arbeitsgruppe verfasste hierzu mehrere umfassende Berichte.[680] Auf der Ministerkonferenz im Jahr 2003 in Cancún wurde das Kartellrecht jedoch schon nicht weiter behandelt, da keine Einigung bezüglich der Modalitäten für die Verhandlungen erzielt werden konnte.[681] Im Jahr 2004 wurde dann durch eine Entscheidung des Allgemeinen Rates der WTO öffentlich gemacht, dass die Verhandlungen zu Wettbewerbsregelungen nicht weiter verfolgt würden.[682] Das sogenannte „July-Package" stellt das (vorläufige) Ende der Be-

---

675 *Demedts*, The long-term potential of an interim-solution, S. 84.
676 *Damro*, JEPP 2006, 867 (878).
677 So auch *Bourgeois*, in: FS Maresceau, S. 381 (392).
678 WTO Ministererklärung, WT/MIN(01)/DEC/1, 20.11.2001, Rn. 23.
679 WTO Ministererklärung, WT/MIN(01)/DEC/1, 20.11.2001, Rn. 25.
680 Einen Überblick über diese gibt *Taylor*, International Competition Law, S. 137.
681 WTO Ministererklärung, WT/MIN(03)/20, 23.09. 2003.
682 Decision Adopted by the General Council on 1 August 2004, WT/L/579, 2.8.2004, 3.

mühungen der WTO, ein Kartellrechtsabkommen abzuschließen, dar.[683]
Der WTO-Ausschuss zur Wettbewerbspolitik ist seitdem inaktiv.[684]

Die Opposition der USA war einer der Hauptgründe für das Scheitern,
da sie davon überzeugt waren, dass ein Kartellrechtsabkommen im Rahmen der WTO zu einem Wettlauf nach unten führen werde mit dem
Ergebnis der Schwächung der Wettbewerbsregime weltweit.[685] Des Weiteren hofften die USA, dass sich mit der Zeit immer mehr Wettbewerbsordnungen an das Recht der USA angleichen würden und dass dies
für sie ein besseres Ergebnis bringen werde als ein Abkommen im Rahmen der WTO.[686] Darüber hinaus waren die Amerikaner der Meinung,
dass die WTO aufgrund ihrer Fokussierung auf das Handelsrecht nicht
das richtige Forum sei, da die entscheidenden Personen in der WTO
Handelsrechtsexperten und nicht Kartellrechtsexperten waren.[687] Daher
gab es die Befürchtung, dass das Kartellrechtsabkommen das Ergebnis
eines politischen Kompromisses werde, bei dessen Verhandlung (fast) alle
Regelungen als Kompromissmasse gesehen werden würden.[688] Die USA
dagegen befürworteten die bilaterale Zusammenarbeit im Bereich der
Wettbewerbspolitik.[689] Das US-Justizministerium argumentierte, dass multilaterale Abkommen so allgemein seien, dass sie nicht viel Wert böten,
und bilaterale Zusammenarbeit alle wichtigen kartellrechtlichen Fragen
wirksam angehen könnte.[690] Einige Entwicklungsländer schlossen sich
der Ablehnung der USA an. Vonseiten der Entwicklungsländer wurde
beispielsweise argumentiert, dass sie keinerlei Erfahrung mit Kartellrecht
hätten und die Einführung eines solchen viel Geld und Zeit kosten würde.[691] Einige Entwicklungsländer befürchteten außerdem, dass ihre Probleme im Bereich der wettbewerbswidrigen Praktiken, die vor allem durch
den Missbrauch marktbeherrschender Stellungen von multinationalen
Konzernen aus Industrieländern und Exportkartellen aus Industrieländern

---

683 *Lo*, in: Hwang, The Role of Competition Law/Policy in the Socio-Economic
     Development, S. 47 (48).
684 Siehe zuletzt WTO, Annual Report 2018, S. 202.
685 *Demedts*, The long-term potential of an interim-solution, S. 315.
686 *Demedts*, The long-term potential of an interim-solution, S. 315.
687 *Fox/Fingleton/Mitchel*, in: Lewis, Building New Competition Law Regimes,
     S. 163 (168).
688 *Fox/Fingleton/Mitchel*, in: Lewis, Building New Competition Law Regimes,
     S. 163 (168).
689 *Damro*, Antitrust Bull. 2012, 565 (571).
690 *Damro*, Antitrust Bull. 2012, 565 (571).
691 *Hufbauer/Kim*, Antitrust Bull. 2009, 327 (331).

bestanden, durch das angedachte Abkommen nicht angegangen werden würden.[692] Es bestand somit zu Recht oder zu Unrecht das Gefühl, dass ein Kartellrechtsabkommen nur multinationalen Konzernen durch leichteren Marktzugang helfe und nicht den nationalen Konsumenten zugutekommen würde.[693] Viele Länder wollten auch den „politischen Raum", um monopolistische Praktiken in ausgewählten Branchen zu fördern, nicht verlieren.[694] Andere Länder argumentierten, dass sie kleine und offene Volkswirtschaften seien und daher kein Kartellrecht benötigten.[695] Neben diesen spezifischen Gründen, die das Kartellrecht betrafen, gab es auch eine Reihe von anderen Themen, die, obwohl sie keinen Zusammenhang zum Kartellrecht hatten, zu dem Scheitern des Abkommens führten.[696] Die Entwicklungsländer waren beispielsweise mit den Vorschlägen der EU und den Vorschlägen der USA im Bereich der Agrarsubventionen unzufrieden.[697]

II. Vorschriften mit Kartellrechtsbezug in den WTO-Abkommen

Die WTO hat 164 Mitgliedsstaaten und deckt damit ungefähr 98 % des weltweiten Handels ab.[698] Vorschriften mit Kartellrechtsbezug in den WTO-Abkommen entfalten damit praktisch weltweite Anwendbarkeit. Den engsten Bezug zum Kartellrecht im WTO-Recht haben die Vorschriften über Antidumpingmaßnahmen.[699] Einige wenige andere Vorschriften der WTO-Abkommen haben ebenfalls Bezüge zum Wettbewerbsrecht. Diese werden nachfolgend dargestellt.

---

692 *Heimler/Jenny*, in: Lewis, Building New Competition Law Regimes, S. 183 (184).

693 *Martyniszyn*, in: Cottier/Nadakavukaren Schefer, Elgar Encyclopedia of International Economic Law, S. 491.

694 *Hufbauer/Kim*, Antitrust Bull. 2009, 327 (331).

695 Mit diesem Argument war z. B. Singapur einer der Hauptkritiker der EU-Initiative, siehe *Heimler/Jenny*, in: Lewis, Building New Competition Law Regimes, S. 183 (184 f.).

696 *Jenny*, in: Hwang/Chen, The Future Development of Competition Framework, S. 13 (29 ff.).

697 *Jones/Sufrin*, EU Competition Law, S. 1240.

698 WTO, Annual Report 2018, S. 40.

699 *Herrmann*, in: Terhechte, Internationales Kartell- und Fusionskontrollverfahrensrecht, S. 1891 (1907). Für eine Beschreibung dieser vgl. oben Kapitel 2. E. I. 3. b).

1. Allgemeines Zoll- und Handelsabkommen (General Agreement on Tariffs and Trade – GATT)[700]

Eine Expertengruppe, welche 1958 vom GATT eingesetzt wurde, kam bereits 1960 zu dem Ergebnis, dass es nicht praktikabel sei, Wettbewerbsregelungen im GATT zu vereinbaren.[701] Bis heute sind im GATT praktisch keine originären Kartellrechtsvorschriften enthalten.[702] Nationales Kartellrecht muss sich allerdings an den allgemeinen Vorschriften des GATT messen lassen.[703] Es ist beispielsweise grundsätzlich möglich, dass Kartellvorschriften gegen das Inländerbehandlungsgebot gemäß Art. III:4 GATT verstoßen.[704] Jedoch ist auch hierfür ein aktives Handeln des Staates respektive seiner Behörden notwendig; eine reine Nichtanwendung von Kartellrechtsregelungen genügt grundsätzlich nicht.[705] Daneben gibt es auch Vorschriften im GATT, die Bezüge zum Kartellrecht aufweisen, wie Art. XVII GATT über staatliche Handelsmonopole und Art. II:4 GATT über Einfuhrmonopole.[706] Private Wettbewerbsbeschränkungen sind grundsätzlich jedoch nicht vom GATT umfasst, was insbesondere der Fall *Kodak-Fuji* gezeigt hat.[707] In diesem Fall machten die USA geltend, dass der japanische Markt durch enge vertikale Verflechtungen der japanischen Unternehmen (sogenanntes *Keiretsu-System*) für ausländische Unternehmen schwer zugänglich sei, daher müssten solche Vereinbarungen von der japanischen Kartellbehörde verboten werden, um einen Marktzugang im Rahmen der WTO-Vereinbarungen zu ermöglichen.[708] Die Beschwerde wurde abgewiesen, da kein hinreichender Einfluss der staatlichen Stellen bewiesen werden konnte und die WTO nicht für private

---

700 ABl.EG 1994, Nr. L 336/11.

701 *Hilpold*, in: Herrmann/Krajewski/Terhechte, EYIEL 2013, 71 (75).

702 *Herrmann*, in: Terhechte, Internationales Kartell- und Fusionskontrollverfahrensrecht, S. 1891 (1906).

703 *Herrmann*, in: Terhechte, Internationales Kartell- und Fusionskontrollverfahrensrecht, S. 1891 (1906).

704 *Herrmann*, in: Terhechte, Internationales Kartell- und Fusionskontrollverfahrensrecht, S. 1891 (1906); *Matsuhita/Schoenbaum/Mavroidis/Hahn*, The World Trade Organization, S. 793 f.

705 *Herrmann*, in: Terhechte, Internationales Kartell- und Fusionskontrollverfahrensrecht, S. 1891 (1906).

706 *Herrmann*, in: Terhechte, Internationales Kartell- und Fusionskontrollverfahrensrecht, S. 1891 (1906).

707 *Podszun*, Internationales Kartellverfahrensrecht, S. 125.

708 *Podszun*, Internationales Kartellverfahrensrecht, S. 126. Vgl. hierzu bereits oben Kapitel 2. E. II. 2. a) (2).

Beschränkungen des Marktzugangs zuständig sei.[709] Ein Verstoß gegen Art. III:4 GATT wurde verneint, weil keine diskriminierende Anwendung des nationalen Rechts festgestellt werden konnte.[710] Ein Verstoß gegen Art. XXIII:1 b) GATT lag nicht vor, da nicht bewiesen werden konnte, dass die japanische Regierung ein System des Privatsektors zur Verhinderung des Marktzugangs ausländischer Erzeuger durch Maßnahmen im Sinne des Art. XXIII:1 b) GATT unterstützt oder sogar daran teilgenommen habe.[711] Der Fall macht auch deutlich, dass ein Staat nach WTO-Recht keine Verpflichtung hat, gegen wettbewerbswidrige Verhaltensweisen vorzugehen, und somit kein Verstoß vorliegt, solange der Staat nicht an den handelsbeschränkenden Praktiken, welche den Import behindern, beteiligt ist.[712] Der Fall belegt auch, dass das WTO-Recht solchen Praktiken nicht effektiv begegnen kann.[713] Ein weiteres Beispiel in diese Richtung ist Art. XI GATT, der ebenfalls nur staatliche und keine privaten nichttarifären Maßnahmen erfasst.[714]

Darüber hinaus fordert Art. XXIX GATT alle WTO-Mitglieder auf, Kapitel V der Havanna-Charta zu beachten (sogenannte *best endeavour-Verpflichtung*). Die Praxis zeigt jedoch, dass die WTO-Mitglieder diesen Appell nicht ernst genommen haben.[715] Trotz zahlreicher internationaler wettbewerbswidriger Handlungen gab es keinen Rechtsstreit über den Umfang der in Art. XXIX GATT enthaltenen Verpflichtung.[716] Es gibt einige kryptische Passagen im *Kodak-Fuji* Prozess und im Panelbericht *Mexico-Telecoms*[717] bezüglich des Verständnisses von Art. XXIX GATT, aber es wurde nie behauptet, dass diese Bestimmung verletzt worden sei.[718]

---

709 *Podszun*, Internationales Kartellverfahrensrecht, S. 126.

710 WTO Panel, Report v. 31.3.1998, WT/DS44/R, Rn. 10.403 – *Japan – Measures Affecting Consumer Photographic Film and Paper (Kodak-Fuji)*.

711 WTO Panel, Report v. 31.3.1998, WT/DS44/R, Rn. 10.402 – *Japan – Measures Affecting Consumer Photographic Film and Paper (Kodak-Fuji)*.

712 *Weitbrecht*, in: Messen, Economic Law as an Economic Good, S. 279 (282).

713 *Herrmann*, in: Terhechte, Internationales Kartell- und Fusionskontrollverfahrensrecht, S. 1891 (1904).

714 WTO Panel, Report v. 19.12.2000, WT/DS155/R, Rn. 11.18 – *Argentina – Hides and Leather*.

715 *Horn/Mavroidis/Sapir*, Bruegel Blueprint Series VII 2009, 52.

716 *Horn/Mavroidis/Sapir*, Bruegel Blueprint Series VII 2009, 52.

717 WTO Panel, Report v. 2.4.2004, WT/DS204/R, Rn 5.47 – *Mexico – Measures Affecting Telecommunications Services (Mexico-Telecoms)*.

718 *Horn/Mavroidis/Sapir*, Bruegel Blueprint Series VII 2009, 52.

2. Allgemeines Abkommen über den Handel mit Dienstleistungen (General Agreement on Trade in Services – GATS)[719]

Deutlichere wettbewerbsrechtliche Ansätze als im GATT finden sich im GATS und in dem das GATS ergänzenden rechtlichen Instrument im Telekommunikationsbereich.[720]

Art. VIII:1 GATS bestimmt, dass Monopolunternehmen und Dienstleistungserbringer mit ausschließlichen Rechten den Meistbegünstigungsgrundsatz gemäß Art. II GATS beachten müssen und außerhalb ihrer Monopolbereiche diese besondere Stellung nicht missbrauchen dürfen, wenn ein WTO-Mitglied spezifische Marktöffnungszusagen in diesem Bereich gegeben hat.[721] Bezüglich eines Verstoßes gegen diese Vorschrift hat es bereits ein Ersuchen um Konsultationen gegeben, was zeigt, dass die Vorschrift in der Praxis Bedeutung erlangen kann.[722] Darüber hinaus ist in Art. IX:1 GATS festgeschrieben, dass es neben dem Monopolmissbrauch noch andere Verhaltensweisen gibt, welche den Wettbewerb mit Dienstleistungen behindern können. Art. IX:2 GATS eröffnet die Möglichkeit von Konsultationen, um solche Verhaltensweisen zu beseitigen.[723] Näheres, insbesondere eine Definition, welche Verhaltensweisen hierbei gemeint sind, ist nicht geregelt, was die praktische Wirksamkeit stark einschränkt.[724] Darüber hinaus enthält die Vorschrift keine Verpflichtung, gegen die wettbewerbswidrigen Praktiken vorzugehen.

Das Referenzpapier, welches dem 4. Protokoll zum GATS über Basistelekommunikation hinzugefügt wurde, enthält spezifische Verpflichtungen der unterzeichnenden WTO-Mitglieder zur Marktöffnung im Telekommunikationsdienstleistungsbereich.[725] Dieses enthält die Verpflichtung, Wettbewerbsbeeinträchtigungen von einzelnen oder kollektiv marktbe-

---

719 ABl.EG 1994, Nr. L 336/190.

720 *Herrmann*, in: Terhechte, Internationales Kartell- und Fusionskontrollverfahrensrecht, S. 1891 (1911).

721 *Herrmann*, in: Terhechte, Internationales Kartell- und Fusionskontrollverfahrensrecht, S. 1891 (1911).

722 *Baetge*, Globalisierung des Wettbewerbsrechts, S. 207, mit weiteren Details hierzu.

723 Ausführlich zu den Kartellrechtsbezügen des GATS, *Matsuhita/Schoenbaum/Mavroidis/Hahn*, The World Trade Organization, S. 792 f.

724 *Herrmann*, in: Terhechte, Internationales Kartell- und Fusionskontrollverfahrensrecht, S. 1891 (1911); *Klodt*, Wege zu einer globalen Wettbewerbsordnung, S. 72.

725 *Herrmann*, in: Terhechte, Internationales Kartell- und Fusionskontrollverfahrensrecht, S. 1891 (1911 f.) mit weiteren Nachweisen.

herrschenden Unternehmen zu verhindern, und zählt einige dieser Verhaltensweisen beispielhaft auf.[726] Es handelt sich hierbei für die unterzeichnenden Staaten um eine Sonderregelung, ein Kartellrecht in einem bestimmten Sektor zu haben und durchzusetzen.[727] Um diese Vorschriften drehte sich das Streitbeilegungsverfahren *Mexico-Telecoms*.[728] In diesem Fall gab Mexiko dem national führenden Telekommunikationsunternehmen die alleinige Befugnis, mit ausländischen Anbietern von Basis-Telekommunikationsdiensten den Tarif auszuhandeln, den sie an ihre mexikanischen Kollegen zahlen müssen, um ihre Telefongespräche in Mexiko zu führen. Die USA argumentierten unter anderem erfolgreich, dass dies das Unternehmen zu monopolistischen Praktiken befähige und einen Verstoß gegen das Referenzpapier darstelle.[729]

3. Abkommen über handelsrelevante Aspekte der Rechte des geistigen Eigentums (Agreement on Trade-Related Aspects of Intellectual Property Rights – TRIPS)[730]

Art. 8 Abs. 2 TRIPS und Art. 40 Abs. 1 TRIPS ermöglichen die Anwendung des Wettbewerbsrechts, um zu verhindern, dass der Missbrauch von Rechten an geistigem Eigentum oder Praktiken im Zusammenhang mit Rechten an geistigem Eigentum den Handel unangemessen behindern.[731] Es ist jedoch nicht geregelt, anhand welcher Kriterien der Missbrauch von Schutzrechten identifiziert werden kann.[732] Darüber hinaus berechtigen die Vorschriften die Staaten nur, Vorkehrungen gegen wettbewerbswid-

---

726 *Herrmann*, in: Terhechte, Internationales Kartell- und Fusionskontrollverfahrensrecht, S. 1891 (1912); ausführlich zu den Kartellrechtsregelungen im Referenzpapier *Baetge*, Globalisierung des Wettbewerbsrechts, S. 200 ff.

727 *Fox/Healey*, Antitrust L. J. 2014, 769 (772, Fn. 18).

728 WTO Panel, Report v. 2.4.2004, WT/DS204/R, Rn 5.47 – *Mexico – Measures Affecting Telecommunications Services (Mexico-Telecoms)*.

729 Ausführlich zum Kartellrechtsteil des Streitbeilegungspanelberichts *Fox*, J. Int'l Econ. L. 2006, 271; allgemein zum „Reference Paper" und dem *Mexico-Telecoms* Fall, siehe *Batura*, in: Herrmann/Krajewski/Terhechte, EYIEL 2014, S. 201.

730 ABl.EG 1994, Nr. L 336/213.

731 *Kampf*, in: FS Krenzler, S. 87 (100).

732 *Klodt*, Wege zu einer globalen Wettbewerbsordnung, S. 72; *Herrmann*, in: Terhechte, Internationales Kartell- und Fusionskontrollverfahrensrecht, S. 1891 (1912 f.), erkennt darüber hinaus in Art. 31 lit. c und lit. k TRIPS wettbewerbsrechtliche Zusammenhänge.

rige Handlungen zu treffen, und verpflichten sie nicht dazu.[733] Art. 40 Abs. 3, 4 TRIPS enthalten Konsultationsverpflichtungen, die mit Art. IX:2 GATS vergleichbar sind.[734] Trotz des vagen Inhalts zeigen diese Vorschriften eine weitere Verbindung zwischen einem WTO-Abkommen und dem Kartellrecht.[735]

4. Übereinkommen über technische Handelshemmnisse (Agreement on Technical Barriers to Trade – TBT)[736]

Eine Verbindung zum Kartellrecht hat auch Art. 8.1 TBT in Verbindung mit Art. 5, 6 TBT. Diese Vorschrift betrifft Private, das heißt nichtstaatliche Stellen, die unter anderem von den Unternehmen einer bestimmten Branche selbst gegründet und kontrolliert wurden respektive werden, die Produkttests durchführen oder Zertifikate ausstellen, um zu bescheinigen, dass Produkte den technischen Vorschriften und Normen eines WTO-Mitglieds entsprechen. Die WTO-Mitglieder dürfen von diesen Stellen nicht verlangen oder diese dazu ermutigen, ausländische Produkte gegenüber einheimischen Produkten zu diskriminieren oder übermäßige Beschränkungen für importierte Produkte zu verhängen.[737] Diese Vorschrift betrifft das in Kapitel 2 erwähnte Problem des *standard setting*.[738] Damit das TBT-Abkommen anwendbar ist, bedarf es allerdings abermals einer Handlung des Staates.

5. Abkommen über handelsbezogene Investitionsmaßnahmen (Agreement on Trade-Related Investment Measures – TRIMs)[739]

Das TRIMs verlangt in Art. 9, dass innerhalb von fünf Jahren nach Inkrafttreten des WTO-Abkommens der Rat für den Handel mit Waren prüft, ob die Vereinbarung durch Bestimmungen zur Investitions- und Wettbewerbspolitik ergänzt werden sollte. Es ist zwar nichts passiert in dieser

---

733 *Baetge*, Globalisierung des Wettbewerbsrechts, S. 211.
734 *Baetge*, Globalisierung des Wettbewerbsrechts, S. 216.
735 *Matsuhita/Schoenbaum/Mavroidis/Hahn*, The World Trade Organization, S. 795.
736 ABl.EG 1994, Nr. L 336/86.
737 Ausführlich hierzu *Matsuhita/Schoenbaum/Mavroidis/Hahn*, The World Trade Organization, S. 790 ff.
738 Vgl. Kapitel 2. E. II. 2. a) (1).
739 ABl.EG 1994, Nr. L 336/100.

Richtung, jedoch zeigt die Vorschrift, dass auch in der Verhandlung zum TRIMs ein Bewusstsein für die enge Verbindung der im TRIMs enthaltenen Themen zum Kartellrecht bestand.[740]

6. Übereinkommen über Schutzmaßnahmen (Agreement on Safeguards – SG)[741]

Nach Art. 11.1(a) und Art. 11.3 SG sind Vereinbarungen über freiwillige Ausfuhrbeschränkungen verboten, wenn diese durch staatliche Regelungen vorgeschrieben sind oder auf Vorschlag respektive Druck einer Regierung von Unternehmen abgeschlossen werden.[742] Abermals ist somit ein positives Handeln des Staates Voraussetzung für die Anwendbarkeit der Vorschriften. Bei freiwilligen Ausfuhrbeschränkungen ist der Staat jedoch regelmäßig involviert, sodass dieses Problem vom WTO-Recht weitestgehend behandelt wird.[743]

7. Zwischenfazit

Besonders der *Kodak/Fuji* Fall zeigt, dass das WTO-Recht private wettbewerbswidrige Handlungen, die in gleicher Weise wie Zölle oder andere staatliche Maßnahmen den freien Welthandel behindern, grundsätzlich nicht verbietet.[744] Der Fall macht deutlich, dass das WTO-Recht nicht für einen Marktzugang sorgen kann, wenn dieser für ausländische Unternehmen durch private Vereinbarungen erschwert oder ausgeschlossen ist.[745] Für den Umgang mit internationalen Wettbewerbsbeschränkungen stehen im Welthandelssystem hauptsächlich mit Antidumpingzöllen nur die klassischen außenhandelspolitischen Instrumente bereit.[746] Auch wenn einzelne Bereiche der WTO-Abkommen Berührungspunkte zum Kartellrecht aufweisen, bedarf es grundsätzlich eines aktiven Handelns und nicht nur

---

740 *Matsuhita/Schoenbaum/Mavroidis/Hahn*, The World Trade Organization, S. 794.
741 ABl.EG 1994, Nr. L 336/184.
742 *Matsuhita/Schoenbaum/Mavroidis/Hahn*, The World Trade Organization, S. 795.
743 *Matsuhita/Schoenbaum/Mavroidis/Hahn*, The World Trade Organization, S. 795.
744 *Matsushita*, in: Cottier/Nadakavukaren Schefer, Elgar Encyclopedia of International Economic Law, S. 485.
745 *Jones/Sufrin*, EU Competition Law, S. 1218.
746 *Herrmann*, in: Terhechte, Internationales Kartell- und Fusionskontrollverfahrensrecht, S. 1891 (1893).

einer Tolerierung oder Nichtanwendung einer Vorschrift durch den Staat, damit das WTO-Recht eingreift.[747] Es handelt sich bei den kartellrechtsre-levanten Regelungen im WTO-Recht nur um kartellrechtliche Randaspek-te.[748] Diese reichen nicht aus, um den Problemen, die sich aus der Interna-tionalisierung des Kartellrechts ergeben, zu begegnen.[749] Das weitgehende Fehlen verbindlicher multilateraler Regeln zum Kartellrecht ist einer der Gründe für die Ausbreitung von Kartellrechtsregelungen in Freihandelsab-kommen.[750]

III. Organisation für wirtschaftliche Zusammenarbeit und Entwicklung (Organization for Economic Cooperation and Development – OECD)

1. Überblick

Die OECD ist eine Internationale Organisation mit derzeit 35 Industrie-staaten als Mitgliedsländern.[751] Das Ziel der OECD ist die Förderung der Wirtschaftsentwicklung, Beschäftigung und eines steigenden Lebensstan-dards in ihren Mitgliedsstaaten.[752] Hierfür soll sie unter anderem zu der Ausweitung des Welthandels auf multilateraler und nichtdiskriminieren-der Grundlage beitragen.[753] Die OECD ist unter anderem aktiv im Bereich des Wettbewerbsrechts. Ihre Mitgliedsstaaten treffen sich in der Regel drei Mal pro Jahr im OECD-Ausschuss für Wettbewerbsrecht und Wettbe-

---

747 *Matsuhita/Schoenbaum/Mavroidis/Hahn*, The World Trade Organization, S. 804.

748 *Podszun*, Internationales Kartellverfahrensrecht, S. 125.

749 *Baetge*, Globalisierung des Wettbewerbsrechts, S. 238; einen interessanten An-satz liefert allerdings *Marshall*, Competition Regulation and Policy at the World Trade Organisation, der davon ausgeht, dass die existierenden Regelungen des WTO-Rechts bei einer „kartellrechtsfreundlichen" Auslegung internationa-le wettbewerbswidrige Handlungen bekämpfen könnten; *Fox/Fingleton/Mitchel*, in: Lewis, Building New Competition Law Regimes, S. 163 (179), vertreten zumindest, dass Art. 11 des Safeguard Agreement auch Exportkartelle umfassen könnte, bei einer strengeren Anwendung, als sie zur Zeit vorgenommen wird.

750 *Szepesi*, ECDPM InBrief 2004, 1.

751 Website der OECD (www.oecd.org/about/membersandpartners/list-oecd-memb er-countries.htm), zuletzt besucht am 11.11.2018.

752 Art. 1 des Übereinkommens über die Organisation für Wirtschaftliche Zusam-menarbeit und Entwicklung (OECD-Übereinkommen), die amtliche deutsche Übersetzung findet sich in BGBl. 1961, Teil II, S. 1151 ff.

753 Art. 1 OECD-Übereinkommen.

werbspolitik zum Meinungs- und Informationsaustausch.[754] Der Rat als Rechtssetzungsorgan der OECD[755] hat Empfehlungen (*recommendations*) und Leitfäden (*best practices*) im Bereich des Kartellrechts erlassen.[756] Es besteht keine Verpflichtung zur Umsetzung der Empfehlungen; vielmehr haben die Mitgliedstaaten nach der Verfahrensordnung der OECD diese daraufhin zu überprüfen, ob sie ihre Befolgung für angebracht halten.[757] Gleiches gilt für Berichte über verschiedene Bereiche des Wettbewerbsrechts und der Wettbewerbspolitik, die der OECD-Wettbewerbsausschuss regelmäßig veröffentlicht.[758] Die OECD führt allerdings freiwillige gegenseitige Überprüfungen der Umsetzung durch ihre Mitgliedsländer (*peer reviews*) durch.[759] Die Arbeit der OECD lässt sich zusammenfassen als die Förderung der Kooperation der Wettbewerbsbehörden und der freiwilligen Konvergenz der Kartellrechtsprinzipien und Durchsetzungspraktiken.[760]

2. Kartellrechtliche Aktivitäten

a) Kooperation und Koordination der Wettbewerbsbehörden

Die OECD hat seit 1967 mehrfach revidierte und erweiterte Empfehlungen zur internationalen Zusammenarbeit auf dem Gebiet der Durchsetzung von Wettbewerbsregeln verabschiedet.[761] Die zuletzt revidierte und erweiterte Empfehlung aus dem Jahr 2014 enthält Themen wie Notifizie-

---

754 *Klauß*, Die Aufsicht über ein Gemeinsames Wettbewerbsgebiet, S. 126.
755 Art. 7 OECD-Übereinkommen.
756 Eine Auflistung all dieser findet sich auf der Website der OECD (www.oecd.org /daf/competition/recommendations.htm), zuletzt besucht am 11.11.2018.
757 Art. 18 b) Verfahrensordnung der OECD. Verfügbar auf der Website der OECD (https://www.oecd.org/legal/rules%20of%20Procedure%20OECD%20Oct%2020 13.pdf), zuletzt besucht am 12.11.2018.
758 Siehe hierzu Website der OECD (www.oecd.org/daf/competition/reportsbythec ompetitioncommittee.htm), zuletzt besucht am 12.11.2018.
759 *Hollman/Kovacic*, MJIL 2011, 274 (321).
760 *Anderson/Sen*, in: Cottier/Nadakavukaren Schefer, Elgar Encyclopedia of International Economic Law, S. 488.
761 Zur Genese dieser Empfehlungen *Klauß*, Die Aufsicht über ein Gemeinsames Wettbewerbsgebiet, S. 127 ff.

rung, Konsultation, Koordinierung und „comity".[762] Diese Themen waren bereits in früheren Fassungen enthalten.[763] Darüber hinaus wird der Bereich der Zusammenarbeit erweitert und der Schwerpunkt auf den Informationsaustausch gelegt.[764] Mit den neuen Empfehlungen sollen den Kartellbehörden innovative Lösungen für Probleme der internationalen Zusammenarbeit angeboten werden.[765] Hierzu wird erstens beispielsweise die Einführung nationaler „Informationsportale", die den Austausch vertraulicher Informationen ohne vorherige Zustimmung der Quelle ermöglichen, vorgeschlagen.[766] Zweitens gibt es den Vorschlag einer verstärkten Zusammenarbeit in Form von Ermittlungshilfe.[767] In den Empfehlungen wird ausdrücklich ein klares Bekenntnis der Mitglieder zu einer wirksamen internationalen Zusammenarbeit aufgeführt.[768]

Daneben fördert die OECD den informellen Kontakt zwischen den Wettbewerbsbehörden durch regelmäßigen Meinungsaustausch und die Analyse wettbewerbspolitischer Fragen.[769] Dies geschieht beispielsweise im Rahmen von Gesprächen am runden Tisch (*Best Practices Roundtables on Competition Policy*)[770] oder Konferenzen.[771]

---

762 Siehe Abschnitte „III. Consultation and Comity"; „V. Notifications of Competition Investigations or Proceedings"; „VI. Co-ordination of Competition Investigations or Proceedings", OECD 2014, S. 3 ff.

763 Siehe für eine Zusammenfassung der alten Empfehlung von 1995 *Göranson/Reindl*, in: Terhechte, Internationales Kartell- und Fusionskontrollverfahrensrecht, S. 1916 (1930 ff.).

764 Demedts, The long-term potential of an interim-solution, S. 91; siehe Abschnitt „VII. Exchange of Information in Competition Investigations or Proceedings", OECD 2014, S. 5 ff.

765 *Demedts*, The long-term potential of an interim-solution, S. 91.

766 Siehe im Abschnitt VII „Exchange of confidential information through "information gateways" and appropriate safeguards", OECD 2014, S. 5 f.

767 Siehe Abschnitt „III. Investigative Assistance to Another Competition Authority", OECD 2014, S. 7 f.

768 Siehe Abschnitt „II. Commitment to Effective International Co-operation", OECD 2014, S. 3.

769 Vgl. unten Kapitel 3. C. III.

770 Website der OECD (www.oecd.org/daf/competition/roundtables.htm), zuletzt besucht am 12.11.2018.

771 Siehe bspw. zum „Globalen Wettbewerbsforum" *Göranson/Reindl*, in: Terhechte, Internationales Kartell- und Fusionskontrollverfahrensrecht, S. 1916 (1923 f.).

b) Materielles Kartellrecht

Schon im Jahr 1976 veröffentlichte die OECD unverbindliche Leitsätze über Wettbewerbsbeschränkungen, die als Anhang einer Erklärung über internationale Investitionen und multinationale Unternehmen beigefügt waren.[772] Diese beschreiben wettbewerbsbeschränkende Verhaltensweisen wie den Missbrauch einer marktbeherrschenden Stellung, vertikale Wettbewerbsbeschränkungen sowie Kartelle und besagen, dass Unternehmen sich hieran halten sollen. Heute haben diese Leitsätze an Bedeutung verloren, da die Kartellsysteme der OECD-Staaten über die Leitsätze hinausgehen.[773] In der Folge erließ die OECD eine Reihe von Empfehlungen und Leitsätzen, die sich auch auf das materielle Kartellrecht beziehen. Besonders erwähnenswert sind die Empfehlungen des Rates aus dem Jahr 1998 zu wirksamen Maßnahmen gegen Hardcore-Kartelle.[774] Neben anderen Empfehlungen erließ der Rat im Jahr 2005 auch Empfehlungen zur Fusionskontrolle.[775] Diese beinhalteten neben der Zusammenarbeit und Koordination in Fusionskontrollverfahren auch die Frage, wie die Fusionskontrollverfahren möglichst effizient und gestrafft gestaltet werden können.[776] In Bezug auf das materielle Kartellrecht können die Arbeiten im Rahmen der OECD zusammengefasst werden als ein Ansatz der Förderung der Entwicklung einer Wettbewerbskultur in den Mitgliedsstaaten, die jedoch bei Weitem nicht dasselbe Regelungsniveau erreicht haben wie im Bereich der Verfahrenskooperation.[777] Eine komplette Harmonisierung des materiellen Rechts wurde nie angestrebt, sondern die Propagierung eines bestimmten Anwendungsbereiches der nationalen Wettbewerbsordnungen durch einen Grundkonsens über missbilligte Verhaltensweisen, deren letztendliche Bewertung allerdings den Mitgliedsstaaten überlassen bleibt.[778]

---

772 OECD, Declaration on International Investment and Multinational Enterprises vom 21.6.1976, abgedruckt in *Horn*, Legal Problems of Codes of Conduct for Multinational Enterprises, S. 458.

773 *Immenga*, Internationales Wettbewerbsrecht, S. 12.

774 OECD, Recommendations of the Council Concerning Effective Action against Hard Core Cartels, C(98)35/FINAL – C/M(98)7/PROV.

775 OECD, Recommendation of the Council on Merger Review, C(2005)34 – C/M(2005)7/PROV.

776 *Göranson/Reindl*, in: Terhechte, Internationales Kartell- und Fusionskontrollverfahrensrecht, S. 1916 (1937 f.).

777 *Klauß*, Die Aufsicht über ein Gemeinsames Wettbewerbsgebiet, S. 141, 148.

778 *Klauß*, Die Aufsicht über ein Gemeinsames Wettbewerbsgebiet, S. 148.

3. Relevanz

Zur Konvergenz der nationalen Wettbewerbsgesetze trug die OECD durch ihre Arbeit nicht unerheblich bei.[779] Die Empfehlungen der OECD zur Kooperation der Wettbewerbsbehörden hat die Art und Weise geprägt, wie die Zusammenarbeit bei der Durchsetzung durch die Wettbewerbsbehörden erfolgt.[780] Bei einer Bestandsaufnahme von 140 *Memoranda of Understanding* und von 15 Kooperationsvereinbarungen zwischen Wettbewerbsbehörden ist herausgekommen, dass sich die große Mehrheit von ihnen an den Empfehlungen orientiert hat.[781] Die Empfehlungen zur internationalen Zusammenarbeit auf dem Gebiet der Durchsetzung von Wettbewerbsregeln haben somit zu einem dichten Netz von Kooperationsabkommen zwischen den Wettbewerbsbehörden geführt und dienten diesen als Vorbild.[782] Viele Passagen der Empfehlungen wurden fast wörtlich in den frühen Kooperationsabkommen übernommen.[783] Ein Beispiel hierfür ist das Kooperationsabkommen aus dem Jahr 1995 zwischen der EU und den USA, welches sogar ausdrücklich in der Präambel auf die OECD-Empfehlungen verweist.[784] Die Arbeiten der OECD wurden aber auch stark übernommen bei dem Abkommen zwischen der EU und den USA über die Anwendung der „positive comity"-Grundsätze aus dem Jahr 1998.[785] Die neueren Kooperationsabkommen haben allerdings andersherum die Empfehlungen beeinflusst.[786] Darüber hinaus verwiesen die Kartellbehörden regelmäßig auf die OECD-Empfehlungen, wenn sie entsprechend der Empfehlungen notifiziert und konsolidiert haben.[787] Dies geschah beispielsweise durch die EU-Kommission im *Zellstoff-Fall*, um die Einwände gegen die mangelnde Zuständigkeit zu entkräften.[788] Die Notifikation bei

---

779 *Göranson/Reindl*, in: Terhechte, Internationales Kartell- und Fusionskontrollverfahrensrecht, S. 1916 (1925 f.).

780 *Katona*, Interview with Frédéric Jenny, the Antitrust Source 2018, 1 (3).

781 *Katona*, Interview with Frédéric Jenny, the Antitrust Source 2018, 1 (3).

782 *Podszun*, Internationales Kartellverfahrensrecht, S. 69; *Drexl*, in: Oberender, Internationale Wettbewerbspolitik, S. 41 (44).

783 *Zanettin*, Cooperation between Antitrust Agencies at the International Level, S. 56.

784 Zu diesem Abkommen vgl. unten Kapitel 3. C. II. 1.

785 *Cottier*, in: Cottier/Nadakavukaren Schefer, Elgar Encyclopedia of International Economic Law, S. 481; *Jones/Sufrin*, EU Competition Law, S. 1239.

786 *Demedts*, The long-term potential of an interim-solution, S. 91; *Wagner-von Papp*, in: Tietje, Internationales Wirtschaftsrecht, S. 532 (581).

787 *Podszun*, Internationales Kartellverfahrensrecht, S. 69.

788 EuGH, Urt. v. 27.9.1988, Rs. 89/85 ua. Slg. 1988, 05193, Rn. 21 – *Zellstoff I*.

Auslandsberührungen wurde auch durch die OECD-Empfehlungen im Laufe der Zeit sogar zur allgemeinen Staatenpraxis.[789] Dagegen konnten sich Koordination und Konsultation nicht generell durchsetzen.[790]

Im Bereich des materiellen Kartellrechts waren einzig die Empfehlungen des Rates aus dem Jahr 1998 zu wirksamen Maßnahmen gegen Hardcore-Kartelle sehr einflussreich in Bezug auf die Politik und Verfahrensweisen der Mitgliedsstaaten.[791]

Allgemein hat die OECD im Bereich des Kartellrechts darin ihren Wert bewiesen, dass das ICN und die UNCTAD oft Themen aufgegriffen haben, die zuerst im Rahmen der OECD erörtert wurden.[792] Darüber hinaus hat die Arbeit der OECD wichtige Impulse für die Entwicklung der nationalen Kartellrechtsordnungen gegeben.[793]

Der Kontakt und der Austausch über kartellrechtliche Fragen, der zwischen den Wettbewerbsbehörden im Rahmen der OECD ermöglicht wird, fördern die Konvergenz der Entscheidungen der Kartellbehörden.[794] Außerdem schafft der Austausch in der OECD Vertrauen zwischen den verschiedenen Wettbewerbsbehörden weltweit.[795] Dies ist eine der wesentlichen Errungenschaften der OECD, die daher teilweise auch eher als „Ort des Gespräches" und weniger als „Ort für Entscheidungen" qualifiziert wird.[796]

---

789 *Podszun*, Internationales Kartellverfahrensrecht, S. 71, der darauf verweist, dass das BKartA beispielsweise im *Zigaretten-Fall* Südafrika als Nichtmitglied notifizierte, diese Staatenpraxis also nicht nur auf OECD-Mitgliedsstaaten begrenzt ist.

790 *Podszun*, Internationales Kartellverfahrensrecht, S. 71, der darauf verweist, dass dies „[...] wenn überhaupt – eher in informellem Rahmen und nicht nach dem vorgesehenen OECD-Mechanismus [...]" stattfindet.

791 *Anderson/Sen*, in: Cottier/Nadakavukaren Schefer, Elgar Encyclopedia of International Economic Law, S. 488 (489); *Göranson/Reindl*, in: Terhechte, Internationales Kartell- und Fusionskontrollverfahrensrecht, S. 1916 (1946, Fn. 50).

792 *Anderson/Sen*, in: Cottier/Nadakavukaren Schefer, Elgar Encyclopedia of International Economic Law, S. 488 (489).

793 *Klauß*, Die Aufsicht über ein Gemeinsames Wettbewerbsgebiet, S. 126; *Göranson/Reindl*, in: Terhechte, Internationales Kartell- und Fusionskontrollverfahrensrecht, S. 1916 (1923).

794 Podszun, Internationales Kartellverfahrensrecht, S. 118; *Göranson/Reindl*, in: Terhechte, Internationales Kartell- und Fusionskontrollverfahrensrecht, S. 1916 (1945).

795 *Bourgeois*, in: FS Norberg, S. 125 (133).

796 *Göranson/Reindl*, in: Terhechte, Internationales Kartell- und Fusionskontrollverfahrensrecht, S. 1916 (1945) m. w. N.

4. Vorteile des Forums OECD

Die Arbeiten im Rahmen der OECD wurden teilweise nicht schnell genug aktualisiert.[797] Die Konzentration auf die Erstellung von Sachberichten, die viele Jahre in Anspruch nimmt und zu intensiven Verhandlungen zwischen den Mitgliedstaaten führte, wird deshalb langsam aufgegeben.[798] Das *Competition Committee* der OECD scheint sich in letzter Zeit an der erfolgreicheren Arbeit des ICN bezüglich der Arbeitsmethode zu orientieren.[799] Die OECD versucht nun mehr ein Raum zu werden, in dem Erfahrungen ausgetauscht und Herausforderungen in einem Dialog mit Rechts- und Wirtschaftsexperten, Nichtmitgliedern, Richtern und Mitgliedern der akademischen Gemeinschaft besprochen werden.[800] Das ICN dient der OECD auch als Vorbild bezüglich der Mitglieder. Anders als früher sind die Mitglieder des *Competition Committee* der OECD nicht mehr überwiegend Vertreter von Ministerien, sondern die Mehrheit der Mitglieder sind die Leiter der Kartellbehörden, was das Gespräch unter den Mitgliedern technischer, professioneller und weniger politisch macht.[801]

Im Vergleich zur UNCTAD und dem ICN ist ein Spezifikum der OECD seine geringe Mitgliederzahl. Der Vorteil der begrenzten Mitgliederzahl ist allerdings, dass Diskussionen in kleineren Gruppen von Staaten mit ähnlichen Hintergründen und Erfahrungen geführt werden und daher leichter Ergebnisse erzielt werden können.[802]

Ein Vorteil des Forums sind die „peer reviews" bezüglich der Umsetzung. Diese sind sinnvoll, da zumindest ein Anreiz besteht, die „best practices" umzusetzen.[803] Dies gilt, obwohl in den Überprüfungen besonders kontroverse Themen heruntergespielt werden, damit die überprüften Länder nicht zu dem Schluss kommen, dass die Teilnahme an einer Überprüfung sie einer übermäßig schädlichen Kritik aussetze, und daher in Zukunft nicht mehr an den „peer reviews" teilnehmen.[804]

---

797 *Göranson/Reindl*, in: Terhechte, Internationales Kartell- und Fusionskontrollverfahrensrecht, S. 1916 (1946).

798 *Katona*, Interview with Frédéric Jenny, the Antitrust Source 2018, 1 (3).

799 Zu dieser vgl. Kapitel 3. C. I.

800 *Katona*, Interview with Frédéric Jenny, the Antitrust Source 2018, 1 (3).

801 *Katona*, Interview with Frédéric Jenny, the Antitrust Source 2018, 1 (3).

802 *Göranson/Reindl*, in: Terhechte, Internationales Kartell- und Fusionskontrollverfahrensrecht, S. 1916 (1945).

803 *Hollman/Kovacic*, MJIL 2011, 274 (321).

804 *Hollman/Kovacic*, MJIL 2011, 274 (321).

IV. Konferenz der Vereinten Nationen für Handel und Entwicklung
(United Nations Conference on Trade and Development – UNCTAD)

1. Überblick und kartellrechtliche Aktivitäten

Die UNCTAD als ständiges Organ der Generalversammlung der Vereinten Nationen befasst sich hauptsächlich mit den spezifischen Problemen der Entwicklungsländer im Welthandelssystem.[805] Die UNCTAD hat 194 Mitglieder.[806] Für Kartellrecht ist die Abteilung „Competition and Consumer Policies" zuständig, welche zehn ständige Mitarbeiter hat.[807] Allgemein fußt die Arbeit der UNCTAD in Bezug auf das Kartellrecht auf drei Säulen: erstens darauf, dass ein Forum für den Austausch bezüglich aktueller Themen im Bereich des Kartellrechts zwischen verschiedenen Ländern bereitgestellt wird, um dadurch das gegenseitige Verständnis und die Konvergenz durch Dialog zu erreichen, zweitens auf der Forschung und Analyse zu kartellrechtlichen Themen, um diesen Austausch zu unterstützen, und drittens auf der technischen Unterstützung zum Aufbau von Kapazitäten der Entwicklungsländer.[808] Es besteht keine Verpflichtung zur Umsetzung der Vorschläge der UNCTAD; es obliegt den nationalen Kartellbehörden, ob sie Vereinbarungen und „best practices" umsetzen.[809] Die UNCTAD veröffentlichte frühzeitig im Jahr 1980 einen Katalog von Grundsätzen zur Kontrolle von wettbewerbsbeschränkenden Handlungen.[810] Dieser Katalog ist bis heute das einzige multilaterale Abkommen zum Kartellrecht mit materiell-rechtlichen Regeln.[811] Der Katalog wurde im Rahmen der

---

805 UN-Resolution 1995 (XIX) v. 30. 12. 1964, Establishment of the United Nations Conference on Trade and Development as an Organ of the General Assembly. Abgedruckt in: *Van Panhuys/Brinkhorst/Maas*, International Organisation and Integration, S. 342 ff.

806 Siehe Website UNCTAD (http://unctad.org/en/Pages/About%20UNCTAD/UN CTADs-Membership.aspx), zuletzt besucht am 7.1.2019.

807 *Martyniszyn*, in: Cottier/Nadakavukaren Schefer, Elgar Encyclopedia of International Economic Law, S. 489 (490).

808 UNCTAD Website (http://unctad.org/en/Pages/DITC/CompetitionLaw/ccpb-M andate.aspx), zuletzt besucht am 4.1.2019.

809 *Bourgeois*, in: FS Maresceau, S. 381 (387).

810 UN-Resolution 36/63 v. 5.12.1980, sogenannter UN Set of Multilarerally Agreed Equitable Principles and Rules fort he Control of Restrictive Business Practices; ausführlich zur Geschichte der Entstehung *Brusick*, J. World Trade L. 1983, 337; ausführlich zum Inhalt *Baetge*, Globalisierung des Wettbewerbsrechts, S. 186 ff.

811 *Tschaeni/Engammare*, in: Herrmann/Krajewski/Terhechte, EYIEL 2013, S. 39 (42).

damaligen Agenda hin zu einer neuen Wirtschaftsordnung (*new economic order*) der Entwicklungsländer verfasst.[812] Er diente insbesondere der Unterstützung der Interessen der Entwicklungsländer.[813] Aufbauend auf diesem Katalog, wurden auch ein Modellgesetz und ein Handbuch über Wettbewerbsgesetze von der UNCTAD vorgelegt, welche ebenfalls jeweils hauptsächlich dazu dienen, Entwicklungsländer bei der Entwicklung eines eigenen Kartellrechts zu unterstützen.[814]

Zusammengefasst kann die Arbeit der UNCTAD als Bemühung, Diskussionen über Wettbewerbsregeln auf internationaler Ebene anzuregen und die Schaffung nationaler Wettbewerbsordnungen zu fördern, beschrieben werden.[815]

2. Relevanz

Von hoher praktischer Relevanz war die Arbeit der UNCTAD nur in Bezug auf die Entwicklungshilfezusammenarbeit; hierbei ging es vor allem um die technische Unterstützung der Wettbewerbsbehörden der Entwicklungsländer durch die der Industriestaaten.[816] Ein Beispiel hierfür ist die Entwicklungshilfezusammenarbeit mit Ländern in Lateinamerika.[817] Ansonsten hatte insbesondere der erstellte Katalog wenig praktische Relevanz.[818] Gleiches gilt für das Modellgesetz.[819]

Allgemein geben die UNCTAD-Beschlüsse der Rechtsüberzeugung der Mitgliedsstaaten Ausdruck und der Wert des Wettbewerbs und der Zusammenarbeit der Kartellbehörden wird im Bewusstsein der Völkerrechtsgemeinschaft verankert.[820] Außerdem schafft der Austausch im Rahmen der

---

812 *Martyniszyn*, in: Cottier/Nadakavukaren Schefer, Elgar Encyclopedia of International Economic Law, S. 489 (490); ausführlich hierzu *Rothstein*, Global Bargaining: UNCTAD and the Quest for a New International Economic Order.

813 *Immenga*, Internationales Wettbewerbsrecht, S. 12.

814 *Weisweiler*, in: Terhechte, Internationales Kartell- und Fusionskontrollverfahrensrecht, S. 1947 (1953).

815 *Klauß*, Die Aufsicht über ein Gemeinsames Wettbewerbsgebiet, S. 160.

816 *Klauß*, Die Aufsicht über ein Gemeinsames Wettbewerbsgebiet, S. 158.

817 *Sokol*, Chi.-Kent L. Rev. 2008, 231 (268).

818 *Martyniszyn*, in: Cottier/Nadakavukaren Schefer, Elgar Encyclopedia of International Economic Law, S. 489 (490); *Weisweiler*, in: Terhechte, Internationales Kartell- und Fusionskontrollverfahrensrecht, S. 1947 (1953); *Weitbrecht*, in: Messen, Economic Law as an Economic Good, S. 279 (287).

819 *Stancke*, EuZW 2016, 567 (568).

820 *Podszun*, Internationales Kartellverfahrensrecht, S. 119.

UNCTAD Vertrauen zwischen den verschiedenen Wettbewerbsbehörden weltweit.[821] Die UNCTAD erhöht die Akzeptanz und das Verständnis für und von Kartellrecht, wofür es aufgrund ihrer fast allumfassenden Mitgliedschaft besser geeignet ist als jedes andere Forum.[822]

C. Verwaltungskooperationen

I. Multilaterale Verwaltungskooperation im Rahmen des Internationalen Wettbewerbsnetzes (International Competition Network – ICN)

1. Überblick

Das im Jahr 2001 auf Initiative der USA gegründete ICN ist, wie der Name vermuten lässt, keine Internationale Organisation, sondern ein Netzwerk von Kartellbehörden.[823] Die Mitglieder des ICN sind die Wettbewerbsbehörden und nicht die Staaten. Mittlerweile gehören über 130 Wettbewerbsbehörden zum ICN.[824] Aufgrund dieser Mitgliederzahl kann von einem globalen Netzwerk gesprochen werden.[825] Das Hauptziel dieses Netzwerkes ist die Einigung über einheitliche Grundsätze des Kartellrechts.[826] Das ICN versucht die Konvergenz in verfahrensrechtlicher und in materieller Hinsicht zu fördern; daneben ist das Ziel auch die Verbesserung der Zusammenarbeit der Wettbewerbsbehörden.[827] Das ICN beschäftigt sich im Rahmen seiner derzeit fünf Arbeitsgruppen mit Problemen aus allen Feldern des Wettbewerbsrechts.[828] Diese Arbeitsgruppen organisieren sich selbständig und lösen sich nach dem Abschluss eines Projekts je nach Bedarf entweder wieder auf oder beschäftigen sich mit neuen

---

821 *Bourgeois*, in: FS Norberg, S. 125 (133).
822 *Martyniszyn*, in: Cottier/Nadakavukaren Schefer, Elgar Encyclopedia of International Economic Law, S. 489 (490).
823 *Drexl*, in: Oberender, Internationale Wettbewerbspolitik, S. 41 (50-51).
824 Für eine Auflistung aller Mitgliedsbehörden siehe Website des ICN (www.international competitionnetwork.org/members/member-directory.aspx.), zuletzt besucht am 4.1.2019.
825 *Budzinski/Kuchinke*, in: Wentzel, Internationale Organisationen, S. 176 (182).
826 *Budzinski/Kuchinke*, in: Wentzel, Internationale Organisationen, S. 176 (181).
827 *Rasek*, in: Terhechte, Internationales Kartell- und Fusionskontrollverfahrensrecht, S. 2019 (2020).
828 Für einen Überblick über diese Arbeitsgruppen und deren Arbeiten siehe Website des ICN (https://www.internationalcompetitionnetwork.org/working-groups/), zuletzt besucht am 10.10.2018.

Themen.[829] Die jeweiligen Vorsitzenden der Arbeitsgruppen nehmen in der Regel die Sekretariatsaufgaben wahr, und die Kosten übernimmt jede Wettbewerbsbehörde selbst, da das ICN weder ein Sekretariat noch ein eigenes Budget hat.[830] Die Arbeitsgruppen arbeiten auf elektronischem Wege mit Telefonkonferenzen und in Workshops zusammen.[831] Ihre Resultate werden auf einer Jahreskonferenz im Plenum des ICN zur Aussprache gestellt.[832] In den Arbeitsgruppen arbeiten nichtstaatliche Berater wie Rechtsanwälte, Professoren und Vertreter von Nichtregierungsorganisationen mit.[833] Die Arbeitsweise kann somit als informell und flexibel beschrieben werden.[834] Alle Ergebnisse des ICN sind unverbindlich und bezwecken nur eine weiche Harmonisierung der verschiedenen Kartellrechtsordnungen durch die Annäherung der Anwendungspraxis der Wettbewerbsbehörden.[835] Die wichtigsten Formen der Arbeitsergebnisse des ICN sind Berichte, Empfehlungen oder Handbücher.[836] Erreicht wird eine Umsetzung der Arbeitsergebnisse des ICN in das Kartellrecht der Mitgliedsstaaten erstens durch kognitive Konvergenz, das bedeutet, der ständige Austausch führt zu einer allmählichen Angleichung der Ansichten und damit auch der Behandlung wettbewerbswidriger Handlungen.[837] Zweitens wird die Umsetzung durch „peer pressure" erreicht, das heißt dadurch, dass Mitgliedsstaaten, die die Arbeitsergebnisse umsetzen, die

---

829 *Rasek*, in: Terhechte, Internationales Kartell- und Fusionskontrollverfahrensrecht, S. 2019 (2021).

830 *Rasek*, in: Terhechte, Internationales Kartell- und Fusionskontrollverfahrensrecht, S. 2019 (2021 f.).

831 Website des Bundeskartellamtes (www.bundeskartellamt.de/DE/Internationales/InternationalCompetitionNetwork/internationalcompetitionnetwork_node.html), zuletzt besucht am 4.1.2019.

832 Website des Bundeskartellamtes (www.bundeskartellamt.de/DE/Internationales/InternationalCompetitionNetwork/internationalcompetitionnetwork_node.html), zuletzt besucht am 4.1.2019.

833 *Rasek*, in: Terhechte, Internationales Kartell- und Fusionskontrollverfahrensrecht, S. 2019 (2022).

834 *Rasek*, in: Terhechte, Internationales Kartell- und Fusionskontrollverfahrensrecht, S. 2019 (2021).

835 *Schroll*, Der Einfluss interner und externer Faktoren auf die Effektivität der Kronzeugenprogramme der EU-Kommission und des Bundeskartellamtes, S. 273.

836 *Rasek*, in: Terhechte, Internationales Kartell- und Fusionskontrollverfahrensrecht, S. 2019 (2022).

837 *Rasek*, in: Terhechte, Internationales Kartell- und Fusionskontrollverfahrensrecht, S. 2019 (2028).

anderen zu überzeugen versuchen, dies auch zu tun.[838] Hervorzuheben sind insbesondere die „Guiding Principles for Merger Notification and Review" und die „Recommended Practices for Merger Notification and Review Procedures".[839] Die „Guiding Principles" haben als Grundlage für die Konvergenz der Fusionskontrolle acht Grundprinzipien wie beispielsweise Transparenz, ein Diskriminierungsverbot und Verfahrensgerechtigkeit festgeschrieben.[840] Die ausführlicheren „Recommended Practices" operationalisieren diese Prinzipien.[841] Die „Recommended Practices" geben beispielsweise eine praktische Orientierungshilfe für die Einführung eines Schwellenwertes für die Fusionsanmeldung.[842] Im Bereich der Bekämpfung von Kartellen ist dazu vor allem das „Anti-Cartel Enforcement Manual" hervorzuheben, welches den Wettbewerbsbehörden vor allem Hilfe bei der Kooperation bietet.[843] Wie in der OECD wurde auch im ICN nie eine vollständige Harmonisierung angestrebt.[844] Neben den „Guiding Principles" und den „Recommended Practices" bieten Übersichten („templates") des ICN einen Überblick über die Vorschriften der einzelnen Mitgliedsstaaten und fördern somit das Verständnis dieser untereinander und erleichtern damit die Koordination.[845] Zusätzlich zu den Arbeitsergebnissen bietet das ICN die Möglichkeit des informellen Austausches, beispielsweise im Rahmen von Konferenzen.

---

838 *Rasek*, in: Terhechte, Internationales Kartell- und Fusionskontrollverfahrensrecht, S. 2019 (2028).

839 *Rasek*, in: Terhechte, Internationales Kartell- und Fusionskontrollverfahrensrecht, S. 2019 (2022 f.).

840 *Esteva Mosso*, in: Lugard, The International Competition Network at Ten, S. 163 (166).

841 *Rasek*, in: Terhechte, Internationales Kartell- und Fusionskontrollverfahrensrecht, S. 2019 (2022 f.).

842 *Esteva Mosso*, in: Lugard, The International Competition Network at Ten, S. 163 (166 f.).

843 *Esteva Mosso*, in: Lugard, The International Competition Network at Ten, S. 163 (169).

844 *Scott*, in: Yuan, Creating a new order for competition in response to the industrial restructuring, S. 165 (168).

845 *Esteva Mosso*, in: Lugard, The International Competition Network at Ten, S. 163 (167 ff.).

2. Relevanz

Zwei Erfolge des ICN stechen heraus: Erstens zeigt sich durch seine immer größer werdende Mitgliederanzahl, dass es ein Modell für Kooperation und Konvergenz im Bereich des Wettbewerbsrechts geschaffen hat, welches weltweit auf Zustimmung gestoßen ist.[846] Zweitens hat es durch seine verschiedenen Arbeitsergebnisse in vielen Bereichen einen weltweiten Standard geschaffen, sodass die entwickelten Wettbewerbsbehörden und ihre Staaten versuchen, sich diesem Standard immer stärker anzunähern, sowie unerfahrene und neue Wettbewerbsbehörden und deren Staaten die Ergebnisse des ICN als Vorlage zur Entwicklung ihrer Kartellrechtspolitik verwenden.[847]

Besonders im Bereich der Fusionskontrolle und bei Kartellen waren die Arbeiten des ICN einflussreich, wobei die Erfolge stärker in der prozeduralen als in der materiell-rechtlichen Konvergenz liegen.[848] Die Relevanz der „Recommended Practices for Merger Notification and Review Procedures" zeigte sich beispielsweise darin, dass viele der Staaten, die ihr bestehendes Fusionskontrollrecht geändert oder erstmalig eines eingeführt haben, diese zumindest berücksichtigt haben.[849] Brasilien beispielsweise orientiert sich an den „Recommended Practices" bei der Reform seines Schwellenwertes in der Fusionskontrolle.[850] Nach der Reform werden nur noch Fusionen mit einem Umsatz in Brasilien erfasst, und die Anmeldepflicht gilt nicht mehr, wie vor der Reform, für internationale Fusionen, die keinerlei Bezug zu Brasilien haben.[851] Der internationale Vergleich der Kartellrechtsordnungen auch mithilfe der „templates" hilft den nationalen Kartellrechtsordnungen, von den anderen zu lernen und möglicherweise das eigene Vorgehen zu reflektieren.[852]

---

846 *Esteva Mosso*, in: Lugard, The International Competition Network at Ten, S. 163 (165).

847 *Esteva Mosso*, in: Lugard, The International Competition Network at Ten, S. 163 (165).

848 *Fox/Fingleton/Mitchel*, in: Lewis, Building New Competition Law Regimes, S. 163 (174).

849 *Fox/Fingleton/Mitchel*, in: Lewis, Building New Competition Law Regimes, S. 163 (174); *Budzinski/Kuchinke*, in: Wentzel, Internationale Organisationen, S. 176 (184-185).

850 *Böge*, in: Oberender, Internationale Wettbewerbspolitik, S. 73 (83 f.).

851 *Böge*, in: Oberender, Internationale Wettbewerbspolitik, S. 73 (83 f.).

852 *Böge*, in: Oberender, Internationale Wettbewerbspolitik, S. 73 (74).

Daneben ist das ICN als Forum wichtig für die Kartellbehörden, um im Kontakt zu bleiben und praktische Durchsetzungsfragen zu besprechen.[853] Diese Möglichkeit des Kontaktes zwischen den Beamten der weltweiten Kartellbehörden, die sich durch das ICN häufig in den jährlichen Konferenzen und Aktivitäten der Arbeitsgruppen treffen und zusammenarbeiten, kann sogar als der wichtigste Aspekt des ICN angesehen werden.[854] Durch diesen Kontakt entwickeln die Behörden untereinander ein Gefühl von Kollegialität und Gemeinschaft (*Esprit de Corps*), was de facto den Effekt hat, dass die Durchsetzung des Wettbewerbsrechts in der Welt bis zu einem gewissen Grad harmonisiert wird.[855] Gleichzeitig führen das dadurch entstehende Vertrauen und Verständnis zu und für andere Kartellbehörden zu einem Klima, welches notwendig ist für die Kooperation in transnationalen Kartellrechtsfällen.[856]

3. Vorteile des Forums ICN

Der große Vorteil des ICN ist die Einbeziehung sowohl der Wettbewerbsbehörden aller Staaten, die ein Interesse haben, als auch von Nichtregierungsakteuren.[857] Dies sorgt für eine große Transparenz der Arbeit.[858] Es führt außerdem dazu, dass die Arbeiten des ICN ausgewogen sind und für eine stärkere Legitimität sorgen.[859] Der Erfolg wird auch gerade in seiner informellen Arbeitsweise und dem Netzwerkgedanken gesehen.[860] Der fehlende Zwang, der mit dieser Arbeitsweise einhergeht, hat Vertrauen und Sympathie hervorgerufen und kann grundsätzlich positiv bewertet werden.[861] Die Mitgliedschaft der Wettbewerbsbehörden trägt entschei-

---

853 *Bourgeois*, in: FS Maresceau, S. 381 (387).
854 *Matsushita*, in: Cottier/Nadakavukaren Schefer, Elgar Encyclopedia of International Economic Law, S. 484.
855 *Matsushita*, in: Cottier/Nadakavukaren Schefer, Elgar Encyclopedia of International Economic Law, S. 484.
856 *Fox/Fingleton/Mitchel*, in: Lewis, Building New Competition Law Regimes, S. 163 (174 f.).
857 *Fox/Fingleton/Mitchel*, in: Lewis, Building New Competition Law Regimes, S. 163 (172).
858 *Farmer*, in: Backer, Harmonizing Law in an Era of Globalisation, S. 185 (204).
859 *Fox/Fingleton/Mitchel*, in: Lewis, Building New Competition Law Regimes, S. 163 (172).
860 *Böge*, in: Oberender, Internationale Wettbewerbspolitik, S. 73 (85).
861 *Fox/Fingleton/Mitchel*, in: Lewis, Building New Competition Law Regimes, S. 163 (172).

dend zu der informellen und flexiblen Arbeitsweise des ICN bei.[862] Diese Arbeitsweise ist der Hauptgrund für den Erfolg des ICN.[863] Gerade die Flexibilität unterscheidet sie von den anderen Ansätzen, mit der Internationalisierung des Kartellrechts umzugehen, und ist der entscheidende Vorteil des ICN.[864] Die praktische Arbeit der Kartellbehörden steht dadurch, dass nicht die Staaten, sondern die Kartellbehörden selber die Mitglieder dieser Organisation sind, im Vordergrund.[865] Die Debatten werden aus rein wettbewerbsrechtlicher Sicht geführt, und allgemeine politische Erwägungen treten in den Hintergrund.[866] Die nationalen Kartellbehörden werden weniger als die Handelsministerien von nationalen Eigeninteressen geleitet und sehen sich mehr dem Wettbewerbsschutz an sich verpflichtet.[867] Ein weiterer Vorteil der Mitarbeit von nichtstaatlichen Beratern ist, dass dadurch die Arbeitsergebnisse des ICN eine größere Öffentlichkeit und Wirkung entfalten.[868]

Obwohl die Arbeiten des ICN unverbindlich sind, hat sich die Verknüpfung aus konsensual vereinbarten „best practices" und informellem „peer pressure" als teilweise wirksam erwiesen.[869] Allerdings ist zu kritisieren, dass im ICN keinerlei Überprüfungsmechanismus existiert und es daher oft unklar ist, wie sehr die ICN-Mitglieder ihren Empfehlungen in der Praxis entsprechen.[870]

Ein Vorteil des ICN gegenüber der OECD ist, dass seine Mitgliedschaft nicht beschränkt ist und das ICN daher insgesamt das relevantere Forum für Regulierungszusammenarbeit im Bereich des Kartellrechts ist.[871]

Insgesamt wird dem ICN zugetraut, einer der Schlüsselfaktoren bei der Förderung einer kohärenten internationalen Wettbewerbspolitik auf glo-

---

862 *Rasek*, in: Terhechte, Internationales Kartell- und Fusionskontrollverfahrensrecht, S. 2019 (2021).

863 *Rasek*, in: Terhechte, Internationales Kartell- und Fusionskontrollverfahrensrecht, S. 2019 (2021).

864 *Drexl*, in: Oberender, Internationale Wettbewerbspolitik, S. 41 (50).

865 *Wagner-von Papp*, in: Tietje, Internationales Wirtschaftsrecht, S. 532 (583); *Hollman/Kovacic*, MJIL 2011, 274 (320).

866 *Rasek*, in: Terhechte, Internationales Kartell- und Fusionskontrollverfahrensrecht, S. 2019 (2021).

867 *Drexl*, in: Oberender, Internationale Wettbewerbspolitik, S. 41 (70).

868 *Rasek*, in: Terhechte, Internationales Kartell- und Fusionskontrollverfahrensrecht, S. 2019 (2022).

869 *Budzinski/Kuchinke*, in: Wentzel, Internationale Organisationen, S. 176 (185).

870 *Hollman/Kovacic*, MJIL 2011, 274 (321).

871 *Gadbaw*, in: Cimino-Isaacs/Schott, Trans-Pacific Partnership, S. 323 (327); *Hollman/Kovacic*, MJIL 2011, 274 (320).

baler Ebene zu werden.[872] Gerade die Wettbewerbsbehörden schätzen die Arbeit des ICN als sehr bedeutsam ein.[873]

II. Bilaterale Verwaltungskooperation

1. Bilaterale Kooperationsabkommen

Bilaterale Kooperationsabkommen zielen auf eine Förderung der Zusammenarbeit und Koordination der Kartellbehörden ab, um die effektive Durchsetzung der Kartellgesetze der Vertragspartner zu fördern und Konflikte zu minimieren. Die bedeutendsten Formen der Kooperation sind dabei die Unterrichtung über ein Tätigwerden der Kartellbehörden untereinander, die Koordinierung dieses Tätigwerdens und der Austausch von Informationen.[874] Die Kooperationsabkommen zum Kartellrecht sind völkerrechtliche Verträge im Sinne des Art. 2 Abs. 1 lit. a der Wiener Vertragsrechtskonvention (WVK).[875] Genauer sind es Verwaltungsabkommen, was aber keine eigene rechtliche Qualität impliziert.[876]

Der typische Inhalt dieser Abkommen soll überblicksartig anhand des Abkommens aus dem Jahr 1995 der EU mit den USA sowie dem ergänzenden Zusatzabkommen aus dem Jahr 1998 dargestellt werden.[877] Das Abkommen von 1995 bietet sich für eine solche Darstellung an, da es als Modell für die nachfolgenden Abkommen diente.[878]

---

872 *Matsushita*, in: Cottier/Nadakavukaren Schefer, Elgar Encyclopedia of International Economic Law, S. 484; *Farmer*, in: Backer, Harmonizing Law in an Era of Globalisation, S. 185 (203).
873 *Di Benedetto*, CYIL 2017, 91 (94).
874 *Buchmann*, Positive Comity im internationalen Kartellrecht, S. 116, 121.
875 *Podszun*, Internationales Kartellverfahrensrecht, S. 78; Wiener Übereinkommen über das Recht der Verträge vom 23. Mai 1969, BGBl. 1985 II S. 926.
876 *Podszun*, Internationales Kartellverfahrensrecht, S. 78; unterschieden wird insoweit nur zwischen völkerrechtlichen Verträgen und unverbindlichen Bekundungen, siehe Generalanwalt *Tesauro*, Schlussanträge v. 16.12.1993 – C-327/91, Slg. 1994 I-3641, Rn. 22 – *Französische Republik/Kommission*.
877 Abkommen zwischen den Europäischen Gemeinschaften und der Regierung der Vereinigten Staaten von Amerika über die Anwendung ihrer Wettbewerbsregeln, ABl.EG 1995, Nr. L 95/47 (EU-US 1995 Abkommen); Abkommen zwischen den Europäischen Gemeinschaften und der Regierung der Vereinigten Staaten von Amerika über die Anwendung der „Positive Comity"-Grundsätze bei der Durchsetzung ihrer Wettbewerbsregeln, ABl.EG 1998, Nr. L 173/28 (EU-US 1998 Abkommen).
878 *Jones/Sufrin*, EU Competition Law, S. 1237.

Ziel des Abkommens ist nicht, einen bindenden Regelungsmechanismus der Zusammenarbeit bei grenzüberschreitenden Wettbewerbsbeschränkungen festzulegen, sondern lediglich eine allgemein bessere Verständigung der Kartellbehörden zu fördern.[879] Ein Instrument zur Koordination ist der Notifikationsmechanismus, nach dem sich die Parteien über bevorstehende behördliche Maßnahmen der Wettbewerbsbehörden wie beispielsweise Untersuchungen, welche wichtige Interessen der anderen Partei berühren, informieren sollen.[880] Mitteilungspflichtige Vorgänge werden beispielhaft aufgezählt.[881] Der Zeitpunkt der Mitteilung wird ebenfalls separat für Zusammenschlüsse und sonstige Sachverhalte festgelegt.[882] Weiterhin erlaubt das Abkommen den Austausch von Informationen zur besseren Koordination und Zusammenarbeit.[883] Eine Übermittlung von Informationen ist allerdings ausgeschlossen, wenn diese nach dem Recht eines der Vertragsstaaten verboten ist.[884] Außerdem muss die Vertraulichkeit freiwillig bereitgestellter Informationen gewahrt bleiben,[885] was in der Praxis dazu führt, dass ein Austausch von Informationen fast immer auf dem Einverständnis der Parteien beruht.[886] Die Parteien sollen sich zum Informationsaustausch und zur allgemeinen Koordination mindestens zweimal im Jahr treffen.[887] Des Weiteren sind die Vertragsparteien verpflichtet, sich gegenseitig zu unterstützen, soweit dies mit ihrem Recht und ihren wesentlichen Interessen vereinbar sowie mit der Aufwendung angemessener Mittel möglich ist.[888] Sie werden darüber hinaus dazu aufgefordert, sich zu koordinieren, soweit dies in ihrem beidseitigen Interesse ist.[889]

Instrumente der Konfliktvermeidung sind die vorgesehene Konsultation[890] und vor allem das „negative comity"- und das „positive comity-Prinzip".[891] Das „positive comity-Prinzip" wird konkretisiert durch das im Jahr

---

879 *Podszun*, Internationales Kartellverfahrensrecht, S. 77.
880 Art. II Abs. 1 EU-US 1995 Abkommen.
881 Art. II Abs. 2 EU-US 1995 Abkommen.
882 Art. II Abs. 3, 4 EU-US 1995 Abkommen.
883 Art. III EU-US 1995 Abkommen.
884 Art. IX EU-US 1995 Abkommen.
885 Art. VIII.2 EU-US 1995 Abkommen.
886 *Van Bael/Bellis*, Competition Law of the European Community, S. 147.
887 Art. III Abs. 2 EU-US 1995 Abkommen.
888 Art. IV EU-US 1995 Abkommen.
889 Art. IV EU-US 1995 Abkommen.
890 Art. VII EU-US 1995 Abkommen.
891 Art. VI, V EU-US 1995 Abkommen; zum „comity-Prinzip" vgl. oben Kapitel 3. A. I.

1998 abgeschlossene „positive comity-Abkommen". Die Parteien vereinbaren darin unter anderem, dass die Wettbewerbsbehörde der ersuchenden Partei in der Regel die eigenen Durchsetzungsmaßnahmen zugunsten der Durchsetzungsmaßnahmen der Wettbewerbsbehörden der ersuchten Partei aufschieben oder aussetzen wird.[892] Nach den Fusionskontrollregeln der EU ist es nicht möglich, Maßnahmen aufzuschieben oder auszusetzen, daher ist die Fusionskontrolle nicht vom 1998er-Abkommen umfasst.[893]

Es ist kein Streitbeilegungsmechanismus mit einer unabhängigen Streitbeilegungsstelle vorgesehen, sodass die Vorschriften in der Praxis nicht durchsetzbar sind.[894] Der rechtliche Gehalt der Abkommen wird kritisiert, da er kaum bindende Verpflichtungen enthält.[895] Die einzige Ausnahme hiervon ist die relativ uneingeschränkte Verpflichtung zu Konsultationen.[896]

Neben diesen Hauptabkommen gibt es auch Unterabkommen, welche Verwaltungsinterna betreffen wie das Verwaltungsabkommen zwischen der EU und den USA aus dem Jahr 1999, welches dem Vertragspartner die Anwesenheit bei mündlichen Anhörungen in Einzelfällen erlaubt.[897]

Außer den oben beschriebenen Abkommen mit den USA hat die EU Abkommen mit Südkorea[898], Kanada[899], Japan[900] und der Schweiz[901] abgeschlossen. Besonders hervorzuheben ist das Abkommen mit der Schweiz,

---

892 Art. IV EU-US 1998 Abkommen.

893 *Jones/Sufrin*, EU Competition Law, S. 1236.

894 *Di Benedetto*, CYIL 2017, 91 (99).

895 *Wagner-von Papp*, in: Bungenberg/Krajewski/Tams/Terhechte/Ziegler, EYIEL 2017, S. 301 (337).

896 *Wagner-von Papp*, in: Bungenberg/Krajewski/Tams/Terhechte/Ziegler, EYIEL 2017, S. 301 (337).

897 Administrative Arrangement on Attendance in Proceedings, Bulletin. EU, 3-1999, Wettbewerbs (18/43) siehe hierzu *Podszun*, in: Terhechte, Internationales Kartell- und Fusionskontrollverfahrensrecht, S. 2048 (2061).

898 Abkommen zwischen der Europäischen Gemeinschaft und der Regierung der Republik Korea über die Zusammenarbeit bei wettbewerbswidrigen Verhaltensweisen, ABl.EU 2009, Nr. L 202/36.

899 Abkommen zwischen den Europäischen Gemeinschaften und der Regierung von Kanada über die Anwendung ihres Wettbewerbsrechts, ABl.EG 1999, Nr. L 175/50.

900 Abkommen zwischen der Europäischen Gemeinschaft und der Regierung von Japan über die Zusammenarbeit bei wettbewerbswidrigen Verhaltensweisen, ABl.EU 2003, Nr. L 183/12.

901 Abkommen zwischen der Europäischen Union und der Schweizerischen Eidgenossenschaft über die Zusammenarbeit bei der Anwendung ihres Wettbewerbsrechts, ABl.EU 2014, Nr. L 347/3.

da dieses als einziges Abkommen bisher den Austausch von vertraulichen Informationen erlaubt.[902] Mit Japan und Kanada ist eine Modernisierung der Abkommen geplant, welche auch den Austausch vertraulicher Informationen beinhalten soll.[903] Abkommen, welche den Austausch nichtvertraulicher Informationen erlauben, werden als Abkommen der „zweiten Generation" (*Second Generation Agreement*) bezeichnet.[904]

2. Weitere Formen der Verwaltungskooperation

Daneben gibt es einige weitere Formen der Verwaltungskooperation, von denen einige nachfolgend aufgezählt werden. Es gibt gemeinsame Absichtserklärungen (*Memoranda of Understanding*), welche regelmäßig den Abschluss eines förmlichen Kooperationsabkommens vorbereiten.[905] Diese bestehen mit Brasilien, Russland, China, Indien und Südafrika.[906] Darüber hinaus gibt es Leitfäden wie die „EU-US Best Pratices on Cooperation in Merger Investigations" aus dem Jahr 2011, welcher eine Aktualisierung des Leitfadens aus dem Jahr 2002 ist.[907] Das Ziel dieser Leitfäden ist es, die Durchsetzungsmaßnahmen der US- und EU-Kartellbehörden im Bereich der Fusionskontrolle zu koordinieren, beispielsweise durch eine zeitliche Abstimmung.[908] Sich widersprechende Entscheidungen sollen möglichst verhindert werden.[909] Hierfür sollen nach den Leitfäden beispielsweise

---

902 Ausführlich hierzu *Thürlimann*, in: Krauskopf/Babey, Internationales Wirtschaftsrecht, S. 169 (173 ff.).
903 Vorschlag für einen Beschluss des Rates über den Abschluss des Abkommens zwischen der Europäischen Union und der Regierung von Kanada über die Anwendung ihres Wettbewerbsrechts, COM/2016/0423 final – 2016/0195 (NLE); Beschluss (EU) 2017/798 des Rates vom 25. April 2017 über die Ermächtigung zur Aufnahme von Verhandlungen mit der Regierung von Japan über ein Abkommen über Zusammenarbeit im Bereich der Wettbewerbspolitik zwischen der Europäischen Union und der Regierung von Japan, ABl.EU 2017, Nr. L 120/19.
904 EU-Kommission, Bericht über die Wettbewerbspolitik 2017, 43.
905 *Khan/Suh*, in: Geiger/Khan/Kotzur, EUV/AEUV, Art. 101 AEUV, Rn. 7.
906 Website der EU-Kommission (http://ec.europa.eu/competition/international/bilateral/), zuletzt besucht am 7.1.2019.
907 US-EU Merger Working Group, Best Practices on Cooperation in Merger Investigations, 14.10.2011.
908 US-EU Merger Working Group, Best Practices on Cooperation in Merger Investigations, 14.10.2011, 8 ff.
909 US-EU Merger Working Group, Best Practices on Cooperation in Merger Investigations, 14.10.2011, 1.

Nebenbestimmungen, die eine Wettbewerbsbehörde bezüglich eines Zusammenschlussvorhabens vorschreibt, so ausgewählt werden, dass die Gefahr ihrer Widersprüchlichkeit minimiert wird.[910] Hierzu erlauben die Leitfäden unter anderem die Ernennung von gemeinsamen Treuhändern oder Vereinbarungen über dieselben Käufer für Vermögenswerte, die in beiden Jurisdiktionen veräußert werden.[911] In der Praxis funktioniert die Zusammenarbeit der Behörden auf der Grundlage der „best practices" größtenteils gut.[912]

Daneben gibt es noch allgemeinere Abkommen, die einen Einfluss auf Kartelluntersuchungen haben können, wie beispielsweise Rechts- und Amtshilfe-Vereinbarungen. Deren Einfluss ist jedoch grundsätzlich gering.[913]

Bei dem G7-Treffen im Juni 2019 wurden erstmals kartellrechtliche Themen behandelt.[914] Abstimmungen im Rahmen der G-7 sollen als Ergänzung der Arbeiten im Rahmen des ICN, der OECD und von UNCTAD erfolgen und diese nicht ersetzen.[915] Inwieweit die G-7 sinnvolle Beiträge zur Lösung der Probleme liefern kann, die sich durch die Internationalisierung des Kartellrechts ergeben, bleibt abzuwarten.

3. Relevanz

Insgesamt haben die verschiedenen Abkommen zur Verwaltungskooperation zwischen den Wettbewerbsbehörden zu einer vertrauensvollen

---

910 US-EU Merger Working Group, Best Practices on Cooperation in Merger Investigations, 14.10.2011, 17.
911 US-EU Merger Working Group, Best Practices on Cooperation in Merger Investigations, 14.10.2011, Rn. 19.
912 *Di Benedetto*, CYIL 2017, 91 (100 f.).
913 *Podszun*, in: Terhechte, Internationales Kartell- und Fusionskontrollverfahrensrecht, S. 2048 (2060); ausführlich hierzu *Wagner-von Papp*, in: Bungenberg/Krajewski/Tams/Terhechte/Ziegler, EYIEL 2017, S. 301 (340 f.).
914 Common Understanding of G7 Competition Authorities on "Competition and the Digital Economy", Paris, 5th June, 2019. Verfügbar auf der Website des Bundeskartellamtes (https://www.bundeskartellamt.de/SharedDocs/Publikation /EN/Others/G7_Erklaerung.pdf;jsessionid=A87130633D8A9F7CD43CFE7AF8B 167F0.2_cid378?__blob=publicationFile&v=6), zuletzt besucht am 17.9.2019.
915 Sommet des ministres des finances du G7, Chantilly, 17 juillet 2019, Présentation Isabelle de Silva, présidente de l'Autorité de la concurrence, S. 8. Verfügbar auf der Website der französischen Kartellbehörde (http://www.autoritedelac oncurrence.fr/doc/g7_intervention_ids.pdf), zuletzt besucht am 17.9.2019.

Zusammenarbeit beigetragen, sodass oft ein direkter Kontakt zwischen den Sachbearbeitern stattfindet, ohne dass die Querschnittsreferate, welche sich um die internationale Zusammenarbeit kümmern, eingeschaltet werden müssen.[916] Konflikte, die auf Missverständnissen und divergierenden Tatsachenermittlungen beruhen, können zumindest entschärft, wenn nicht sogar vermieden werden.[917] Für die Wettbewerbsbehörden ist der wesentliche Vorteil solcher Abkommen die effizientere Zusammenarbeit, die für eine Beschleunigung der Verfahren durch verbesserten Austausch von Beweisen, Information und der ökonomischen Bewertung der Fälle sorgt, was gleichzeitig auch eine Verringerung der Kosten für diese bedeuten kann.[918] Für Unternehmen ist dies zum Teil auch vorteilhaft, insbesondere wenn man an die beschleunigte Bewertung von Fusionsvorhaben und die Senkung der Wahrscheinlichkeit von widersprüchlichen Entscheidungen denkt.[919] Trotz der rechtlichen Unverbindlichkeit erzeugen die Abkommen einen gewissen politischen und moralischen Druck, nicht gegen den Geist des Abkommens zu verstoßen.[920]

Am Beispiel der Zusammenarbeit der EU und den USA zeigt sich, dass die verschiedenen Abkommen zu einer intensiven Zusammenarbeit beitragen können.[921] Insbesondere bei wichtigen Unternehmenszusammenschlüssen, die beide Jurisdiktionen betreffen, koordinieren sich die Behörden, sowohl was materielle Themen als auch Verfahrensthemen betrifft, beispielsweise über die sachliche und räumliche Marktabgrenzung und bezüglich Verhandlungen von Auflagen mit den Unternehmen.[922] Im Bereich der abgestimmten Verhaltensweisen und im Bereich des Missbrauchs marktbeherrschender Stellungen findet eine Koordinierung zwischen den Kartellbehörden ebenfalls statt, allerdings wird die Kooperation in diesen Bereichen von der Erlaubnis der Unternehmen zum Austausch vertraulicher Informationen zwischen den Behörden beeinflusst und kann ohne eine solche nur oberflächlich stattfinden.[923] In diesem Punkt haben Ab-

---

916 *Podszun*, Internationales Kartellverfahrensrecht, S. 101.
917 *Budzinski/Kerber*, in: Oberender, Internationale Wettbewerbspolitik, S. 9 (19).
918 *Budzinski/Aigner*, Volkswirtschaftliche Beiträge 2004, S. 1 (13).
919 *Budzinski/Aigner*, Volkswirtschaftliche Beiträge 2004, S. 1 (13).
920 *Budzinski/Aigner*, Volkswirtschaftliche Beiträge 2004, S. 1 (13).
921 Vorsichtig in diese Richtung *Wagner-von Papp*, in: Bungenberg/Krajewski/Tams/ Terhechte/Ziegler, EYIEL 2017, S. 301 (338), der allerdings einschränkend bemerkt, dass dies mindestens in gleichem Maße an der Interaktion der Wettbewerbsbehörden im Rahmen der OECD und des ICN liege.
922 *Völcker*, in: Immenga/Mestmäcker, EU-Wettbewerbsrecht, IntWbR B, Rn. 33.
923 *Völcker*, in: Immenga/Mestmäcker, EU-Wettbewerbsrecht, IntWbR B, Rn. 34 f.

kommen wie das zwischen der EU und der Schweiz, die einen Austausch von vertraulichen Informationen erlauben, einen deutlichen Vorteil.[924] Auch bezüglich anderer Abkommen lassen sich Beispiele nennen, in denen eine Kooperation mithilfe der bilateralen Kooperationsabkommen gut funktioniert, beispielsweise im sogenannten „Lager-Kartellfall", bei dem die EU und Südkorea 2014 eng zusammenarbeiteten.[925]

Selbst eine intensive Verwaltungskooperation kann nicht alle Konflikte verhindern. Dass die Zusammenarbeit im Rahmen der Kooperationsabkommen allein nicht alle Probleme lösen kann, zeigt unter anderem der Fall *General Electric/Honeywell*, in welchem es trotz intensiver Zusammenarbeit der Kartellbehörden der USA und der EU zu einem massiven Konflikt kam.[926] Obwohl die Parteien sogar auf ihre Geheimhaltungsrechte verzichteten, um eine intensivere Zusammenarbeit zu ermöglichen, häufige Kontakte am Telefon und mehrere ausführliche Treffen zwischen den Sachbearbeitern und auf höchster politischer Ebene stattfanden, um einen Austausch über die Beweise und die verfolgten Theorien zu ermöglichen, konnten die Behörden einen Konflikt nicht vermeiden.[927] Verfechter der Abkommen verweisen jedoch zu Recht darauf, dass die genannten Beispiele von Konflikten Ausnahmefälle darstellen und einer viel größeren Anzahl von erfolgreichen Kooperationen gegenüberstehen.[928] Beachtet werden muss allerdings, dass kein Streitbeilegungsmechanismus geschaffen wurde und somit bei Konflikten, die nicht auf mangelnder Kooperationsbereitschaft oder Verstößen gegen die Inhalte der bilateralen Vereinbarungen fußen, sondern auf unterschiedlichen Auffassungen zu rechtlichen und ökonomischen Konzepten, kein Mechanismus verfügbar ist, der zur Konfliktbeilegung beitragen könnte.[929]

Zur Bewertung der Kooperationsabkommen gehört auch, dass im Jahr 1998 nach Abschluss des „positive comity-Abkommens" zwischen der EU (EC) und den USA der Enthusiasmus bezüglich des Prinzips „positive comity" groß war, mittlerweile aber festgestellt werden musste, dass es weltweit ein nur wenig genutztes Instrument ist.[930] Der einzige bekannte Fall,

---

924 *Jones/Sufrin*, EU Competition Law, S. 1236.
925 *Shin*, in: Hess/Hopt/Sieber/Stark, Unternehmen im globalen Umfeld, S. 85 (100).
926 Vgl. oben Kapitel 2. D. I. 2. a).
927 *James*, Rede v. 17.10.2001, International Antitrust in the 21st Century: Cooperation and Convergence, OECD Global Forum on Competition, 4.
928 *Utton*, International Competition Policy, S. 116.
929 *Budzinski/Aigner*, Volkswirtschaftliche Beiträge 2004, S. 1 (13).
930 OECD, International Regulatory Co-operation: Case Studies, Vol. 1, S. 64.

in dem sich die US-Behörden formal auf die „positive comity-Grundsätze" des EU-US-1998-Abkommens berufen haben, war der Fall *SABRE/Amadeus*.[931]

III. Informelle Zusammenarbeit

Das Fehlen von formellen Kooperationsregelungen beispielsweise in einem Kooperationsabkommen der Wettbewerbsbehörden schließt die Zusammenarbeit von verschiedenen Wettbewerbsbehörden nicht notwendigerweise aus.[932] Die Zusammenarbeit zwischen den Wettbewerbsbehörden in den verschiedenen Foren hat zu einem informellen Netzwerk von täglichen Kontakten und Diskussionen außerhalb eines formalen Rahmens geführt, da der Austausch durch informellen Kontakt schneller Ergebnisse liefert und mit weniger organisatorischem Aufwand möglich ist.[933] Es bestehen keine formalen Hürden und keine Bindungswirkung für nachfolgende Fälle, welche die Behörden möglicherweise von einer Kooperation abhalten könnten.[934] Informelle Kooperation kann zu einer effektiven Kartellrechtsverfolgung führen, indem nichtvertrauliche Informationen ausgetauscht werden.[935] Dies kann bei einem generellen Austausch zu einem besseren Verständnis der anderen Kartellrechtssysteme führen.[936] Bei einem fallspezifischen Austausch von nichtvertraulichen Informationen kann dies zur Straffung der Untersuchungsstrategie und Unterstützung bei der Fokussierung auf die Untersuchung führen, indem eine Diskussion über Ermittlungsstrategien und Marktinformationen geführt wird und es einen Austausch von Hinweisen sowie einen Vergleich von Herangehensweisen der Behörden an einen gemeinsamen Fall gibt.[937]

---

931 Ausführlich hierzu *Völcker*, in: Immenga/Mestmäcker, EU-Wettbewerbsrecht, IntWbR B, Rn. 52.

932 OECD, Global Forum on Competition, Improving International Co-operation in Cartel Investigations, Background Note, DAF/COMP/GF(2012)6, Rn. 24.

933 *Demedts*, The long-term potential of an interim-solution, S. 44 f. m. W. N.

934 *Podszun*, in: Terhechte, Internationales Kartell- und Fusionskontrollverfahrensrecht, S. 2048 (2059).

935 OECD, International Regulatory Co-operation: Case Studies, Vol. 1, S. 69.

936 OECD, International Regulatory Co-operation: Case Studies, Vol. 1, S. 69.

937 OECD, International Regulatory Co-operation: Case Studies, Vol. 1, S. 69.

D. Zwischenfazit

Unilaterale Maßnahmen sind nicht in der Lage, die Probleme, die sich durch die Internationalisierung des Wettbewerbsrechts ergeben, zu lösen. Versuche, ein multilaterales Abkommen im Bereich des Kartellrechts zur Lösung der Probleme abzuschließen, sind allesamt gescheitert. Die wenigen bestehenden Regelungen im WTO-Recht für wettbewerbswidrige Handlungen reichen nicht aus, um den Problemen, die sich aus der Internationalisierung des Kartellrechts ergeben, zu begegnen. Die OECD, die UNCTAD und das ICN zielen durch nicht bindende Empfehlungen auf eine Konvergenz der Kartellrechtsregelungen sowohl in materiell-rechtlicher als auch in verfahrensrechtlicher Hinsicht ab. Ein Vorteil ist, dass ihre Arbeitsergebnisse wie Empfehlungen nicht bindend sind und die Staaten diesen eher zustimmen, da sie keinen Verlust ihrer Souveränität befürchten müssen.[938] Sie verändern die Kartellrechtssysteme nicht selber und führen trotzdem dazu, dass, wenn sich Staaten bei Reformen an den Ergebnissen orientieren, die größten Unstimmigkeiten beseitigt werden.[939] Hierbei können die OECD und das ICN vor allem in verfahrensrechtlicher Hinsicht Erfolge vorweisen. Die Erfolge der UNCTAD liegen in der Entwicklungshilfezusammenarbeit. Ausführliche Regelungen zur Zusammenarbeit und Koordination finden sich in bilateralen Kooperationsabkommen der Wettbewerbsbehörden, die die Europäische Kommission mit einigen wenigen Wettbewerbsbehörden abgeschlossen hat. Diese können zu einer intensiven Kooperation der Wettbewerbsbehörden führen.

Alle beschriebenen Formen der Problemlösung haben ihre Berechtigung bei dem Versuch, mit der Internationalisierung des Kartellrechts umzugehen.[940] Auffällig ist aber, dass mit Ausnahme der sporadischen Regelungen im WTO-Recht kaum verbindliche kartellrechtliche Regelungen existieren.

---

938 *Piilola*, Stan. J Int'L. 2003, 207 (236).
939 *Weitbrecht*, in: Messen, Economic Law as an Economic Good, S. 279 (288).
940 Ähnlich auch *Tarullo*, Am. J. Int. L. 2000, 478 (500 ff.).

Kapitel 4: Analyse der Kartellrechtsregelungen in den Wettbewerbskapiteln der EU-Freihandelsabkommen

A. Kartellrechtsregelungen in den Freihandelsabkommen der „neuen Generation" mit weiter entfernten Staaten

I. Freihandelsabkommen der „neuen Generation" mit weiter entfernten Staaten

In diesem Abschnitt werden die sieben (Frei-)Handelsabkommen der „neuen Generation" mit weiter entfernten Handelspartnern dargestellt[941]: 1. Das „Freihandelsabkommen zwischen der Europäischen Union und ihren Mitgliedstaaten einerseits und der Republik Korea andererseits" (EU-Korea)[942], welches am 6. Oktober 2010 unterzeichnet wurde und am 13. Dezember 2015 in Kraft trat[943];2. Das „Handelsübereinkommen zwischen der Europäischen Union und ihren Mitgliedstaaten einerseits sowie Kolumbien und Peru andererseits"[944], welches am 26. Juni 2012 unterschrieben wurde und mit Peru seit dem 1. März 2013 und mit Kolumbien seit dem 1. August 2013 vorläufig angewandt wird.[945] Am 11. November 2016 unterzeichneten die EU und Ecuador das Protokoll über den Beitritt Ecuadors zu dem Abkommen, welches seit dem 1. Januar 2017 vorläufig angewendet wird (EU-Ecuador/Kolumbien/Peru).[946] Nach Art. 229 des Abkommens ist es auch Bolivien als Mitglied der Andengemeinschaft möglich, dem Handelsübereinkommen beizutreten; 3. Das „Abkommen zur Gründung einer Assoziation zwischen der Europäischen Union und ihren Mitgliedstaaten einerseits und Zentralamerika anderer-

---

941 Es handelt sich hierbei um alle Abkommen dieser Art, die zum Zeitpunkt des Verfassens der vorliegenden Arbeit bereits in Kraft getreten waren.
942 ABl.EU 2011, Nr. L 127/6.
943 Mitteilung über das Inkrafttreten ABl.EU 2015, Nr. L 307/1.
944 ABl.EU 2012, Nr. L 354/3.
945 Mitteilung über die vorläufige Anwendung ABl.EU 2013, Nr. L 201/7 und ABl.EU 2013, Nr. L 56/1.
946 Beitrittsprotokoll Ecuadors, ABl.EU 2016, Nr. L 356/3.

seits" (EU-Zentralamerika)[947], welches am 29. Juni 2012 unterzeichnet wurde und dessen Handelsteil, zu dem der Kartellrechtstitel gehört, wie folgt vorläufig angewendet wird: gegenüber Honduras, Nicaragua und Panama seit dem 1. August 2013[948], gegenüber Costa Rica und El Salvador seit dem 1. Oktober 2013[949] und gegenüber Guatemala seit dem 1. Dezember 2013[950]; 4. Das „Umfassende Wirtschafts- und Handelsabkommen (CETA) zwischen Kanada einerseits und der Europäischen Union und ihren Mitgliedstaaten andererseits,"[951] welches am 30. Juni 2016 unterzeichnet wurde und dessen Vorschriften, die in die Kompetenz der Union fallen, seit dem 21. September 2017 vorläufig angewendet werden.[952] Hierzu gehören auch die Kartellrechtsregelungen[953]; 5. Das „Abkommen zwischen der Europäischen Union und Japan über eine Wirtschaftspartnerschaft" (EU-Japan)[954], das am 17. Juli 2018 unterzeichnet wurde und am 1. Februar 2019 in Kraft getreten ist[955]; 6. Das „Freihandelsabkommen zwischen der Europäischen Union und der Republik Singapur" (EU-Singapur)[956], welches am 19. Oktober 2018 unterzeichnet wurde und am 21. November 2019 in Kraft getreten ist;[957] 7. Das „Freihandelsabkommen zwischen der Europäischen Union und der Sozialistischen Republik Vietnam" (EU-Viet-

---

947 ABl.EU 2012, Nr. L 346/3.

948 Mitteilung über die vorläufige Anwendung des Handelsteils (Teil IV), ABl.EU 2013, Nr. L 204/1.

949 Mitteilung über die vorläufige Anwendung des Handelsteils (Teil IV), ABl.EU 2013, Nr. L 257/1.

950 Mitteilung über die vorläufige Anwendung des Handelsteils (Teil IV), ABl.EU 2013, Nr. L 315/1.

951 ABl.EU 2017, Nr. L 11/23.

952 Beschluss (EU) 2017/38 des Rates über die vorläufige Anwendung, ABl.EU 2017, Nr. L 11/1080 und Mitteilung über die vorläufige Anwendung, ABl.EU 2017, Nr. L 238/9.

953 Vgl. Kapitel 2. A. I.

954 Abkommen zwischen der Europäischen Union und Japan über eine Wirtschaftspartnerschaft, ABl.EU 2018, Nr. L 330/3.

955 Mitteilung über den Zeitpunkt des Inkrafttretens des Abkommens zwischen der Europäischen Union und Japan über eine Wirtschaftspartnerschaft, ABl.EU 2019, Nr. L 9/1.

956 Freihandelsabkommen zwischen der Europäischen Union und der Republik Singapur, ABl.EU 2019, Nr. L 294/3.

957 Mitteilung über den Zeitpunkt des Inkrafttretens des Freihandelsabkommens zwischen der Europäischen Union und der Republik Singapur, ABl.EU 2019, Nr. L 293/1.

nam)[958], welches am 30. Juni 2019 unterzeichnet wurde und am 1. August 2020 in Kraft getreten ist.[959]

Bei den Bestimmungen, welche den Zusammenhang zwischen dem Kartellrecht und der Handelsliberalisierung deutlich machen, zeigen die Unterschiede im Detail, das heißt bei einem „Wort für Wort"-Vergleich, dass die EU kein Musterabkommen verwendet. Bezüglich der weiteren Vorschriften wird anstelle eines detaillierten Vergleichs daher ein Vergleich vorgenommen, welcher sich auf die inhaltlichen Unterschiede konzentriert und etwaige rein sprachliche Unterschiede, die nicht einmal eine unterschiedliche Akzentuierung deutlich machen, weitestgehend vernachlässigt.

II. Kartellrechtsregelungen in den Wettbewerbskapiteln

Alle in diesem Teil besprochenen Abkommen haben ein eigenes Kartellrechtskapitel oder einen Kartellrechtstitel. In CETA ist dies Kapitel 17, „Competition Policy", beim Abkommen mit Ecuador/Kolumbien/Peru der Titel VIII, „Competition", im Abkommen mit Japan Kapitel 11, „Competition Policy", im Abkommen mit Singapur Kapitel 11, „Competition and Related Matters", im Abkommen mit Südkorea ist dies Kapitel 11, „Competition", im Abkommen mit Vietnam Kapitel 10, „Competition Policy" und im Abkommen mit Zentralamerika Titel VII, „Trade and Competition".

---

958 Freihandelsabkommen zwischen der Europäischen Union und der Sozialistischen Republik Vietnam, ABl.EU 2020, Nr. L 186/3.

959 Mitteilung über den Zeitpunkt des Inkrafttretens des Freihandelsabkommens zwischen der Europäischen Union und der Sozialistischen Republik Vietnam, ABl.EU 2020, Nr. L 207/3.

1. Zielbestimmungen

a) Vergleich

(1) Zusammenhang Kartellrecht und Handelsliberalisierung

(a) Gefährdung der Vorteile der Handelsliberalisierung durch wettbewerbswidrige Praktiken

In CETA und den Abkommen mit Japan, Singapur, Südkorea, Vietnam und Zentralamerika ist der erste Satz des Artikels, der sich mit der Gefährdung der Vorteile der Handelsliberalisierung durch wettbewerbswidrige Verhaltensweisen beschäftigt, fast textgleich.[960] In diesem erkennen die Vertragsparteien die Bedeutung eines unverfälschten Wettbewerbs im Rahmen ihrer Handelsbeziehungen an. Es sind nur kleine Unterschiede, die sich auf einzelne Worte beziehen, zu erkennen. In CETA und den Abkommen mit Singapur, Südkorea und Zentralamerika ist von freiem und unverfälschtem Wettbewerb (*free and undistorted competition*) die Rede, während im Abkommen mit Japan von fairem und freiem Wettbewerb (*fair and free competition*) und im Abkommen mit Vietnam nur von unverfälschtem Wettbewerb (*undistorted competition*) gesprochen wird. Diese Unterschiede sind rein sprachlicher Natur. Sowohl das Begriffspaar Verhalten/Praktiken (*practices/conduct*) als auch freier und unverfälschter Wettbewerb/fairer und freier Wettbewerb (*free and undistorted/fair and free competition*) sind quasi Synonyme. Ein inhaltlicher Unterschied bezieht sich darauf, dass sich CETA und die Abkommen mit Südkorea, Singapur und Zentralamerika nur auf die Handelsbeziehungen beziehen (*trade relations*), während die Abkommen mit Japan und Vietnam neben den Handels- auch die Investitionsbeziehungen (*trade and investment relations*) miteinbeziehen.

Der jeweils zweite Satz dieses Artikels ist in CETA und den Abkommen mit Japan, Singapur, Vietnam und Zentralamerika, wiederum fast textgleich.[961] Hier erkennen die Vertragsparteien an, dass wettbewerbswidriges Verhalten das reibungslose Funktionieren der Märkte stört und die

---

960 Art. 17.2 Abs. 1 S. 1 CETA; Art. 11.1 S. 1 EU-Japan; Art. 11.1 Abs. 1 S. 1 EU-Singapur; Art. 11.1 Abs. 1 S, 1 EU-Südkorea; Art. 10.1 S. 1 EU-Vietnam; Art. 278 Abs. 1 S. 1 EU-Zentralamerika.
961 Art. 17.2 Abs. 1 S. 2 CETA; Art. 11.1 S. 2 EU-Japan; Art. 11.1 Abs. 1 S. 2 EU-Singapur; Art. 10.1 S. 2 EU-Vietnam; Art. 278 Abs. 1 S. 2 EU-Zentralamerika.

Vorteile der Handelsliberalisierung zunichtemachen kann. Unterschiede ergeben sich darin, dass CETA von wettbewerbsfeindlichem Geschäftsgebaren spricht (*anti-competitive business conduct*), während im Abkommen mit Singapur neben wettbewerbsfeindlichem Geschäftsgebaren auch von wettbewerbsfeindlichen Geschäftsvorgängen (*anti-competitive business conduct or anti-competitive transactions*) gesprochen wird. Die Abkommen mit Japan und Zentralamerika sprechen von wettbewerbsfeindlichen Praktiken (*anti-competitive practices*). Im Abkommen mit Vietnam ist von wettbewerbsfeindlichem Verhalten (*anti-competitive conduct*) die Rede. Eine unterschiedliche Wortwahl lässt sich auch darin erkennen, dass CETA und die Abkommen mit Singapur, Vietnam und Zentralamerika von den Vorteilen der Handelsliberalisierung (*benefits of trade liberalisation*) sprechen, während das Abkommen mit Japan neben der Handelsliberalisierung auch die Liberalisierung von Investitionen miteinbezieht (*liberalisation of trade and investment*). In Art. 11.1 Abs. 1 EU-Südkorea ist der zweite Satz etwas anders formuliert. Hier erkennen die Vertragsparteien zuerst die Bedeutung eines freien und unverfälschten Wettbewerbs (*free and undistorted competition*) für ihre Handelsbeziehungen an. Anders als die anderen Abkommen spezifiziert dieses Abkommen zusätzlich an dieser Stelle genauer, dass mit der Handelsliberalisierung die Liberalisierung des Warenhandels, des Dienstleistungshandels und der Niederlassung gemeint ist (*trade liberalisation process in goods, services and establishment*). Art. 259 Abs. 1 EU-Ecuador/Kolumbien/Peru ist insgesamt etwas anders formuliert als die anderen Abkommen. Hier erkennen die Vertragsparteien zunächst die Bedeutung von freiem Wettbewerb (*free competition*) an. Des Weiteren erkennen sie an, dass wettbewerbswidrige Praktiken (*anti-competitive practices*) das Funktionieren der Märkte stören und die Vorteile der Handelsliberalisierung zunichtemachen können.

Die Unterschiede der beschriebenen Zielbestimmungen sind größtenteils rein sprachlicher Natur. Beispielsweise sind sowohl das Begriffspaar Verhalten/Praktiken (*practices/conduct*) als auch das Begriffspaar freier und unverfälschter Wettbewerb/fairer und freier Wettbewerb (*free and undistorted/fair and free competition*) quasi Synonyme. Das bedeutet nicht, dass solche Unterschiede keine Bedeutung haben können. Es lässt sich beispielsweise mutmaßen, dass der sprachliche Unterschied beim Abkommen mit Vietnam politisch begründet ist. Möglicherweise wird nur von unverfälschtem Wettbewerb (*undistorted competition*) gesprochen, da es sich bei

Vietnam um eine „sozialistische Marktwirtschaft" handelt.[962] In diesem Wirtschaftssystem hat die Politik, das heißt die Kommunistische Partei Vietnams, große Eingriffs- und Einflussmöglichkeiten auf die Wirtschaft; und der staatliche Sektor nimmt die führende Rolle ein.[963] Das Wort „frei" ist in einem solchen Wirtschaftssystem mutmaßlich negativer besetzt als der Begriff „unverfälscht", auch wenn sie im Endergebnis quasi synonyme Bedeutungen haben.

(b) Kartellrecht zum Schutz der Vorteile der Handelsliberalisierung

Art. 11.1 Abs. 1 EU-Südkorea und Art. 259 Abs. 1 EU-Ecuador/Kolumbien/Peru stellen die Anwendung des nationalen Kartellrechts in einen direkten Bezug zu der oben beschriebenen Gefährdung für die durch das Freihandelsabkommen erreichte Handelsliberalisierung durch wettbewerbswidrige Verhaltensweisen. Das geschieht, indem die Vertragsparteien ihr Wettbewerbsrecht in einer Weise anwenden sollen, dass sich das Potenzial der Gefährdung gerade nicht realisiert. Dabei ist Art. 11.1 Abs. 1 EU-Südkorea stärker formuliert, da eine explizite Verpflichtung vereinbart wird. Im Gegensatz dazu erkennen die Vertragsparteien den Zusammenhang in Art. 259 Abs. 1 EU-Ecuador/Kolumbien/Peru nur an (*acknowledging*) und sollen unter Berücksichtigung dieses Anerkenntnisses ihr Wettbewerbsrecht anwenden.

In Art. 278 Abs. 1 EU-Zentralamerika wird der Zusammenhang deutlich gemacht, indem die Vertragsparteien aufgrund des in Art. 278 Abs. 2 EU-Zentralamerika beschriebenen Zusammenhangs zwischen wettbewerbswidrigen Verhaltensweisen und der Gefährdung der Handelsliberalisierung darin übereinstimmen, dass nachfolgend beschriebene wettbewerbswidrige Verhaltensweisen mit dem Abkommen „unvereinbar" sind. Die Verpflichtung zur Beibehaltung oder des Abschlusses eines Kartellrechts wird sodann in Art. 279 Abs. 1 EU-Zentralamerika vereinbart.

In Art. 11.1 Abs. 2 EU-Singapur und Art. 10.2 Abs. 1 EU-Vietnam verpflichten sich die Vertragsparteien ohne einen direkten Bezug zu der dargestellten Gefährdung der Handelsliberalisierung durch wettbewerbs-

---

962 Ausführlich zu diesem Begriff und dem Wirtschaftssystem von Vietnam *Bui*, Das Wettbewerbsrecht im Rahmen der Wirtschaftsverfassung Vietnams, S. 113 ff.

963 *Bui*, Das Wettbewerbsrecht im Rahmen der Wirtschaftsverfassung Vietnams, S. 115.

widrige Verhaltensweisen zur Aufrechterhaltung oder dem Abschluss eines Kartellrechts.

Art. 17.2 Abs. 2 CETA und Art. 11.1 EU-Japan betonen in diesem Punkt stärker als die anderen Abkommen die Souveränität der Vertragsparteien. In CETA verpflichten sich die Vertragsparteien, „geeignete Maßnahmen" (*appropriate measures*) gegen wettbewerbswidriges Geschäftsgebaren zu treffen, und erkennen gleichzeitig an, dass dies der „Verwirklichung der Ziele dieses Abkommens förderlich" ist. In Art. 17.3 Abs. 1 CETA wird dies noch spezifiziert, indem die Verpflichtung ausdrücklich nur im Umfang des nationalen Rechts der Vertragsparteien besteht und daher nicht über den Status quo des jeweiligen Kartellrechts der Vertragsparteien hinausgeht. Art. 11.1 EU-Japan verpflichtet die Parteien, Maßnahmen die sie für „geeignet halten" (*consider(s) appropriate*), in Übereinstimmung mit ihren jeweiligen Rechts- und Verwaltungsvorschriften gegen wettbewerbswidrige Handlungen zu ergreifen, um die Verwirklichung der Ziele des Abkommens zu erreichen.

(2) Sonstige Ziele

Zusätzlich wird in Art. 259 Abs. 1 EU-Ecuador/Kolumbien/Peru anerkannt, dass durch wettbewerbswidrige Praktiken „[…] die wirtschaftliche und soziale Entwicklung, die wirtschaftliche Effizienz und das Wohl der Verbraucher […]" beeinträchtigt werden. Noch eindeutiger bezüglich der Ziele eines Kartellrechts, welches die Vertragsparteien beibehalten oder einführen müssen, ist Art. 10.2 Abs. 1 EU-Vietnam, welcher die Parteien verpflichtet, ein Kartellrecht abzuschließen, welches ökonomische Effizienz und Verbraucherwohlfahrt fördert.

Die anderen Abkommen enthalten keine Aussagen zu den Zielen, welche die Kartellgesetze haben sollen oder müssen.

b) Gründe für den Inhalt

(1) Handelsliberalisierung als Fokus von Freihandelsabkommen

Bezogen auf das gesamte Abkommen und nicht nur auf das Kartellrechtskapitel, ist neben teilweise vorhandenen sekundären Zielen, wie dem politischen Dialog und dem Ziel, die Vertragspartner zu der Einhaltung von Menschenrechten und Demokratieprinzipien anzuhalten, das offensichtlichste Ziel der Handelsabkommen, die Handelsliberalisierung durch Zollsenkungen zu erreichen.[964] Demensprechend ist der wichtigste Grund für die Aufnahme von Kartellrechtsregelungen in den Handelsabkommen auch die Unterstützung der Handelsliberalisierung dadurch, dass private Wettbewerbsbegrenzungen/strategische Wettbewerbspolitik nicht die staatlichen tarifären Handelshemmnisse ersetzen.[965] Die Zielbestimmungen aller Abkommen sollen dementsprechend deutlich machen, dass beide Parteien nur dann in vollem Umfang von der Handelsliberalisierung profitieren können, wenn die Marktteilnehmer unter gleichen Wettbewerbsbedingungen und in voller Übereinstimmung mit den Wettbewerbsregeln handeln.[966] Die Zielbestimmungen aller Abkommen machen diesen Schwerpunkt des Kartellrechtskapitels deutlich. Bei ihren Bestrebungen, einen integrierten Markt zu schaffen, legte die EU stets Wert darauf, eine europäische Wettbewerbspolitik zu entwickeln, um sicherzustellen, dass private Beschränkungen die öffentlichen Beschränkungen nicht ersetzen. Die gleiche Philosophie vertritt die EU auch international.[967] Andere Ziele des Kartellrechts, wie beispielweise das Wohl der Verbraucher, treten dagegen in den Hintergrund und werden in den meisten Zielbestimmungen gar nicht erwähnt. Dies ist insbesondere unter dem Aspekt, dass Freihandelsabkommen aus Verbrauchersicht kritisch betrachtet werden, zu bedauern. Symptomatisch für diese kritische Diskussion ist die im Rahmen von TTIP geführte Debatte um Chlorhühnchen.[968] Die Betonung des Verbraucherwohls in den Zielbestimmungen wäre ein Weg, deutlich zu machen, dass Verbraucherinteressen und damit die Interessen der breiten Masse eine große Rolle in den Verhandlungen von Freihandelsabkommen spielen.

---

964 *Papadopoulos*, The International Dimension of EU Competition Law and Policy, S. 103.

965 *Papadopoulos*, The International Dimension of EU Competition Law and Policy, S. 103 f.; *Bourgeois*, in: FS Maresceau, S. 381 (383).

966 So explizit in Bezug auf das EU-Singapur Abkommen EU-Parlament, Free Trade Agreement between EU and the Republic of Singapur – Analysis, EP/EXPO/B/INTA/2017/07, PE 603.864, 2018, 30.

967 *Woolcock*, EcIPE Working Paper 2007, 1 (9).

968 Ähnlich *Peet*, in: FS Sinn, 134 (135).

(2) Standardformulierungen statt Musterabkommen

Die „Wort für Wort"-Analyse hat gezeigt, dass trotz eines nahezu identischen Inhalts verschiedene Formulierungen verwendet werden. Dies ist ein starkes Indiz dafür, dass die EU kein Musterabkommen bei der Verhandlung der Kartellrechtsregelungen verwendet hat und stattdessen alle Abkommen flexibel ausgehandelt worden sind, um den Vertragspartnern in jedem Einzelfall gerecht zu werden.[969] Ein Beispiel hierfür liefert der Vergleich des Abkommens mit Vietnam mit den anderen Abkommen. Hier wird der Begriff des „freien" Wettbewerbs, mutmaßlich aus Rücksichtnahme gegenüber einer „sozialistischen Marktwirtschaft", nicht verwendet. Die Ähnlichkeit der Zielbestimmung macht aber auch deutlich, dass Standardformulierungen zum Einsatz kommen.[970]

c) Bewertung

Der Fokus der Zielbestimmungen auf den Schutz der Vorteile der Handelsliberalisierung ist nachvollziehbar und folgerichtig. Die Handelsliberalisierung ist, wie bereits dargestellt wurde, der Hauptzweck der Freihandelsabkommen.[971] Kartellrecht kann in dieser Hinsicht einen Beitrag leisten, diese Vorteile zu schützen.[972] Daher sollte dies auch an prominenter Stelle im Wettbewerbskapitel erwähnt werden. Allerdings ist es zu bedauern, dass der Verbraucherschutz nicht in allen Abkommen und die Senkung der Kosten für Unternehmen in keinem Abkommen als Ziel des Wettbewerbskapitels genannt werden. Beide Ziele haben einen Bezug sowohl auf die Kartell- als auch auf die Handelspolitik. Sie würden sich damit nahtlos in die bisherigen Zielbestimmungen einfügen.[973] Gleichzeitig wäre keine wesentliche Verkomplizierung der Verhandlungen zu erwarten, wie dies bei der Aufnahme weiterer Ziele der Fall sein könnte.[974]

---

969 Ähnlich auch, aber ohne Begründung *Woolcock*, EcIPE Working Paper 2007, 1 (4).

970 Ähnlich auch, aber ohne Begründung *Woolcock*, EcIPE Working Paper 2007, 1 (4).

971 Vgl. oben Kapitel 4. A. II. 1.b) (1).

972 Vgl. oben Kapitel 2. E. II.

973 Für einen Vorschlag hiezu mit näheren Erläuterungen vgl. unten Kapitel 5. A.

974 Zu den Unterschieden bei den Zielen der Kartellrechtsordnungen vgl. Kapitel 2. C. II. 1.

2. Definition und Verbot wettbewerbswidriger Praktiken

a) Vergleich

In den Abkommen mit Ecuador/Kolumbien/Peru, Südkorea und Zentralamerika bestimmen die Vertragsparteien, dass wettbewerbsbeschränkende Praktiken insoweit als unvereinbar mit dem ordnungsmäßen Funktionieren des Abkommens angesehen werden, als sie geeignet sind, den gegenseitigen Handel zu beeinträchtigen.[975] Im Abkommen mit Ecuador/Kolumbien/Peru wird zusätzlich in diesem Zusammenhang noch die Beeinträchtigung der Investitionstätigkeit genannt. Für die folgende Definition von wettbewerbsbeschränkenden Praktiken werden fast wörtlich die allgemeine Definition von Art. 101 AEUV (jeweils lit. a) und Art. 102 AEUV (jeweils lit. b) sowie der Sic-Test für die Fusionskontrolle aus Art. 2 der Fusionskontrollverordnung 139/2004 (jeweils lit. c) übernommen.[976] Diese Definitionen sind allerdings sehr allgemein, da sie weder die Regelbeispiele des Art. 101 AEUV und des Art. 102 AEUV noch die sie spezifizierenden Vorschriften, insbesondere das EU-Sekundärrecht und die Leitlinien der Kommission, einschließen. Diese spielen allerdings eine entscheidende Rolle zur Ausgestaltung der sehr allgemeinen Regelungen des AEUV.

Art. 259 Abs. 2 EU-Ecuador/Kolumbien/Peru und Art. 278 Abs. 2 EU-Zentralamerika beinhalten noch die Klarstellung, dass dieses Verbot nach Maßgabe des jeweiligen Wettbewerbs der Vertragsstaaten gilt. Das heißt, dass sich die Auslegung dieser grob definierten wettbewerbswidrigen Handlungen nach dem jeweiligen Recht der Vertragsstaaten bestimmt. Art. 11.1 Abs. 3 EU-Südkorea enthält eine solche Klarstellung nicht. Eine Besonderheit bei Art. 278 Abs. 2 EU-Zentralamerika ist, dass bei der Definition von wettbewerbswidrigen Fusionen anders als bei den anderen Abkommen ein Zusatz fehlt, der bestimmt, dass Fusionen insbesondere dann den Wettbewerb erheblich beeinträchtigen können, wenn diese zu einer Schaffung oder dem Ausbau einer marktbeherrschenden Stellung führen.

Der Zusatz bezüglich einer marktbeherrschenden Stellung bei der Definition von wettbewerbswidrigen Fusionen fehlt auch bei Art. 10.2 Abs. 2 EU-Vietnam. Er ist bei Art. 11.1 Abs. 2 lit. c EU-Singapur vorhanden. Die-

---

975 Art. 259 Abs. 2. EU-Ecuador/Kolumbien/Peru; Art. 11.1 Abs. 3 EU-Südkorea; Art. 278 Abs. 2 EU-Zentralamerika.

976 So auch *Wagner-von Papp*, in: Bungenberg/Krajewski/Tams/Terhechte/Ziegler, EYIEL 2017, S. 301 (334).

se beiden Vorschriften unterscheiden sich von dem eben beschriebenen Abkommen dadurch, dass sie ähnlich definierte wettbewerbswidrige Verhaltensweisen nicht für unvereinbar mit dem Abkommen erklären. Vielmehr ist die Definition von wettbewerbswidrigen Handlungen in dem Artikel integriert, der die Parteien verpflichtet, jeweils ein Kartellrecht aufrechtzuerhalten.[977] Es wird bestimmt, dass die Parteien ein Wettbewerbsrecht aufrechterhalten müssen, welches die definierten wettbewerbswidrigen Verhaltensweisen verbietet. Im Abkommen mit Singapur ist dieses nur insoweit der Fall, als diese geeignet sind, den gegenseitigen Handel zu beeinträchtigen. Im Abkommen mit Vietnam gilt dieses ohne diese Beschränkung. Die Besonderheit des Art. 11.1 Abs. 2 lit. a EU-Singapur ist dabei, dass die Definition von wettbewerbswidrigen Vereinbarungen zwar stark an Art. 101 AEUV angelehnt ist, in Abweichung von diesem und den anderen Abkommen aber explizit horizontale und vertikale Vereinbarungen erwähnt – wobei in einer Fußnote zu dem Wort „vertikale Vereinbarungen" zur Klarstellung auf das Wettbewerbsgesetz Singapurs in diesem Bereich eingegangen wird.

Die Definition von wettbewerbswidrigem Geschäftsgebaren in Art. 17.1 CETA unterscheidet sich insoweit von den Definitionen in den bisher beschriebenen Abkommen, als sie allgemeiner und damit weiter entfernt von der Definition des europäischen Kartellrechts ist. Es fehlt der in den anderen Abkommen und Art. 101 AEUV vorhandene Zusatz, dass die Verhaltensweisen verboten sind, soweit sie die Behinderung, Einschränkung oder Verzerrung des Wettbewerbs „bezwecken oder bewirken". Hiernach werden wettbewerbswidrige Geschäftsgebaren nur als „[…] wettbewerbswidrige Vereinbarungen, abgestimmte Verhaltensweisen oder Abmachungen von Wettbewerbern, wettbewerbswidrige Praktiken marktbeherrschender Unternehmen sowie Zusammenschlüsse mit erheblichen wettbewerbsschädlichen Auswirkungen […]" definiert. Der Zusatz bezüglich einer marktbeherrschenden Stellung bei der Definition von wettbewerbswidrigen Fusionen fehlt damit ebenfalls.

Art. 11.3 Abs. 1 EU-Japan unterscheidet sich noch grundsätzlicher von den anderen Abkommen. Dieser Artikel bestimmt in Verbindung mit Art. 11.2 EU-Japan, dass sich die Definition von wettbewerbswidrigen Praktiken für den jeweiligen Vertragspartner nach dem eigenen Kartellrecht richtet, und listet die zwei verschiedenen Definitionen auf. Für Japan gelten private Monopolbildung (*private monopolisation*), unangemessene Wettbewerbsbeschränkungen (*unreasonable restraint of trade*), unfaire

---

977 Vgl. unten Kapitel 4. A. II. 3.

Handelspraktiken (*unfair trade practices*) und Fusionen oder Übernahmen, die den Wettbewerb in einem bestimmten Handelsbereich erheblich einschränken würden (*mergers or acquisitions which would substantially restrain competition in a particular field of trade*), als wettbewerbswidrige Praktiken.

b) Gründe für den Inhalt

(1) Fehlen eines multilateralen Abkommens

Die Definitionen sind in dem Sinne allgemein gefasst, als sie nicht spezifizieren, was für Verhaltensweisen unter die groben Kategorien von wettbewerbswidrigen Handlungen fallen. Der Grund hierfür liegt auch im Fehlen eines internationalen Übereinkommens zum Kartellrecht.[978] Dadurch gibt es nur einen minimalen Konsens zwischen den Ländern und noch viele Unterschiede in den nationalen Regeln.[979] Dies lässt die Anreize sinken, in diesem Bereich nationale Souveränität abzugeben.[980] Mit anderen Worten: Die EU will ihr eigenes Kartellrecht exportieren, der Vertragspartner möchte aber die Definitionen so allgemein wie möglich halten.[981] Diese Begründung lässt sich auch durch einen Vergleich zu dem benachbarten Gebiet des Beihilferechts verifizieren. In diesem besteht ein Abkommen im Rahmen der WTO.[982] Dieses Abkommen hat dazu beigetragen, dass die Regelungen zum Beihilferecht in den Freihandelsabkommen der EU sehr viel spezieller sind als die im Bereich des Kartellrechts.[983]

---

978 *Bourgeois*, in: FS Maresceau, S. 381 (395).
979 Vgl. oben Kapitel 2. C. II.
980 *Bourgeois*, in: FS Maresceau, S. 381 (395).
981 *Bourgeois*, in: FS Maresceau, S. 381 (395).
982 Die multilateralen Verhandlungen der Uruguay-Runde (1986-1994) – Anhang 1-Anhang 1A – Übereinkommen über Subventionen und Ausgleichsmaßnahmen (WTO-GATT 1994), ABl.EG 1994, Nr. L 336/156; ausführlich zu diesem Abkommen *Herrmann/Weiß/Ohler*, Welthandelsrecht, S. 311 ff.
983 Siehe zu den Beihilferegelungen in den Freihandelsabkommen der EU *Weck/Reinhold*, EuZW 2015, 376 (379 f.); *Neumann*, Export des europäischen Beihilfenrechts, S. 93 ff.

(2) Wirtschaftliche Stärke und Kartellrechtstraditionen

In dem Abkommen mit Japan sind die Regelungen in diesem Bereich am schwächsten, da keine gemeinsame Definition von wettbewerbswidrigen Praktiken vereinbart wurde. Dies hängt damit zusammen, dass Japan der wirtschaftlich stärkste Vertragspartner ist und daher eine bessere Verhandlungsposition hat als die anderen. Japan muss daher nicht von seiner eigenen Definition abweichen. Ähnlich verhält es sich mit Kanada; auch hier ist die Definition weniger präskriptiv als in den anderen Abkommen.[984] Dies hat vermutlich seinen Grund in der wirtschaftlichen Stärke Kanadas.[985] Ein mutmaßlicher weiterer Grund ist, dass Kanada und in geringerem Maße auch Japan über ausgeprägte eigene Kartellrechtstraditionen verfügen und daher nicht von ihrem Recht abweichen wollen. In CETA wurde allerdings immerhin eine sehr allgemeine gemeinsame Definition vereinbart, was jedoch nicht als Versuch gesehen werden kann, die Kartellrechtsregelungen substanziell zu harmonisieren.[986]

Im Gegensatz zu den G-8-Staaten Japan und Kanada ist die Verhandlungsmacht der EU gegenüber wirtschaftlich schwächeren Parteien deutlich größer. Mit diesen anderen Staaten kann die EU, bezogen auf viele Bereiche des Abkommens, ihre Vorstellungen oder sogar Vorlagen für ein Kapitel weitestgehend durchsetzen.[987] In den Abkommen mit Ecuador/Kolumbien/Peru, Singapur, Südkorea und Zentralamerika konnte sich die EU bezüglich der Definition von wettbewerbswidrigen Handlungen durchsetzen und ihre Definition in das Abkommen integrieren, wenn auch nur bezüglich Handlungen, die den gemeinsamen Handel betreffen. Bei dem wirtschaftlich schwächsten Handelspartner Vietnam konnte sogar die Definition vollständig durchgesetzt werden, ohne dass eine Beschränkung dieser Definition auf wettbewerbswidrige Praktiken, die den gemeinsamen Handel betreffen, vorgenommen wurde.

Der Vergleich dieser Regelungen zeigt, dass die Abkommen mit Japan und Kanada als die ersten beiden Abkommen mit G-8-Staaten als Abkommen zwischen gleichwertigen Partnern zu sehen sind. Diese zwei Abkommen lassen sich mehr als Dialog kategorisieren, während die Abkommen

---

984 *Melo Araujo*, The EU Deep Trade Agenda, S. 194.
985 *Demedts*, The long-term potential of an interim-solution, S. 333.
986 *Müller-Ibold*, in: Bungenberg/Hahn/Herrmann/Müller-Ibold, EYIEL Trade Defence, S. 191 (227).
987 *Vergano/Dolle*, J World Trade 2017, 205 (212).

mit den wirtschaftlich schwächeren Vertragspartnern hauptsächlich von den Bedürfnissen und Wünschen der EU geprägt waren.[988]

(3) Weltweite Durchsetzung des EU-Kartellrechtsmodells als Ziel

Unter den Befürwortern der Konvergenz des Wettbewerbsrechts implizieren viele eine Konvergenz zum eigenen System.[989] Die marktbeherrschenden Parteien im Bereich des Wettbewerbsrechts versuchen jeweils ihr eigenes wettbewerbsrechtliches System zu fördern, um dieses zum globalen Standard zu machen.[990] Die EU gehört zu den Akteuren, deren Ziel es ist, das eigene Kartellrechtsmodell weltweit durchzusetzen.[991] Diese Intention lässt sich auch erkennen an Aussagen des ehemaligen Wettbewerbskommissars *Joaquín Almunia* aus dem Jahr 2011. Dieser betonte, dass eine zunehmende Konvergenz der Wettbewerbspolitik und -durchsetzung der richtige Weg sei und dass das EU-Wettbewerbssystem eines der besten, wenn nicht sogar das beste Wettbewerbssystem der Welt sei.[992] Im selben Jahr wurde *Joaquín Almunia* noch konkreter, indem er sagte, dass die Verbreitung der Grundsätze der EU das Ziel sein sollte.[993] Die Definitionen von wettbewerbswidrigen Handlungen in den Freihandelsabkommen können ein erster Schritt in die Richtung des finalen Ziels, der Annäherung des Vertragsstaates an die Kartellrechtsregelungen des „EU-Modells" im Gegensatz zum „Nordamerika-Modell", sein.[994]

c) Bewertung

Bezogen auf das Abkommen mit Japan, wird lediglich der Status quo der Kartellgesetze beider Vertragsstaaten festgestellt. Hierdurch kann keines

---

988 *Demedts*, The long-term potential of an interim-solution, S. 332.

989 *Fox*, in: Fox/Crane, Antitrust Stories, S. 331 (358).

990 *Demedts*, The long-term potential of an interim-solution S. 33.

991 *Van den Bosche*, in: FS Maresceau, S. 365 (374).

992 *Almunia*, Rede v. 11 Februar 2011, Taking stock and looking forward: a year at the helm of EU competition, Revue Concurrences conference: „New Frontiers of Antitrust 2011".

993 *Almunia*, Rede v. 8. April 2011, Recent Developments and Future Priorities in EU Competition Policy, International Competition Forum St. Gallen.

994 *Bourgeois*, in: FS Maresceau, S. 381 (397); *Sokol*, Chi.-Kent L. Rev. 2008, 231 (262); zu dieser Taxonomie vgl. unten Kapitel 4. B. III. 1.

der Probleme, die sich durch die Internationalisierung des Kartellrechts ergeben, gelöst werden. Der Vorteil der Vorschrift ist lediglich, dass die Vertragspartner sich weiterhin versichern, ein Kartellrecht zu haben; sie steuern aber auf keinerlei Konvergenz zu. An den Beispielen des Marktzuganges und der Exportkartelle wird nachfolgend gezeigt, dass die Definition von wettbewerbswidrigen Handlungen und deren Verbot in den anderen Abkommen einen Beitrag zur Lösung einiger Probleme leisten können. Es zeigt sich an diesen Beispielen allerdings auch, dass dieser Beitrag nur minimal sein kann.[995] Oft sind selbst die minimalen Auswirkungen dabei nicht eindeutig.

Eine Marktzugangserleichterung ergibt sich in jedem Fall insofern, als Unternehmen mehr Sicherheit haben, dass wettbewerbswidrige Handlungen ähnlich beurteilt werden, als dies ohne die Regelungen der Fall wäre. Damit steigt die Wahrscheinlichkeit, dass ein Verhalten, welches nach EU-Recht erlaubt ist, auch nach dem Recht des Vertragsstaates erlaubt ist.[996] Aufgrund der Allgemeinheit der Regelungen gibt es allerdings Zweifel daran, wie wirksam die Wettbewerbsbestimmungen in den Freihandelsabkommen insgesamt bei der Beseitigung von Marktzugangshindernissen sind.[997] Dies ist eine Frage, die allenfalls empirisch beantwortet werden kann, was, soweit ersichtlich, bisher noch nicht geschehen ist.[998] Durch das Verbot von wettbewerbswidrigen Handlungen, welche den zwischenstaatlichen Handel beeinträchtigen, werden Exportkartelle, welche sich nicht auf den nationalen Markt auswirken, aber einen Einfluss auf den Markt des Vertragsstaates haben, für mit dem Abkommen unvereinbar erklärt. Somit müssten die Vertragsstaaten gegen solche Verhaltensweisen vorgehen, wenn sie nicht gegen das Abkommen verstoßen wollen. Fraglich ist allerdings, ob dies in der Praxis tatsächlich geschieht oder die Kartellbehörden im Rahmen des Aufgreifermessens weiterhin nur gegen bezweckte oder bewirkte Verfälschungen des Wettbewerbs innerhalb der eigenen Jurisdiktion vorgehen.[999] Die zu erwartende lediglich minimale Wirkung liegt daran, dass die Definitionen sich im Wesentlichen auf

---

995 Allgemein dazu, dass geringe Mindeststandards im Kartellrecht nur eine sehr begrenzte Wirkung haben können, siehe *Budzinski/Kerber*, in: Oberender, Internationale Wettbewerbspolitik, S. 9 (23).

996 *Van den Bosche*, in: FS Marescau, S. 365 (374).

997 *Evenett*, in: Brusick/Alzarez/Cernat, Competition Provisions in Regional Trade Agreements, S. 37 (54).

998 *Evenett*, in: Brusick/Alzarez/Cernat, Competition Provisions in Regional Trade Agreements, S. 37 (54).

999 Zum Aufgreifermessen der EU-Kommission vgl. oben Kapitel 2. D. I. 4. a).

Leitprinzipien beschränken. Das heißt, es werden Kartellabsprachen, der Missbrauch einer marktbeherrschenden Stellung und die Fusionskontrolle geregelt, indem sie, ohne ins Detail zu gehen, nur in grober Form definiert werden. Hierbei besteht die Gefahr, dass solche Regeln „selektiv" angewandt, falsch oder funktional interpretiert werden, weil es de facto keinen Wunsch nach einem anderen Standard als dem der nationalen Präferenz gibt.[1000]

Im Vergleich zu den anderen Versuchen, mit der Internationalisierung des Kartellrechts umzugehen, beispielsweise im Rahmen der OECD und des ICN, sind die Definitionen und Verbote wettbewerbswidriger Verhaltensweisen trotz ihrer mutmaßlich nur minimalen Wirkung eine sinnvolle Ergänzung. Die anderen Versuche können vor allem in verfahrensrechtlicher Hinsicht Erfolge vorweisen.[1001] Die Konvergenz des materiellen Kartellrechts wird daher nicht ausreichend oder nicht erfolgreich genug behandelt. In diese Lücke können die Definitionen und Verbote von wettbewerbswidrigem Verhalten in den Freihandelsabkommen stoßen, indem sie einen Beitrag hin zu einer größeren Konvergenz des materiellen Kartellrechts liefern.

3. Einführungs- und Bestandsverpflichtungen für Kartellrecht und Kartellbehörden

Art. 11.1 Abs. 2 EU-Südkorea beinhaltet die Verpflichtung, ein umfassendes Kartellrecht anzuwenden, welches wirksam gegen wettbewerbswidrige Praktiken vorgeht. Wettbewerbswidrige Praktiken werden ähnlich wie in Art. 17.1 CETA definiert. Hierbei wird in Fußnote 78 des Abkommens mit Südkorea klargestellt, dass die Vertragsparteien die Anwendung dieses Artikels in Bezug auf abgestimmte Verhaltensweisen in ihren jeweiligen Wettbewerbsgesetzen regeln. Nach Art. 11.3 Abs. 1 EU-Südkorea sorgen die Parteien dafür, dass sie eine angemessen ausgestattete Behörde zur Durchsetzung dieses Rechts behalten. Ähnliche Verpflichtungen enthalten auch Art. 260 Abs. 1, 2, 4 EU-Ecuador/Kolumbien/Peru und Art. 279 EU-Zentralamerika. Im Gegensatz zu Art. 11.1 Abs. 2 EU-Südkorea verweisen diese jedoch auf die jeweiligen Definitionen von wettbewerbswidrigen Praktiken, wie sie in dieser Arbeit dargestellt wurden. In ähnlicher Weise

---

1000 Bezogen auf ein multilaterales Kartellrechtsabkommen ähnlich *Demedts*, The long-term potential of an interim-solution, S. 34.
1001 Vgl. oben Kapitel 3.

enthält Art. 11.1 Abs. 2 in Verbindung mit Art. 11.2 Abs. 1 EU-Singapur eine solche Verpflichtung. Art. 279 Abs. 2, 3 EU-Zentralamerika in Verbindung mit Art. 277 des Abkommens enthält darüber hinaus noch Fristen für die Annahme von Wettbewerbsgesetzen und die Einrichtung sowie Benennung von Wettbewerbsbehörden. Ebenfalls eine ähnliche Regelung enthält das Abkommen mit Japan in Art. 11.3 Abs. 1 und Art. 11.4. Letzterer Artikel betont insbesondere, dass die Wettbewerbsbehörde operationell unabhängig bleiben muss. Alle Abkommen unterschreichen dabei die Autonomie der Vertragsstaaten bezüglich ihrer Wettbewerbsbehörden und Wettbewerbsgesetze. Art. 17.2 Abs. 2 CETA enthält lediglich die Regelung, dass die Vertragsstaaten „geeignete Maßnahmen" gegen wettbewerbswidrige Handlungen treffen müssen. Eine Regelung bezüglich der Aufrechterhaltung einer unabhängigen Wettbewerbsbehörde fehlt in dem Abkommen mit Kanada mutmaßlich, da Kanada im Vergleich zu den anderen Vertragspartnern über eine sehr viel längere Kartellrechtstradition verfügt und im Gegensatz zu Japan sein Kartellrecht auch sehr viel länger schon konsequent durchsetzt.[1002] In allen anderen Abkommen besteht eine solche Verpflichtung. Die Verpflichtungen haben vor allem politischen und symbolischen Wert.[1003]

4. Rechtsstaatliche Grundsätze

Nach Art. 11.3 Abs. 2 EU-Südkorea erkennen die Vertragsparteien an, wie wichtig eine „transparente, fristgemäße und diskriminierungsfreie" Anwendung des Wettbewerbsrechts ist, „bei der die Grundsätze des fairen Verfahrens und des Rechts auf Verteidigung für die betroffenen Parteien respektiert werden". Fast wortgleich hierzu ist Art. 260 Abs. 3 EU-Ecuador/Kolumbien/Peru. Ähnlich ist Art. 11.2 Abs. 2 EU-Singapur, der jedoch noch schärfer als Verpflichtung formuliert ist. Speziell betont wird in dieser Vorschrift zusätzlich das Recht auf rechtliches Gehör. Wie Art. 11.2 Abs. 2 EU-Singapur enthält auch Art. 10.3 Abs. 4 EU-Vietnam eine solche Verpflichtung, wobei speziell darauf eingegangen wird, dass die transparente und diskriminierungsfreie Anwendung sich insbesondere auf private und öffentliche Unternehmen bezieht. Eine Verpflichtung ähnlich der im Abkommen mit Südkorea findet sich auch in Art. 17.2 Abs. 4 CETA, wobei das Recht auf Verteidigung nicht erwähnt wird, aber zusätzlich

---

1002 Vgl. oben Kapitel 2. B. III.
1003 Vgl. unten Kapitel 4. C. II.

vereinbart ist, dass Ausnahmen der Anwendung des Wettbewerbsrechts transparent sein müssen.

Art. 11.5 und Art. 11.6 EU-Japan spezifizieren die Verpflichtung zur diskriminierungsfreien Anwendung und Verfahrensgerechtigkeit in Bezug auf das Kartellrecht dahingehend, dass das jeweilige Kartellrecht unabhängig von der Nationalität und den Eigentumsverhältnissen der Unternehmen angewendet werden muss. Art. 11.7 EU-Japan verpflichtet die Vertragsparteien, ihr Kartellrecht in transparenter Weise anzuwenden und zusätzlich Transparenz in der Kartellrechtspolitik voranzutreiben.

Im Kartellrechtskapitel des Abkommens mit Zentralamerika fehlt eine entsprechende besondere Vorschrift. Das Abkommen weist nur in Art. 279 Abs. 1 EU-Zentralamerika im Rahmen der Verpflichtung zur Errichtung oder Beibehaltung einer Wettbewerbsbehörde darauf hin, dass diese so ausgestaltet werden muss, dass sie das Wettbewerbsrecht transparent anwenden kann.

Insgesamt lässt sich festhalten, dass alle Abkommen rechtsstaatliche Grundsätze ansprechen. Die Regelungen sind allerdings allgemein sehr schwach. Dies zeigt sich insbesondere bei einem Vergleich mit den Regelungen in US-amerikanischen Freihandelsabkommen und TTP.[1004] Trotzdem wird die Aufnahme dieser Grundsätze besonders von Wirtschaftsverbänden als wichtig angesehen und begrüßt.[1005] Das hängt mutmaßlich damit zusammen, dass sich die Unternehmen auf verschiedene Kartellgesetze einstellen können, auch wenn dies zusätzlich Kosten bedeutet. Allerdings ist es nicht möglich, Planungssicherheit zu haben, wenn rechtsstaatliche Grundsätze im Kartellrecht nicht eingehalten werden.

1004 Vgl. unten Kapitel 4. B. III.
1005 Siehe bspw. *Bund Deutscher Industrie*, CETA Stellungnahme für die öffentliche Anhörung des Ausschusses für Wirtschaft und Energie des Deutschen Bundestages, S. 15.

5. Kooperations- und Koordinationsregelungen

a) Vergleich und Gründe für den Inhalt

(1) Abkommen mit einem Verweis auf ein Kooperationsabkommen

Kooperationsregelungen in den Abkommen mit Kanada, Japan und Südkorea sind nicht besonders zahlreich vorhanden.[1006] Auf den ersten Blick mag das verwundern, da gerade diese Staaten im Vergleich zu den anderen Vertragspartnern besonders aktiv in der Durchsetzung ihres Kartellrechts mit weltweiten Auswirkungen sind, sodass gerade hier Regelungen besonders dringend erscheinen.[1007] Die Erklärung hierfür liegt darin, dass die Wichtigkeit der Abstimmung mit diesen Jurisdiktionen bereits zu kartellrechtspezifischen Kooperationsabkommen geführt hat, welche vor den Freihandelsabkommen abgeschlossen wurden und auf welche die Freihandelsabkommen verweisen.[1008] Mit Kanada, Japan und Südkorea bestand vor der Vereinbarung des Kartellrechtskapitels ein Kooperationsabkommen der Wettbewerbsbehörden, auf das die Regelungen in den jeweiligen Kartellrechtskapiteln hauptsächlich verweisen. Mit Südkorea schloss die EU vor dem Abschluss des Freihandelsabkommens am 23. Mai 2009 das „Abkommen zwischen der Europäischen Gemeinschaft und der Regierung der Republik Korea über die Zusammenarbeit bei wettbewerbswidrigen Verhaltensweisen"[1009] ab. Art. 11.6 Abs. 2 EU-Südkorea verweist in Bezug auf „die Zusammenarbeit der Wettbewerbsbehörden, Notifikationen, Konsultationen und den Austausch nichtvertraulicher Informationen" hierauf. Art. 11.8 Abs. 1 EU-Japan verweist bezüglich der Zusammenarbeit auf das am 10. Juli 2003 unterzeichnete „Abkommen zwischen der Europäischen Gemeinschaft und der Regierung von Japan über die Zusammenarbeit bei wettbewerbswidrigen Verhaltensweisen"[1010]. Art. 17.2 Abs. 3 CETA verweist, bezogen auf die Zusammenarbeit der Wettbewerbsbehörden, auf das „[...] am 17. Juni 1999 in Bonn unterzeichnete(n) Ab-

---

1006 *Wagner-von Papp*, in: Bungenberg/Krajewski/Tams/Terhechte/Ziegler, EYIEL 2017, S. 301 (333).

1007 *Wagner-von Papp*, in: Bungenberg/Krajewski/Tams/Terhechte/Ziegler, EYIEL 2017, S. 301 (333), welcher Japan nicht erwähnt, was aber daran liegt das zum Zeitpunkt der Publikation das Abkommen noch nicht vorlag.

1008 *Wagner-von Papp*, in: Bungenberg/Krajewski/Tams/Terhechte/Ziegler, EYIEL 2017, S. 301 (333).

1009 ABl.EU 2009, Nr. L 202/36.

1010 ABl.EU 2003, Nr. L 183/12.

kommen zwischen den Europäischen Gemeinschaften und der Regierung von Kanada über die Anwendung ihres Wettbewerbsrechts".[1011] Ein Unterschied besteht in der Art des Verweises. Während Art. 11.6 Abs. 1 EU-Südkorea zwar auf die Wichtigkeit der Kooperation verweist und Art. 11.8 Abs. 1 EU-Japan feststellt, dass die Kooperation im Rahmen des Kooperationsabkommens im gemeinsamen Interesse liegt, vereinbaren die Vertragsparteien in Art. 17.2 Abs. 3 CETA eine Verpflichtung zur Zusammenarbeit im Einklang mit dem Kooperationsabkommen (*shall cooperate*).

Diese Verweise werden in den drei Abkommen jeweils durch weitere Vorschriften ergänzt. Im Abkommen EU-Südkorea ist diese Ergänzung am ausführlichsten. Nach Art. 11.7 Abs. 1 EU-Südkorea besteht eine Verpflichtung zu Konsultationen, wenn das Kooperationsabkommen keine spezielleren Regeln enthält. Dies soll auch zur „gegenseitigen Verständigung" beitragen. Nach Art. 11.7 Abs. 3 EU-Südkorea „bemüht" sich jede Vertragspartei, im Rahmen möglicher Konsultationen nichtvertrauliche Informationen zur Verfügung zu stellen. Dies ergänzt die Regelung in Art. 11.3 Abs. 3 EU-Südkorea, in dem sich jede Vertragspartei verpflichtet, auf Ersuchen der anderen öffentliche Informationen über die „Durchführung des Wettbewerbsrechts und über ihre Rechtsvorschriften" im Zusammenhang mit dem Kartellrechtskapitel zur Verfügung zu stellen. Der Konsultationsmechanismus in Art. 11.7 EU-Südkorea ähnelt auf den ersten Blick Art. 8 des Wettbewerbsabkommen EU-Südkorea, er geht jedoch über diesen hinaus.[1012] Der Konsultationsmechanismus bezieht das gesamte Wettbewerbskapitel des Abkommens zwischen der EU und Südkorea mit ein, das heißt, dass auch aktuelle Angelegenheiten, die von den Vertragsparteien als Beeinträchtigung des fairen Wettbewerbs angesehen werden, besprochen werden können.[1013] Das ist vor allem deshalb möglich, da die Vertragsparteien gemäß Art. 11.7 Abs. 2 EU-Südkorea das Recht haben, Angelegenheiten „unverzüglich" zu erörtern, und nicht nur einmal im Jahr, wie es nach Art. 8 Abs. 2 des Wettbewerbsabkommens zwischen der EU und Südkorea der Fall ist.[1014]

Die Vorschriften zur Kooperation und zum Informationsaustausch in CETA und im Abkommen mit Japan, welche über den reinen Verweis auf das Kooperationsabkommen der Wettbewerbsbehörden hinausgehen, sind dagegen kryptisch. Art. 11.8 Abs. 2 EU-Japan betont lediglich, dass

---

1011 ABl.EG 1999, Nr. L 175/50.
1012 *Baier*, ÖZK 2012, 174 (177).
1013 *Baier*, ÖZK 2012, 174 (177).
1014 *Baier*, ÖZK 2012, 174 (177).

es den Parteien im Rahmen des Kooperationsabkommens erlaubt ist, sich gegenseitig Informationen zur Verfügung zu stellen, um die Kooperation und Koordination zu fördern. Art. 17.2 Abs. 4 CETA verweist darauf, dass sich die Vertragsparteien gegenseitig die öffentlichen Informationen zu Ausnahmen ihrer jeweiligen Kartellrechtsregeln zur Verfügung stellen.

(2) Abkommen ohne einen Verweis auf ein Kooperationsabkommen

Die weiteren Abkommen enthalten ebenfalls Kooperations- und Koordinationsregelungen, ohne jedoch auf ein Kooperationsabkommen der Wettbewerbsbehörden zu verweisen, da mit diesen Vertragspartnern zum Zeitpunkt des Abschlusses der Abkommen ein solches nicht bestand und auch beim Verfassen dieser Arbeit (noch) nicht besteht.

In Art. 259 Abs. 3 EU-Ecuador/Kolumbien/Peru erkennen die Parteien zunächst an, dass eine Zusammenarbeit und Koordinierung wichtig ist, um in Art. 261 Abs. 1 EU-Ecuador/Kolumbien/Peru zu vereinbaren, dass sich die Vertragsparteien „nach besten Kräften" dafür einsetzen, dass ihre Wettbewerbsbehörden zusammenarbeiten. Art. 261 Abs. 6 EU-Ecuador/Kolumbien/Peru regt dabei nach Maßgabe der Interessen und Kapazitäten eine Vertiefung der Zusammenarbeit durch „geeignete Mittel und Instrumente" an. In ähnlicher Weise erkennen in Art. 11.11 EU-Singapur die Vertragsparteien die Wichtigkeit der Kooperation und der Koordination an, um die Effektivität der Rechtsdurchsetzung weiter zu verbessern. Die Vertragsparteien vereinbaren, dass sich die entsprechenden Behörden um eine Koordinierung und Zusammenarbeit bei der Durchsetzung ihrer jeweiligen Gesetze bemühen.

Die Zurverfügungstellung von nichtvertraulichen Informationen in Kartellrechtssachverhalten ist im Abkommen mit Singapur gemäß Art. 11.13 Abs. 3 nur im Rahmen einer Konsultation explizit genannt. Art. 11.12 Abs. 1 EU-Singapur beinhaltet daneben eine Verpflichtung zur Geheimhaltung von übermittelten Informationen, die sich sowohl auf den Kartellrechtsteil des Wettbewerbskapitels als auch auf den Abschnitt bezüglich öffentlicher Unternehmen, Unternehmen mit besonderen oder ausschließlichen Rechten und staatliche Monopole und den Beihilferechtsteil bezieht. Hiernach müssen Geschäftsgeheimnisse und andere vertrauliche Informationen, die im Rahmen des Abkommens ausgetauscht werden, geschützt werden. Art. 11.2 Abs. 2 EU-Singapur spezifiziert diese Verpflichtung dahingehend, dass diese nach Maßgabe der nationalen Gesetze vertraulich zu behandeln sind,wenn Informationen auf Grundlage des Abkommens im Vertrauen mitgeteilt werden. In ähnlicher Weise erlaubt Art. 261 Abs. 4 EU-Ecuador/Kolumbien/Peru den Informationsaustausch und weist darüber hinaus in Art. 261 Abs. 3 EU-Ecuador/Kolumbien/Peru explizit auf einen Informationsaustausch in Kartellrechtsangelegenheiten hin. Das Abkommen mit Zentralamerika weist ebenfalls in Art. 281 Abs. 1 auf die Möglichkeit des Austausches von nichtvertraulichen Informationen in Kartellrechtsangelegenheiten hin. Neben der Einschränkung, die auch in den anderen Abkommen enthalten ist, dass dieser Austausch im Rahmen der Gesetze der Vertragsparteien erfolgen muss, betont Art. 281 Abs. 3 EU-Zentralamerika ausdrücklich, dass keine Verpflichtung zum Austausch von Informationen besteht. Es weist darauf hin, dass die Weitergabe nicht erfolgen muss, wenn dies nicht im Interesse der Vertragspartei ist. Sollte sich eine Partei jedoch zur Weitergabe von Informationen entschließen, dürfen die Informationen nur gemäß den von der anderen Vertragspartei genannten Bedingungen benutzt werden. Art. 10.12 EU-Vietnam ähnelt diesen Vorschriften in Bezug auf die Beschränkung der Weitergabe sehr stark. Der Unterschied ist, dass der Austausch von Informationen in Bezug auf kartellrechtsrelevante Sachverhalte ansonsten in keinem Artikel dieses Abkommens erwähnt wird, sondern nur in Bezug auf Beihilfesachverhalte.

Die Möglichkeit der jeweiligen Wettbewerbsbehörden, sich gegenseitig zur Zusammenarbeit bei Durchsetzungsmaßnahmen zu ersuchen, eröffnet Art. 261 Abs. 2 EU-Ecuador/Kolumbien/Peru. Es wird aber klargestellt, dass die Wettbewerbsbehörden weiterhin unabhängige Entscheidungen treffen können. Eine ähnliche Regelung enthält auch Art. 281 Abs. 2 EU-Zentralamerika. Das Abkommen mit Ecuador/Kolumbien/Peru enthält zusätzlich die Spezifizierung in Art. 261 Abs. 5 EU-Ecuador/Kolumbien/Peru, dass sich die Vertragsparteien insbesondere zur Einleitung von Durchsetzungsmaßnahmen nach ihren jeweiligen Kartellgesetzen gegenseitig ersuchen können. Dies ist dann möglich, wenn sie der Meinung sind, dass ein nach Art. 259 Abs. 2 EU-Ecuador/Kolumbien/Peru wettbewerbswidriges Verhalten vorliegt, welches sich nachteilig auf ihr Gebiet oder auf die Handelsbeziehungen auswirkt. Diese Vorschrift kann als eine sogenannte „positive comity"-Regelung kategorisiert werden.[1015] Des Weiteren regelt Art. 262 EU-Ecuador/Kolumbien/Peru, dass sich die Vertragsparteien, soweit die „erforderlichen" Mittel vorhanden sind, so rasch wie möglich über Durchsetzungsmaßnahmen notifizieren, wenn diese in ihren Augen „wichtige Interessen" der anderen Vertragspartei betreffen können.

1015 *Demedts*, The long-term potential of an interim-solution, S. 326; zur „positive comity" vgl. oben Kapitel 3. A. I.

Wie im Abkommen mit Südkorea wird in Art. 265 Abs. 1 EU-Ecuador/Kolumbien/Peru und Art. 11.13 Abs. 1 EU-Singapur darüber hinaus ein Konsultationsmechanismus vereinbart. Dieser dient auch der Unterstützung des „gegenseitigen Verständnisses" und damit der Kooperation und Koordination zwischen den Vertragsparteien.

Die Oberflächlichkeit der Kooperations- und Koordinationsvorschriften, insbesondere im Vergleich zu den Kooperationsabkommen der Wettbewerbsbehörden, lässt sich dadurch erklären, dass diese federführend von der *Generaldirektion Handel* und nicht durch die *Generaldirektion Wettbewerb* verhandelt werden.[1016] Sie werden daher nicht federführend von den eigentlichen Experten und späteren Anwendern der Vorschriften verhandelt. Ein weiterer Grund ist mutmaßlich die geringe praktische Relevanz von zum Teil sogar ausführlicheren Regelungen in den Abkommen der „ersten Generation".[1017] Mutmaßlich hat sich insbesondere aufseiten der EU die Erkenntnis durchgesetzt, dass es einen nicht lohnenswerten Einsatz von Ressourcen darstellt, diese Regelungen ausführlicher zu verhandeln, wenn die Wettbewerbsbehörden in der Praxis nicht ausreichend Gebrauch von diesen machen.

b) Bewertung

(1) Bedeutung von Kooperation im Allgemeinen

Der Wert von Kooperationen zwischen Kartellbehörden besteht darin, dass durch den Austausch Konflikte zwischen ihnen vermieden und ein besseres Verständnis füreinander entwickelt werden kann.[1018] Außerdem können durch eine Zusammenarbeit eine Konvergenz bei Regeln und Vorgehensweisen erreicht werden.[1019] Durch die Koordinierung können die Kosten sowohl für die Wettbewerbsbehörden als auch für die Unternehmen gesenkt werden.[1020] Diese Kostensenkung ist vor allem bei Standardisierungsprozessen im Notifikations- und Verfahrensprozedere sowie bei einem Informationsaustausch zwischen den Kartellbehörden gege-

---

1016 Vgl. unten Kapitel 4. A. II. 5. b) (4).
1017 Für eine Darstellung der Kooperations- und Koordinationsregelungen in den Abkommen der „ersten Generation" vgl. unten Kapitel 4. B. I. 3. Für die geringe praktische Relevanz vgl. unten Kapitel 4. A. II. 5. b) (3).
1018 *Bourgeois*, in: FS Maresceau, S. 381 (387).
1019 *Bourgeois*, in: FS Maresceau, S. 381 (387).
1020 *Budzinski/Kerber*, in: Oberender, Internationale Wettbewerbspolitik, S. 9 (20).

ben.[1021] Es ist zu beobachten, dass die internationale Zusammenarbeit zwischen den Wettbewerbsbehörden entsprechend der Bedeutung der Kooperation und Koordination stetig steigt.[1022] Entsprechend dieses weltweiten Trends steigt auch die Kooperationen zwischen der EU-Kommission und anderen Kartellbehörden stetig. Es wird geschätzt, dass in 30 % bis 50 % der wichtigsten Fälle der *Generaldirektion Wettbewerb* der letzten Jahre eine internationale Zusammenarbeit stattfand.[1023]

(2) Vorteile in der Theorie

Durch die Aufnahme von Kooperationsregelungen in den Freihandelsabkommen werden Möglichkeiten geschaffen, persönliche und institutionelle Verbindungen zwischen den Kartellbehörden aufzubauen respektive zu verstärken.[1024] Die Regelungen können als Katalysator dienen, da sie zu Kontakten zwischen Kartellbehörden führen können, mit denen eine Kooperation ansonsten nicht zustande gekommen wäre.[1025] Die Regelungen in den Freihandelsabkommen verleihen der Kooperation eine Legitimität.[1026] Mehr noch als in Systemen, die auf Präjudizien setzen (*Common-law-Systeme*), ist dies entscheidend für Systeme mit einem hauptsächlich kodifizierten Recht (*Civil-law-Systeme*), da diese mit den Kooperations- und Koordinationsregelungen in den Freihandelsabkommen eine ordnungsgemäß Grundlage für den Austausch, zum Beispiel auf Konferenzen, haben.[1027] Der *Generaldirektor Wettbewerb* betont demensprechend die

---

1021 *Budzinski/Kerber*, in: Oberender, Internationale Wettbewerbspolitik, S. 9 (20).
1022 *Demedts*, The long-term potential of an interim-solution, S. 23 f. m. w. N.
1023 *Demedts*, The long-term potential of an interim-solution, S. 23 f. m. w. N.
1024 *Sokol*, Chi.-Kent L. Rev. 2008, 231 (259).
1025 *Sokol*, Chi.-Kent L. Rev. 2008, 231 (275).
1026 *Bourgeois*, in: FS Maresceau, S. 381 (396).
1027 *Sokol*, Chi.-Kent L. Rev. 2008, 231 (275). Die Kooperation zwischen den Kartellbehörden der beiden Common-law-Systeme USA und Großbritannien, die viel miteinander in Kontakt treten, funktioniert auch ohne Kooperationsregelungen gut. Die britische Kartellbehörde schließt daraus, dass nach dem „Brexit" aufgrund des Einzelfalles entschieden werden sollte, mit welchen Kartellbehörden Kooperationsvereinbarungen getroffen werden sollten und mit welchen dies nicht notwendig ist; siehe House of Lords, EU Select Committee Internal Market Sub-Committee inquiry into Brexit and competition, Competition and Markets Authority – Written evidence (CMP0002), 21.7.2017, Rn. 43.

Wichtigkeit von Regelungen zur Zusammenarbeit zwischen Wettbewerbsbehörden.[1028]

(3) Praktische Bedeutung

Die Frage ist, ob die Vorteile, die sich theoretisch aus den Kartellrechtsregelungen ergeben, auch in der Praxis genutzt werden, das heißt, ob die Kooperationsregelungen in den Freihandelsabkommen einen Beitrag zu der verstärkten Kooperation in der Praxis leisten. Die Kooperationsregelungen, zumindest in den Freihandelsabkommen der „ersten Generation" vor 2006, scheinen in der Praxis keine große Bedeutung zu haben. In einer Umfrage des ICN im Jahr 2007, bezogen auf die Zusammenarbeit bezüglich internationaler Kartelle, hat nur eine Kartellbehörde angegeben, auf Grundlage einer Kooperationsregelung in einem Freihandelsabkommen mit einer anderen Kartellbehörde zusammengearbeitet zu haben. Eine weitere Behörde hat eine Zusammenarbeit auf der Grundlage einer solchen Regelung versucht, jedoch hinderten Vertraulichkeitserfordernisse die andere Jurisdiktion daran, positiv auf das Ersuchen zu reagieren.[1029] In den Abkommen mit Staaten, mit denen kein Kooperationsabkommen besteht, sind die Kooperationsregelungen schwach formuliert und wenig ausführlich. Dies hat vermutlich den Grund, dass der bürokratischen Aufwand der Verhandlung so gering wie möglich gehalten werden sollte.[1030] Die Regelungen zeugen von einer geringen Erwartung, dass die Kooperation in Zukunft über diese bereits vorhandene Kooperation hinausgehen wird.[1031] Dies erscheint auch sinnvoll, da, wie gezeigt, die sogar ausführlicheren Kooperations- und Koordinationsregelungen in den Abkommen der „ersten Generation" wenig genutzt wurden.[1032] Eine Kooperation scheint eher

---

1028 EU-Kommission, Bericht über die Wettbewerbspolitik 2017, 25 f.
1029 ICN, Cartels Working Group, Subgroup 1 – general framework. Cooperation between Competition Agencies in Cartel Investigations, Report to the ICN Annual Conference Moscow May 2007, S. 15. Verfügbar unter auf der Website des ICN (https://www.internationalcompetitionnetwork.org/wp-content/uploads/2018/05/CWG_Cooperation.pdf), zuletzt besucht am 19.2.2019.
1030 Podszun, in: Terhechte, Internationales Kartell- und Fusionskontrollverfahrensrecht, S. 2048 (2069).
1031 Podszun, in: Terhechte, Internationales Kartell- und Fusionskontrollverfahrensrecht, S. 2048 (2069).
1032 Zu den Kooperations- und Koordinationsregelungen der Abkommen der „ersten Generation" vgl. unten Kapitel 4. B. I. 3.

informell, vor allem im Rahmen des ICN, stattzufinden.[1033] Somit scheint der Hauptvorteil der Kooperations- und Koordinierungsregelungen in den Freihandelsabkommen die bereits angesprochene Legitimierung informeller Kontakte zu sein.

(4) Vergleich mit bilateralen Kooperationsabkommen

Die Kooperationsregelungen in den Kooperationsabkommen sind sehr viel spezifischer als die allgemeineren Bestimmungen innerhalb der Freihandelsabkommen; sie haben damit eine größere Wirkung.[1034] Mit den Kooperationsabkommen wird alles erreicht, was die Kartellbehörden benötigen, um ihre Arbeit besser erledigen zu können, was damit zusammenhängt, dass sie von den Kartellbehörden selbst ausgehandelt werden.[1035] Im Gegensatz dazu wird bei Freihandelsabkommen durch Dritte, das heißt Handelsministerien, versucht, die Zusammenarbeit zu verstärken.[1036]

Allerdings können Probleme, die sich aus der Unterschiedlichkeit der Kartellrechtsregime ergeben, nicht durch die Kooperationsabkommen gelöst werden.[1037] Ein Vorteil der Freihandelsabkommen ist daher, dass sie zusätzlich zu Kooperations- und Koordinationsregelungen auch materiellrechtliche Regelungen enthalten. Während bilaterale Kooperationsabkommen zwischen den Wettbewerbsbehörden nur auf Kooperation setzen, verbinden die Kartellrechtsregelungen in den Freihandelsabkommen die Vorteile von Kooperation und Konvergenz des materiellen Kartellrechts. Der Mehrwert der Kartellrechtsregelungen in den Freihandelsabkommen im Vergleich zu den Kooperationsabkommen der Wettbewerbsbehörden ist damit, dass der Inhalt des Kartellrechtskapitels über diese hinausgeht.[1038] Die Vereinbarung gemeinsamer materiell-rechtlicher Grundsätze unterstützt die wirksame Durchsetzung des Wettbewerbs als Grundlage für

---

1033 Vgl. oben Kapitel 3. C. III.

1034 *Sokol*, Chi.-Kent L. Rev. 2008, 231 (275).

1035 *Sokol*, Chi.-Kent L. Rev. 2008, 231 (275).

1036 *Sokol*, Chi.-Kent L. Rev. 2008, 231 (275 f.).

1037 *Drexl*, in: Oberender, Internationale Wettbewerbspolitik, S. 41 (49); *Budzinski/Kerber*, in: Oberender, Internationale Wettbewerbspolitik, S. 9 (20); *Klodt*, Wege zu einer globalen Wettbewerbsordnung, S. 61.

1038 So bezogen auf das TTIP-Abkommen *Laprévote*, Interview with Johannes Laitenberger, Concurrences Review Special Issue: New frontiers of antitrust 2016, 1 (20); ähnlich auch *Lo*, in: Hwang, The Role of Competition Law/Policy in the Socio-Economic Development, S. 47 (56).

den Ausbau und die Stärkung der internationalen Zusammenarbeit.[1039] Diese Vorteile könnten allerdings auch erreicht werden, wenn mit allen Vertragspartnern ein Kooperationsabkommen abgeschlossen wird und das Freihandelsabkommen mit den ergänzenden materiellen Regelungen auf dieses Abkommen verweist, wie es in den Abkommen mit Kanada, Japan und Südkorea der Fall ist. Allerdings haben die Kooperationsabkommen hohe Transaktionskosten, da sie viel Zeit und Personal kosten.[1040] Sie werden daher nur dann abgeschlossen, wenn beide Seiten ein sehr starkes Interesse an einer Kooperation haben und sich der Verhandlungsaufwand somit lohnt.[1041] In diesem Zusammenhang ist vor allem ein Nachteil der Entwicklungsländer erkennbar. Diese sind auf die Zusammenarbeit mit den Kartellbehörden der Industriestaaten, aus denen die Unternehmen, die wettbewerbswidrig handeln, meistens stammen, angewiesen.[1042] Die Kartellbehörden der Industriestaaten wiederum haben nur ein geringes Interesse an Kooperation, da im Gegenzug Unternehmen aus den Entwicklungsländern nur selten auf den Märkten der Industrienationen in Erscheinung treten.[1043] Die bilaterale Kooperation zwischen Industrie- und Entwicklungsländern ist daher sehr viel seltener, da der Vorteil für Industrieländer nicht eindeutig ist.[1044] Gerade für und mit Staaten, bei denen die Verhandlung von aufwändigen bilateralen Kooperationsabkommen oder *Memoranda of Understanding* nicht geplant ist, können die Regelungen in den Freihandelsabkommen die Lücke füllen, die durch das Fehlen solcher Vereinbarungen besteht.[1045] Im Gegensatz zu den Kooperationsabkommen haben Industriestaaten ein höheres Interesse an Freihandelsabkommen mit Entwicklungsländern, wie sich am Beispiel der Freihandelsabkommen der EU zeigt, welche mit sehr viel mehr Ländern Freihandelsabkommen mit Kartellrechtsregelungen abgeschlossen hat als Kooperationsabkommen zwischen den Wettbewerbsbehörden. Des Weiteren kann im Vergleich zu den Kooperationsabkommen der besondere Wert von

---

1039 So bezogen auf das TTIP-Abkommen *Laprévote*, Interview with Johannes Lait-
       enberger, Concurrences Review Special Issue: New frontiers of antitrust 2016,
       1 (20); ähnlich auch *Lo*, in: Hwang, The Role of Competition Law/Policy in
       the Socio-Economic Development, S. 47 (56).
1040 *Sokol*, Chi.-Kent L. Rev. 2008, 231 (275).
1041 *Drexl*, in: Oberender, Internationale Wettbewerbspolitik, S. 41 (49).
1042 *Drexl*, in: Oberender, Internationale Wettbewerbspolitik, S. 41 (49).
1043 *Drexl*, in: Oberender, Internationale Wettbewerbspolitik, S. 41 (49).
1044 *Bourgeois*, in: FS Maresceau, S. 381 (393); *Bradford*, in: Guzman, Cooperation,
       Comity and Competition Policy, S. 319 (324).
1045 *Kameoka*, Competition Law and Policy in Japan and the EU, S. 190.

Freihandelsabkommen in der Bindungswirkung gesehen werden.[1046] Die Effektivität der Kooperationsabkommen wird dadurch geschmälert, dass sie keine Verpflichtungen zur Kooperation enthalten.[1047] Die rechtliche Unverbindlichkeit ist trotz der beschriebenen Vorteile gleichzeitig die größte Schwäche der Abkommen, da Alleingänge und Entscheidungen aus nationalen politischen oder wirtschaftlichen Interessen nicht ausgeschlossen werden.[1048] In Bezug auf strategische Anwendung des nationalen Wettbewerbsrechts sind unverbindliche Kooperationen zu schwach, den Einfluss der dahinterstehenden Interessengruppen auszugleichen.[1049]

Im Vergleich hierzu sind zumindest einige der Kooperationsregelungen in den Freihandelsabkommen verbindlich. Ein Nachteil der Kooperationsabkommen ist ihr demokratisches Defizit, da sie von keinem Parlament abgesegnet und daher unter dem politischen Radar abgeschlossen werden.[1050] In der EU ist dagegen zu jedem Freihandelsabkommen seit dem Vertrag von Lissabon die konstitutive Zustimmung des Europäischen Parlaments gemäß Art. 218 Abs. 6 UAbs. 2 lit. a Ziff. v AEUV notwendig.[1051] Zusätzlich existieren während des gesamten Vertragsschlussverfahrens weitreichende Unterrichtungspflichten zugunsten des Parlaments gem. Art. 218 Abs. 10 AEUV.[1052] Dies stärkt die demokratische Legitimation der Freihandelsabkommen.[1053] Zusätzlich werden viele Freihandelsabkommen aus politischen Gründen als sogenannte „gemischte Abkommen" abgeschlossen, sodass auch noch ein mitgliedschaftlicher Ratifikationsprozess durchgeführt wird.[1054] Im Rahmen dieses Ratifikationsprozesses werden die Freihandelsabkommen zusätzlich von nationalen Parlamenten bestätigt.[1055]

1046 *Baier*, ÖZK 2012, 174 (176).

1047 *Heimler/Jenny*, in: Lewis, Building New Competition Law Regimes, S. 183 (186).

1048 *Budzinski/Aigner*, Volkswirtschaftliche Beiträge 2004, S. 1 (14); *Papadopoulos*, The International Dimension of EU Competition Law and Policy, S. 45.

1049 *Budzinski/Kerber*, in: Oberender, Internationale Wettbewerbspolitik, S. 9 (19).

1050 *Sokol*, Chi.-Kent L. Rev. 2008, 231 (275).

1051 *Herrmann/Guilliard*, in: Krenzler/Herrmann/Niestedt, EU-Außenwirtschafts- und Zollrecht, Einleitung zur vertraglichen Handelspolitik, Rn. 22.

1052 *Herrmann/Guilliard*, in: Krenzler/Herrmann/Niestedt, EU-Außenwirtschafts- und Zollrecht, Einleitung zur vertraglichen Handelspolitik, Rn. 22.

1053 *Schroeder*, EuR 2018, 119 (137).

1054 *Herrmann/Guilliard*, in: Krenzler/Herrmann/Niestedt, EU-Außenwirtschafts- und Zollrecht, Einleitung zur vertraglichen Handelspolitik, Rn. 26.

1055 Siehe zu der Diskussion der Frage, ob dies zu einer doppelten demokratischen Legitimierung führt, *Schroeder*, EuR 2018, 119 (128 ff.). Siehe allgemein zur

Insgesamt zeigt sich, dass die Kooperations- und Koordinationsabkommen in den Freihandelsabkommen eine gute Ergänzung zu den Kooperationsabkommen darstellen.

(5) Vergleich mit informeller Kooperation

Trotz der Vorteile der informellen Kooperation sollte diese durch formalisierte Regelungen ergänzt werden.[1056] Ein illustratives Beispiel, welches den Nachteil von rein informell stattfindender Kooperation und somit den Mehrwert der Kooperations- und Koordinationsregelungen in den Freihandelsabkommen verdeutlicht, findet sich bei *Holmes, Papadopoulos, Kayali und Sydorak*.[1057] Diese beschreiben, dass die Kooperation zwischen der EU-Kommission und der südafrikanischen Kartellbehörde gut funktionierte, diese Kooperation aber fast ausschließlich auf dem Kontakt zwischen zwei Behördenmitarbeitern basierte und daher von dem Kontakt dieser zwei Personen abhing.[1058] Formalisierte Vereinbarungen können dagegen eine gewisse Konsistenz im Kooperationsprozess gewährleisten und Kontakte zwischen allen relevanten Behördenmitarbeitern fördern.[1059] Die Kooperation wird somit auf eine breitere Basis gestellt und professionalisiert, sodass ein Kontakt nicht nur von wenigen Personen abhängt. Das ist gerade dann wichtig, wenn eine Behörde durch eine hohe Fluktuation der Mitarbeiter gekennzeichnet ist, was zu einem schwachen institutionellen Gedächtnis der Behörde führt.[1060] Darüber hinaus können verfahrenstechnische oder organisatorische Anforderungen eine informelle Zusammenarbeit verhindern.[1061] Informationen, die im Rahmen eines förmlichen Verfahrens ausgetauscht werden, erfüllen beispielsweise häufig die Anforderungen der einschlägigen zivil- oder strafrechtlichen Verfahrens- und

---

demokratischen Legitimation von Freihandelsabkommen auch *Petersmann*, in: Rensmann, Mega-Regional Trade Agreements, S. 37.

1056 Zu den Vorteilen der informellen Kooperation vgl. Kapitel 3. C. III.
1057 *Holmes/Papadopoulos/Kayali/Sydorak*, in: Brusik/Alvarez/Cernat, Competition Provisions in Regional Trade Agreements, S. 65.
1058 *Holmes/Papadopoulos/Kayali/Sydorak*, in: Brusik/Alvarez/Cernat, Competition Provisions in Regional Trade Agreements, S. 65 (105 f.).
1059 *Holmes/Papadopoulos/Kayali/Sydorak*, in: Brusik/Alvarez/Cernat, Competition Provisions in Regional Trade Agreements, S. 65 (105 f.).
1060 *Sokol*, in: Guzman, Cooperation, Comity, and Competition, S. 187 (189).
1061 *Demedts*, The long-term potential of an interim-solution, S. 46.

Beweisregeln und können somit im Prozess verwendet werden.[1062] Informationen, die informell ausgetauscht werden, sind zwar für die Untersuchung nützlich, erfüllen aber oft nicht diese Anforderungen.[1063] Darüber hinaus können ohne formalisierte Regelungen Konflikte schwieriger gelöst werden und Missverständnisse sind häufiger.[1064] Wenn es zu Konflikten kommen sollte, gibt es bei informeller Kooperation keine Konsultationsmechanismen, was die Lösung von Konflikten erschwert. Dagegen enthalten zumindest einige Freihandelsabkommen Konsultationsmechanismen. Darüber hinaus ist das Entstehen von Missverständnissen ohne klare Regeln höher.[1065] Schließlich können formalisierte Kooperationsregelungen auch aufgrund der Kultur eines Landes notwendig sein.[1066] Die Europäische Kommission hat beispielsweise eine gewisse Zurückhaltung ihrer Kollegen aus Drittländern bei der Zusammenarbeit erfahren, wenn keine ausdrückliche Bestimmung in einem bilateralen Abkommen existiert, die eine Kooperation ausdrücklich zulässt.[1067] Dies betrifft insbesondere asiatische Länder.[1068] Dies zeigt sich auch daran, dass im Rahmen eines Austausches der Kartellbehörden in der OECD der japanische Vertreter ausdrücklich betonte, dass seiner Ansicht nach formelle Kooperationsregelungen gegenüber informeller Kooperation vorzuziehen sind, da sie feste Kommunikationslinien schaffen und die weitere Zusammenarbeit fördern.[1069]

6. Regelungen zur technischen Hilfe

Regelungen zur technischen Hilfe finden sich nur in den Abkommen mit Ecuador/Kolumbien/Peru, Vietnam und Zentralamerika. Art. 10.14

1062 *Demedts*, The long-term potential of an interim-solution, S. 46.
1063 OECD, Global Forum on Competition, Improving International Co-operation in Cartel Investigations, Contribution from the United States (DoJ), DAF/COMP/GF/WD (2012)46, Rn. 6.
1064 *Podszun*, in: Terhechte, Internationales Kartell- und Fusionskontrollverfahrensrecht, S. 2048 (2059).
1065 *Podszun*, in: Terhechte, Internationales Kartell- und Fusionskontrollverfahrensrecht, S. 2048 (2059).
1066 *Guzman*, Cal. L. Rev. 2002, 1823 (1855).
1067 OECD, Discussion on Limitations and Constraints to International Co-operation, Contribution of the European Union, DAF/COMP/WP3/WD(2012)41, Rn. 9.
1068 *Demedts*, The long-term potential of an interim-solution, S. 47.
1069 OECD, Policy Roundtables, Improving International Co-operation in Cartel investigations, DAF/COMP/GF (2012)16, S. 310.

EU-Vietnam enthält, wie erwähnt, keine echten Kooperations- und Koordinationsregelungen, allerdings gibt es Regelungen unter dem Titel Kooperation (*Cooperation*) – eine Regelung, die auf die Entwicklung einer effektiven Kartellrechtspolitik in Vietnam abzielt. Hiernach erkennen die Vertragsparteien lediglich an, dass es im gemeinsamen Interesse ist, die Kooperation, bezogen auf die Entwicklung der Wettbewerbspolitik, zu verstärken. Dies sei sinnvoll, sowohl um die Ziele des Kartellrechtskapitels als auch eine effektive Kartellrechtsdurchsetzung zu erreichen. Jedoch wird eine solche Kooperation abhängig von der Verfügbarkeit von Fördermitteln gemacht. Art. 282 EU-Zentralamerika und Art. 264 Ecuador/Kolumbien/Peru enthalten ähnliche Regelungen. Die technische Hilfe wird dabei in Art. 259 Abs. 3 EU-Ecuador/Kolumbien/Peru als eines der Instrumente genannt, welche die Zusammenarbeit der Wettbewerbsbehörden fördern.

Regelungen zur technischen Hilfe sind nur mit Ländern nötig, die nicht über genügend Ressourcen verfügen, um eine funktionierende Wettbewerbspolitik zu gewährleisten. Daher fehlen solche Regelungen in den Abkommen mit den Ländern, die über solche Ressourcen verfügen.

7. Anwendung des Kartellrechts auf öffentliche Unternehmen/ Unternehmen mit besonderen/ausschließlichen (Vor-)Rechten und staatliche Monopole

In den Abkommen mit Singapur, Südkorea und Zentralamerika verpflichten sich die Vertragsstaaten dazu, öffentliche Unternehmen und Unternehmen mit besonderen oder ausschließlichen Rechten oder Vorrechten dem nationalen Kartellrecht zu unterwerfen, soweit diese dadurch nicht rechtlich oder tatsächlich an der Ausübung der ihnen übertragenen besonderen Aufgaben gehindert werden.[1070] Art. 280 Abs. 2 EU-Zentralamerika schließt dabei ausdrücklich Monopole mit ein. Art. 263 Abs. 2 EU-Ecuador/Kolumbien/Peru enthält diese Verpflichtung für öffentliche und private Monopole. Im Abkommen mit Vietnam ergibt sich ein ähnlicher Regelungsgehalt aus der Verbindung von Art. 10.3 Abs. 3 und Abs. 5 S. 1 EU-Vietnam. Diese bezieht sich aber allgemeiner auf alle privaten und öffentlichen Unternehmen. Ähnlich ist Art. 11.3 Abs. 2 S. 1 EU-Japan formuliert, der eine solche Verpflichtung auf alle öffentlichen und privaten Unternehmen, die eine wirtschaftliche Tätigkeit ausüben, bezieht. Wirtschaftliche

---

1070 Art. 11.3 Abs. 2 EU-Singapur; Art. 11.4 Abs. 1 lit. b EU-Südkorea; Art. 280 Abs. 2 EU-Zentralamerika.

Tätigkeit wird dabei in Art. 11.3 Abs. 3 EU-Japan als das Anbieten von Waren und Dienstleistungen auf dem Markt definiert. Die Abkommen mit Japan und Vietnam ähneln sich auch insofern, als beide Ausnahmen für Unternehmen vom Kartellrecht erlauben, die Voraussetzungen allerdings im Gegensatz zu den anderen Abkommen in Art. 11.3 Abs. 2 S. 2, 3 EU-Japan und Art. 10.3 Abs. 5 S. 2 EU-Vietnam ausdrücklich begrenzen. Erstens müssen diese Ausnahmen hiernach transparent sein. Zweitens dürfen die Ausnahmen nicht über das erforderliche Maß, welches für die Erfüllung von Aufgaben des öffentlichen Interesses notwendig ist, hinausgehen. Das Abkommen mit Japan ist noch strenger formuliert, indem die Ausnahmen auf das unbedingt notwendige Maß beschränkt (*shall not go beyond what is strictly necessary*) werden müssen. Im Abkommen mit Vietnam müssen die Ausnahmen verhältnismäßig (*proportionate*) zum öffentlichen Interesse sein. Das Abkommen mit Vietnam definiert in Art. 10.11 EU-Vietnam darüber hinaus die Begriffe „öffentliches Interesse" (*public policy objective*) und „Aufgabe von öffentlichem Interesse" (*task of public interest*) als Interesse respektive Aufgabe zum Wohle des Gemeinwohls. Eine Aufgabe von öffentlichem Interesse liegt dabei nur vor, wenn diese nicht oder nur zu anderen näher angegebenen Bedingungen, zum Beispiel in Bezug auf Verfügbarkeit, ohne staatliche Intervention erfüllt werden würde. Art. 17.3 Abs. 2 CETA bestimmt, dass wettbewerbswidriges Geschäftsgebaren auch für öffentliche Unternehmen, Monopolinhaber und Unternehmen mit besonderen oder ausschließlichen Rechten oder Vorrechten in dem nach dem Recht von Kanada respektive der EU erforderlichen Umfang verboten ist. Die Definition von „Dienstleistungen von allgemeinem wirtschaftlichem Interesse" in Art. 17.1 CETA ähnelt dabei der in Art. 10.11 EU-Vietnam.

8. Streitbeilegungsregelungen

a) Vergleich

In allen behandelten Abkommen sind die originären Kartellrechtsregelungen der Wettbewerbskapitel vom Streitbeilegungskapitel ausgeschlossen.[1071]

[1071] Art. 17.4 CETA; Art. 266 EU-Ecuador/Kolumbien/Peru; Art. 11.9 EU-Japan; Art. 11.14 EU-Singapur; Art. 11.8 EU-Südkorea; Art. 10.13 EU-Vietnam; Art. 283 EU-Zentralamerika.

Die Abkommen mit Ecuador/Kolumbien/Peru, Singapur und Südkorea, stellen aber jeweils einen Konsultationsmechanismus bereit.[1072] Dieser dient jeweils auch dazu, Fragen bezüglich der Auslegung oder Anwendung des Kartellrechtskapitels zu erörtern.[1073] Sie können damit als eine Art von Streitbeilegungsmechanismus kategorisiert werden.

Art. 11.7 Abs. 2 EU-Südkorea und Art. 11.13 Abs. 2 EU-Singapur betonen dabei, dass eine Konsultation nach einem Ersuchen unverzüglich zu erfolgen hat, und Art. 11.7 Abs. 3 EU-Südkorea und Art. 11.13 Abs. 3 EU-Singapur, dass sich die Parteien darum bemühen, relevante nichtvertrauliche Informationen zur Verfügung zu stellen. Art. 265 Abs. 2 EU-Ecuador/Kolumbien/Peru ist dabei schwächer formuliert, da er die Parteien nur zur „uneingeschränkten Beachtung" verpflichtet, aber keine Angaben zur Unverzüglichkeit oder zur Mitwirkung trifft. Vielmehr betont Art. 265 Abs. 1 EU-Ecuador/Kolumbien/Peru, dass die Konsultationen die Durchführung von Maßnahmen nach dem Wettbewerbsrecht nicht berühren und nichts an der Entscheidungsautonomie der Vertragsparteien ändern.

Gemäß Art. 11.7 Abs. 1 EU-Südkorea und Art. 11.13 Abs. 1 EU-Singapur soll von der um Konsultation ersuchenden Vertragspartei gegebenenfalls angegeben werden, inwieweit der Handel zwischen den Vertragsparteien betroffen ist. In Art. 265 Abs. 2 EU-Ecuador/Kolumbien/Peru soll zusätzlich angegeben werden, wie „[…] das Funktionieren der Märkte, die Verbraucher […] und die Investitionstätigkeit zwischen den Vertragsparteien […]" beeinträchtigt werden.

Dass es in CETA keinen Konsultationsmechanismus gibt, liegt daran, dass das Kooperationsabkommen zwischen der EU und Kanada bereits einen Rahmen für Konsultationen zwischen den Parteien enthält.[1074] Gleiches gilt für das Abkommen mit Japan.

b) Relevanz des Ausschlusses der Kartellrechtsregelungen vom Streitbeilegungsmechanismus

Der Ausschluss vom Streitbeilegungsmechanismus wird nachfolgend ausführlich analysiert und bewertet, da er ein entscheidender Aspekt der

---

1072 Vgl. oben Kapitel 4. A. II. 5. a).

1073 Art. 265 Abs. 1 EU-Ecuador/Kolumbien/Peru; Art. 11.13 Abs. 1 EU-Singapur; Art. 11.7 Abs. 2 EU-Südkorea.

1074 EU-Parlament, Free Trade Agreement between EU and the Republic of Singapur – Analysis, EP/EXPO/B/INTA/2017/07, PE 603.864, 2018, 30.

Kartellrechtskapitel ist. Eine ausführliche Analyse ist angebracht, da, als es um ein Kartellrechtsabkommen im Rahmen der WTO ging, die EU fest davon überzeugt war, dass ein solches vom Streitbeilegungsmechanismus der WTO umfasst sein müsste.[1075] Der damalige EU-Kommissar für Wettbewerb hielt es für „logisch", dass ein solches Abkommen vom Streitbeilegungsmechanismus der WTO umfasst sein sollte.[1076] Noch einen Schritt weiter ging der damalige EU-Kommissar für Handel, der davon sprach, dass ein WTO-Kartellrechtsabkommen keinen zusätzlichen Nutzen bringe, wenn es nicht vom Streitbeilegungsmechanismus erfasst werde.[1077] Es drängt sich somit die Frage auf, warum diese eindeutige Haltung der EU in Bezug auf ein Kartellrechtsabkommen im Rahmen der WTO nicht dazu geführt hat, dass die EU auch bei den Freihandelsabkommen darauf besteht, dass die Kartellrechtsregelungen unter den Streitbeilegungsmechanismus fallen. Diese Frage ist vor allem vor dem Hintergrund berechtigt, dass die Kartellrechtsregelungen in den Freihandelsabkommen als Konsequenz des Scheiterns des Abkommens im Rahmen der WTO immer mehr an Bedeutung gewinnen. Eine ausführliche Bewertung ist angebracht, da der Ausschluss der Kartellrechtsregelungen vom Streitbeilegungsmechanismus von verschiedener Seite bedauert wird. Der Ausschuss für internationalen Handel des Europäischen Parlaments „[…] bedauert, dass es keine Streitbeilegungsmechanismen bezüglich dieser Bestimmungen gibt […]", bezogen auf CETA und das Abkommen mit Japan.[1078] Der Ausschluss der Kartellrechtsregelungen von bindenden Streitbeilegungsmechanismen wird auch in der Literatur zum Teil bedauert.[1079] Eine ausführliche Bewertung ist auch aus dem Grund angebracht, weil grundsätzlich der Vorteil von Freihandelsabkommen gegenüber anderen Formen der Zusammenarbeit darin zu sehen ist, dass die Möglichkeit besteht, Rechte aus den

---

1075 Zu den Versuchen, ein WTO-Kartellrechtabkommen abzuschließen, vgl. oben Kapitel 3. B. I. 2.

1076 EU-Kommission, Bericht über die Wettbewerbspolitik 1998, 12.

1077 *Brittan*, Rede v. 29. Juni 1999, Trade and competition: The need for a multilateral framework of competition rules, OECD Conference on Trade and Competition, 6.

1078 Stellungnahme des Ausschusses für internationalen Handel v. 27.11.2017 für den Ausschuss für Wirtschaft und Währung zum Jahresbericht über die Wettbewerbspolitik (2017/2191(INI)), Rn. 5. Dieses Bedauern bezog sich im Zusammenhang mit dem Abkommen mit Japan auf die Grundsatzvereinbarung, die genauso wie das Abkommen die Kartellrechtsregelungen vom Streitbeilegungsmechanismus ausgeschlossen hatte.

1079 So bezogen auf das Assoziationsabkommen EU-Chile *Sester/Cárdenas*, RIW 2006, 179 (186).

bindenden Regelungen durchzusetzen oder Meinungsverschiedenheiten über die Themen, die in dem Freihandelsabkommen behandelt werden, nach einem formellen und bindenden Verfahren beizulegen.[1080] Diese Möglichkeit ist aber gerade bezüglich der Kartellrechtsregelungen dadurch geschmälert, dass sie nicht vom Streitbeilegungsmechanismus umfasst sind. Wenn nicht einmal ein Konsultationsmechanismus auf die Regelungen anwendbar ist, wie es in einigen Abkommen der Fall ist, besteht keine formalisierte Möglichkeit, sich über die Regelungen und deren Anwendungen auszutauschen. Durch den Ausschluss der Kartellrechtsregelungen im Kartellrechtskapitel vom Streitbeilegungsmechanismus scheinen die Freihandelsabkommen nur zwischenstaatliche Absichtserklärungen und zahnlose Kooperationsvereinbarungen zu sein.[1081] Ein solcher Ausschluss wirft Zweifel am Wert der Kapitel für die Freihandelsabkommen als Ganzes auf.[1082]

c) Gründe für den Ausschluss des Kartellrechtskapitels vom Streitbeilegungsmechanimus

(1) Position der EU

Die Position der EU-Kommission bezogen auf CETA ist verbrieft. Die EU-Kommission wollte, anders als Kanada, die Kartellrechtsregelungen nicht vom Streitbeilegungsmechanismus umfasst wissen, sondern lediglich Konsultationen hierzu zulassen.[1083] Im finalen Text von CETA sind noch nicht einmal Konsultationen bezogen auf das Kartellrechtskapitel umfasst.[1084] Im Rahmen der neuen Handelsstrategie scheint die EU den Ausschluss des Streitbeilegungsmechanismus in den Kartellrechtsrkapiteln der Freihandelsabkommen nicht mehr als nachteilig anzusehen. Das unterscheidet sich deutlich von den Verhandlungen bezüglich eines Kartellrechtsabkommens, die im Rahmen der WTO geführt worden sind, da hier auf die Unterwerfung unter den WTO-Streitbeilegungsmechanismus

---

1080 *Baier*, ÖZK 2012, 174 (176).
1081 *Baier*, ÖZK 2012, 174 (177).
1082 *Abrenica/Bernabe*, in: Chaisse/Gao/Lo, Paradigm Shift in International Economic Law Rule-Making, S. 165 (184).
1083 *Demedts*, The long-term potential of an interim-solution, S. 347.
1084 Siehe Kapitel 17.4 CETA.

gedrängt wurde.[1085] Ganz eindeutig ist diese Position allerdings nicht. Dies zeigt sich daran, dass der ehemalige Generaldirektor der *Generaldirektion Wettbewerb Johannes Laitenberger* in einem Interview im Jahr 2016 auf die explizit gestellte Frage, ob es wünschenswert und möglich sei, die Kartellrechtsregelungen in zukünftigen Freihandelsabkommen vom Streitbeilegungsmechanismus zu erfassen, nicht antwortete.[1086] Die EU war ein starker Befürworter eines rechtlich bindenden Kartellrechtsübereinkommens im Rahmen der WTO, auf welches die WTO-Vereinbarung über die Streitbeilegung anwendbar gewesen wäre.[1087] Es stellt sich die Frage, warum die EU dann nicht auf bindende durchsetzbare Kartellrechtsregelungen in ihren Freihandelsabkommen bestanden hat.[1088] Gründe, die die EU und andere Staaten dazu bewegen, die Kartellrechtskapitel vom Streitbeilegungsmechanimus in Freihandelsabkommen auszuschließen, sollen nachfolgend erläutert werden.

(2) Souveränität

Die erste Begründung dafür, dass Staaten die originären Kartellrechtsregelungen im Kartellrechtskapitel vom Streitbeilegungsmechanismus des Freihandelsabkommens ausschließen, ist, dass das Kartellrecht nicht vom WTO-Recht und damit auch nicht vom Streitbeilegungsmechanismus der WTO umfasst ist.[1089] Das heißt, dass die Entscheidungen der nationalen Gerichte und Behörden im Kartellrecht bisher keiner internationalen Kontrolle unterliegen. Die Vertragsparteien wollen nun aus politischen Gründen nicht erstmalig eine solche Kontrolle durch die Freihandelsabkommen in Form eines supranationalen Streitbeilegungsmechanismus einführen.[1090] Das Argument ist somit ein Souveränitätsargument.[1091] Kar-

---

1085 *Melo Araujo*, The EU Deep Trade Agenda, S. 197 f.; *Demedts*, The long-term potential of an interim-solution, S. 347.

1086 *Laprévote*, Interview with Johannes Laitenberger, Concurrences Review Special Issue: New frontiers of antitrust 2016, 1 (21).

1087 *Bourgeois*, in: FS Maresceau, S. 381 (395); *Bradford*, in: Guzman, Cooperation, Comity and Competition Policy, S. 319 (326).

1088 *Bourgeois*, in: FS Maresceau, S. 381 (395 f.).

1089 *Sokol*, Chi.-Kent L. Rev. 2008, 231 (257).

1090 *Dawar/Holmes*, in: Chauffour/Maur, Preferential Trade Agreements, S. 347 (360); *Becker*, J. Competition L & Econ. 2007, 97 (100).

1091 *Bourgeois*, in: FS Maresceau, S. 381 (396); *Sokol*, Chi.-Kent L. Rev. 2008, 231 (260 f.).

tellrecht ist ein politisch hochsensibler Bereich.[1092] Dies hat sich auch bei der Debatte um ein mögliches Abkommen zum Kartellrecht im Rahmen der WTO gezeigt. Damals schlug die EU vor, ein solches Abkommen auch unter den Streitbeilegungsmechanismus der WTO zu fassen. Dieses führte zu den Bedenken, dass individuelle Ermessensentscheidungen von nationalen Kartellbehörden und Gerichten nachgeprüft werden könnten.[1093] Hieraufhin machte die EU deutlich, dass dies gerade nicht geschehen soll, sondern eine Streitbeilegung nur dann in Betracht komme, wenn ein Muster erkennbar sei, dass das Kartellrecht nicht effektiv durchgesetzt werden würde und dies den Handel zwischen den Staaten beeinträchtige.[1094] Trotzdem blieben Zweifel, vor allem vonseiten der USA, inwieweit ein solches Abkommen, welches vom Streitbeilegungsmechanismus umfasst sei, den Inhalt und die Anwendung von nationalem Kartellrecht bestimmen könne.[1095] Diese Bedenken lassen sich übertragen auf die Situation der Aufnahme der Kartellrechtsregelungen unter den Streitbeilegungsmechanismus.[1096]

Das beschriebene Souveränitätsargument lässt sich belegen durch einen Vergleich mit den Beihilferegelungen, die sich oft im Kartellrechtskapitel befinden. Die Beihilferegelungen sind im Gegensatz zu den Kartellrechtsregelungen nicht in allen Abkommen vom Streitbeilegungsmechanismus ausgeschlossen. Verbotene Beihilfen gemäß Art. 11.7 EU-Singapur sind beispielsweise nach Art. 11.14 EU-Singapur nicht vom Ausschluss betroffen, sodass sowohl der Streitbeilegungsmechanismus des Kapitels 14 als auch der Mediationsmechanismus des Kapitels 15 anwendbar sind. Art. 12.10 EU-Japan schließt mit Art. 12.6 Abs. 5 EU-Japan nur einen einzigen Absatz des Beihilfekapitels, der Konsultationen behandelt, vom Streitbeilegungsmechanismus des Art. 21 aus. Ansonsten ist dieser bezüglich der Beihilferegelungen anwendbar. Ähnliches gilt nach Art. 7.9 CETA. Der

---

1092 So auch *Demedts*, The long-term potential of an interim-solution, S. 346 mit Verweis auf ein von ihr geführtes Interview mit Vertretern der EU Kommission.

1093 *Brittan*, Rede v. 29. Juni 1999, Trade and competition: The need for a multilateral framework of competition rules, OECD Conference on Trade and Competition, 6; ausführlich zu diesen Bedenken *Anderson/Holmes*, JIEL 2002, 531 (533).

1094 *Brittan*, Rede v. 29. Juni 1999, Trade and competition: The need for a multilateral framework of competition rules, OECD Conference on Trade and Competition, 6.

1095 *Melo Araujo*, The EU Deep Trade Agenda, S. 188.

1096 So auch *Demedts*, The long-term potential of an interim-solution, S. 346.

Streitbeilegungsmechanismus des Kapitels 14 EU-Südkorea gilt ebenfalls für die Beihilferegelungen. Der Grund hierfür ist der oben beschriebene, dass bezüglich Kartell- und Fusionsentscheidungen der Kommission die europäischen Gerichte die ausschließliche Gerichtsbarkeit haben, während Beihilfeentscheidungen der Kommission bereits im Rahmen des WTO-Subventionsübereinkommens einem internationalen Streitbeilegungsmechanismus unterliegen.[1097] Art. 11.13 EU-Südkorea verweist zum Beispiel explizit auf die Möglichkeit, ein Streitbeilegungsverfahren nach Maßgabe des WTO-Übereinkommens bezüglich Beihilfen anzustrengen.

Dieser Begründungsansatz lässt sich auch damit untermauern, dass Regelungen in den Freihandelsabkommen zu Dienstleistungen und geistigen Eigentumsrechten vom Streitbeilegungsmechanismus umfasst sind, selbst wenn diese Kartellrechtselemente enthalten.[1098] Der in diesem Zusammenhang entscheidende Unterschied liegt darin, dass diese vom GATS oder TRIPS umfasst sind, welche durch den Streitbeilegungsmechanismus der WTO durchsetzbar sind.[1099]

(3) Handlungen von Privaten

Die Vorschriften, die wettbewerbswidrige Handlungen als mit dem Abkommen unvereinbar erklären, sind teilweise so verbindlich und klar formuliert, dass sie durchsetzbar wären. Ein Grund dafür, dass sie nicht vom Streitbeilegungsmechanismus umfasst sind, könnte sein, dass ansonsten der Vertragsstaat für wettbewerbswidrige Handlungen von Privaten verantwortlich gemacht werden könnte. In den Abkommen der USA sind einige Kartellrechtsregelungen vom Streitbeilegungsmechanismus umfasst, wie wettbewerbswidrige Handlungen von staatlichen Unternehmen und der Verstoß gegen Transparenzvereinbarungen.[1100] Als Grund hierfür wird vermutet, dass der Streitbeilegungsmechanismus nur auf Handlungen Anwendung finden soll, für die die USA als Vertragsstaat verantwortlich sind oder auf die sie jedenfalls Einfluss haben, was bei wettbewerbswidrigen

---

1097 *Laprévote*, Interview with Johannes Laitenberger, Concurrences Review Special Issue: New frontiers of antitrust 20161 (21).

1098 *Demedts*, The long-term potential of an interim-solution, S. 343; *Sokol*, Chi.-Kent L. Rev. 2008, 231 (256 f.).

1099 *Demedts*, The long-term potential of an interim-solution, S. 343; *Sokol*, Chi.-Kent L. Rev. 2008, 231 (256 f.).

1100 *Tschaeni/Engammare*, in: Herrmann/Krajewski/Terhechte, EYIEL 2013, S. 39 (58).

Handlungen von Privatunternehmen nicht der Fall ist.[1101] Die gleiche Argumentation könnte auch bezüglich der EU respektive der Vertragsstaaten der EU gelten.

(4) Junges Rechtsgebiet

Im Vergleich zu vielen anderen Regelungsbereichen in den Freihandelsabkommen ist das Kartellrecht für viele Vertragspartner ein noch relativ junges Rechtsgebiet.[1102] Dies könnte auch dazu beitragen, dass diese Staaten aufgrund ihrer Unerfahrenheit in diesem Rechtsgebiet lieber auf einen bindenden Streitbeilegungsmechanismus verzichten wollen.[1103] Spiegelbildlich zu ihrer Position im Rahmen der Verhandlungen über ein WTO-Kartellrechtsabkommen sind Entwicklungsländer bereit, Kartellrechtsregelungen aufzunehmen, aber aufgrund ihrer limitierten Ressourcen nicht sicher, wie schnell oder umfassend sie diese umsetzten können, und setzen sich daher für deren Ausschluss vom Streitbeilegungsmechanismus ein.[1104]

d) Bewertung des Ausschlusses der Kartellrechtsregelungen vom Streitbeilegungsmechanismus

Es wurde bereits dargestellt, welche Gründe die Vertragsstaaten dazu bewogen haben könnten, die Kartellrechtsregelungen im Kartellrechtskapitel vom Streitbeilegungsmechanismus auszuschließen. Nachfolgend wird ein

---

1101 *Tschaeni/Engammare*, in: Herrmann/Krajewski/Terhechte, EYIEL 2013, S. 39 (58).

1102 Singapur verabschiedete beispielsweise erst am 19. November 2004 ein Kartellrecht, welches dann in drei Phasen bis zum 01. Juli 2007 schrittweise in Kraft trat, ausführlich hierzu *Wisuttisak/Fong*, in: Ong, The Regionalisation of Competition Law and Policy within the ASEAN Economic Community, S. 94 (117).

1103 *Teh*, in: Estevadeordal/Suominen/Teh, Regional Rules in the Global Trading System, S. 418 (482).

1104 *Abrenica/Bernabe*, in: Chaisse/Gao/Lo, Paradigm Shift in International Economic Law Rule-Making, S. 165 (185); WTO, World Trade Report 2011. The WTO and preferential trade agreements: From co-existence to coherence, S. 155. Verfügbar auf der Website der WTO (https://www.wto.org/english/res_e/booksp_e/anrep_e/world_trade_report11_e.pdf), zuletzt besucht am 19.2.2019.

Schritt weiter gegangen und der Ausschluss vom Streitbeilegungsmechanismus umfassend bewertet.

(1) Argumente für die Einbeziehung

Der größte Vorteil von bindenden Regelungen im Allgemeinen ist die Minimierung der Gefahr des Verstoßes gegen die Regelungen wegen der hohen Reputationskosten.[1105] Ein Vertragsbruch wird dabei schon durch die Möglichkeit der Anwendung des Streitbeilegungsverfahrens unwahrscheinlicher.[1106] Dies lässt sich einerseits mit den möglichen Reputationsschäden, die mit der Einleitung oder nur der Drohung der Einleitung des Streitbeilegungsverfahrens verbunden sind[1107], und andererseits dadurch, dass ein formaler Streitbeilegungsmechanismus bei den Vertragsparteien das Gefühl einer wirklichen internationalen Verpflichtung bewirkt, erklären.[1108] Werden Regelungen dagegen nicht unter die Streitbeilegung gefasst, untergräbt dies möglicherweise ihre Glaubwürdigkeit.[1109] Kritisiert wird, dass sich rechtlich verbindliche Regeln ohne einen Streitbeilegungsmechanismus mit einem unabhängigen Forum für die Konfliktlösung in der Praxis nur wenig von nicht bindenden Regelungen unterscheiden.[1110]

Streitbeilegungsverfahren helfen darüber hinaus, das Abkommen, besonders bezogen auf die Grauzonenbereiche, zu konkretisieren.[1111] Ein weiterer Vorteil eines Streitbeilegungsmechanismus ist, dass die Regelungen flexibel bleiben.[1112] Die Auslegung der Regelungen durch die Spruchpraxis des Streitbeilegungsorgans kann sich wirtschaftlichen oder technischen Gegebenheiten anpassen.[1113]

Des Weiteren können Regierungen die Androhung von Sanktionen durch ein Streitbeilegungsverfahren auch dazu nutzen, den Druck von in-

---

1105 *Abbott/Snidal*, IO 2000, 412 (427).
1106 *Sokol*, Chi.-Kent L. Rev. 2008, 231 (260).
1107 *Horn/Mavroidis*, in: Guzman/Sykes, Research Handbook in International Economic Law, S. 177 (187).
1108 *Horn/Mavroidis*, in: Guzman/Sykes, Research Handbook in International Economic Law, S. 177 (186).
1109 *Bourgeois*, in: FS Maresceau, S. 381 (388).
1110 *Di Benedetto*, CYIL 2017, 91 (97).
1111 *Horn/Mavroidis*, in: Guzman/Sykes, Research Handbook in International Economic Law, S. 177 (185 f.).
1112 *Bourgeois*, in: FS Norberg, S. 125 (133).
1113 *Bourgeois*, in: FS Norberg, S. 125 (133).

ländischen Interessengruppen abzuwehren, die versuchen, Reformen, die im Rahmen des Abschlusses des Freihandelsabkommens im Bereich des Kartellrechts vorgenommen wurden, zurückzudrehen.[1114] Ähnlich verhält es sich mit der strategischen Anwendung des Kartellrechts, die durch ein bindendes Abkommen aus dem gleichen Grund unwahrscheinlicher werden kann. Empirische Literatur zur Industriepolitik hat verdeutlicht, dass nationale Regierungen industriepolitische Zielsetzungen nicht aus eigener Überzeugung durchsetzen, sondern auf Druck von Interessenverbänden, und es Regierungen gerade vor Wahlen schwerfällt, diesem Druck standzuhalten, selbst wenn sie wissen, dass dies der Gesamtwirtschaft schadet und damit langfristig ihre Wiederwahlchancen schmälert.[1115] Wenn nun die Freihandelsabkommen einen bindenden Streitbeilegungsmechanismus bereithalten würden, könnten die Regierungen den Verzicht auf strategische Wettbewerbspolitik mit der Androhung von Sanktionen begründen. Sie könnten dann eine Politik durchsetzen, die langfristig der Gesamtwirtschaft hilft, aber ohne bindende Kartellrechtsregelungen nicht gegen die starken Interessenverbände hätte durchgesetzt werden können.[1116]

Darüber hinaus ist ein Kartellrechtskapitel, welches nicht vom Streitbeilegungsmechanismus umfasst ist, unzureichend, um wettbewerbsbezogene Konflikte zu lösen.[1117] Eine schwache Bestimmung, die jede Vertragspartei auffordert, die Anliegen der ersuchenden Vertragspartei „umfassend und wohlwollend" zu berücksichtigen, sind hierfür nicht ausreichend. Daher geben Kartellrechtskapitel, die nicht vom Streitbeilegungsmechanismus umfasst sind, Anlass zu der Sorge, dass Verstöße gegen das Wettbewerbskapitel einfach übergangen werden.[1118] Die Kartellrechtsregelungen in den

---

1114 *Abrenica/Bernabe*, in: Chaisse/Gao/Lo, Paradigm Shift in International Economic Law Rule-Making, S. 165 (183).

1115 *Klodt*, Wege zu einer globalen Wettbewerbsordnung, S. 76 f.

1116 *Klodt*, Wege zu einer globalen Wettbewerbsordnung, S. 77, der dies das „Schwarzer-Peter-Prinzip" nennt. Er verweist darauf, dass dieses Prinzip beispielsweise in der Europäischen Beihilfenaufsicht funktioniert, wo die Wettbewerbskommission oft Subventionsprogramme verbietet oder Änderungen verlangt, die aufgrund nationaler Interessenverbände zustande gekommen sind, und damit nicht nur der Gesamtwirtschaft der EU, sondern langfristig oft auch den betroffenen Mitgliedstaaten hilft.

1117 *Abrenica/Bernabe*, in: Chaisse/Gao/Lo, Paradigm Shift in International Economic Law Rule-Making, S. 165 (184).

1118 *Abrenica/Bernabe*, in: Chaisse/Gao/Lo, Paradigm Shift in International Economic Law Rule-Making, S. 165 (184).

Freihandelsabkommen der EU können so eine nur sehr geringe Wirkung entfalten.[1119]

(2) Argumente gegen die Einbeziehung

Trotz der validen Argumente für die Einbeziehung der Kartellrechtsregelungen unter den Streitbeilegungsmechanismus sprechen die besseren Argumente gegen einen solchen. Diese Argumente werden nachfolgend dargestellt.

(a) Zielerreichung

Das Ziel der Kooperationsregelungen ist es, eine regelmäßige Zusammenarbeit der Kartellbehörden aufzubauen respektive zu verbessern. Im Rahmen formeller Rechtsstreitigkeiten müssten die Kartellbehörden ihre Staaten in einem möglichen Verfahren unterstützen, was das Klima zwischen den Wettbewerbsbehörden verschlechtern und damit die Anreize für eine engere Zusammenarbeit mindern könnte.[1120] Darüber hinaus ist Kooperation von Natur aus ein freiwilliger Akt, der somit besser durch nicht durchsetzbare Regelungen zu erreichen ist.[1121] Eine Kooperation der Kartellbehörden, die aus den genannten Gründen besser ohne einen Streitbeilegungsmechanismus erreicht werden kann, kann zur Lösung etwaiger Konflikte der Kartellbehörden beitragen und damit die Notwendigkeit eines formalen Streitbeilegungsverfahrens weiter verringern.[1122]

Ein weiteres Ziel der Kartellrechtsregelungen ist es, symbolisch die Wichtigkeit von Kartellrecht und, damit verbunden, von freiem Wettbe-

---

1119 So bezogen auf das Freihandelsabkommen der EU mit Singapur: EU-Parlament, Free Trade Agreement between EU and the Republic of Singapur – Analysis, EP/EXPO/B/INTA/2017/07, PE 603.864, 2018, 17.

1120 *Demedts*, The long-term potential of an interim-solution, S. 344; ähnlich auch WTO, Report of the Working Group on the Interaction between Trade and Competition Policy to the General Council, 17.7.2003, WT/WGTCP/7, Rn. 88, als Argument gegen eine Einbeziehung eines möglichen Kartellrechtsabkommens im Rahmen der WTO unter den Streitbeilegungsmechanismus der WTO.

1121 *Gürkaynak*, Interview mit Randy Tritell, Concurrences Review Special Issue: Competition and Globalization in Developing Economies 2016, 24.

1122 *Demedts*, The long-term potential of an interim-solution, S. 344.

werb zu betonen.[1123] Dieses Ziel kann auch ohne einen bindenden Streitbeilegungsmechanismus erreicht werden. Die Bindungswirkung wird statt durch einen Streitbeilegungsmechanismus durch die Angst vor möglichen Reputationsschäden, die zum Beispiel zu größeren Schwierigkeiten für die verletzende Partei, weitere Abkommen abzuschließen, führen kann, erreicht werden.[1124]

Die Kartellrechtsregelungen sollen auch für höhere Rechtssicherheit sorgen. Auf den ersten Blick scheint es, als ob die Unterwerfung der Kartellrechtsregelungen unter den Streitbeilegungsmechanismus diesem Ziel dienen würde, indem ein Verstoß gegen die Regelungen unwahrscheinlicher wird. Die Rechtsunsicherheit könnte auf der anderen Seite aber auch steigen, wenn die Kartellrechtsregelungen durch den Streitbeilegungsmechanismus durchsetzbar wären. Wenn Vertragsstaaten in mehreren Freihandelsabkommen durchsetzbare Kartellrechtsregelungen vereinbaren, können sich die Ergebnisse der Streitbeilegungsentscheidungen widersprechen, da sie in keiner Weise aufeinander abgestimmt sind. Dies ist aufgrund der seltenen Verwendung der Streitbeilegungsmechanismen kein wahrscheinliches, aber zumindest kein ausgeschlossenes Szenario.[1125] Ein Streitbeilegungsbeschluss kann theoretisch auch gegen nationales oder europäisches Recht verstoßen, was zu Rechtsunsicherheit führt. Dieses Argument sprach beispielsweise für den BDI (Bundesverband der Deutschen Industrie e. V.) für die Nichtunterwerfung der Kartellrechtsregelungen unter den Streitbeilegungsmechanismus bei CETA.[1126]

(b) Vom Wesen her nicht durchsetzbar

Es muss ein Unterschied zwischen rechtlich bindenden und rechtlich durchsetzbaren Regeln getroffen werden.[1127] Rechtlich bindend sind Regeln, die aufgrund ihrer präzisen, klaren und zwingenden Formulierung rechtlich bindend sind, unabhängig davon, ob sie auch in der Praxis,

---

1123 Vgl. unten Kapitel 4. C. II. 2.

1124 *Demedts*, The long-term potential of an interim-solution, S. 344; zu der Gegenmeinung im Bereich der WTO Verpflichtungen mit vielen weiteren Nachweisen siehe aber *Sokol*, Chi.-Kent L. Rev. 2008, 231 (260, Fn. 118).

1125 *Sokol*, Chi.-Kent L. Rev. 2008, 231 (260), der darauf verweist, dass viele Konflikte direkt und diskret zwischen den Staaten gelöst werden.

1126 *Bund Deutscher Industrie*, CETA Stellungnahme für die öffentliche Anhörung des Ausschusses für Wirtschaft und Energie des Deutschen Bundestages, S. 15.

1127 *Bourgeois*, in: FS Maresceau, S. 381 (392).

beispielsweise durch einen Steitbeilegungsmechanismus, durchgesetzt werden können.[1128] Einige der materiell-rechtlichen Kartellrechtsregelungen in den Freihandelsabkommen der EU sind aufgrund ihrer eindeutigen und ihrer zwingenden Sprache rechtlich bindend.[1129] Diese Vorschriften würden eine Durchsetzung erlauben, wenn sie einem Mechanismus für die Beilegung von Streitigkeiten unterfielen.[1130] Viele der Vorschriften des Kartellrechtskapitels sind aufgrund ihres allgemeinen Wortlautes allerdings nicht durchsetzbar.[1131] Im Abkommen der EU mit Südkorea vereinbaren die Vertragsparteien zum Beispiel nicht die Verpflichtung, ihr nationales Kartellrecht diskriminierungsfrei und transparent anzuwenden, sondern nur die Feststellung in Art. 11.3 Abs. 2 EU-Südkorea, dass eine solche Anwendung wichtig ist. Wenn nun das Kartellrechtskapitel viele solcher wenig bindenden Regelungen enthält, verringert sich die Notwendigkeit, dieses Kapitel unter den Streitbeilegungsmechanismus zu fassen.[1132] Somit ist einer der Gründe, dass die Kartellrechtsregelungen nicht von dem Streitbeilegungsmechanismus umfasst sind, dass viele der Regelungen zu vage formuliert sind und keine klaren Standards oder in Bezug auf die Kooperationsregelungen keine zwingenden Verfahren vorschreiben. Dieses Charakteristikum vieler Regelungen im Kartellrechtskapitel macht die Feststellung eines Verstoßes sehr schwer bis unmöglich und ist damit ungeeignet für ein Streitbeilegungsverfahren.[1133]

Bezüglich des Abkommens der „ersten Generation" EU-Mexiko wird vertreten, dass, obwohl kein expliziter Ausschluss des Streitbeilegungsmechanismus für das Kartellrechtskapitel vereinbart wurde, die generell gehaltenen Kooperations- und Koordinationsregelungen von den Parteien als nicht bindend angesehen werden.[1134] Als Grund wird genannt, dass die Wahrscheinlichkeit von Sanktionen für behauptete Verstöße gegen den Anhang XV aufgrund des weiten Wortlautes der Regelungen praktisch

---

1128 *Bourgeois*, in: FS Maresceau, S. 381 (392).
1129 *Bourgeois*, in: FS Maresceau, S. 381 (392).
1130 *Bourgeois*, in: FS Maresceau, S. 381 (387) bezogen auf die Abkommen EU-Mexiko, EU-Chile, EU-Südafrika, EU-Südkora und EU-Kolumbien/Peru.
1131 *Melo Araujo*, The EU Deep Trade Agenda, S. 180.
1132 *Dawar/Holmes*, in: Chauffour/Maur, Preferential Trade Agreements, S. 347 (360).
1133 *Bourgeois/Dawar/Evenett*, A Comparative Analysis of Selected Provisions in Free Trade Agreement, S. 181; *Demedts*, The long-term potential of an interim-solution, S. 345-346; so auch *Rennie*, Int. T.L.R. 2007, 30 (35), bezogen auf die Kartellrechtsregeln in den Freihandelsabkommen Australiens.
1134 *Bourgeois*, in: FS Maresceau, S. 381 (390).

ausgeschlossen sind.[1135] Im Ergebnis sind die Kartellrechtsregelungen im EU-Mexiko Abkommen somit nur „soft law", die sich nicht durchsetzen lassen.[1136] Gleiches gilt für das Streitbeilegungsverfahren nach Art. 104 EU-Südafrika, von denen die Kartellrechtsregelungen auch nicht ausgeschlossen sind.

(c) Glaubwürdige Verpflichtungen

Insbesondere in Bezug auf das Kartellrecht ist die Einhaltung der Regelungen wahrscheinlich, wenn Vertrauen zwischen den Kartellbehörden besteht und diese in regelmäßigem Kontakt stehen.[1137] Dies lässt sich aus *Axelrods* spieltheoretischem Ansatz des Gefangenendilemmas mit einer unbekannten Anzahl an Wiederholungen und unter der Annahme einer niedrigen Diskontrate der Teilnehmer ableiten. Unter den genannten Bedingungen kommt *Axelrod* zu der Erkenntnis, dass Kooperation die optimale Strategie für rational handelnde Parteien ist.[1138] Übertragen auf die vorliegende Thematik, ist davon auszugehen, dass Kartellbehörden unendlich oft in Kontakt treten. Denn sowohl eine Abschaffung des Kartellrechts als auch die Tatsache, dass es zu keinen internationalen Kartellrechtsfällen kommt, ist eher unwahrscheinlich. Folglich ist die Einhaltung der vereinbarten Regeln in einem Freihandelsabkommen durch die Kartellbehörden deutlich wahrscheinlicher als ein Verstoß gegen diese. Eine seltene Ausnahme können hingegen politisch motivierte und irrationale Entscheidungen der Behörden darstellen. Mehrheitlich ist dennoch davon auszugehen, dass vereinbarte Kooperationsregelungen unabhängig davon, ob diese in einem Streitbeilegungsmechanismus Berücksichtigung finden, eingehalten werden.

Doch auch zwischen Wettbewerbsbehörden, die nicht häufig im Kontakt stehen, und zwischen Vertragspartnern, die keine enge Verbindung, geprägt von Vertrauen, haben, können Reputationseffekte und (völker-)ge-

---

1135 *Bourgeois*, in: FS Maresceau, S. 381 (390 f.).
1136 *Marsden/Whelan*, The Contribution of Bilateral Trade or Competition Agreements to Competition Law Enforcement Cooperation between the EU and Mexico, S. 30; *Bourgeois*, in: FS Maresceau, S. 381 (391), mit Verweis auf die Aussagen von nationalen Kartellbehörden, die er für seinen Beitrag befragt hat.
1137 *Sokol*, Chi.-Kent L. Rev. 2008, 231 (266).
1138 *Sokol*, Chi.-Kent L. Rev. 2008, 231 (266) m. Verw. auf *Axelrod*, The Evolution of Cooperation, S. 36 ff.

sellschaftlicher Druck zu glaubwürdigen Verpflichtungen führen, wenn sie nicht von einem Streitbeilegungsmechanismus umfasst sind.[1139]

(d) Streitbeilegungsorgan ungeeignet

Das Streitbeilegungsorgan bestünde hauptsächlich aus Handelsrechts- und nicht aus Kartellrechtsexperten. Dies würde dazu führen, dass „Fachfremde" Kartellrechtsentscheidungen treffen könnten.[1140] Handelsrechtsexperten würden aufgrund ihrer Antidumpingerfahrung sowie der Verfolgung anderer Ziele wie der Fokussierung auf Marktzugangs- und Nichtdiskriminierungsbelange einen anderen inhaltlichen Ansatz verfolgen und nicht so sehr die Auswirkungen auf den Wettbewerb untersuchen, sondern prüfen, ob es eine diskriminierende Regulierung gegeben hat.[1141] Bei informellen bilateralen Gesprächen können die Behörden dadurch, dass sie eine ähnliche wirtschaftliche Sprache sprechen und eine ähnliche politische Weltanschauung in Bezug auf die Durchsetzung der Interessen haben, bei Streitigkeiten leichter Fortschritte erzielen als im Rahmen eines Streitbeilegungsverfahrens, an dem sowohl sie als auch Handelsexperten und Ministerien mit unterschiedlichen Ansätzen und Zielen beteiligt sind.[1142] Ein Beispiel für eine ähnliche wirtschaftliche Sprache ist, dass Effizienzaspekten eine höhere Priorität eingeräumt wird als Herstellerinteressen.[1143]

Gegen die Einbeziehung der Kartellrechtsregelungen im Kartellrechtskapitel unter den Streitbeilegungsmechanismus spricht auch, dass in Kartellrechtsfällen oft die Analyse komplexer Fragen notwendig ist.[1144] Hinzu kommt, dass dieses Rechtsgebiet insofern sehr flexibel ist, als es sich fortlaufend durch die Entwicklung in der Wirtschaftswissenschaft verändert.[1145] Es ist unwahrscheinlich, dass die Fachkenntnis der Schiedsrichter flexibel und umfassend genug ist, um bei diesen Veränderungen Schritt zu halten, was aber für eine Befriedungswirkung durch den Schiedsspruch, den beide Seiten anerkennen, notwendig ist, zumal erschwerend hinzu-

---

1139 *Gadbaw*, in: Cimino-Isaacs/Schott, Trans-Pacific Partnership, S. 323 (331).
1140 *Sokol*, Chi.-Kent L. Rev. 2008, 231 (265).
1141 *Sokol*, Chi.-Kent L. Rev. 2008, 231 (265).
1142 *Sokol*, Chi.-Kent L. Rev. 2008, 231 (265).
1143 *Sokol*, Chi.-Kent L. Rev. 2008, 231 (265).
1144 *Gürkaynak*, Interview mit Randy Tritell, Concurrences Review Special Issue: Competition and Globalization in Developing Economies 2016, 24.
1145 *Gürkaynak*, Interview mit Randy Tritell, Concurrences Review Special Issue: Competition and Globalization in Developing Economies 2016, 24.

kommt, dass Kartellrechtsfälle selten vorkommen.[1146] Dies gilt umso mehr, als sogar die US-Kartellbehörde der EU-Kommission als einer der renommiertesten Kartellbehörden weltweit vorwarf, im Rahmen des Konfliktes um den Zusammenschluss von *General Electric* und *Honeywell* mit veralteten ökonomischen Theorien zu operieren.[1147]

Problematisch an einem Streitbeilegungsmechanismus, der die Kartellrechtsregelungen umfasst, wäre, dass Wirtschaftsministerien zuständig dafür wären, zu entscheiden, welche an sie von Unternehmen herangetragenen Fälle sie an den Streitbeilegungsmechanismus weiterleiten.[1148] Die Wirtschaftsministerien sind grundsätzlich anfälliger für politische Beeinflussung durch Lobbygruppen als die nationalen Kartellbehörden.[1149] Ein gutes Beispiel, das dies zeigt, ist die Ministererlaubnis nach dem deutschen Kartellrecht und hier aus der näheren Vergangenheit besonders der Fall Edeka/Tengelmann.[1150] In diesem Fall wurde, trotz überzeugender kartellrechtlicher Argumente gegen eine Fusion, diese Fusion mutmaßlich aufgrund von politischer Einflussnahme von Interessengruppen durch den damaligen Wirtschaftsminister genehmigt.[1151]

(e) Unabhängigkeit und Objektivität der Entscheidungen von Kartellbehörden

Kartellbehörden sind im Vergleich zu den Regulierungsbehörden, beispielsweise im Bereich geistiges Eigentum, Telekommunikation und Energie, grundsätzlich unabhängiger von politischer Einflussnahme durch Interessengruppen.[1152] Das spricht gegen die Notwendigkeit, die kartellrechtlichen Bestimmungen und damit auch indirekt die Entscheidungen der Kartellbehörden der Vertragsparteien vom Streitbeilegungsmechanismus zu erfassen – im Gegensatz zu den Entscheidungen der Regulierungsbe-

---

1146 *Sokol*, Chi.-Kent L. Rev. 2008, 231 (267).
1147 *Budzinski/Kuchinke*, in: Wentzel, Internationale Organisationen, S. 176 (178); vgl. zu diesem Konflikt oben Kapitel 2. D. I. 2. a).
1148 *Sokol*, Chi.-Kent L. Rev. 2008, 231 (273).
1149 *Sokol*, Chi.-Kent L. Rev. 2008, 231 (273).
1150 Bundesminister für Wirtschaft und Energie, Entscheidung v. 9.3.2016, I B 2 – 22 08 50/01 – *Edeka/Tengelmann*.
1151 Kritik an der Entscheidung *Bosch*, NJW 2016, 1700 (1701 f.); *Bechtold*, NZKart 2016, 553; *Podszun*, NJW 2016, 617 (619); weniger kritisch dagegen *Körber*, NZKart 2016, 245.
1152 *Sokol*, Chi.-Kent L. Rev. 2008, 231 (273).

hörden in den anderen Bereichen.[1153] Des Weiteren basieren die Entscheidungen der Kartellbehörden mehr als andere Regulierungsbereiche auf wirtschaftlichen Argumenten und sind dadurch transparenter und vorhersehbarer für ausländische Investoren; und sie laufen weniger Gefahr, diskriminierend angewendet zu werden.[1154]

(f) Kosten

Des Weiteren führt ein Streitbeilegungsmechanismus insgesamt zu höheren Kosten für beide Parteien (*net joint costs*), da die Kosten der Vertragspartei, welche bei einem solchen Verfahren verliert und damit einen Reputationsschaden erleidet, nicht spiegelbildlich einen gleichen Gewinn bei der anderen Partei auslösen. Denn der Gewinn, der durch die oben angesprochene niedrige Wahrscheinlichkeit eines Verstoßes durch einen Streitbeilegungsmechanismus entsteht, muss mit den Kosten gegengerechnet werden, die bei einem Verstoß entstehen, der trotz des Streitbeilegungsmechanismus begangen wird.[1155]

Der Nachteil von Streitbeilegungsverfahren in Freihandelshabkommen sind die administrativen Kosten, die dadurch entstehen.[1156] Des Weiteren erschwert die Unterwerfung des Kartellrechtskapitels unter den Streitbeilegungsmechanismus die Verhandlungen. Dies hängt damit zusammen, dass die Vertragsstaaten weniger schnell bereit sind, Zugeständnisse zu machen, wenn die Vereinbarungen, die für sie Zugeständnisse sind, von einem Streitbeilegungsmechanismus umfasst sind.[1157] Dies verlängert die Verhandlungen und führt dadurch auch zu höheren Kosten.

Problematisch an Kartellrechtsregelungen, welche im Konfliktfall im Rahmen eines Streitbeilegungsmechanismus geklärt werden könnten, ist, dass die Kartellrechtsregime weltweit viele unbestimmte Rechtsbegriffe

---

1153 *Sokol*, Chi.-Kent L. Rev. 2008, 231 (273).
1154 *Sokol*, Chi.-Kent L. Rev. 2008, 231 (273).
1155 *Horn/Mavroidis*, in: Guzman/Sykes, Research Handbook in International Economic Law, S. 177 (189), welche sich auf die Theorie stützen von *Guzman*, J Legal Stud. 2002, 303.
1156 *Horn/Mavroidis*, in: Guzman/Sykes, Research Handbook in International Economic Law, S. 177 (187).
1157 *Abrenica/Bernabe*, in: Chaisse/Gao/Lo, Paradigm Shift in International Economic Law Rule-Making, S. 165 (183).

enthalten und weitreichende Ermessensentscheidungen verlangen.[1158] Ein Streitbeilegungsverfahren würde dadurch als Eingriff in das Justizsystem eines Mitglieds angesehen werden und damit zu einem starken Eingriff in die nationale Souveränität führen.[1159]

g) Alternativen zum Streitbeilegungskapitel

Es stellt sich die Frage, ob es andere Wege zur Durchsetzung der Kartellrechtsregelungen in den Freihandelsabkommen gibt. In den Abkommen mit Südkorea, Ecuador/Kolumbien/Peru und Singapur ist jeweils ein Konsultationsmechanismus für kartellrechtliche Fragen vorhanden. Es wurde bereits festgestellt, dass ein solcher Mechanismus auch dazu dienen kann, Fragen bezüglich der Auslegung oder Anwendung des Kartellrechtskapitels zu erörtern, und damit als eine Art Streitbeilegungsmechanismus fungieren kann. Allerdings handelt es sich um keinen Streitbeilegungsmechanismus *strictu sensu*, da Konsultationen auf zwischenstaatlicher Ebene stattfinden.[1160] Konsultationen halten kein unabhängiges Organ zur Streitbeilegung bereit. Dass Konsultationen hauptsächlich ein Kooperationsinstrument sind und keine Durchsetzung der Kartellrechtsregelungen ermöglichen, zeigt sich insbesondere daran, dass sie „weich" formuliert sind. An Art. 265 Abs. 1 EU-Ecuador/Kolumbien/Peru wird besonders deutlich, dass sie kein Mechanismus zur (verbindlichen) Streitbeilegung und Durchsetzung sind. Dieser stellt klar, dass die Durchführung von Maßnahmen nach dem Wettbewerbsrecht durch die Aufnahme von Konsultationen nicht berührt wird und somit die Entscheidungsautonomie der Vertragsparteien vollumfänglich bestehen bleibt. Die Möglichkeit, Sicherheits- oder Gegenmaßnahmen (*safeguards or countermeasures*) zu ergreifen, ist kein spezifischer Durchsetzungsmechanismus, da diese Möglichkeit sehr ähnlich dem ist, was nach allgemeinem Völkerrecht in jedem Fall möglich ist.[1161]

1158 *Gürkaynak*, Interview mit Randy Tritell, Concurrences Review Special Issue: Competition and Globalization in Developing Economies 2016, 24.

1159 So schon WTO, Report of the Working Group on the Interaction between Trade and Competition Policy to the General Council, 17.7.2003, WT/WGTCP/7, Rn. 82, als Argument gegen eine Einbeziehung eines möglichen Kartellrechtsabkommens im Rahmen der WTO unter den Streitbeilegungsmechanismen der WTO.

1160 *Bourgeois*, in: FS Maresceau, S. 381 *(388)*.

1161 *Di Benedetto*, CYIL 2017, 91 (97).

h) Zwischenfazit zu den Streitbeilegungsregelungen

Die Kartellrechtsregelungen in den Kartellrechtskapiteln sind in allen Abkommen der „neuen Generation" mit weiter entfernten Vertragsstaaten vom Streitbeilegungsmechanismus ausgeschlossen. Allerdings existieren Konsultationsmechanismen in einigen Abkommen.

In den Verhandlungen um ein Kartellrechtsabkommen im Rahmen der WTO setzte sich die EU für eine Unterwerfung des Abkommens unter den Streitbeilegungsmechanismus ein. Das Scheitern eines solchen Abkommens ist ein wesentlicher Grund, warum die Position der EU im Rahmen von Freihandelsabkommen zu sein scheint, dass die Kartellrechtsregelungen nicht unter den Streitbeilegungsmechanismus fallen sollten. Es soll aus Souveränitätsgründen keine erstmalige bilaterale Möglichkeit der Überprüfung der Entscheidungen der EU-Kommission und der EU-Gerichte durch ein supranationales Streitbeilegungsorgan ermöglicht werden. Es gibt einige Argumente, die dafür sprechen, dass die Kartellrechtsregelungen durch ein Streitbeilegungsorgan durchsetzbar sein sollten. Das stärkste Argument dafür lautet, dass dies die Wahrscheinlichkeit eines Verstoßes gegen die Regelungen verringern würde. Die gewichtigeren Argumente sprechen aber für die Position der EU. Viele Ziele der Freihandelsabkommen lassen sich auch ohne die Unterwerfung unter den Streitbeilegungsmechanismus erreichen. Dies gilt beispielsweise für die Kooperation. Die Kartellrechtsregelungen sind darüber hinaus aufgrund ihrer Allgemeinheit zumindest ungeeignet für ein Streitbeilegungsverfahren. Die Unterwerfung unter den Streitbeilegungsmechanismus ist auch deshalb obsolet, weil die Kartellrechtsregelung auch ohne eine solche glaubwürdige Verpflichtungen enthalten, was sich bei Vertragspartnern und ihren Wettbewerbsbehörden mit der Spieltheorie begründen lässt. Der Streitbeilegungsmechanismus wäre auch ungeeignet für eine Streitbeilegung in Kartellrechtsfragen, da er aus Handelsrechts- und nicht aus Kartellrechtsexperten bestünde und die Wirtschaftsministerien in das Verfahren involviert wären. Im Vergleich zu Regulierungsbehörden in anderen Bereichen sind die Kartellbehörden unabhängiger und treffen Entscheidungen, die auf objektiveren wirtschaftlichen Kriterien beruhen. Darüber hinaus würde die Unterwerfung der Kartellbehörden aus verschiedenen Gründen zu höheren Kosten führen.

Die Konsultationsmechanismen sind keine Alternative zu einem Streitbeilegungsmechanismus und mehr als ein Instrument der Kooperation einzuordnen.

III. Zwischenfazit

Alle Abkommen haben eine Vorschrift, welche die Gefährdung der Vorteile der Handelsliberalisierung durch wettbewerbswidrige Verhaltensweisen betont. Eine „Wort-für-Wort-Analyse" dieser Vorschriften hat gezeigt, dass die EU keine Musterabkommen verwendet. Die Regelungen ähneln sich zwar inhaltlich stark, unterscheiden sich aber sowohl sprachlich im Detail als auch in ihrer Akzentuierung. Die Vorschrift, welche die Gefährdung der Vorteile der Handelsliberalisierung durch wettbewerbswidrige Verhaltensweisen betont, bildet den eindeutigen Schwerpunkt der Zielbestimmungen. Andere Zielbestimmungen sind kaum vorhanden.

Bei den Definitionen von wettbewerbswidrigen Handlungen und der Verpflichtung, gegen diese vorzugehen, zeigen sich deutlichere Unterschiede. Bezüglich der Definition von wettbewerbswidrigen Handlungen wurde mit Japan keine und in CETA nur eine sehr allgemeine gemeinsame Definition von wettbewerbswidrigen Verhaltensweisen vereinbart. Im Gegensatz zu diesen zwei Abkommen konnte die EU in den Abkommen mit Ecuador/Kolumbien/Peru, Singapur, Südkorea und Zentralamerika gemeinsame Definitionen von wettbewerbswidrigen Handlungen vereinbaren, die dem *acquis communautaire* entsprechen. Diese Definitionen gelten aber nur bezüglich Handlungen, die den gemeinsamen Handel betreffen. Zwischen diesen Abkommen sind hierbei nur kleine Unterschiede im Detail erkennbar. Eine dem EU *acquis communautaire* entsprechende Definition findet sich auch im Abkommen mit Vietnam, allerdings mit dem wesentlichen Unterschied, dass bei diesem auf die Beschränkung auf Handlungen, die den gemeinsamen Handel betreffen, verzichtet wurde.

Die Analyse hat ergeben, dass das Fehlen eines multilateralen Abkommens im Bereich des Kartellrechts der Grund für die Allgemeinheit der Regelungen ist. Die Unterschiede der Regelungen in den verschiedenen Abkommen lassen sich vor allem mit der wirtschaftlichen Stärke der Vertragsstaaten erklären. Die Definitionen in den Abkommen mit den wirtschaftlich schwächeren Staaten können trotz ihrer Allgemeinheit als erster Schritt gesehen werden, weltweit in immer mehr Ländern einen Kartellrechtsstandard durchzusetzen, der sich am EU-Modell orientiert. An den Beispielen des Marktzuganges und der Exportkartelle wurde gezeigt, dass die Definition von wettbewerbswidrigen Handlungen und deren Verbot in Abkommen einen Beitrag zur Lösung einiger Probleme leisten können. Allerdings führt die Allgemeinheit der Regelungen dazu, dass dieser Beitrag allenfalls minimal sein kann.

Eng mit der Definition von wettbewerbswidrigen Handlungen verbunden ist auch die Verpflichtung, gegen diese wettbewerbswidrigen Handlungen vorzugehen. Im Abkommen mit Südkorea existiert hierzu die Verpflichtung, ein Wettbewerbsgesetz zu behalten, welches wettbewerbswidrige Vereinbarungen verbietet, die allgemeiner und ähnlich wie in CETA definiert sind. Das bedeutet, dass Südkorea und die EU bezüglich wettbewerbswidriger Handlungen, die den Handel zwischen ihnen beeinträchtigen und die als mit dem Abkommen unvereinbar erklärt wurden, eine geringere Gestaltungsfreiheit haben, als sie dies bei der Behandlung anderer wettbewerbswidriger Handlungen haben. Sie verpflichten sich aber unabhängig davon, ob der gemeinsame Handel betroffen ist, dazu, gegen wettbewerbswidrige Handlungen vorzugehen. Dies ist auch bei den Abkommen mit Kanada, Japan und Vietnam der Fall. Das Abkommen mit Vietnam ist dabei das weitestgehende. In diesem Abkommen verpflichtet sich Vietnam, ein Wettbewerbsrecht aufrechtzuerhalten, welches wettbewerbswidrige Handlungen, die ähnlich wie im EU-Recht definiert werden, zu verbieten, und zwar unabhängig davon, ob diese den Handel mit der EU beeinträchtigen. Im Gegensatz dazu sind die Abkommen mit Ecuador/Kolumbien/Peru und Zentralamerika zu sehen. In diesen Abkommen verweisen die Vorschriften, welche die Aufrechterhaltung von Wettbewerbsgesetzen fordern, auf die Definitionen, welche wettbewerbswidrige Handlungen nur verbieten, wenn der gegenseitige Handel betroffen ist. Das bedeutet, dass diese Staaten wettbewerbswidrige Handlungen nicht generell und unabhängig von der Beeinträchtigung des gegenseitigen Handels verbieten müssen. In diese Gruppe gehört zusätzlich noch das Abkommen mit Singapur, welches die Definition von wettbewerbswidrigen Handlungen, welche die Voraussetzung der Beeinträchtigung des gegenseitigen Handels bereits in der Vorschrift, welche die Aufrechterhaltung eines Wettbewerbsrechts vereinbart, inkorporiert hat. Darüber hinaus befindet sich die Verpflichtung, eine (unabhängige) Kartellbehörde zu haben, außer in CETA in allen Abkommen. In CETA werden nur ganz allgemein „geeignete Maßnahmen" gegen wettbewerbswidrige Handlungen gefordert.

Rechtsstaatliche Grundsätze werden in allen Abkommen im Kartellrechtskapitel betont, wobei sich der Fokus und die Ausführlichkeit der Regelungen deutlich unterscheiden. Das Abkommen mit Zentralamerika sticht insoweit heraus, als hier von Rechtsstaatsgrundsätzen allein die transparente Anwendung des Wettbewerbsrechts gefordert wird. Aber auch bei den anderen Abkommen sind diese Regelungen eher kurz und knapp. Das Abkommen mit Japan ist bei der Definition der Rechtsgrundsätze im Vergleich zu den anderen Abkommen genauer. Ein grundsätzlicher Unterschied ist, dass die Abkommen mit Ecuador/Kolumbien/Peru und Südkorea nur ein Anerkenntnis der Wichtigkeit dieser Grundsätze enthalten und auch das Abkommen mit Zentralamerika keine eindeutige Pflicht vorschreibt. Im Gegensatz hierzu enthalten CETA und die Abkommen mit Japan, Singapur und Vietnam eine Verpflichtung zur Einhaltung dieser Grundsätze.

Bei den Kooperations- und Koordinationsregelungen gibt es einen grundsätzlichen Unterschied zwischen CETA, den Abkommen mit Japan und Südkorea, die einen Verweis auf ein Kooperationsabkommen zwischen den Wettbewerbsbehörden enthalten, und den anderen Abkommen. CETA und das Abkommen mit Japan verweisen hauptsächlich auf diese Kooperationsabkommen. Das Abkommen mit Südkorea dagegen enthält im Vergleich zu den anderen zwei Abkommen darüber hinaus ausführlichere eigenständige Regelungen wie eine Verpflichtung zu Konsultationen. Bei den Abkommen ohne einen Verweis auf ein Kooperationsabkommen der Wettbewerbsbehörden enthalten alle Abkommen außer dem mit Vietnam Regelungen zu den Kooperationen und zu dem Austausch von Informationen zwischen den Wettbewerbsbehörden. Daneben besteht in drei der fünf Abkommen auch ein Konsultationsmechanismus, der ausdrücklich auch der Zusammenarbeit dient. Das Abkommen mit Ecuador/Kolumbien/Peru sticht insoweit heraus, als es zusätzlich noch eine Notifikationsverpflichtung und eine als „positive comity" zu kategorisierende Regelung enthält. In der Analyse wurde beschrieben, dass eine Zusammenarbeit zwischen verschiedenen Wettbewerbsbehörden immer häufiger vorkommt, insbesondere auch zwischen der EU-Kommission und anderen Behörden. Die Kooperationsregelungen in den Abkommen mit Vertragsstaaten, mit denen vor dem Abschluss des Freihandelsabkommens kein Kooperationsabkommen abgeschlossen wurde, sind als schwach zu bewerten. Das spricht dafür, dass die Vertragsstaaten keine intensivere Kooperation erwarten, als sie bisher schon stattfindet. Die praktische Bedeutung der Kooperations- und Koordinationsvorschriften bei der Zusammenarbeit ist mutmaßlich gering. Die Regelungen sind aber ungeachtet dessen nicht obsolet, wie ein Vergleich mit Alternativen gezeigt hat. Spezielle Kooperationsabkommen werden aufgrund des Aufwandes, den ihre Verhandlung mit sich bringt, nicht mit vielen Staaten geschlossen, und sie enthalten darüber hinaus keine materiell-rechtlichen Regelungen. Die informellen Kooperationen zwischen den Wettbewerbsbehörden, beispielsweise im Rahmen des ICN, sind der wohl wichtigste Aspekt der Kooperation, gleichwohl ist eine Ergänzung durch formalisierte Regelungen sinnvoll. Dies hängt vor allem damit zusammen, dass dadurch die Kooperation nicht nur von einzelnen Personen abhängt.

Regelungen zur technischen Hilfe finden sich nicht in den Abkommen mit hochindustrialisierten und wirtschaftlich starken Ländern, sondern nur in den Abkommen mit Ecuador/Kolumbien/Peru, Vietnam und Zentralamerika.

In allen Abkommen verpflichten sich die Vertragsstaaten dazu, öffentliche Unternehmen grundsätzlich dem nationalen Kartellrecht zu unterwerfen.

In allen behandelten Abkommen ist das Kartellrechtskapitel vom Streitbeilegungskapitel ausgeschlossen. Die Abkommen mit Ecuador/Kolumbien/Peru, Singapur und Südkorea stellen aber Konsultationsmechanismen bereit, die sich im Detail voneinander unterschieden. Der Ausschluss vom Streitbeilegungsmechanismus hat hauptsächlich den Grund, dass es im Rahmen der WTO kein Kartellrechtsabkommen gibt, welches vom Streitbeilegungsmechanismus umfasst ist. Die Vertragsstaaten möchten keine erstmalige supranationale Überprüfung in Kartellrechtsfragen durch die Freihandelsabkommen einführen. Obwohl es stichhaltige Argumente dafür gibt, dass die Kartellrechtsregelungen durch ein Streitbeilegungsorgan durchsetzbar sein sollten, sprechen die überzeugenderen Argumente dagegen. Insbesondere sind die Ziele des Kartellrechtskapitels auch ohne eine solche Unterwerfung zu erreichen. Der Konsultationsmechanismus ist kein Äquivalent für den Streitbeilegungsmechanismus, sondern in erster Linie ein Kooperationsinstrument.

IV. Übersicht der Kartellrechtsregelungen in den Wettbewerbskapiteln der EU-Freihandelsabkommen der „neuen Generation" in Tabellenform

	EU-Korea	EU-Ecuador/Kolumbien/Peru	EU-Zentralamerika	CE-TA	EU-Japan	EU-Singapur	EU-Vietnam
1. Kartellrechtskapitel	11	VIII	VII	17	11	11	10
2. Zielbestimmungen							

	EU-Korea	EU-Ecuador/ Kolumbien/ Peru	EU-Zentral-amerika	CE-TA	EU-Ja-pan	EU-Singapur	EU-Vietnam
• Zusammenhang Kartellrecht und Handelsliberalisierung	✓	✓	✓	✓	✓	✓	✓
• sonstige Ziele							
— Verbraucherschutz und Effizienz	✗	✓	✗	✗	✗	✗	✓
— Förderung der wirtschaftlichen und sozialen Entwicklung	✗	✓	✗	✗	✗	✗	✗
3. Definitionen und Verbote wettbewerbswidriger Praktiken							
• Definition umfasst Vereinbarungen/abgestimmte Verhaltensweisen, Missbrauch marktbeherrschender Stellungen und Unternehmenszusammenschlüsse	✓	✓	✓	✓	✓	✓	✓
• gemeinsame Definitionen wettbewerbswidriger Praktiken	✓	✓	✓	✓	✗	✓	✓
• starke Orientierung der Definitionen am EU-Kartellrecht	✓	✓	✓	✗	✗	✓	✓
• Verbot wettbewerbswidriger Handlungen **nur**, soweit Handel der Vertragsparteien beeinträchtigt	✓	✓	✓	✗	✗	✓	✗

	EU-Korea	EU-Ecuador/Kolumbien/Peru	EU-Zentral-amerika	CE-TA	EU-Japan	EU-Singapur	EU-Vietnam
4. Einführungs- oder Bestandsverpflichtungen							
• Kartellrecht	✓	✓	✓	✓	✓	✓	✓
• Kartellbehörde	✓	✓	✓	✗	✓	✓	✓
5. rechtsstaatliche Grundsätze							
• Verpflichtung zur Einhaltung	✗	✗	✗	✓	✓	✓	✓
• Transparenz	✓	✓	✓	✓	✓	✓	✓
• Diskriminierungsverbot	✓	✓	✗	✓	✓	✓	✓
• fristgerechte Anwendung	✓	✓	✗	✗	✗	✗	✗
• faires Verfahren/Recht auf Verteidigung/rechtliches Gehör	✓	✓	✗	✓	✓	✓	✓
6. Kooperations- und Koordinationsregelungen							
• Verweis auf Kooperationsabkommen	✓	✗	✗	✓	✓	✗	✗
• Austausch/Zurverfügungstellung nichtvertraulicher/öffentlicher Informationen	✓	✓	✓	✓	✓	✓	✗
• Gewährleistung des Schutzes vertraulicher Informationen	✗	✓	✓	✗	✗	✓	✓
• Ersuchung zur Zusammenarbeit bei Durchsetzungsmaßnahmen	✗	✓	✓	✗	✗	✗	✗

	EU-Korea	EU-Ecuador/ Kolumbi-en/ Peru	EU-Zen-tral-ameri-ka	CE-TA	EU-Ja-pan	EU-Singapur	EU-Vietnam
• Konsultationsme-chanismus	✓	✓	✗	✗	✗	✓	✗
7. Regelungen zur tech-nischen Hilfe	✗	✓	✓	✗	✗	✗	✓
8. Anwendung des Kar-tellrechts auf öffentli-che Unternehmen/Un-ternehmen mit beson-deren/ausschließlichen (Vor-)Rechten und staatliche Monopole	✓	✓	✓	✓	✓	✓	✓
8. Anwendbarkeit des allgemeinen Streitbeile-gungsmechanismus auf das Wettbewerbskapitel	✗	✗	✗	✗	✗	✗	✗

Legende: Römische und Arabische Zahlen = Ordnungsziffern des jeweiligen Kartellrechtskapitels; ✗ = Regelungen nicht vorhanden; ✓ = Regelungen vorhanden.

V. Kartellrechtsregelungen zukünftiger EU-Freihandelsabkommen der „neuen Generation"

1. TTIP

Verhandlungen über ein Freihandelsabkommen zwischen der EU und den USA (*Transatlantic Trade and Investment Partnership* – TTIP) begannen im Jahr 2013 und pausieren seit 2016.[1162]

Nach der zwölften Verhandlungsrunde im Februar 2016 erzielten die EU und die USA in den meisten Bereichen des Kartellrechtskapitels eine grundsätzliche Einigung über den Inhalt der künftigen Bestimmungen

---

1162 Website der EU-Kommission (http://ec.europa.eu/trade/policy/countries-and-re gions/countries/united-states/), zuletzt besucht am 12.12.2018.

und mussten nur noch an den genauen Formulierungen arbeiten.[1163] Einer der Besonderheiten des geplanten Wettbewerbskapitels in TTIP ist, dass die USA den Schwerpunkt auf ein faires Verfahren legen und über bloße Grundsatzerklärungen hinaus zu detaillierten Bestimmungen gehen wollten.[1164] Passend dazu wurde im Report über die zwölfte Verhandlungsrunde die Verfahrensgerechtigkeit, zu der die Transparenz der Verfahren und der Verteidigungsrechte zählen, als der wichtigste Bereich benannt, in dem noch weitere Arbeiten erforderlich waren.[1165] Hierbei ging es insbesondere darum, eine Sprache zu finden, die den jeweiligen Anliegen Rechnung trägt und den jeweiligen Rechts- und Verwaltungssystemen entspricht, beispielsweise bei der Formulierung bezüglich der freiwilligen Einigung bei Bedenken der Wettbewerbsbehörden.[1166] Ein weiteres Diskussionsthema betraf die Frage der Ausnahmen von der Anwendung des Wettbewerbsrechts für staatliche Unternehmen.[1167] In einem gemeinsamen Bericht vom 19. Januar 2017 erklärten die Verhandlungsparteien, dass sie sich bezüglich der Bedeutung von Transparenz und eines fairen Verfahrens im Bereich der Wettbewerbspolitik einig seien.[1168]

1163 Europäische Kommission, The Twelfth Round of Negotiations for the Transatlantic Trade and Investment Partnership (TTIP), 22-26 February 2016, Public Report – March 2016, S. 18. Verfügbar auf der Website der EU-Kommission (http://trade.ec.europa.eu/doclib/docs/2016/march/tradoc_154391.pdf), zuletzt besucht: 19.2.2019.

1164 *Demedts*, The long-term potential of an interim-solution, S. 335 mit Verweis auf ein von ihr geführtes Interview mit einem Kommissionsbeamten.

1165 Europäische Kommission, The Twelfth Round of Negotiations for the Transatlantic Trade and Investment Partnership (TTIP), 22-26 February 2016, Public Report – March 2016, S. 18. Verfügbar auf der Website der EU-Kommission (http://trade.ec.europa.eu/doclib/docs/2016/march/tradoc_154391.pdf), zuletzt besucht am 19.2.2019.

1166 Europäische Kommission, The Twelfth Round of Negotiations for the Transatlantic Trade and Investment Partnership (TTIP), 22-26 February 2016, Public Report – March 2016, S. 18. Verfügbar auf der Website der EU-Kommission (http://trade.ec.europa.eu/doclib/docs/2016/march/tradoc_154391.pdf), zuletzt besucht am 19.2.2019.

1167 Europäische Kommission, The Twelfth Round of Negotiations for the Transatlantic Trade and Investment Partnership (TTIP), 22-26 February 2016, Public Report – March 2016, S. 19. Verfügbar auf der Website der EU-Kommission (http://trade.ec.europa.eu/doclib/docs/2016/march/tradoc_154391.pdf), zuletzt besucht am 19.2.2019.

1168 U.S.-EU Joint Report on TTIP Progress to Date, S. 4. Verfügbar auf der Website der EU-Kommission (http://trade.ec.europa.eu/doclib/docs/2017/january/tradoc_155242.pdf), zuletzt besucht am 19.2.2019.

Bezüglich der Regelungen im Detail ist offiziell nur die Position der EU verfügbar.[1169] Hiernach sollte das Kartellrechtskapitel eine Klausel enthalten, wie sie ähnlich in vielen Abkommen der „neuen Generation" vorkommt, nach der die Parteien ein Kartell- und Fusionswettbewerbsrecht aufrechterhalten müssen, welches in wirksamer Weise gegen wettbewerbswidrige Verhaltensweisen analog dem Wortlaut von Art. 101 AEUV und Art. 102 AEUV vorgeht. In dem Kapitel wird ferner gefordert, dass die Vertragsparteien eine funktionell unabhängige Behörde unterhalten, die für die wirksame Durchsetzung des Wettbewerbsrechts verantwortlich und angemessen ausgestattet ist. Diese solle die Grundsätze der Transparenz und Nichtdiskriminierung, der Verfahrensgerechtigkeit und der Verteidigungsrechte der betroffenen Unternehmen unabhängig von ihrer Staatsangehörigkeit oder ihrem Eigentumsstatus beachten. Staatliche Unternehmen, Unternehmen mit besonderen oder ausschließlichen Rechten sollen dem Wettbewerbsrecht unterliegen. Die Zusammenarbeit sollte im Einklang mit den bereits zwischen den Parteien geschlossenen Kooperationsvereinbarungen verstärkt werden. Ein darüber hinausgehender Austausch vertraulicher Informationen oder eine Ermittlungshilfe ist in dem Vorschlag nicht vorgesehen.[1170] Darüber hinaus ist in dem Vorschlag der EU eine Überprüfungsklausel des Kapitels vorgesehen. Er enthält außerdem grundlegende Bestimmungen über Transparenz und Konsultationen. Das Kapitel soll vom Streitbeilegungsmechanismus völlig ausgeschlossen sein.

2. Weitere Abkommen

Es gibt Länder, mit denen die EU Verhandlungen aufgenommen hat, die allerdings zumindest faktisch ausgesetzt worden sind. Dies sind die Länder des Golfkooperationsrats (*Gulf Cooperation Council*, kurz GCC)[1171], Thailand, Indien und Malaysia. Aktuell laufen Verhandlungen mit den Philip-

---

1169 Verfügbar auf der Website der EU-Kommission (http://trade.ec.europa.eu/docl ib/press/index.cfm?id=1252&langId=de), zuletzt besucht am 12.12.2018.

1170 So auch EU-Parlament, Report on Workshop on Competition Policy in International Agreements, IP/A/ECON/2015-02, PE 563.431, 2015, 45.

1171 Hierzu gehören die folgenden Länder: Kuwait, Bahrain, Oman, Katar, Saudi-Arabien, Vereinigte Arabische Emirate.

pinen, Indonesien, Australien und Neuseeland.[1172] In allen Abkommen, die zurzeit verhandelt werden, ist ein Kartellrechtskapitel vorgesehen.[1173]

Von den G-20 Staaten ist China das einzige Land, mit dem die EU kein Handelsabkommen hat oder zumindest Verhandlungen hierüber aufgenommen hat. Die offizielle Position der Europäischen Kommission ist, dass ein Freihandelsabkommen ein langfristiges Ziel ist, welches in Angriff genommen wird, wenn die Bedingungen stimmen.[1174] Es wird vertreten, dass der Abschluss eines Investitionsabkommens ein wichtiger Schritt in diese Richtung sein wird und dass ein EU-China-Freihandelsabkommen hiernach wahrscheinlicher wird.[1175] Über ein solches wird seit 2013 verhandelt.[1176] Die Rolle des Staates in der Wirtschaft, wie er im chinesischen Kartellrecht in Art. 7 deutlich wird[1177], wird sich allerdings mutmaßlich als

---

1172 Siehe für einen Überblick über alle Freihandelsabkommen und Verhandlungen die Website der EU-Kommission (http://ec.europa.eu/trade/policy/countries-and-regions/negotiations-and-agreements/), zuletzt besucht am 27.12.2018.

1173 Für den Vorschlag der EU vom 19. Dezember 2016 für ein Wettbewerbskapitel in einem Abkommen mit Indonesien siehe Website der EU-Kommission (http://trade.ec.europa.eu/doclib/docs/2017/february/tradoc_155279.pdf), zuletzt besucht am 5.1.2019; für einen Vorschlag der EU vom 9. Januar 2017 für ein Wettbewerbskapitel in einem Abkommen mit den Philippinen siehe Website der EU-Kommission (http://trade.ec.europa.eu/doclib/docs/2017/march/tradoc_155427.pdf), zuletzt besucht am 5.1.2019; zu Neuseeland siehe EU-Kommission, Report on the second round of negotiations for a Free Trade Agreement between the European Union and New Zealand, 8-12 October 2018, Wellington, S. 2. Verfügbar auf der Website der EU-Kommission (http://trade.ec.europa.eu/doclib/docs/2018/october/tradoc_157478.pdf), zuletzt besucht am 19.2.2019; zu Australien siehe EU-Kommission, Report of the 2nd round of negotiations for a Free Trade Agreement between the European Union and Australia, 19-23 November 2018, Canberra, S. 2. Verfügbar auf der Website der EU-Kommission (http://trade.ec.europa.eu/doclib/docs/2018/december/tradoc_157565.pdf), zuletzt besucht am 19.2.2019.

1174 Europäische Kommission/Volksrepublik China, EU-China 2020 Strategic Agenda for Cooperation, 2013, S. 5. Verfügbar auf der Website der Delegation der Europäischen Union in China (https://eeas.europa.eu/sites/eeas/files/20131123.pdf), zuletzt besucht am 20.2.2019.

1175 *Chi*, in: Bungenberg/Krajewski/Tams/Terhechte/Ziegler, EYIEL 2017, S. 475 (489); ausführlich zu einem möglichen Bit zwischen der EU und China siehe *Bungenberg*, in: Müller-Graff, Die Beziehungen zwischen der Europäischen Union und China, S. 81 ff.

1176 Website der EU-Kommission (http://ec.europa.eu/trade/policy/countries-and-regions/countries/china/), zuletzt besucht am 27.12.2018.

1177 Anti-monopoly Law of the People's Republic of China. Eine englische Version ist verfügbar auf der Website des chinesischen Wirtschaftsministeriums (http://english.mofcom.gov.cn/article/policyrelease/Businessregulations/201303/20130

ein starkes Hindernis für die EU und China hin zu einer Einigung über ein Kartellrechtskapitel im Rahmen eines Freihandelsabkommens erweisen.[1178]

B. Vergleich mit Kartellrechtsregelungen in anderen Freihandelsabkommen

I. Entwicklung der Kartellrechtsregelungen in den EU-Freihandelsabkommen von der „ersten" zur „neuen Generation"

1. Freihandelsabkommen der „ersten Generation"

Das „Abkommen über wirtschaftliche Partnerschaft, politische Koordinierung und Zusammenarbeit zwischen der Europäischen Gemeinschaft und ihren Mitgliedstaaten einerseits und den Vereinigten mexikanischen Staaten andererseits"[1179] (EU-Mexiko) wurde am 8. Dezember 1997 unterzeichnet und trat am 1. Oktober 2000 in Kraft.[1180] Das „Abkommen über Handel, Entwicklung und Zusammenarbeit zwischen der Europäischen Gemeinschaft und ihren Mitgliedstaaten einerseits und der Republik Südafrika andererseits"[1181] (EU-Südafrika) wurde am 11. Oktober 1999 unterzeichnet und trat am 1. Mai 2004 in Kraft.[1182] Das „Abkommen zur Gründung einer Assoziation zwischen der Europäischen Gemeinschaft und ihren Mitgliedstaaten einerseits und der Republik Chile andererseits"[1183] (EU-Chile) wurde am 18. November 2002 unterzeichnet und ist seit dem 1. März 2005 vollständig in Kraft.[1184]

300045909.shtml), zuletzt besucht am 11.7.2019. Siehe hierzu auch *Fox/Healey*, Antitrust L. J. 2014, 769 (778).

1178 *Pelkmans/Hu/Mustilli/Di Salvo/Bekkers/Manchin/Tomberger*, Tomorrow's Silk Road, S. 200.

1179 ABl.EG 2000, Nr. L 276/45.

1180 Hinweis betreffend den Zeitpunkt des Inkrafttretens des Abkommens über wirtschaftliche Partnerschaft, politische Koordinierung und Zusammenarbeit zwischen der Europäischen Gemeinschaft und ihren Mitgliedstaaten einerseits und den Vereinigten Mexikanischen Staaten andererseits, ABl.EG 2000, L 276/80.

1181 ABl.EG 1999, Nr. L 311/3.

1182 Bekanntgabe des Inkrafttretens, ABl.EG 2004, Nr. C 116/23.

1183 ABl.EG 2002, Nr. L 352/3.

1184 Mitteilung über das Inkrafttreten des Abkommens zur Gründung einer Assoziation zwischen der Europäischen Gemeinschaft und ihren Mitgliedstaaten einerseits und der Republik Chile andererseits, ABl.EU 2005, Nr. L 84/21.

2. Zielbestimmungen und materiell-rechtliche Kartellrechtsregelungen

In dem Abkommen mit Chile lässt sich schon aus Art. 172 EU-Chile, der mit „Ziele" überschrieben ist, die Konzeption des Abkommens in Bezug auf die Kartellrechtsregelungen ablesen. Nach Art. 172 Abs. 1 EU-Chile soll durch die Zusammenarbeit und Koordinierung der Wettbewerbsbehörden sichergestellt werden, dass die Vorteile, die sich aus der Liberalisierung des Handels ergeben, nicht durch wettbewerbswidriges Verhalten „verringert oder zunichte gemacht" werden. In Art. 172 Abs. 3 S. 1 EU-Chile kommen die Vertragsparteien überein, „[...] die Anwendung ihres Wettbewerbsrechts zu koordinieren und in diesem Bereich zusammenzuarbeiten". Dies lässt schon deutlich erkennen, dass der Fokus auf der Zusammenarbeit der Kartellbehörden und nicht auf einer materiell-rechtlichen Angleichung der Kartellrechtsgesetze liegt. Aus den Zielbestimmungen in Art. 172 Abs. 2 EU-Chile lässt sich jedoch auch erkennen, dass die Vertragsparteien eine gewisse kartellrechtliche Konvergenz als notwendige Voraussetzung für eine erfolgreiche Liberalisierung des Handels zwischen ihnen ansehen.[1185] Art. 172 Abs. 2 EU-Chile beinhaltet mit wettbewerbsfeindlichen Vereinbarungen, aufeinander abgestimmten Verhaltensweisen und der missbräuchlichen Ausnutzung einer beherrschenden Stellung eine Aufzählung von Verhaltensweisen, die im Rahmen des Abkommens als besonders geeignet anzusehen sind, den Waren- und Dienstleistungsverkehr zwischen den Vertragsparteien zu beeinträchtigen. Dies ist jedoch zusammen mit Art. 179 Abs. 2 EU-Chile die einzige materiell-rechtliche Kartellrechtsregelung des Abkommens. Art. 179 Abs. 2 EU-Chile bestimmt, dass öffentliche Unternehmen und Unternehmen, denen besondere oder ausschließliche Rechte gewährt worden sind, grundsätzlich dem Wettbewerbsrecht unterliegen.

Besonders bemerkenswert ist Art. 172 Abs. 3 S. 3 EU-Chile, in welchem die Vertragsparteien anerkennen, „[...] dass es wichtig ist, Wettbewerbsgrundsätze einzubeziehen, mit denen sich beide Vertragsparteien in multilateralen Gremien, einschließlich der WTO, einverstanden erklären würden".

Ein ähnlich eindeutiger Fokus auf die Koordination und Kooperation lässt sich aus Art. 11 Abs. 1 EU-Mexiko erkennen, in welchem vereinbart wird, dass der Gemischte Rat „Mechanismen" für die Kooperation und Koordinierung bestimmen soll. Erst in Abs. 2 des Art. 11 EU-Mexiko wird

---

[1185] So auch *Sester/Cárdenas*, RIW 2006, 179 (184).

vereinbart, dass der Gemischte Rat auch einen Beschluss über die verschiedenen wettbewerbswidrigen Verhaltensweisen beschließen soll.

Das Abkommen mit Südafrika enthält in Art. 35 zunächst eine Definition von wettbewerbswidrigen Handlungen, welche, soweit sie den Handel zwischen den Vertragsparteien beeinträchtigen, mit dem Abkommen unvereinbar sind. Hierbei orientiert sich die Definition von Vereinbarungen und aufeinander abgestimmten Verhaltensweisen am Wettbewerbsrecht der EU, wobei anders als im EU-Recht horizontale und vertikale Vereinbarungen speziell genannt werden. Ebenfalls am EU-Recht orientiert ist die Definition des Missbrauchs einer marktbeherrschenden Stellung. Dies ist die einzige materiell-rechtliche Regelung im Abkommen. Auch dieses Abkommen legt den Schwerpunkt auf Kooperation und Koordination der Wettbewerbsbehörden.[1186]

3. Kooperations- und Koordinationsregelungen

Besonders ausführlich sind die Kooperations- und Koordinationsregelungen in dem Abkommen mit Chile. Die Pflicht der Wettbewerbsbehörden, sich gegenseitig zu notifizieren, wird in Art. 174 Abs. 1 EU-Chile vereinbart. Dieser bestimmt, dass die andere Vertragspartei über Vollzugsmaßnahmen[1187] in Kenntnis gesetzt werden muss, wenn ein wichtiges Interesse der anderen Vertragspartei durch die Vollzugsmaßnahme beeinträchtigt werden könnte, Wettbewerbsbeschränkungen betroffen sind, die eine erhebliche Auswirkung im Gebiet der anderen Vertragspartei haben könnten, oder bei wettbewerbsfeindlichen Handlungen, die hauptsächlich im Gebiet der anderen Vertragspartei begangen wurden. Art. 174 Abs. 2 EU-Chile bestimmt den Zeitpunkt der Notifizierungspflicht als „in einer frühen Phase des Verfahrens", sofern dies nicht gegen das nationale Wettbewerbsrecht verstößt oder eine laufende Untersuchung beeinträchtigt. Auch wird festgelegt, dass nach einer Notifizierung die andere Wettbewerbsbehörde eine Stellungnahme abgeben kann, die allerdings nur berücksichtigt werden kann und nicht muss. Art. 174 Abs. 3 EU-Chile bestimmt den Inhalt der Notifizierung, welche so ausführlich sein muss, „[...] dass eine Be-

---

1186 *Demedts*, The long-term potential of an interim-solution, S. 323.

1187 Was nach Art. 173 Nr. 3 EU-Chile „[...] jede Anwendung des Wettbewerbsrechts in einer Untersuchung oder einem Verfahren der Wettbewerbsbehörde einer Vertragspartei, die zu Sanktionen oder Abhilfemaßnahmen führen kann" ist.

wertung unter Berücksichtigung der Interessen der anderen Vertragspartei möglich ist". Dass bei der Notifizierungspflicht nicht der Erfolg geschuldet ist, sondern nur ein Bemühen nach „besten Kräften", stellt Art. 174 Abs. 4 EU-Chile klar.[1188] Nach Art. 175 EU-Chile kann eine Wettbewerbsbehörde ihre Bereitschaft notifizieren, in einem bestimmten Fall ihre Vollzugsmaßnahmen zu koordinieren. Eine ähnliche, aber nicht ganz so ausführliche Notifikationsverpflichtung enthält Art. 37 EU-Südafrika.

Art. 176 EU-Chile stellt mit der Möglichkeit von Konsultationen einen weiteren Mechanismus der Zusammenarbeit der Wettbewerbsbehörden bereit. Das Ersuchen um Konsultationen kann an die Wettbewerbsbehörde der Vertragspartei herangetragen werden, die schon ein Wettbewerbsverfahren betreibt, wenn die Wettbewerbsbehörde der anderen Vertragspartei der Meinung ist, dass wichtige Interessen ihrer Vertragspartei beeinträchtigt sein könnten (Abs. 1). Auch möglich ist, dass die Initiative von der Wettbewerbsbehörde einer Vertragspartei ausgeht, die der Ansicht ist, dass wettbewerbsfeindliche Verhaltensweisen im Gebiet der anderen Vertragspartei die Interessen ihrer Vertragspartei erheblich beeinträchtigen (Abs. 2). Die Entscheidungsfreiheit der Wettbewerbsbehörde, die um Konsultation ersucht wurde, wird jedoch in keinem Fall eingeschränkt durch dieses Ersuchen. Nach Abs. 1 soll sie die Auffassung der ersuchenden Wettbewerbsbehörde jedoch eingehend und wohlwollend prüfen („negative comity").[1189]

Art. 177 EU-Chile befasst sich mit dem Austausch von nichtvertraulichen (Abs. 1 und 2) und vertraulichen Informationen (Abs. 4 bis 6).[1190] Die Ziele des Austausches von nichtvertraulichen Informationen sind die Erleichterung der wirksamen Anwendung der jeweiligen Wettbewerbsrechte und die Erhöhung der Transparenz (Abs. 1 und 2). Es besteht eine Pflicht zum Austausch von nichtvertraulichen Informationen über Sanktionen und Abhilfemaßnahmen, wenn die das Wettbewerbsverfahren betreibende Behörde der Ansicht ist, dass die Interessen der anderen Vertragspartei erheblich beeinflusst werden. In diesem Fall muss sie auf Ersuchen auch die Gründe für ihre Entscheidung mitteilen (Abs. 2). Vertrauliche Informationen werden als solche Informationen definiert, die nur mit ausdrücklicher Zustimmung der Informationsquelle übermittelt werden

---

1188 *Sester/Cárdenas*, RIW 2006, 179 (185) beschreiben dies dogmatisch mit der französischen Terminologie als sog. *Obligation de moyens*, welche das Gegenstück zur *Obligation de résultat* darstellt.

1189 Zur „negative comity" vgl. oben Kapitel 3. A. I.

1190 Abs. 3 betrifft Beihilfen.

dürfen (Abs. 4). Bei deren Übermittlung sind die Wettbewerbsbehörden verpflichtet, die Vertraulichkeit der übermittelten Informationen zu wahren und an Dritte (beispielsweise Gerichte des Vertragspartners, siehe Abs. 6) nur mit Zustimmung der übermittelnden Wettbewerbsbehörde weiterzugeben (Abs. 5).

Art. 178 EU-Chile gibt die Möglichkeit zur Leistung von technischer Hilfe, um die Erfahrung der anderen Vertragspartei zu nutzen.

Die Kooperationsregelung in Art. 39 des Beschlusses Nr. 2/2000 des gemischten Rates EG-Mexiko[1191] verweist auf den Anhang XV. Dieser beinhaltet ähnlich weitreichende Regeln zur Kooperation und Koordination wie die dargestellten Regelungen im EU-Chile-Abkommen.[1192] So schafft beispielsweise Art. 6 Abs. 1 einen Konsultationsmechanismus im Fall der Beeinträchtigung wesentlicher Interessen einer Vertragspartei durch die Untersuchung der anderen Wettbewerbsbehörde und nach Art. 6 Abs. 2 für wettbewerbswidrige Praktiken auf dem Gebiet der anderen Vertragspartei. Bei Konsultationen soll die ersuchte Wettbewerbsbehörde „eingehend und wohlwollend" die Stellungnahme der anderen Wettbewerbsbehörde prüfen („negative comity").

Art. 38 EU-Südafrika enthält die Möglichkeit, dass die Vertragsparteien einander um Abhilfemaßnahmen gegen wettbewerbswidrige Handlungen im Zuständigkeitsbereich der anderen Vertragspartei ersuchen können, wenn wichtige Interessen von ihnen berührt werden. Die ersuchte Wettbewerbsbehörde muss die Auffassung der ersuchenden Behörde sorgfältig prüfen („positive comity"). Art. 40 EU-Südafrika behandelt rudimentär den Informationsaustausch.

4. Streitbeilegungsregelungen

Das Kartellrechtskapitel ist gemäß Art. 180 EU-Chile explizit von dem Streitbeilegungsmechanismus ausgeschlossen. Anders ist dies bei den Abkommen mit Mexiko und Südafrika, wo die Kartellrechtsregelungen vom Streitbeilegungsmechanismus umfasst sind. Im Abkommen mit Südafrika besteht gemäß Art. 104 Abs. 1 die Möglichkeit, den Kooperationsrat mit allen Streitigkeiten über die Anwendung oder die Auslegung des Abkommens zu befassen. Dieser kann gemäß Art. 104 Abs. 2, 3 EU-Südafrika durch bindende Beschlüsse entscheiden. Kann eine Streitigkeit so nicht

---

1191 ABl.EG 2000, Nr. L 157/10.
1192 *Bourgeois*, in: FS Maresceau, S. 381 (386).

gelöst werden, kann gemäß Art. 104 Abs. 4, 6, 7 EU-Südafrika im Rahmen eines Schiedsverfahrens ein mit Stimmenmehrheit erreichter bindender Schiedsspruch ergehen. Nach Art. 104 Abs. 4, 5 EU-Südafrika bestimmt jede Vertragspartei hierzu einen Schiedsrichter; und der dritte wird vom Kooperationsrat bestimmt. Wie in Art. 50 EU-Mexiko vorgesehen wurde, ist ein Mechanismus zur Streitbeilegung durch den Beschluss Nr. 2/2000 des gemischten Rates EG-Mexiko eingerichtet worden. Dieser befindet sich im Titel VI „Streitbeilegung" Art. 41 ff. Die Regelungen hierin zur Streitbeilegung sind ausdifferenziert.[1193] So enthält der Beschluss zum Beispiel in den Art. 43-46 einen ausführlichen zeitlichen Rahmen mit Fristen für das Schiedsverfahren, in Art. 47 Abs. 2 Musterverfahrensregeln und in Art. 46 Abs. 6-11 ein Verfahren bei Nichteinhaltung des Panelberichtes. Gemäß Art. 41 Abs. 2 sind einige Bereiche vom Mechanismus der Streitbeilegung ausgeschlossen, die Wettbewerbsregeln gehören aber nicht dazu.[1194]

5. Modernisierung der Abkommen der „ersten Generation" mit weiter entfernten Staaten

Die EU und Mexiko haben am 21. April 2018 eine Grundsatzeinigung über die wichtigsten Handelselemente eines neuen Assoziierungsabkommens, welches das Abkommen aus dem Jahr 2000 ersetzen soll, erzielt.[1195]

Bei den Verhandlungen wurde die Bedeutung der Kartellrechtsregelungen als einer der wichtigsten Faktoren hervorgehoben.[1196] Als Grund hierfür wird das schon erwähnte Phänomen genannt, dass wettbewerbswidrige Praktiken privater und öffentlicher Unternehmen oder staatliche Eingriffe in einigen Fällen die traditionellen Handelshemmnisse abgelöst haben.[1197]

1193 *Bourgeois*, in: FS Maresceau, S. 381 (390).

1194 Ausgeschlossen sind u. a. Antidumping- und Ausgleichsmaßnahmen.

1195 EU-Kommission, Pressemitteilung v. 21.4.2018, EU and Mexico reach new agreement on trade. Verfügbar auf der Website der EU-Kommission (http://trade.ec.europa.eu/doclib/press/index.cfm?id=1830), zuletzt besucht am 19.2.2019.

1196 Commission Staff Working Document/Impact Assessment/Accompanying the document, Recommendation for a Council Decision authorising the European Commission and the High Representative of the Union for Foreign Affairs and Security Policy to open negotiations and to negotiate with Mexico a modernised Global Agreement, Brussels, 16.12.2015, SWD (2015) 289 final, S. 15.

1197 Commission Staff Working Document/Impact Assessment/Accompanying the document, Recommendation for a Council Decision authorising the European

Die modernisierte Vereinbarung[1198] soll Regelungen zum Kartellrecht und Fusionen umfassen, die für alle Unternehmen gelten, einschließlich staatlicher Unternehmen und Unternehmen, denen besondere oder ausschließliche Rechte, einschließlich Monopole, eingeräumt werden. Die Definitionen von wettbewerbswidrigen Praktiken sollen sich dabei am EU-Recht orientieren. Das modernisierte Abkommen soll Transparenz, Nichtdiskriminierung, Verfahrensgerechtigkeit und rechtliches Gehör in Wettbewerbssachen garantieren. Die Regelungen hierzu sollen im Vergleich zu den anderen Abkommen der „neuen Generation" sehr ausführlich sein. So soll beispielsweise sichergestellt werden, dass der mutmaßliche Kartellant eine angemessene Gelegenheit hat, die Beweise, auf die sich die Anschuldigungen der Wettbewerbsbehörde stützen, zu überprüfen und anzufechten. Das modernisierte Abkommen soll auch Regelungen zur Kooperation und Koordination enthalten. Hierbei sticht besonders die Regelung heraus, nach der sich die Vertragsparteien bemühen sollen, ihre Vollstreckungstätigkeiten in Bezug auf dieselben oder ähnliche Fälle so weit wie möglich zu koordinieren. Nach der Grundsatzeinigung sollen die Vertragsparteien auch verpflichtet sein, eine unabhängige und angemessen ausgestattete Wettbewerbsbehörde beizubehalten. Das Wettbewerbskapitel soll einen Konsultationsmechanismus enthalten, aber vom Streitbeilegungsmechanimus ausgeschlossen werden.

Die Verhandlungen über die Modernisierung des Abkommens mit Chile wurden offiziell am 16. November 2017 begonnen. Die Parteien haben in mehreren Bereichen des Wettbewerbskapitels Einvernehmen erzielt. Zu einigen Themen, insbesondere zu den Artikeln über Konsultationen und Kooperation, blieben bisher noch Fragen offen.[1199] Das Abkommen mit

---

Commission and the High Representative of the Union for Foreign Affairs and Security Policy to open negotiations and to negotiate with Mexico a modernised Global Agreement, Brussels, 16.12.2015, SWD (2015) 289 final, S. 15.

1198 New EU-Mexico Agreement: The Agreement in Principle and its texts vom 26 April 2018. Verfügbar auf der Website der EU-Kommission (http://trade.ec.europa.eu/doclib/docs/2018/april/tradoc_156791.pdf), zuletzt besucht am 19.2.2019.

1199 EU-Kommission, Report on the 3rd round of negotiations between the EU and Chile for modernising the trade part of the EU-Chile Association Agreement, Brussels, 28 May-1 June 2018, S. 3. Verfügbar auf der Website der EU-Kommission (http://trade.ec.europa.eu/doclib/docs/2018/june/tradoc_156959.pdf), zuletzt besucht am 19.2.2019.

Südafrika wurde durch das Wirtschaftspartnerschaftsabkommen mit der Entwicklungsgemeinschaft des südlichen Afrika abgelöst.[1200]

6. Zwischenfazit

Im Jahr 2006 wurde das Abkommen mit Chile, welches ein Abkommen der „ersten Generation" ist, als ein weitreichendes Abkommen bezogen auf das Kartellrecht angesehen.[1201] Über zehn Jahre später ist es, besonders durch das weitgehende Fehlen materieller Kartellrechtsregelungen, als nicht mehr ganz so fortschrittlich anzusehen.[1202] Gleiches gilt für die Abkommen mit Mexiko. Die Kooperationsregelungen in den Abkommen mit Chile und Mexiko sind allerdings auch nach heutigem Maßstab sehr detailliert. Sie ähneln den Kooperationsabkommen zwischen den Wettbewerbsbehörden.[1203] Das Abkommen mit Südafrika ist weniger ausführlich. Das könnte damit zusammenhängen, dass Südafrika zum Zeitpunkt des Abschlusses noch mit der Feinjustierung des nationalen Wettbewerbsrechts beschäftigt war.[1204] Die Abkommen wirken auf die Konvergenz kartellrechtlicher Verfahren und Entscheidungen durch Grundsätze wie „comity" hin,[1205] wobei die Abkommen mit Mexiko und Chile eine Regelung zur „negative comity" haben und im Abkommen mit Südafrika „positive comity" geregelt ist. Im Vergleich sind die Kooperationsregelungen in den Abkommen der „neuen Generation" mit weiter entfernten Handelspartnern nicht mehr so detailliert in Bezug auf die Kooperation und Koordination der Wettbewerbsbehörden und legen nicht mehr fest, was Kooperation und Koordination auf der Politik- und Fallebene genau bedeuten.[1206] Außerdem sind „negative comity"- und „positive comity"-Regelungen größtenteils weggelassen worden.[1207]

1200 Vgl. unten Kapitel 4. B. II. 3.

1201 *Sester/Cárdenas*, RIW 2006, 179 (186).

1202 So implizit auch schon *Bourgeois*, in: FS Maresceau, S. 381 (386 f.), welcher die Abkommen mit Südkorea und Ecuador/Kolumbien/Peru als weitreichender betrachtet.

1203 *Bourgeois*, in: FS Maresceau, S. 381 (387); *Papadopoulos*, The International Dimension of EU Competition Law and Policy, S. 127, 130; *Demedts*, The long-term potential of an interim-solution, S. 324.

1204 Hierauf weist *Bourgeois*, in: FS Maresceau, S. 381 (382) hin.

1205 So bezogen auf das Abkommen EU-Chile *Sester/Cárdenas*, RIW 2006, 179 (186).

1206 *Demedts*, The long-term potential of an interim-solution, S. 341.

1207 *Demedts*, The long-term potential of an interim-solution, S. 341.

Die Abkommen der „ersten Generation" enthalten aber neben den Ko-
operations- und Koordinationsregelungen kaum andere, insbesondere keine materiell-rechtlichen Regelungen. Eine Entwicklung zwischen den Abkommen der „ersten Generation" und den Abkommen der „neuen Generation" ist daher die gestiegene Bedeutung von materiell-rechtlichen Regelungen im Vergleich zu Regelungen der Koordination und Kooperation
der Wettbewerbsbehörden.[1208] Im Gegensatz zu den Abkommen mit Mexiko, Südafrika und Chile als den Abkommen der „ersten Generation" enthalten die Abkommen der „neuen Generation" Vereinbarungen zu Grundsätzen wie Transparenz, Nichtdiskriminierung und Verfahrensgerechtigkeit im Zusammenhang mit dem Kartellrecht. In allen Abkommen der
„ersten Generation" ist im Gegensatz zu den Abkommen der „neuen Generation" zudem die Fusionskontrolle ausgenommen. Diese „Weiterentwicklung" der Abkommen steht im Einklang mit der größeren Konvergenz, die seit der Mitteilung „Ein wettbewerbsfähiges Europa in einer globalen Welt" auch im Bereich des Kartellrechts angestrebt wird.[1209] Ein weiterer Unterschied in den Abkommen der „neuen Generation" im Gegensatz zu den Abkommen der „ersten Generation" ist die häufige Vereinbarung der Verpflichtung, ein Kartellrechtsregime und (effiziente) Kartellbehörden zu haben und aufrechtzuerhalten. Genau diese Unterschiede zeigen sich auch in dem Vergleich zwischen dem Abkommen mit Mexiko der
„ersten Generation" und der Grundsatzeinigung bezüglich eines modernisierten Abkommens. Ein weiterer Unterschied ist, dass, mit Ausnahme des
Abkommens mit Chile, die Wettbewerbsregelungen nicht vom Streitbeilegungsmechanismus ausgeschlossen sind.

1208 So auch *Demedts*, The long-term potential of an interim-solution, S. 340 f.
1209 *Demedts*, The long-term potential of an interim-solution, S. 341; vgl. auch oben
      Kapitel 2. A. II.

II. Vergleich mit weiteren Kartellrechtsregelungen in EU-Handelsabkommen

1. Abkommen mit (möglichen) Beitrittsländern

Die EU hat mit vier Beitrittskandidaten Stabilisierungs- und Assoziationsabkommen abgeschlossen:[1210] Albanien[1211], Mazedonien[1212], Montenegro[1213] und Serbien[1214]. Mit der Türkei, die ebenfalls ein Beitrittskandidat ist, besteht eine Zollunion.[1215] Mögliche Beitrittskandidaten, mit denen die EU ein Stabilisierungs- und Assoziationsabkommen abgeschlossen hat, sind Bosnien und Herzegowina[1216] und der Kosovo[1217].

Alle diese Abkommen enthalten Regelungen, die wettbewerbswidrige Handlungen fast identisch zu Art. 101 AEUV und Art. 102 AEUV definieren und als mit dem Abkommen unvereinbar erklären, soweit diese

---

1210   Website der EU-Kommission (https://ec.europa.eu/neighbourhood-enlargement/countries/check-current-status_en), zuletzt besucht am 27.12.2018.

1211   Stabilisierungs- und Assoziierungsabkommen zwischen den Europäischen Gemeinschaften und ihren Mitgliedstaaten einerseits und der Republik Albanien andererseits, ABl.EU 2009, Nr. L 107/166 (EU-Albanien).

1212   Stabilisierungs- und Assoziierungsabkommen zwischen den Europäischen Gemeinschaften und ihren Mitgliedstaaten einerseits und der ehemaligen jugoslawischen Republik Mazedonien andererseits, ABl.EU 2004, Nr. L 84/13 (EU-Mazedonien).

1213   Stabilisierungs- und Assoziierungsabkommen zwischen den Europäischen Gemeinschaften und ihren Mitgliedstaaten einerseits und der Republik Montenegro andererseits, ABl.EU 2010, Nr. L 108/3 (EU-Montenegro).

1214   Stabilisierungs- und Assoziierungsabkommen zwischen den Europäischen Gemeinschaften und ihren Mitgliedstaaten einerseits und der Republik Serbien andererseits, ABl.EU 2013, Nr. L 278/16 (EU-Serbien).

1215   Abkommen zur Gründung einer Assoziation zwischen der Europäischen Wirtschaftsgemeinschaft und der Republik Türkei, ABl.EG 1964, Nr. 217/3687 (EU-Türkei). Die Kartellrechtsregeln finden sich im Beschluß Nr. 1/95 des Assoziationsrates EG-Türkei vom 22. Dezember 1995 über die Durchführung der Endphase der Zollunion, ABl.EG 1996, Nr. L 35/1 (Beschluss 1/95 des AA-Rat Türkei).

1216   Stabilisierungs- und Assoziierungsabkommen zwischen den Europäischen Gemeinschaften und ihren Mitgliedstaaten einerseits und Bosnien und Herzegowina andererseits, ABl.EU 2015, Nr. L 164/2 (EU-Bosnien und Herzegowina).

1217   Stabilisierungs- und Assoziierungsabkommen zwischen der Europäischen Union und der Europäischen Atomgemeinschaft einerseits und dem Kosovo* andererseits, ABl.EU 2016, Nr. L 71/3 (EU-Kosovo).

den Handel zwischen den Vertragsparteien beeinträchtigen.[1218] Der größte Unterschied zu den Abkommen der „neuen Generation" mit weiter entfernten Staaten besteht darin, dass eine vollständige Konvergenz der Kartellrechtsregelungen und deren Anwendung angestrebt wird. Daher gibt es die Verpflichtung der Vertragsstaaten, ihre Kartellrechtsregelungen denen der EU anzugleichen.[1219] Darüber hinaus enthalten die Abkommen eine Regel, nach der sich die Interpretation der Kartellrechtsregelungen nach der Auslegung in der EU bestimmt.[1220] Die Abkommen mit Mazedonien und der Türkei nehmen die Regelungen zu öffentlichen Unternehmen, Unternehmen mit besonderen oder ausschließlichen Rechten oder Vorrechten und staatliche Monopole von dieser Regelung aus.[1221]

Bis auf das Abkommen mit Mazedonien verlangen alle Stabilisierungs- und Assoziationsabkommen die Errichtung einer unabhängig arbeitenden Behörde mit den zur Bekämpfung von wettbewerbswidrigen Handlungen notwendigen Befugnissen.[1222] Regelungen zur Kooperation und Koordination der Wettbewerbsbehörden sind in den Abkommen kaum vorhanden. Einzig den Informationsaustausch regeln einige Abkommen oberflächlich.[1223] Das Abkommen mit der Türkei ist in diesem Bereich mit ausführlicheren Regelungen eine Ausnahme.[1224] Es muss jedoch beachtet werden, dass Konsultationen in den Stabilitäts- und Assoziationsräten stattfinden.[1225] Diese Stabilitäts- und Assoziationsräte bestehen aus Regierungs-

---

1218 Art. 71 EU-Albanien; Art. 71 EU-Bosnien und Herzegowina; Art. 75 EU-Kosovo; Art. 69 EU-Mazedonien; Art. 73 EU-Montenegro; Art. 73 EU-Serbien; Art. 32, 33 des Beschlusses 1/95 des AA-Rat Türkei.

1219 Art. 70 EU-Albanien; Art. 70 EU-Bosnien und Herzegowina; Art. 74 EU-Kosovo; Art. 68 EU-Mazedonien; Art. 72 EU-Montenegro; Art. 72 EU-Serbien; Art. 39 des Beschlusses 1/95 des AA-Rat Türkei.

1220 Art. 71 Abs. 2 EU-Albanien; Art. 71 Abs. 2 EU-Bosnien und Herzegowina; Art. 75 Abs. 2 EU-Kosovo; Art. 73 Abs. 2 EU-Montenegro; Art. 73 Abs. 2 EU-Serbien.

1221 Art. 69 Abs. 2 EU-Mazedonien; Art. 35 des Beschlusses 1/95 des AA-Rat Türkei.

1222 Art. 71 Abs. 3 EU-Albanien; Art. 71 Abs. 3 EU-Bosnien und Herzegowina; Art. 75 Abs. 3 EU-Kosovo; Art. 73 Abs. 3 EU-Montenegro; Art. 73 Abs. 3 EU-Serbien.

1223 Art. 69 Abs. 6 EU-Mazedonien; Art. 36 des Beschlusses 1/95 des AA-Rat Türkei.

1224 Art. 39 Abs. 3 und Art. 40 des Beschlusses 1/95 des AA-Rat Türkei behandeln zudem Mitteilungspflichten und Art. 43 behandelt „positive comity". Zur „positive comity" vgl. oben Kapitel 3. A. I.

1225 Art. 71 Abs. 9 EU- Albanien; Art. 71 Abs. 10 EU-Bosnien und Herzegowina; Art. 75 Abs. 9 EU-Kosovo; Art. 69 Abs. 5 EU-Mazedonien; Art. 73 Abs. 10 EU-Montenegro; Art. 73 Abs. 10 EU-Serbien; hierauf weist auch *Wagner-von Papp*,

vertretern der Vertragsparteien.[1226] Streitigkeiten können durch diese mittels verbindlicher Beschlüsse beigelegt werden.[1227] Diese werden zwischen den Vertragsparteien einvernehmlich ausgearbeitet.[1228] Ein etwaig vorhandenes Protokoll zur Streitbeilegung, durch welches ein Schiedsverfahren bei Streitigkeiten angestrengt werden kann, gilt nicht für die hier beschriebenen Vorschriften.[1229] Mit der Türkei besteht eine ähnliche Möglichkeit im EU-Türkei-Assoziationsrat.[1230]

2. Abkommen mit Staaten des südlichen Mittelmeerraums und der ehemaligen Sowjetunion

a) Europa-Mittelmeer-Assoziationsabkommen

Die EU hat sieben Europa-Mittelmeer-Assoziationsabkommen abgeschlossen.[1231] Diese Abkommen bestehen mit Algerien[1232], Ägyp-

---

in: Bungenberg/Krajewski/Tams/Terhechte/Ziegler, EYIEL 2017, S. 301 (329) speziell hin.

1226 Art. 117 Abs. 1 EU-Albanien; Art. 116 Abs. 1 EU-Bosnien und Herzegowina; Art. 127 Abs. 1 EU-Kosovo; Art. 109 Abs. 1 EU-Mazedonien; Art. 120 Abs. 1 EU-Serbien; Art. 120 Abs. 1 EU-Montenegro.

1227 Art. 119 EU-Albanien; Art. 126 EU-Bosnien und Herzegowina; Art. 137 EU-Kosovo; Art. 111 EU-Mazedonien; Art. 130 EU-Montenegro; Art. 130 EU-Serbien.

1228 Art. 118 EU-Albanien; Art. 117 EU-Bosnien und Herzegowina; Art. 128 EU-Kosovo; Art. 110 EU-Mazedonien; Art. 121 EU-Montenegro; Art. 121 EU Serbien.

1229 Protokoll Nr. 6 Art. 2 lit. c EU-Bosnien und Herzegowina; Protokoll V Art. 2 lit. c EU-Kosovo; Protokoll Nr. 7 Art. 2 lit. c EU-Montenegro; Protokoll Nr. 7 Art. 2 lit. c EU-Serbien.

1230 Art. 25 EU-Türkei.

1231 Das Abkommen über die Einleitung der Endphase der Zollunion zwischen der EU und der Türkei zählt auch hierzu. Diese Zollunion wird aber als Abkommen mit einem Beitrittsland behandelt. Bezogen auf das schon verhandelte Abkommen mit Syrien, ist die Unterzeichnung ausgesetzt. Mit Libyen sind die Verhandlungen ausgesetzt siehe zu alledem die Website der EU-Kommission (http://ec.europa.eu/trade/policy/countries-and-regions/regions/euro-mediterranean-partnership/), zuletzt besucht am 27.12.2018.

1232 Europa-Mittelmeer-Abkommen zur Gründung einer Assoziation zwischen der Europäischen Gemeinschaft und ihren Mitgliedstaaten einerseits und der Demokratischen Volksrepublik Algerien andererseits, ABl.EU 2005, Nr. L 265/2 (EU-Algerien).

ten[1233], Israel[1234], Jordanien[1235], Libanon[1236], Marokko[1237] und Tunesien[1238]. Darüber hinaus gibt es ein Europa-Mittelmeer-Interimsassoziationsabkommen mit der palästinensischen Autonomiebehörde.[1239] Mit Tunesien und Marokko hat die EU darüber hinaus Verhandlungen über eine Aktualisierung respektive einen Abschluss eines neuen Abkommens, welches auf dem alten aufbaut, aufgenommen. Mit Tunesien wurden diese Verhandlungen am 13.10.2015 aufgenommen.[1240] Mit Marokko begannen die Verhandlungen am 1.3.2013, sind allerdings seit April 2014 ausgesetzt.[1241]

In allen Europa-Mittelmeer-Assoziationsabkommen erklären die Vertragsparteien wie in den Abkommen mit (möglichen) Beitrittskandidaten, dass wettbewerbswidrige Handlungen, soweit sie geeignet sind, den Handel zwischen den Vertragspartnern zu beeinträchtigen, unvereinbar mit dem ordnungsmäßen Funktionieren des Abkommens sind. Diese wettbe-

---

1233 Europa-Mittelmeer-Abkommen zur Gründung einer Assoziation zwischen den Europäischen Gemeinschaften und ihren Mitgliedstaaten einerseits und der Arabischen Republik Ägypten andererseits, ABl.EU 2004, Nr. L 304/39 (EU-Ägypten).

1234 Europa-Mittelmeer-Abkommen zur Gründung einer Assoziation zwischen den Europäischen Gemeinschaften und ihren Mitgliedstaaten einerseits und dem Staat Israel andererseits, ABl.EG 2000, Nr. L 143/7 (EU-Israel).

1235 Europa-Mittelmeer-Abkommen zur Gründung einer Assoziation zwischen den Europäischen Gemeinschaften und ihren Mitgliedstaaten einerseits und dem Haschemitischen Königreich Jordanien andererseits, ABl.EG 2002, Nr. L 129/3 (EU-Jordanien).

1236 Europa-Mittelmeer-Assoziationsabkommen zwischen der Europäischen Gemeinschaft und ihren Mitgliedstaaten einerseits und der Libanesischen Republik andererseits, ABl.EU 2006, Nr. L 143/2 (EU-Libanon).

1237 Europa-Mittelmeer-Abkommen zur Gründung einer Assoziation zwischen den Europäischen Gemeinschaften und ihren Mitgliedstaaten einerseits und dem Königreich Marokko andererseits, ABL.EG 2000, Nr. L 70/2 (EU-Marokko).

1238 Europa-Mittelmeer-Abkommen zur Gründung einer Assoziation zwischen der Europäischen Gemeinschaft und ihren Mitgliedstaaten einerseits und der Tunesischen Republik andererseits, ABl.EG 1998, L 97/2 (EU-Tunesien).

1239 Europa-Mittelmeer-Interimsassoziationsabkommen über Handel und Zusammenarbeit zwischen der Europäischen Gemeinschaft einerseits und der Palästinensischen Befreiungsorganisation (PLO) zugunsten der Palästinensischen Behörde für das Westjordanland und den Gaza-Streifen andererseits, ABl.EG 1997, Nr. L 187/3 (EU- Palästinensische Autonomiebehörde).

1240 Website der EU-Kommission (http://ec.europa.eu/trade/policy/countries-and-re gions/countries/tunisia/), zuletzt besucht am 27.12.2018.

1241 Website der EU-Kommission (http://ec.europa.eu/trade/policy/countries-and-re gions/countries/morocco/), zuletzt besucht am 27.12.2018.

werbswidrigen Handlungen werden dabei ähnlich wie Art. 101 AEUV und Art. 102 AEUV definiert.[1242]

In einigen der Abkommen gibt es darüber hinaus Regelungen zur Angleichung des Rechts an das EU-Recht. Diese ähneln den Regelungen in den Stabilitäts- und Assoziationsabkommen, sind aber weniger streng formuliert.[1243] Sie sind nicht als Verpflichtungen formuliert, sondern als „Ziel".[1244] Noch unkonkreter wird teilweise vereinbart, dass sich die Vertragsparteien „nach besten Kräften" darum „bemühen", ihre Rechtsvorschriften einander anzugleichen.[1245] Einige der Abkommen enthalten, ähnlich wie die Stabilitäts- und Assoziationsabkommen, eine Vereinbarung, nach der sich die Interpretation der Kartellrechtsregelungen in den Abkommen nach der Auslegung des EU-Rechts bestimmt.[1246]

Einige der Abkommen werden durch detaillierte Koordinations- und Kooperationsregelungen ergänzt. Hierin vereinbaren die Vertragsparteien Benachrichtigungspflichten, den Austausch von Informationen und „negative/positive comity".[1247] Andere enthalten nur oberflächliche Regeln zum Informationsaustausch.[1248]

Alle Europa-Mittelmeer-Assoziationsabkommen haben genau einen Artikel, der sich mit der Streitbeilegung beschäftigt. Dieser ist in allen Abkommen identisch.[1249] Die Regelungen ähneln denen in dem Abkommen

---

1242 Art. 41 Abs. 1 EU-Algerien; Art. 34 Abs. 1 lit. i EU-Ägypten; Art. 36 Abs. 1 lit. i, ii EU-Israel; Art. 53 Abs. 1 lit. a EU-Jordanien; Art. 35 Abs. 1 lit. a, b EU-Libanon; Art. 36 Abs. 1 lit. a, b EU-Marokko; Art. 30 Abs. 1 lit. i, ii EU-Palästinensische Autonomiebehörde; Art. 36 Abs. 1 lit. a, b EU-Tunesien.

1243 *Bourgeois*, in: FS Maresceau, S. 381 (385).

1244 Art. 56 EU-Algerien; Art. 52 EU-Marokko; Art. 41 EU-Palästinische Autonomie Behörde; Art. 52 EU-Tunesien.

1245 Art. 48 EU-Ägypten; Art. 55 EU-Israel; Art. 69 EU-Jordanien.

1246 Art. 53 Abs. 2 EU-Jordanien; Art. 36 Abs. 2 EU-Marokko; Art. 30 Abs. 2 EU-Palästinensische Autonomiebehörde; Art. 36 Abs. 2 EU-Tunesien.

1247 Art. 41 Abs. 2 EU-Algerien mit Anhang 5 zum Abkommen; Beschluss Nr. 1/2004 des Assoziationsrates EU-Marokko vom 19. April 2004 zur Annahme der für die Durchführung der Wettbewerbsregeln erforderlichen Bestimmungen, ABl.EU 2005, Nr. L 165/10; hierauf weist *Wagner-von Papp*, in: Bungenberg/Krajewski/Tams/Terhechte/Ziegler, EYIEL 2017, S. 301 (330) speziell hin.

1248 Art. 34 Abs. 6 EU-Ägypten; Art. 53 Abs. 7 EU-Jordanien; Art. 30 Abs. 8 EU-Palästinensische Autonomiebehörde; Art. 36 Abs. 7 EU-Tunesien; so auch *Wagner-von Papp*, in: Bungenberg/Krajewski/Tams/Terhechte/Ziegler, EYIEL 2017, S. 301 (330).

1249 Art. 100 EU-Algerien; Art. 82 EU-Ägypten; Art. 75 EU-Israel; Art. 97 Jordanien; Art. 82 EU-Libanon; Art. 86 EU-Marokko; in Art. 67 EU-Palästinensische

mit Südafrika, sind aber weniger detailliert.[1250] Hiernach können Streitigkeiten dem Assoziationsrat vorgelegt werden, welcher diese durch Beschluss beilegen kann. Ist es nicht möglich, die Streitigkeit so beizulegen, kann ein Schiedsverfahren angestrengt werden. Hierfür bestellt jede Partei einen Schiedsrichter, und ein dritter wird vom Assoziationsrat bestimmt. Schiedssprüche ergehen mit Stimmenmehrheit. Wenn eine der Parteien der Meinung ist, dass eine bestimmte Verhaltensweise mit den Kartellrechtsregelungen des Abkommen „unvereinbar" ist und ihren Interessen hierdurch ein erheblicher Schaden zugefügt wird oder droht, kann diese Partei nach Konsultationen im Assoziationsrat „geeignete Maßnahmen" treffen.[1251]

b) Abkommen mit Staaten der ehemaligen Sowjetunion

(1) Partnerschafts- und Kooperationsabkommen

Die EU hat mit Russland[1252] und den in Osteuropa und Asien gelegenen ehemaligen sowjetischen Republiken Armenien[1253], Aserbaidschan[1254], Ge-

---

Autonomiebehörde ist im Unterschied zu den anderen vom „Gemischten Ausschuss" die Rede; Art. 86 EU-Tunesien.

1250 *Bourgeois*, in: FS Maresceau, S. 381 (390).

1251 Art. 41 Abs. 3 EU-Algerien; Art. 34 Abs. 5 EU-Ägypten; Art. 36 Abs. 5 EU-Israel; Art. 53 Abs. 6 EU-Jordanien; Art. 36 Abs. 6 EU-Marokko; Art. 30 Abs. 7 EU-Palästinensische Autonomiebehörde; Art. 36 Abs. 6 EU-Tunesien.

1252 Abkommen über Partnerschaft und Zusammenarbeit zur Gründung einer Partnerschaft zwischen den Europäischen Gemeinschaften und ihren Mitgliedstaaten einerseits und der Russischen Föderation andererseits, ABl.EG 1997, Nr. L 327/3 (EU-Russland).

1253 Abkommen über Partnerschaft und Zusammenarbeit zwischen den Europäischen Gemeinschaften und ihren Mitgliedstaaten einerseits und der Republik Armenien andererseits, ABl.EG 1999, Nr. L 239/3 (EU-Armenien).

1254 Abkommen über Partnerschaft und Zusammenarbeit zwischen den Europäischen Gemeinschaften und ihren Mitgliedstaaten einerseits und der Republik Aserbaidschan andererseits, ABl.EG 1999, Nr. L 246/3 (EU-Aserbaidschan). Georgien[1255], Kasachstan[1256], Kirgisistan[1257], Moldau[1258], Tadschikistan[1259], Ukraine[1260] und Usbekistan[1261] zehn ähnliche Partnerschafts- und Kooperationsabkommen geschlossen.[1262]

Die Verpflichtungen in diesen Abkommen sind relativ offen formuliert im Vergleich zu den Abkommen mit (möglichen) Beitrittsländern.[1263] Im Unterschied zu diesen und ähnlich wie in einigen Europa-Mittelmeer-Abkommen enthalten alle Abkommen über Partnerschaft und Zusammenarbeit nur auf abstrakte Weise, dass die Vertragsparteien sich „darum bemühen", die Rechtsvorschriften, unter anderem im Bereich des Wettbewerbsrechts, dem Recht der EU anzugleichen.[1264] Darüber hinaus wurde in sieben der zehn Abkommen vereinbart, dass die Vertragsparteien

---

1255 Abkommen über Partnerschaft und Zusammenarbeit zwischen den Europäischen Gemeinschaften und ihren Mitgliedstaaten einerseits und Georgien andererseits, ABl.EG 1999, Nr. L 205/3 (PKA EU-Georgien).

1256 Abkommen über Partnerschaft und Zusammenarbeit zwischen den Europäischen Gemeinschaften und ihren Mitgliedstaten und der Republik Kasachstan, ABl.EG 1999, Nr. L 196/3 (EU-Kasachstan).

1257 Abkommen über Partnerschaft und Zusammenarbeit zur Gründung einer Partnerschaft zwischen den Europäischen Gemeinschaften und ihren Mitgliedstaaten einerseits und der Kirgisischen Republik andererseits, ABl.EG 1999, Nr. L 196/48 (EU- Kirgisistan).

1258 Abkommen über Partnerschaft und Zusammenarbeit zur Gründung einer Partnerschaft zwischen den Europäischen Gemeinschaften und ihren Mitgliedstaaten einerseits und der Republik Moldau andererseits, ABl.EG 1998, Nr. L 181/3 (PKA EU-Moldau).

1259 Partnerschafts- und Kooperationsabkommen zur Gründung einer Partnerschaft zwischen den Europäischen Gemeinschaften und ihren Mitgliedstaaten einerseits und der Republik Tadschikistan andererseits, ABl.EU 2009, Nr. L 350/3 (EU-Tadschikistan).

1260 Abkommen über Partnerschaft und Zusammenarbeit zur Gründung einer Partnerschaft zwischen den Europäischen Gemeinschaften und ihren Mitgliedstaaten einerseits und der Ukraine, ABl.EG 1998, Nr. L 49/3 (PKA EU-Ukraine).

1261 Abkommen über Partnerschaft und Zusammenarbeit zur Gründung einer Partnerschaft zwischen den Europäischen Gemeinschaften und ihren Mitgliedstaaten einerseits und der Republik Usbekistan andererseits, ABl.EG 1998, Nr. L 229/3 (EU- Usbekistan).

1262 Für eine Beschreibung neuerer Abkommen mit einigen dieser Staaten vgl. unten Kapitel 4. B. II. b) (2) und (3).

1263 *Wagner-von Papp*, in: Bungenberg/Krajewski/Tams/Terhechte/Ziegler, EYIEL 2017, S. 301 (331).

1264 Art. 43 Abs. 1, 2 EU-Armenien; Art. 43 Abs. 1, 2 EU-Aserbaidschan; Art. 43 Abs. 1, 2 PKA EU-Georgien; Art. 43 Abs. 1, 2 EU-Kasachstan; Art. 43 Abs. 1, 2 EU- Kirgisistan; Art. 50 Abs. 1, 2 PKA EU-Moldau; Art. 55 Abs. 1, 2 EU-Russ-

„prüfen", wie sie ihre Wettbewerbsvorschriften aufeinander abstimmen können bezogen auf Fälle, die den Handel zwischen ihnen beeinträchtigen.[1265] In drei Abkommen wird auch vereinbart, dass die Vertragsparteien sicherstellen, dass Rechtsvorschriften gegen wettbewerbswidrige Handlungen bestehen und durchgesetzt werden.[1266] Alle Abkommen enthalten Regelungen zur technischen Hilfe.[1267] Darüber hinaus gibt es in einigen Abkommen Regelungen zu Konsultationen und oberflächliche Regelungen zum Informationsaustausch.[1268] Hier gibt es die Möglichkeit, durch Aktionspläne der Europäischen Nachbarschaftspolitik (ENP) speziellere Verpflichtungen zu vereinbaren.[1269] Die Kooperation mit diesen Staaten ist dadurch verstärkt, dass Kontakte in dem Kooperationsrat stattfinden und Partnerschaftsinstrumente, beispielsweise die Entsendungen von Beamten der Behörden zwischen den Parteien, ermöglichen.[1270] Eine Streitbeilegung über die Anwendung oder Auslegung des Abkommens ist im Kooperationsrat möglich, der aus Regierungsvertretern der Vertragsparteien besteht.[1271] Dieser kann Empfehlungen im Einvernehmen beider Vertragsparteien aussprechen.[1272] Kann die Streitigkeit so nicht gelöst werden,

---

land; Art. 40 Abs. 1, 2 EU-Tadschikistan; Art. 51 Abs. 1, 2 PKA EU-Ukraine; Art. 42 Abs. 1, 2 EU-Usbekistan.

1265 Art. 43Abs. 4 EU-Armenien; Art. 43Abs. 4 EU-Aserbaidschan; Art. 44 Abs. 2 PKA EU-Georgien; Art. 43Abs. 4 EU-Kasachstan; Art. 43Abs. 4 EU- Kirgisistan; Art. 40 Abs. 4 EU-Tadschikistan; Art. 42 Abs. 4 EU-Usbekistan.

1266 Art. 48 Abs. 2 Nr. 1 PKA EU-Moldau; Art. 53 Abs. 2 Nr. 1 EU-Russland; Art. 49 Abs. 2 Nr. 1 PKA EU-Ukraine.

1267 Art. 43 Abs. 3 EU-Armenien; Art. 43 Abs. 3 EU-Aserbaidschan; Art. 44 Abs. 1 PKA EU-Georgien; Art. 43 Abs. 3 EU-Kasachstan; Art. 43 Abs. 3 EU- Kirgisistan; Art. 48 Abs. 4 PKA EU-Moldau; Art. 53 Abs. 4 EU-Russland; Art. 40 Abs. 3 EU-Tadschikistan; Art. 49 Abs. 4 PKA EU-Ukraine; Art. 42 Abs. 3 EU-Usbekistan.

1268 Art. 48 Abs. 2 PKA EU-Moldau; Art. 49 Abs. 2 PKA EU-Ukraine; etwas vorsichtiger Art. 53, 55 EU-Russland; ähnlich auch *Wagner-von Papp*, in: Bungenberg/Krajewski/Tams/Terhechte/Ziegler, EYIEL 2017, S. 301 (331).

1269 *Wagner-von Papp*, in: Bungenberg/Krajewski/Tams/Terhechte/Ziegler, EYIEL 2017, S. 301 (331).

1270 *Wagner-von Papp*, in: Bungenberg/Krajewski/Tams/Terhechte/Ziegler, EYIEL 2017, S. 301 (331).

1271 Art. 79 Abs. 1 EU-Armenien; Art. 82 Abs. 1 EU-Aserbaidschan; Art. 82 Abs. 1 PKA EU-Georgien; Art. 77 Abs. 1 EU-Kasachstan; Art. 77 Abs. 1 EU- Kirgisistan; Art. 83 Abs. 1 PKA EU-Moldau; Art. 91 Abs. 1 EU-Russland; Art. 78 Abs. 1 EU-Tadschikistan; Art. 86 Abs. 1 PKA EU-Ukraine; Art. 79 Abs. 1 EU-Usbekistan.

1272 Art. 78 S. 4 EU-Armenien; Art. 81 S. 4 EU-Aserbaidschan; Art. 81 S. 4 PKA EU-Georgien; Art. 76 S. 4 EU-Kasachstan; Art. 76 S. 4 EU- Kirgisistan; Art. 82

kann ein Schlichtungsverfahren durch eine Partei eingeleitet werden, indem diese einen Schiedsrichter bestellt. Die andere Vertragspartei muss dann einen zweiten bestellen und der dritte wird durch den Kooperationsrat bestellt. Die für die Vertragsparteien nicht bindenden Empfehlungen der Schlichter ergehen mit Stimmenmehrheit.[1273]

(2) Modernisierte Abkommen über Partnerschaft und Zusammenarbeit mit ehemaligen sowjetischen Republiken

Ein modernisiertes Abkommen mit Kasachstan[1274] wird seit dem 1. Mai 2016 vorläufig angewendet[1275], mit Armenien[1276] seit dem 1. Juni 2018.[1277] Darüber hinaus hat die EU im Februar 2017 Verhandlungen mit Aserbaidschan über eine Modernisierung des bestehenden Abkommens begonnen.[1278]

Im Unterschied zu den alten Partnerschafts- und Kooperationsabkommen haben diese Abkommen ein Wettbewerbskapitel. Hiernach erkennen die Vertragsparteien zunächst die Bedeutung eines freien und unverfälschten Wettbewerbs an und dass, wenn ein solcher nicht vorliegt, die

---

S. 4 PKA EU-Moldau; Art. 90 S. 4 EU-Russland; Art. 77 S. 4 EU-Tadschikistan; Art. 85 S. 4 PKA EU-Ukraine; Art. 78 S. 4 EU-Usbekistan.

1273 Zum Ganzen siehe Art. 89 EU-Armenien; Art. 92 EU-Aserbaidschan; Art. 92 PKA EU-Georgien; Art. 87 EU-Kasachstan; Art. 87 EU- Kirgisistan; Art. 93 PKA EU-Moldau; Art. 101 EU-Russland; Art. 88 EU-Tadschikistan; Art. 96 PKA EU-Ukraine; Art. 89 EU-Usbekistan.

1274 Abkommen über eine verstärkte Partnerschaft und Zusammenarbeit zwischen der Europäischen Union und ihren Mitgliedstaaten einerseits und der Republik Kasachstan andererseits, ABl.EU 2016, Nr. L 29/3 (EU-Kasachstan 2016).

1275 Mitteilung über die vorläufige Anwendung des Abkommens über eine verstärkte Partnerschaft und Zusammenarbeit zwischen der Europäischen Union und ihren Mitgliedstaaten einerseits und der Republik Kasachstan andererseits, ABl.EU 2016, Nr. L 116/1.

1276 Abkommen über eine umfassende und verstärkte Partnerschaft zwischen der Europäischen Union und der Europäischen Atomgemeinschaft und ihren Mitgliedstaaten einerseits und der Republik Armenien andererseits, ABl.EU 2018, Nr. L 23/4 (EU-Armenien 2018).

1277 Mitteilung über die vorläufige Anwendung des Abkommens über eine umfassende und verstärkte Partnerschaft zwischen der Europäischen Union und der Europäischen Atomgemeinschaft und ihren Mitgliedstaaten einerseits und der Republik Armenien andererseits, ABl.EU 2018, Nr. L 122/1.

1278 Website der EU-Kommission (http://ec.europa.eu/trade/policy/countries-and-re gions/countries/azerbaijan/), zuletzt besucht am 27.12.2018.

Handelsliberalisierung untergraben werden kann.[1279] Die Vertragsstaaten verpflichten sich daher, ein Wettbewerbsrecht zu haben, welches wirksam gegen wettbewerbswidrige Vereinbarungen und abgestimmte Verhaltensweisen sowie den Missbrauch einer marktbeherrschenden Stellung vorgeht und eine effektive Kontrolle von Unternehmenszusammenschlüssen ermöglicht. Das Abkommen mit Armenien enthält im Gegensatz zum Abkommen mit Kasachstan genaue Definitionen, welche sich am EU-Recht orientieren.[1280] Bei diesen Abkommen werden die Vertragsparteien verpflichtet, eine unabhängige Wettbewerbsbehörde, die angemessen ausgestattet ist, zu haben.[1281] Im Abkommen mit Kasachstan erkennen die Vertragsparteien die Bedeutung einer transparenten und diskriminierungsfreien Anwendung ihres Wettbewerbsrechts sowie den Grundsatz eines fairen Verfahrens und Verteidigungsrechte für die betroffenen Unternehmen an.[1282] Das Abkommen mit Armenien enthält im Gegensatz hierzu eine Verpflichtung, das Wettbewerbsrecht im Einklang mit diesen Grundsätzen anzuwenden.[1283] Es wird eine grundsätzliche Verpflichtung vereinbart, dass staatliche Monopole, staatliche Unternehmen und Unternehmen mit besonderen oder ausschließlichen Rechten oder Privilegien dem Wettbewerbsrecht unterliegen.[1284]

Anders als das Abkommen mit Kasachstan enthält das Abkommen mit Armenien eine oberflächliche Vorschrift zur Zusammenarbeit der Wettbewerbsbehörden. Hiernach bemühen sich die Wettbewerbsbehörden um Koordinierung und können Informationen austauschen.[1285]

Das Wettbewerbskapitel ist in beiden Abkommen vom Streitbeilegungsmechanimus ausgeschlossen.[1286]

1279 Art. 286 EU-Armenien 2018; Art. 156 EU-Kasachstan 2016.
1280 Art. 287 Abs. 1 EU-Armenien 2018; Art. 157 Abs. 1 EU-Kasachstan 2016.
1281 Art. 288 Abs. 1 EU-Armenien 2018; Art. 157 Abs. 2 EU-Kasachstan 2016.
1282 Art. 157 Abs. 3 EU-Kasachstan 2016.
1283 Art. 288 Abs. 2 EU-Armenien 2018.
1284 Art. 287 Abs. 2 EU-Armenien 2018; Art. 158 Abs. 2 EU-Kasachstan 2016.
1285 Art. 289 EU-Armenien 2018.
1286 Art. 297 EU-Armenien 2018; Art. 160 EU-Kasachstan 2016.

(3) Assoziierungsabkommen

Die Ukraine[1287], die Republik Moldau[1288] und Georgien[1289] als Vertragsstaaten der Partnerschafts- und Kooperationsabkommen haben die nachfolgend beschriebenen detaillierteren Assoziierungsabkommen mit der EU abgeschlossen.[1290] Die Regelungen in den Abkommen mit Moldau und Georgien sind dabei sehr ähnlich. Die Regelungen im Abkommen mit der Ukraine gehen über diese beiden Abkommen hinaus.

In den Abkommen mit Georgien und Moldau verpflichten sich die Vertragsparteien dazu, ein Wettbewerbsrecht zu haben, welches wettbewerbswidrigen Vereinbarungen, abgestimmten Verhaltensweisen und dem Missbrauch einer marktbeherrschenden Stellung wirksam begegnet sowie eine wirksame Kontrolle von Unternehmenszusammenschlüssen ermöglicht.[1291] Das Abkommen mit der Ukraine geht insoweit über diese Regelungen hinaus, als es eine Definition von wettbewerbswidrigen Praktiken enthält, die sich an Art. 101 AEUV und Art. 102 AEUV orientiert und diese Praktiken, soweit sie den Handel zwischen den Vertragsparteien beeinträchtigen, als unvereinbar mit dem Abkommen erklärt.[1292] Erwähnenswert ist, dass alle drei Abkommen eine Verpflichtung festschreiben, ein Fusionskontrollregime zu haben, was nicht einmal die detaillierten (aber älteren) Stabilisations- und Assoziierungsabkommen und die EuropaMittelmeer-Abkommen haben.[1293] Darüber hinaus verpflichten sich die Vertragsparteien dazu, eine Kartellbehörde, die dieses Wettbewerbsrecht

---

1287 Assoziierungsabkommen zwischen der Europäischen Union und ihren Mitgliedstaaten einerseits und der Ukraine andererseits, ABl.EU 2014, Nr. L 161/3 (AA EU- Ukraine).

1288 Assoziierungsabkommen zwischen der Europäischen Union und der Europäischen Atomgemeinschaft und ihren Mitgliedstaaten einerseits und der Republik Moldau andererseits, ABl.EU 2014, Nr. L 260/4 (AA EU- Moldau).

1289 Assoziierungsabkommen zwischen der Europäischen Union und der Europäischen Atomgemeinschaft und ihren Mitgliedstaaten einerseits und Georgien andererseits, ABl.EU 2014, Nr. L 261/4 (AA EU- Georgien).

1290 Siehe ausführlich zu den Kartellrechtsregeln in diesen Abkommen *Smyrnova*, in: Trunk/Panych/Rieckhof, Legal Aspects of the EU Association Agreements with Georgia, Moldova and Ukraine in the Context of the EU Eastern Partnership Initiative, S. 81.

1291 Art. 204 Abs. 1 AA EU-Georgien; Art. 335 Abs. 1 AA EU-Moldau.

1292 Art. 254 AA EU-Ukraine.

1293 *Wagner-von Papp*, in: Bungenberg/Krajewski/Tams/Terhechte/Ziegler, EYIEL 2017, S. 301 (331).

durchsetzt, zu unterhalten.[1294] Das Abkommen mit der Ukraine enthält darüber hinaus die Verpflichtung, dass die Ukraine ihr Wettbewerbsrecht und ihre Rechtsdurchsetzungspraktiken an spezifisches EU-Sekundärrecht, namentlich die Kartellverfahrensverordnung[1295], die Fusionskontrollverordnung[1296], die Vertikalverordnung[1297] sowie die Technologietransferverordnung[1298], annähert.[1299]

Die Assoziierungsabkommen haben eine Klausel, die besagt, dass die Vertragsparteien die Bedeutung einer transparenten, fristgerechten und diskriminierungsfreien Anwendung ihres Wettbewerbsrechts sowie den Grundsatz des fairen Verfahrens und Verteidigungsrechte im Bereich des Wettbewerbsrechts anerkennen.[1300] Diese nicht verpflichtende Regelung, welche lediglich ein Anerkenntnis enthält, wird im Abkommen mit der Ukraine durch eine Verpflichtung ergänzt. Hiernach stellen die Vertragsparteien sicher, dass im Zusammenhang mit kartellrechtlichen Sanktionen oder Abhilfemaßnahmen durch die Wettbewerbsbehörden ein näher spezifiziertes Recht auf rechtliches Gehör sowie auf eine Überprüfung durch eine unabhängige Instanz besteht.[1301] Alle Abkommen haben darüber hinaus Regelungen zu staatlichen Monopolen, staatlichen Unternehmen, Unternehmen mit besonderen oder ausschließlichen Rechten, die denen in den Abkommen EU-Südkorea, EU-Zentralamerika und EU-Singapur inhaltlich stark ähneln.[1302]

1294 Art. 204 Abs. 2 AA EU-Georgien; Art. 335 Abs. 2 AA EU-Moldau; Art. 255 Abs. 2 AA EU-Ukraine.

1295 Verordnung (EG) Nr. 1/2003 des Rates vom 16. Dezember 2002 zur Durchführung der in den Artikeln 81 und 82 des Vertrags niedergelegten Wettbewerbsregeln, ABl.EG 2003, Nr. L 1/1.

1296 Verordnung (EG) Nr. 139/2004 des Rates vom 20. Januar 2004 über die Kontrolle von Unternehmenszusammenschlüssen, ABl.EG 2004, Nr. L 24/1.

1297 Verordnung (EU) Nr. 330/2010 der Kommission vom 20. April 2010 über die Anwendung von Artikel 101 Absatz 3 des Vertrags über die Arbeitsweise der Europäischen Union auf Gruppen von vertikalen Vereinbarungen und abgestimmten Verhaltensweisen, ABl.EU 2010, Nr. L 102/1.

1298 Verordnung (EG) Nr. 772/2004 der Kommission vom 27. April 2004 über die Anwendung von Artikel 81 Absatz 3 EG-Vertrag auf Gruppen von Technologietransfer-Vereinbarungen, ABl.EG 2004, Nr. L 123/11.

1299 Art. 256 AA EU-Ukraine.

1300 Art. 204 Abs. 3 AA EU-Georgien; Art. 335 Abs. 1 AA EU-Moldau; Art. 255 Abs. 3 S. 1 AA EU-Ukraine.

1301 Art. 255 Abs. 3 S. 2 AA EU-Ukraine.

1302 Art. 205 AA EU-Georgien; Art. 336 AA EU-Moldau; Art. 257 und 258 AA EU-Ukraine.

Die Abkommen mit Moldau und der Ukraine enthalten grobe Zusammenarbeitsvorschriften für die Kartellbehörden. Diese stellen zunächst die Wichtigkeit der Zusammenarbeit und Koordinierung der Wettbewerbsbehörden fest. Des Weiteren können die Wettbewerbsbehörden gemäß dieser Regelung nach Maßgabe ihrer Rechtsvorschriften nichtvertrauliche Informationen austauschen und sich gegenseitig über die Bereitschaft zur Zusammenarbeit bei der Rechtsdurchsetzung in Kenntnis setzen.[1303] Das Abkommen mit der Ukraine enthält zusätzlich einen Konsultationsmechanismus.[1304] Das Abkommen mit Georgien enthält keine Kooperationsregelungen.

Die Kartellrechtsregelungen sind wie in fast allen Freihandelsabkommen mit Kartellbestimmungen in den Abkommen mit Georgien und Moldau von den Streitbeilegungsmechanismen der Assoziierungsabkommen ausgeschlossen.[1305] Das Abkommen mit der Ukraine schließt die Kartellrechtsregelungen grundsätzlich auch aus, nicht jedoch die Verpflichtung gemäß Art. 256 zur „Annäherung der Rechtsvorschriften und der Praxis der Rechtsdurchsetzung".[1306]

3. Wirtschaftspartnerschaftsabkommen

Die EU hat Wirtschaftspartnerschaftsabkommen mit der Subregion Karibik[1307] und mit der Entwicklungsgemeinschaft des südlichen Afrikas (SADC)[1308] abgeschlossen. Daneben hat die EU mit der Subregion Pazifik[1309], den Staaten des östlichen und des südlichen Afrikas (ESA)[1310],

---

1303 Art. 337, 343 AA EU-Moldau; Art. 259 AA EU-Ukraine.

1304 Art. 260 AA EU-Ukraine.

1305 Art. 338 AA EU-Moldau; Art. 207 AA EU-Georgien.

1306 Art. 261 AA EU-Ukraine.

1307 Wirtschaftspartnerschaftsabkommen zwischen den CARIFORUM-Staaten einerseits und der Europäischen Gemeinschaft und ihren Mitgliedstaaten andererseits, ABl.EU 2008, Nr. L 289/3 (EU- CARIFORUM).

1308 Wirtschaftspartnerschaftsabkommen zwischen der Europäischen Union und ihren Mitgliedstaaten einerseits und den SADC-WPA-Staaten andererseits, ABl.EU 2016, Nr. L 250/3 (EU- SADC).

1309 Interims-Partnerschaftsabkommen zwischen der Europäischen Gemeinschaft einerseits und den Pazifik-Staaten andererseits, ABl.EU 2009, Nr. L 272/2 (EU-Pazifik).

1310 Interimsabkommen zur Festlegung eines Rahmens für ein Wirtschaftspartnerschaftsabkommen zwischen Staaten des östlichen und des südlichen Afrika

Kamerun[1311], Ghana[1312] und der Elfenbeinküste (*Côte d'Ivoire*)[1313] Interims-Wirtschaftspartnerschaftsabkommen abgeschlossen. Diese sollen den „Rahmen" für ein Wirtschaftspartnerschaftsabkommen festlegen.[1314] Insgesamt umfassen diese Abkommen 28 Länder.

In den Abkommen mit Côte d'Ivoire, ESA und Ghana wird nur vereinbart, dass auf Grundlage des sogenannten Cotonou-Abkommens[1315] ein Wirtschaftspartnerschaftsabkommen ausgehandelt werden soll, welches auch Regelungen zum Bereich „Wettbewerb" enthalten soll.[1316] Das Abkommen mit Kamerun ist etwas spezieller, indem es den Inhalt eines künftigen Wettbewerbskapitels näher beschreibt. Dieses soll Regeln dazu enthalten, dass wettbewerbswidrige Praktiken, soweit sie den Handel zwischen den Vertragsstaaten beeinträchtigen, als mit dem Abkommen unvereinbar angesehen werden sollen. Daneben sollen Bestimmungen zur wirksamen Durchführung der Wettbewerbspolitik und Bestimmungen zur technischen Hilfe verhandelt werden.[1317] Das EU-Pazifik-Abkommen hat keinerlei Bestimmungen zum Kartellrecht.

Das EU-SADC-Abkommen enthält eine Bestimmung, in welcher die Vertragsparteien anerkennen, dass wettbewerbswidrige Vereinbarungen und aufeinander abgestimmte Verhaltensweisen sowie der Missbrauch einer marktbeherrschenden Stellung die Ziele des Abkommens untergaben können.[1318] Neben diesem sehr allgemein gehaltenen Anerkenntnis

---

einerseits und der Europäischen Gemeinschaft und ihren Mitgliedstaaten andererseits, ABl.EU 2012, Nr. L 111/2 (EU-ESA).

1311 Übergangsabkommen für ein Wirtschaftspartnerschaftsabkommen zwischen der Europäischen Gemeinschaft und ihren Mitgliedstaaten einerseits und der Vertragspartei Zentralafrika andererseits, ABl.EU 2009, Nr. L. 57/2 (EU-Kamerun).

1312 Interims-Wirtschaftspartnerschaftsabkommen zwischen Ghana einerseits und der Europäischen Gemeinschaft und ihren Mitgliedstaaten andererseits, ABl.EU 2016, Nr. L 287/3 (EU-Ghana).

1313 Interim-Wirtschaftspartnerschaftsabkommen zwischen Côte d'Ivoire einerseits und der Europäischen Gemeinschaft und ihren Mitgliedstaaten andererseits, ABl.EU 2009, Nr. L 59/3 (EU- Côte d'Ivoire).

1314 Vgl. bspw. Art. 1 EU-ESA.

1315 Partnerschaftsabkommen zwischen den Mitgliedern der Gruppe der Staaten in Afrika, im Karibischen Raum und im Pazifischen Ozean einerseits und der Europäischen Gemeinschaft und ihren Mitgliedstaaten andererseits, unterzeichnet in Cotonou am 23. Juni 2000, ABl.EG 2000, Nr. L 317/3 (Cononou Abkommen).

1316 Art. 44 EU- Côte d'Ivoire; Art. 53 EU-ESA; Art. 44 EU-Ghana.

1317 Art. 57 EU-Kamerun.

1318 Art. 18 Abs. 1 EU-SADC.

gibt es noch die Vereinbarung, dass die Vertragsparteien nach Maßgabe der Vorschriften zur Zusammenarbeit[1319] auch in Wettbewerbsfragen ko- operieren, und eine Bestimmung, nach der die Vertragsparteien erwägen können, in der Zukunft Verhandlungen über Wettbewerbsfragen aufzu- nehmen.[1320] Am ausführlichsten ist das Wettbewerbskapitel im EU-CA- RIFORUM-Abkommen. In diesem werden zunächst wettbewerbswidrige Praktiken, deren Definition sich an Art. 101 AEUV und Art. 102 AEUV orientiert, als mit dem Abkommen unvereinbar erklärt, soweit sie den Handel zwischen den Vertragsstaaten beeinträchtigen.[1321] Die Vertragspar- teien verpflichten sich zusätzlich, innerhalb von fünf Jahren Wettbewerbs- gesetze zu verabschieden und Wettbewerbsbehörden einzurichten.[1322] Zum Informationsaustausch und zur Zusammenarbeit vereinbaren die Vertragsparteien lediglich, dass sie Informationen austauschen und sich über Wettbewerbsverfahren unterrichten können.[1323] Öffentliche Unter- nehmen und Unternehmen mit besonderen Rechten oder ausschließlichen Rechten einschließlich Monopolen sollen nach dem Abkommen grund- sätzlich dem Wettbewerbsrecht unterliegen, wobei hierzu Ausnahmen ver- einbart werden.[1324] Schließlich enthält das Abkommen noch Regelungen zur technischen Hilfe.[1325]

4. Zusammenfassung des Vergleichs

Es gibt Vorschriften in den soeben besprochenen älteren Abkommen, wel- che denen der „neuen Generation" mit weiter entfernten Vertragspartnern ähneln, allerdings überwiegen die Unterschiede.

Der größte Unterschied zu den Abkommen mit (möglichen) Beitritts- staaten sowie mit Staaten des südlichen Mittelmeerraums und der ehemali- gen Sowjetunion bezieht sich auf die angestrebte materiell-rechtliche Kon- vergenz. Diese Abkommen enthalten, wie einige Abkommen der „neuen Generation" auch, Definitionen von wettbewerbswidrigen Handlungen, die je nach Abkommen fast identisch zu denen des EU-Kartellrechts sind oder zumindest stark an diese angelehnt sind. Außerdem enthalten sie

---

1319 Art. 13 Abs. 6 EU-SADC.
1320 Art. 18 Abs. 2, 3 EU-SADC.
1321 Art. 126 EU-CARIFORUM.
1322 Art. 127 EU-CARIFORUM.
1323 Art. 128 EU-CARIFORUM.
1324 Art. 129 EU-CARIFORUM.
1325 Art. 130 EU-CARIFORUM.

die Vereinbarung, dass solche wettbewerbswidrigen Handlungen mit dem Abkommen unvereinbar sind, soweit diese den Handel zwischen den Vertragsparteien beeinträchtigen. Es wird über diese Regelungen hinaus aber noch eine stärkere Konvergenz der Kartellrechtsregelungen und deren Anwendung angestrebt. Dies wird in den Abkommen mit (möglichen) Beitrittsstaaten deutlich durch Verpflichtungen, die Kartellrechtsregelungen denen der EU anzugleichen oder sogar die Interpretation der Kartellrechtsregelungen an die Auslegung in der EU anzugleichen. In den Abkommen mit Staaten des südlichen Mittelmeerraums und der ehemaligen Sowjetunion sind auch jeweils Regelungen zu einer solchen Angleichung enthalten. Diese sind aber weniger streng formuliert: nicht als Verpflichtungen, sondern als Ziel oder in ähnlicher Weise. Die Fusionskontrolle wird dabei, wie in den Abkommen der „neuen Generation", nur in den Assoziierungsabkommen mit Georgien, Moldau und Ukraine erwähnt.

Die Kooperations- und Koordinationsregelungen sind in den Abkommen mit (möglichen) Beitrittsländern und den Partnerschafts- und Kooperationsabkommen mit ehemaligen sowjetischen Republiken weniger ausführlich im Vergleich zu den Regelungen der Abkommen der „neuen Generation".[1326] Die Regelungen in den Europa-Mittelmeer-Assoziationsabkommen sind dagegen sehr divers. Sie gehen in einigen Fällen über die in den Abkommen der „neuen Generation" hinaus. In anderen Abkommen sind sie kaum vorhanden. Es muss jedoch beachtet werden, dass die Kooperation und Koordination durch Aktionspläne und Kontakte in den Stabilitäts- und Assoziationsräten respektive Kooperationsräten und Partnerschaftsinstrumenten zusätzlich gestärkt werden.

Ähnlich wie in den Abkommen der „neuen Generation" sind Verpflichtungen, ein Kartellrecht beizubehalten oder abzuschließen und eine (unabhängige) Kartellbehörde zu haben, fast immer vorhanden und Regelungen zur technischen Hilfe manchmal enthalten.

Während in den Abkommen der „neuen Generation" die Kartellrechtsregelungen vom Streitbeilegungsmechanismus ausgenommen sind, können Streitigkeiten in den Abkommen mit (möglichen) Beitrittsländern, den Europa-Mittelmeer-Assoziationsabkommen und den Partnerschafts- und Kooperationsabkommen dem Assoziationsrat respektive Kooperationsrat vorgelegt werden. Bei den neueren modernisierten Abkommen über Partnerschaft und Zusammenarbeit und den Assoziationsabkommen mit ehemaligen sowjetischen Republiken sind die Kartellrechtsregelungen

---

1326 So auch *Wagner-von Papp*, in: Bungenberg/Krajewski/Tams/Terhechte/Ziegler, EYIEL 2017, S. 301 (329).

wiederum vom Streitbeilegungsmechanismus ausgenommen. Diese zwei Arten von Abkommen gehen ansonsten im Bereich des Kartellrechts weiter als die älteren Partnerschafts- und Kooperationsabkommen. Sie enthalten, wie die Abkommen der „neuen Generation" und im Gegensatz zu allen anderen Abkommen, Vorschriften zur Beachtung von rechtsstaatlichen Grundsätzen im Kartellrecht. Besonders hervorzuheben ist darüber hinaus das Assoziierungsabkommen der Ukraine, welches eine Verpflichtung enthält, dass die Ukraine ihr Wettbewerbsrecht und dessen Anwendung an das primäre und sekundäre EU-Kartellrecht annähert. Diese Vorschrift ist sogar mit dem Streitbeilegungsmechanismus durchsetzbar. Eine solche Verpflichtung findet sich in keinem anderen Freihandelsabkommen mit einem Staat, der keinen EU-Beitritt anstrebt. Diese Vorschrift, die eine Verpflichtung zur Änderung des nationalen Kartellrechts enthält, stellt insoweit eine Besonderheit da.[1327]

Bei den (Interims-)Wirtschaftspartnerschaftsabkommen sind die Kartellrechtsregelungen schwach ausgestaltet.[1328] Mit wenigen Ausnahmen gehen diese Abkommen nicht über allgemeine Absichtserklärungen hinaus.

5. Analyse des Vergleichs

Nachfolgend sollen einige der Aspekte aufgeführt werden, welche die Unterschiede zwischen allen in diesem Abschnitt beschriebenen Abkommen und den Abkommen der „neuen Generation" mit weiter entfernten Staaten erklären. Diese Unterschiede führen dazu, dass die Regelungen dieser Abkommen nicht als Vorbild für die Abkommen der „neuen Generation" mit weiter entfernten Staaten taugen. Insgesamt müssen die Abkommen mit den (möglichen) Beitrittsländern, den Staaten des südlichen Mittelmeerraums und der ehemaligen Sowjetunion sowie die Wirtschaftspartnerschaftsabkommen im Zusammenhang des größeren Rahmens, in dem sie abgeschlossen wurden, gesehen werden.

Für die (möglichen) EU-Beitrittskandidaten ist das Ziel die Angleichung des Rechts im Allgemeinen und der Kartellrechtsregelungen im Speziel-

---

1327 *Van der Loo*, The EU-Ukraine Association Agreement and Deep and Comprehensive Free Trade Area, S. 277.

1328 So auch *Hoffmeister*, in: Bungenberg/Krajewski/Tams/Terhechte/Ziegler, EY-IEL 2017, S. 411 (432).

len, um einen möglichen Beitritt vorzubereiten.[1329] Daher ist eine vollständige Harmonisierung der Wettbewerbspolitik das mittelfristige Ziel und die materiell-rechtliche Angleichung der Kartellrechtsregelungen steht im Vordergrund. Die Regelungen können durch die Beitrittsperspektive sehr viel weitgehender sein, als es in den Abkommen mit weiter entfernten Staaten der Fall ist. Dies trifft in geringerem Maße auch für die Staaten des südlichen Mittelmeerraums und der ehemaligen Sowjetunion zu. Das Ziel der Handelsabkommen der EU mit den südlichen Mittelmeerstaaten und ehemaligen Sowjetrepubliken ist der Versuch der umfassenden Kooperation in allen Bereichen mit den Nachbarstaaten, von denen die Kartellrechtsregelungen ein Teil sind.[1330] Viele dieser Abkommen sind außerdem Teil der *Europäischen Nachbarschaftspolitik*,[1331] deren Motivation, speziell bezogen auf das Kartellrecht, es ist, die Konvergenz der Kartellrechtsregelungen zu erreichen, um Marktintegration als langfristiges Ziel zu ermöglichen.[1332] Hier ist keine Beitrittsperspektive mittel- oder sogar langfristig gegeben. Das Assoziierungsabkommen mit der Ukraine wird aber als Beispiel genannt, dass viele der Nachbarstaaten der EU, die wirtschaftlich eng mit der EU verbunden sind, bereit sind, den *EU-acquis* zu akzeptieren, und dass der Reformprozess in diesen Ländern, bezogen auf das Kartellrecht, stark von diesen Abkommen beeinflusst wird.[1333] Diese geografische Nähe, die oft zu einer engeren wirtschaftlichen Beziehung oder sogar Abhängigkeit der Staaten führt, ist der Hauptunterschied zu den Abkommen der „neuen Generation" mit weiter entfernten Staaten. Daneben gibt es noch andere Aspekte, die die Kartellrechtsregelungen beeinflussen. In den Europa-Mittelmeer-Abkommen sind Kooperations- und Zusammenarbeitsregeln im Vergleich zu den materiell-rechtlichen Regelungen sehr schwach ausgestaltet, was damit erklärt werden kann, dass die

---

1329 *Papadopoulos*, The International Dimension of EU Competition Law and Policy, S. 104; siehe für eine solche Angleichung am Beispiel Serbiens *Penev/Filipović*, in: Metha, Evolution of Competition Laws and their Enforcement, S. 146.

1330 *Papadopoulos*, The International Dimension of EU Competition Law and Policy, S. 97.

1331 Namentlich sind dies: Algerien, Ägypten, Armenien, Aserbaidschan, Georgien, Israel, Jordanien, Libanon, Libyen, Marokko, Moldawien, Palästina, Syrien, Tunesien, Ukraine und Weißrussland, siehe Website der EU-Kommission (https://ec.europa.eu/neighbourhood-enlargement/neighbourhood/overvie w_en), zuletzt besucht am 5.2.2019.

1332 Communication from the Commission, European Neighbourhood Policy, Strategy Paper 12.5.2004, COM(2004) 373 final, S. 5.

1333 *Hoffmeister*, in: Bungenberg/Krajewski/Tams/Terhechte/Ziegler, EYIEL 2017, S. 411 (431 f.).

Abkommen vor allem darauf abzielen, dass der Wettbewerbsgedanke in diesen Staaten gestärkt wird.[1334] Daneben steht die technische Zusammenarbeit, also der Aufbau von funktionierenden Wettbewerbsbehörden und die Marktöffnung und Liberalisierung von staatlichen Monopolen, die in vielen dieser Länder noch stark vorhanden sind, im Vordergrund.[1335] Bei den Partnerschafts- und Kooperationsabkommen mit Russland und den ehemaligen sowjetischen Republiken ist es das Interesse der EU, die Marktorientierung dieser Wirtschaftsordnungen zu fördern.[1336] Dieser stehen nicht private Wettbewerbsbeschränkungen, sondern staatliche Monopole und Beihilfen entgegen, die dementsprechend den Schwerpunkt dieser Abkommen bilden.[1337] Die Wirtschaftspartnerschaftsabkommen müssen in dem entwicklungspolitischen Zusammenhang, in dem sie abgeschlossen werden, gesehen werden.[1338] Die Märkte der Vertragspartner der Wirtschaftspartnerschaftsabkommen sind nur von einer geringen Bedeutung für EU-Exporteure. Diese bezwecken, anders als die anderen Abkommen, daher nicht hauptsächlich den schrankenfreien Zugang von europäischen Unternehmen zum Markt des Vertragsstaates.[1339] Dementsprechend ist die technische Zusammenarbeit der klare Schwerpunkt.[1340]

Die EU-Freihandelsabkommen der „neuen Generation" mit weiter entfernten Staaten sind dagegen stärker als die anderen Abkommen von rein wirtschaftlichen Interessen geprägt, wie dem Ziel, eine Diskriminierung von EU-Exporten und Investitionen zu verhindern und wirtschaftliche Vorteile durch präferenziellen Zugang zu dem fremden Markt zu erhalten.[1341]

Insgesamt und nicht nur in Bezug auf die Kartellrechtsregelungen muss aber einschränkend beachtet werden, dass internationale Abkommen

---

1334 *Podszun*, in: Terhechte, Internationales Kartell- und Fusionskontrollverfahrensrecht, S. 2048 (2070).

1335 *Podszun*, in: Terhechte, Internationales Kartell- und Fusionskontrollverfahrensrecht, S. 2048 (2070).

1336 *Podszun*, in: Terhechte, Internationales Kartell- und Fusionskontrollverfahrensrecht, S. 2048 (2070).

1337 *Podszun*, in: Terhechte, Internationales Kartell- und Fusionskontrollverfahrensrecht, S. 2048 (2071).

1338 *Cottier/Trinberg*, in: von der Groeben/Schwarze/Hatje, Europäisches Unionsrecht, Art. 207 AEUV, Rn. 10.

1339 *Keim*, TRIPS-plus Patentschutzklauseln in bilateralen Freihandelsabkommen der EU, S. 40 f.

1340 *Podszun*, in: Terhechte, Internationales Kartell- und Fusionskontrollverfahrensrecht, S. 2048 (2070).

1341 *Ahearn*, Europe's Preferential Trade Agreements, S. 3.

stets mehrere Motivationen haben.[1342] Oft stehen dabei Außen- und Sicherheitsinteressen sowie entwicklungs- und wirtschaftspolitische Gründe nebeneinander.[1343]

III. Vergleich mit Kartellrechtsregelungen in Freihandelsabkommen anderer Staaten

Von den 2015 geltenden weltweiten Präferenzabkommen hatten 88 % spezifische Bestimmungen oder sogar ganze Kapitel zu wettbewerbsrelevanten Fragen.[1344] Vor 1990 waren es nur ungefähr 60 %.[1345] Eine wichtige Ausnahme von diesem globalen Trend hin zu Wettbewerbsregulierungen in den Freihandelsabkommen sind die mit chinesischer Beteiligung. Als Beispiel lassen sich Chinas Abkommen mit Australien und Korea nennen. Diese konzentrieren sich nur auf Bereiche wie Zollsätze und Ursprungsregeln und zeigen, dass China nicht gewillt ist, Wettbewerbsregeln und Regeln für staatliche Unternehmen (SOEs) aufzunehmen, da diese den Kern der chinesischen Industriepolitik träfen.[1346]

1. Taxonomie von Kartellrechtsregelungen in Freihandelsabkommen – „EU-Typ-Abkommen" vs. „Nordamerika-Typ-Abkommen"

In der Literatur hat sich eine Taxonomie durchgesetzt, welche zwischen zwei Typen von Kartellrechtsregelungen in Freihandelsabkommen unterscheidet: erstens die Abkommen der EU und Abkommen zwischen Nicht-EU-Staaten, die sich an denen der EU orientieren, die sogenannten „EU-Typ-Abkommen", und zweitens die Abkommen der USA und Kanadas und Abkommen dritter Staaten, die sich an diesen orientieren, die so-

---

1342 *Heydon/Woolcock*, The Rise of Bilateralism, S. 162 f.
1343 *Heydon/Woolcock*, The Rise of Bilateralism, S. 162 f.
1344 *Laprévote/Frisch/Can*, E15 Expert Group on Competition Policy and the Trade System – Think Piece – Competition Policy within the context of Free Trade Agreements, S. 2.
1345 *Laprévote/Frisch/Can*, E15 Expert Group on Competition Policy and the Trade System – Think Piece – Competition Policy within the context of Free Trade Agreements, S. 2.
1346 *Mercurio*, in: Bungenberg/Herrmann/Krajewski/Terhechte, EYIEL 2016, S. 515 (518).

genannten „Nordamerika-Typ-Abkommen".[1347] Nachfolgend beschränkt sich der Vergleich stellvertretend auf die Abkommen der EU und die Abkommen der USA, als den Hauptvertretern der „EU-Typ" und der „Nordamerika-Typ-Abkommen".

Ungefähr ein Drittel der Freihandelsabkommen der USA hat ein Kartellrechtskapitel.[1348] Diese werden in der Literatur aufgrund ihrer geringen praktischen Bedeutung kritisiert.[1349] Insgesamt sind die Regelungen zum Kartellrecht in den Freihandelsabkommen der USA schwächer ausgestaltet als die der EU.[1350] Der Hauptunterschied ist, dass die EU-Abkommen ihren Schwerpunkt eher auf materiell-rechtliche Regelungen legen und die Abkommen der USA eher auf Kooperation und Koordination ausgerichtet sind.[1351] Insbesondere haben die Abkommen der USA im Gegensatz zu den Abkommen der EU grundsätzlich keinerlei spezifische Beschreibung, was als wettbewerbswidrige Handlungen zu qualifizieren ist.[1352] Dies wird auch in der von den USA offiziell veröffentlichten Verhandlungsposition zu TTIP zum Wettbewerbsrecht deutlich, die in nur wenigen Sätzen dargestellt wird und den Schwerpunkt auf die Kooperation legt.[1353]

1347 Als Erstes vorgenommen haben diese Taxonomie: *Holmes/Papadopoulos/Kayali/Sydorak*, in: Brusik/Alvarez/Cernat, Competition Provisions in Regional Trade Agreements, S. 65 (72); nachfolgend zustimmend bspw. *Solano/Sennenkamp*, OECD Trade Policy Papers 2006, 1 (15 ff.); *Desta/Barnes*, in: Bartels/Ortino, Regional Trade Agreements and the WTO Legal System, S. 239 (245); *Teh*, in: Estevadeordal/Suominen/Teh, Regional Rules in the Global Trading System, S. 418 (483); *Tschaeni/Engammare*, in: Herrmann/Krajewski/Terhechte, EYIEL 2013, S. 39 (45); *Hilpold*, in: Herrmann/Krajewski/Terhechte, EYIEL 2013, 71 (83); *Bourgeois*, in: FS Maresceau, S. 381 (382); Kritik an dieser Taxonomie äußert beispielsweise *Evenett*, in: Brusick/Alzarez/Cernat, Competition Provisions in Regional Trade Agreements, S. 37 (41); für einen allgemeinen Vergleich der Handelsstrategie der EU und der USA bezogen auf Freihandelsabkommen siehe *Garcia*, in: Fahey, Institutionalisation beyond the Nation State, S. 213 ff.

1348 *Gadbaw*, in: Cimino-Isaacs/Schott, Trans-Pacific Partnership, S. 323.

1349 *Gadbaw*, in: Cimino-Isaacs/Schott, Trans-Pacific Partnership, S. 323.

1350 *Kim*, in: Martin, The Oxford Handbook of the Political Economy of International Trade, S. 360 (367).

1351 *Bourgeois*, in: FS Maresceau, S. 381 (382).

1352 *Tschaeni/Engammare*, in: Herrmann/Krajewski/Terhechte, EYIEL 2013, S. 39 (58).

1353 Verfügbar auf der Website des Handelsbeauftragter der Vereinigten Staaten (https://ustr.gov/trade-agreements/free-trade-agreements/transatlantic-trade-and-investment-partnership-t-tip/t-tip-13), zuletzt besucht am 27.12.2018; für weitere Unterschiede siehe *Solano/Sennenkamp*, OECD Trade Policy Papers 2006, 1 (15 ff.).

Für einen Vergleich bieten sich die Abkommen der EU und der USA jeweils mit Singapur und Südkorea an. Anhand des Abkommens mit Südkorea wird der Unterschied der materiell-rechtlichen Regelungen dargestellt. Art. 11.1 Abs. 3 EU-Korea erklärt analog Art. 101 AEUV und Art. 2 der Fusionskontrollverordnung 139/2004 Vereinbarungen oder abgestimmte Verhaltensweisen zwischen Unternehmen, den Missbrauch einer marktbeherrschenden Stellung sowie Unternehmenszusammenschlüsse, die den Wettbewerb behindern, für unvereinbar mit dem Abkommen, soweit sie geeignet sind, den gegenseitigen Handel zu beeinträchtigen.[1354] Im Vergleich hierzu enthält Art. 16.1 Abs. 1 des Abkommens der USA mit Südkorea[1355] in substantieller Hinsicht nur die Verpflichtung, ein Wettbewerbsgesetz zu haben, welches den Wettbewerb auf dem nationalen Markt fördert und schützt, indem es wettbewerbswidrige Handlungen verbietet und die wirtschaftliche Effizienz und das Wohlergehen der Verbraucher fördert. Eine Definition oder nur grobe Beschreibung von wettbewerbswidrigen Handlungen gibt es nicht. Anhand der Abkommen mit Singapur wird der Unterschied bezüglich der Koordination- und Kooperationsregelungen veranschaulicht. Im Abkommen der EU mit Singapur gibt es in Art. 11.11 eine oberflächliche Klausel hierzu. Nach dieser sollen sich die Kartellbehörden um Koordinierung und Zusammenarbeit bemühen.[1356] Das Abkommen der USA mit Singapur[1357] enthält in Art. 12.4 eine sehr ähnliche Klausel wie Art. 11.11 EU-Singapur. Der Unterschied zeigt sich jedoch darin, dass Art. 12.1 des Abkommens der USA mit Singapur eine Kooperation der Wettbewerbsbehörden als Ziel des Kapitels nennt und dieser damit einen größeren Stellenwert beimisst.

Die oben beschriebenen Unterschiede sollten jedoch nicht überbewertet werden.[1358] Erstens zeigen sich diese Unterschiede teilweise nur in Details, wie der Vergleich der Kooperationsregelungen am Beispiel der Abkommen der EU und der USA jeweils mit Singapur gezeigt hat. Zweitens ist der praktische Effekt dieser Unterschiede zu vernachlässigen. Die substan-

---

1354   Vgl. oben Kapitel 4. A. II. 2. a).
1355   Der Text dieses Abkommens ist verfügbar auf der Website des Handelsbeauftragten der Vereinigten Staaten (https://ustr.gov/trade-agreements/free-trade-agreements/korus-fta/final-text), zuletzt besucht am 27.12.2018.
1356   Vgl. oben Kapitel 4. A. II. 5. a) (2).
1357   Der Text dieses Abkommens ist verfügbar auf der Website des Handelsbeauftragten der Vereinigten Staaten (https://ustr.gov/sites/default/files/uploads/agreements/fta/singapore/asset_upload_file708_4036.pdf), zuletzt besucht am 27.12.2018.
1358   *Sekine*, Chinese (Taiwan) Y.B. Int'l L.& Aff. 2014, 86 (107).

tiellen Regelungen in den EU-Abkommen führen nicht dazu, dass ein durchsetzbares transnationales Kartellrecht geschaffen wird, sondern die nationalen Kartellbehörden wenden weiterhin ihr nationales Kartellrecht nach ihrem Verständnis an.[1359] Auf der anderen Seite klingt „Kooperation" zwar einvernehmlich, jedoch können die USA Druck auf den Vertragspartner aufbauen, seine Kartellgesetze im Einklang mit den US-Präferenzen anzuwenden.[1360] Die Unterschiede müssen auch vor dem Hintergrund betrachtet werden, dass in Bezug auf die Kooperation die EU erstens zum Teil in ihren Freihandelsabkommen auf ihre detaillierten bilateralen Kooperationsabkommen mit den Vertragsstaaten verweist[1361] und zweitens ganz allgemein im Rahmen des ICN auch die Kooperation mit fast allen Wettbewerbsbehörden weltweit aktiv fördert.[1362]

Zum Teil wird auch noch eine Kategorie angenommen, die sich an dem Australien-Neuseeland-Abkommen über engere Wirtschaftsbeziehungen (ANZCERTA) orientiert.[1363] Die Abkommen vom Typ ANZCERTA sind tendenziell präskriptiver, da das Ziel darin besteht, das Wettbewerbsrecht zu harmonisieren, um das Handelsabkommen voranzutreiben und nicht nur zu unterstützen.[1364] Bisher hat noch kein anderes Freihandelsabkommen den hohen Grad der Harmonisierung der Wettbewerbsgesetze Australiens und Neuseelands erreicht, aber die Vereinbarungen, die sich an ANZCERTA orientieren, enthalten Bestimmungen, die eine gewisse Harmonisierung erfordern, wie beispielsweise die Ersetzung von Antidumpingmaßnahmen durch Wettbewerbsgesetze.[1365]

Eine weitere Kategorie von Kartellrechtsregelungen in Freihandelsabkommen schlägt *Sekine* vor.[1366] Dieser ordnet zwar die meisten ostasiati-

---

1359 Das liegt daran, dass zum einen das Kartellrechtskapitel nicht vom Streitbeilegungsmechanismus umfasst und damit praktisch nicht durchsetzbar ist (vgl. oben Kapitel 4. A. II. 8) und zum anderen die Autonomie der nationalen Kartellbehörden betont wird; siehe beispielsweise Art. 279 EU-Zentralamerika.

1360 *Sekine*, Chinese (Taiwan) Y.B. Int'l L.& Aff. 2014, 86 (107 f.).

1361 Siehe beispielsweis Art. 11.6 Abs. 2 EU-Südkorea.

1362 Ähnlich auch *Sekine*, Chinese (Taiwan) Y.B. Int'l L.& Aff. 2014, 86 (Fn. 122).

1363 *Solano/Sennenkamp*, OECD Trade Policy Papers 2006, 1; *Abrenica/Bernabe*, in: Chaisse/Gao/Lo, Paradigm Shift in International Economic Law Rule-Making, S. 165 (179).

1364 *Abrenica/Bernabe*, in: Chaisse/Gao/Lo, Paradigm Shift in International Economic Law Rule-Making, S. 165 (179).

1365 *Abrenica/Bernabe*, in: Chaisse/Gao/Lo, Paradigm Shift in International Economic Law Rule-Making, S. 165 (179); zu ANZCERTA vgl. unten Kapitel 5. B. IV. 2.

1366 *Sekine*, Chinese (Taiwan) Y.B. Int'l L.& Aff. 2014, 86.

schen Freihandelsabkommen dem „nordamerikanischen Typ" zu und nur wenige dem „EU-Typ", schlägt aber zusätzlich eine eigene (Hybrid) Kategorie für ostasiatische Freihandelsabkommen vor.[1367]

2. TTP/CPTPP

Als Beispiel für einen ausführlichen Vergleich zwischen den Kartellrechtsregelungen in den EU-Freihandelsabkommen und Freihandelsabkommen anderer Länder soll das *Trans-Pacific Partnership Agreement* (TPP) dienen. Dieses Abkommen zwischen Australien, Brunei, Kanada, Chile, Japan, Malaysia, Mexiko, Neuseeland, Peru, Singapur, Vietnam und den USA wurde im Februar 2016 unterzeichnet.[1368] Allerdings erließ der US-Präsident *Donald Trump* am 23. Januar 2017 ein Dekret (*Executive Order*), dass sich die USA aus dem Abkommen zurückziehen.[1369] Die restlichen Vertragsstaaten ratifizierten am 8. März 2018 das *Comprehensive and Progressive Agreement for Trans-Pacific Partnership* (CPTPP oder TTP-11). Dies ist ein von TPP separates Abkommen, welches aber auf die meisten Bestimmungen, einschließlich aller Kartellrechtsregelungen, des ursprünglichen TPP verweist.[1370] Die nachfolgenden Verweise auf die Bestimmungen von TPP können daher auch jeweils in Verbindung mit Art. 1 Abs. 1 CPTPP gelesen werden.[1371]

Kapitel 16 TPP ist dem Kartellrecht gewidmet. Dieses ist ein sehr innovatives Kartellrechtskapitel; daher werden in dieser Arbeit einige Elemente des Kapitels auch für die Freihandelsabkommen der EU vorgeschlagen.[1372]

1367 *Sekine*, Chinese (Taiwan) Y.B. Int'l L.& Aff. 2014, 86 (122).

1368 Siehe hierzu die Website der australischen Regierung, Ministerium für auswärtige Angelegenheiten und Handel (https://dfat.gov.au/trade/agreements/in-forc e/cptpp/official-documents/Pages/official-documents.aspx), zuletzt besucht am 6.12.2018.

1369 *Herrmann/Würdemann*, in: Felbermayr/Göler/Herrmann/Kalina, Multilateralismus und Regionalismus in der EU-Handelspolitik, S. 33.

1370 Siehe hierzu die Website der australischen Regierung, Ministerium für auswärtige Angelegenheiten und Handel (https://dfat.gov.au/trade/agreements/not-y et-in-force/tpp-11/Pages/trans-pacific-partnership-agreement-tpp.aspx), zuletzt besucht am 16.9.2019.

1371 Der Text des CPTPP ist auf der Website der australischen Regierung, Ministerium für auswärtige Angelegenheiten und Handel verfügbar (https://dfat.gov.a u/trade/agreements/in-force/cptpp/official-documents/Documents/tpp-11-treat y-text.pdf), zuletzt besucht am 16.9.2019.

1372 Vgl. unten Kapitel 5.

Wie in den „Nordamerika-Typ-Verträgen" und anders als in vielen EU-Freihandelsabkommen wird nicht spezifiziert, was wettbewerbswidrige Handlungen sind, sondern nur allgemein festgelegt, dass die Vertragsparteien nationale Wettbewerbsgesetze erlassen oder beibehalten sollen sowie geeignete Maßnahmen (*appropriate action*) gegen wettbewerbswidriges Geschäftsgebaren ergreifen müssen. Besonders interessant ist hierbei die Verpflichtung nach Art. 16.1 Abs. 1 TTP, ein Kartellrecht einzuführen oder zu behalten, welches explizit der Konsumentenwohlfahrt und der wirtschaftlichen Effizienz dienen soll.[1373] Des Weiteren gibt es gemäß Art. 16.1 Abs. 3 TTP eine Verpflichtung, eine Wettbewerbsbehörde zu haben, die für die Durchsetzung der Gesetze verantwortlich ist. Eine solche Verpflichtung findet sich auch in vielen Abkommen der EU.

Art. 16.2 TPP behandelt prozessuale Fairness bei der Kartellrechtsdurchsetzung und wird als für die Unternehmen wichtigste Vorschrift des Kartellrechtskapitels angesehen.[1374] Die Regelungen hierzu sind ausführlicher als die Regelungen in diesem Bereich in den EU-Abkommen. Die Regelungen orientieren sich an den Arbeiten des ICN und der OECD.[1375] Nach Art. 16.2 ist eine Vertragspartei von TPP unter anderem verpflichtet, schriftliche Verfahrensgrundsätze zu erlassen oder aufrechtzuerhalten und diese bei Ermittlungen, Vollstreckungsverfahren und der Festlegung von Sanktionen und Rechtsbehelfen genauestens einzuhalten (Abs. 3). Das Verfahren muss innerhalb einer festgelegten Frist oder zumindest innerhalb eines angemessenen Zeitraums abgeschlossen werden (Abs. 2). Bei der Veröffentlichung einer öffentlichen Mitteilung über ein anhängiges oder laufendes Verfahren ist die Wettbewerbsbehörde verpflichtet, vorsichtig zu handeln, um nicht den Eindruck zu erwecken, dass es bereits feststeht, dass die behauptete Verletzung begangen wurde (Abs. 6). Personen, denen eine Rechtsverletzung vorgeworfen wird, ist in angemessener Weise die Gelegenheit einzuräumen, Rechtsbeistand einzuholen, angehört zu werden und Beweise zu ihrer Verteidigung vorlegen, einschließlich Sachverständigengutachten, einen aussagenden Zeugen ins Kreuzverhör zu nehmen, Beweise für angebliche Verstöße zu überprüfen und zu widerlegen, über die Bedenken der Wettbewerbsbehörde informiert zu werden, bevor eine Sanktion oder ein Rechtsbehelf verhängt wird, und eine angemessene

---

1373 Speziell hierauf hinweisend auch *Anderson/Müller*, in: Cottier/Nadakavukaren Schefer, Elgar Encyclopedia of International Economic Law, S. 487 (488); *Gadbaw*, in: Cimino-Isaacs/Schott, Trans-Pacific Partnership, S. 323 (324).
1374 *Gadbaw*, in: Cimino-Isaacs/Schott, Trans-Pacific Partnership, S. 323 (324, 329).
1375 *Gadbaw*, in: Cimino-Isaacs/Schott, Trans-Pacific Partnership, S. 323 (329).

Zeit zur Vorbereitung ihrer Verteidigung zu bekommen (Abs. 1). Des Weiteren muss die Gelegenheit gegeben werden, die nationale Wettbewerbsbehörde zu Rechts-, Sach- oder Verfahrensfragen, die sich während der Untersuchung ergeben, zu konsultieren (Abs. 9), sich mit der Kartellbehörde freiwillig zu einigen oder einem Anerkenntnisurteil zu unterwerfen (Abs. 5), eine Überprüfung der Sanktion oder der Abhilfemaßnahme sowie das Vollstreckungsverfahren (auf mögliche materielle oder verfahrensrechtliche Fehler) bei einem Gericht oder einer unabhängigen Stelle zu beantragen (Abs. 4). Darüber hinaus muss der Zugang zu Informationen gewährleistet sein, die von der Wettbewerbsbehörde als Grundlage für die Anklage verwendet werden (Abs. 8). Des Weiteren wird die Rechtsmaxime *onus probandi incumbit ei qui dicit* festgeschrieben, das heißt, dass die Wettbewerbsbehörde, wenn sie von einem Verstoß ausgeht, die Beweislast trägt (Abs. 7).

Besonders innovativ, da in dieser Weise noch in keinem anderen Freihandelsabkommen vorhanden, ist Art. 16.3, welcher sich mit der privaten Rechtsdurchsetzung des Kartellrechts beschäftigt.[1376] Art. 16.3 bekräftigt, dass die private Kartellrechtsdurchsetzung ein wichtiges zusätzliches Element neben der staatlichen Kartellrechtsdurchsetzung ist, und ermutigt die Parteien, ein für Kartellgeschädigte unabhängiges privates Klagerecht einzuführen oder zu behalten (Abs. 2). Wenn kein privates Klagerecht besteht, muss einer Person zumindest ein Recht eingeräumt werden, die Wettbewerbsbehörde aufzufordern, eine Untersuchung wegen eines angeblichen Verstoßes einzuleiten (Abs. 3 lit. a) und die Angelegenheit vor einem Gericht oder einem anderen unabhängigen Spruchkörper weiterzuverfolgen, sobald die Wettbewerbsbehörde festgestellt hat, dass ein Verstoß vorliegt (Abs. 3 lit. b). Diese Rechte sollen auch Drittgeschädigten eingeräumt werden (Abs. 4). Jeder TPP-Partei wird jedoch die Möglichkeit gegeben, eigene angemessene Kriterien (*reasonable criteria*) für die Durchsetzung dieser Rechte festzulegen (Abs. 5).

Art. 16.2, der die prozessuale Fairness behandelt, und Art. 16.3, welcher sich mit der privaten Rechtsdurchsetzung des Kartellrechts beschäftigt, sind auch insofern bemerkenswert, als sie die nationale Souveränität der Vertragsstaaten zur Ausgestaltung ihrer Kartellrechtsordnungen berühren.[1377]

1376 *Gadbaw*, in: Cimino-Isaacs/Schott, Trans-Pacific Partnership, S. 323 (330).

1377 *Drexl*, in: Ong, The Regionalisation of Competition Law and Policy within the ASEAN Economic Community, S. 210 (213 Fn. 1).

Daneben gibt es einen Kooperationsartikel (Art. 16.4), welcher insbesondere die Zusammenarbeit der Kartellbehörden durch Notifizierung, Konsultation und Informationsaustausch (von nichtvertraulichen Informationen) sowie den Abschluss von Kooperationsabkommen zwischen den Wettbewerbsbehörden anregt (Abs. 2). Art. 16.5 beabsichtigt, die technische Zusammenarbeit der Wettbewerbsbehörden zu fördern. Diese Regelungen gehen nicht entscheidend über Regelungen in den Abkommen der „neuen Generation" der EU hinaus.

Es handelt sich bei den Regelungen dieses Kapitels grundsätzlich um „soft law", da ein „weicher" Wortlaut verwendet wird (*should*) und die Regelungen nicht vom Streitbeilegungsmechanismus umfasst ist (Art. 16.9).[1378]

Art. 16.7, der das Thema Transparenz behandelt, ist demgegenüber eindeutig formuliert (*shall ensure*). Dieser Artikel verlangt, dass eine endgültige Entscheidung über die Feststellung eines Verstoßes gegen das nationale Wettbewerbsrecht schriftlich zu treffen ist und Tatsachenfeststellungen und Begründungen, einschließlich der rechtlichen und gegebenenfalls wirtschaftlichen Analyse, auf denen die Entscheidung beruht, enthalten muss. Zudem beinhaltet dieser eine Verpflichtung, öffentlich zugängliche Informationen bei Auskunftsersuchen der Vertragspartner zur Verfügung zu stellen. Die Regelung ist aber ebenfalls nicht vom Streitbeilegungsmechanismus umfasst. Art. 16.8 verpflichtet die Parteien allerdings zu Konsultationen bei Fragen bezüglich des Kartellrechtskapitels. Der Streitbeilegungsmechanismus ist dagegen anwendbar bezogen auf Kapitel 17 mit seinen umfangreichen Regelungen zu Staatsunternehmen.[1379]

3. Analyse des Vergleichs

Ein Vergleich mit den Kartellrechtsregelungen in den Freihandelsabkommen der USA und TTP verdeutlicht, dass die EU den Fokus stärker auf den Marktzugang legt und weniger auf den Schutz der inländischen Verbraucher.[1380]

1378 *Gadbaw*, in: Cimino-Isaacs/Schott, Trans-Pacific Partnership, S. 323 (324).
1379 *Bhatnagar*, in: Das/Singh, Trans-Pacific Partnership Agreement, S. 278 (289) sehen es im Bereich der Staatsunternehmen als eines der weitestgehenden Freihandelsabkommen an.
1380 *Sekine*, Chinese (Taiwan) Y.B. Int'l L.& Aff. 2014, 86 (103).

Diese Unterschiede sind schon im nationalen Kartellrecht der USA und der EU angelegt, da das US-Kartellrecht eine stärkere Fokussierung auf die Verbraucherinteressen hat und das EU-Kartellrecht eher den Wettbewerb an sich respektive die Konkurrenten betont.[1381] Als Beispiel kann der Unterschied bezüglich des Missbrauches einer marktbeherrschenden Stellung dienen.[1382] Nach dem US-Kartellrecht sind marktbeherrschende Unternehmen an sich kein Problem, wenn die Marktmacht so eingesetzt wird, dass sie zu niedrigen Preisen für die Verbraucher führen; in Europa dagegen werden marktbeherrschende Unternehmen generell strenger beurteilt.[1383]

Der Hauptgrund dieser Unterschiede ist aber ein anderer. Die EU- und die US-Handelspolitik teilen das Ziel, dass wettbewerbswidrige Verhaltensweisen von ausländischen Unternehmen, die den Eintritt von Exporteuren in den Markt erschweren oder verhindern, verfolgt werden. Unterschiedlich ist der Weg, wie dieses Ziel erreicht werden soll. Das Problem der Marktabschottung muss aus europäischer Sicht vom nationalen Kartellrecht des Vertragsstaates geregelt werden.[1384] Die Kartellrechtsregelungen in Freihandelsabkommen dienen dazu, dass das nationale Kartellrecht des Vertragsstaates solche Praktiken verhindert.[1385] Die USA gehen einen anderen Weg und wenden ihr Kartellrecht „aggressiver" extraterritorial auch zum Schutz ihrer Exporteure an beziehungsweise sie drohen mit einer solchen Anwendung.[1386] Die Kartellrechtsregelungen in den Abkommen der EU konkretisieren demensprechend die verbotenen wettbewerbswidrigen Handlungen analog zu ihren eigenen Wettbewerbsregelungen.[1387] Die USA im Gegensatz hierzu vereinbaren in ihren Freihandelsabkommen nur, dass ein nationales Kartellrecht eingeführt oder beibehalten werden soll.[1388] Sie richten ihr Augenmerk auf die Kooperation, die auch der extraterritorialen Anwendung des US-Kartellrechts dient.[1389] Noch deutlicher wird dieser unterschiedliche Schwerpunkt, wenn man die Zielbestimmungen der Kartellrechtskapitel vergleicht. In den Abkommen der EU wird darauf hingewiesen, dass das Ziel der Kartellrechtsregelungen

---

1381 *Whitman*, Yale L.J. 2007, 340 (344).
1382 *Whitman*, Yale L.J. 2007, 340 (373).
1383 *Whitman*, Yale L.J. 2007, 340 (373).
1384 Vgl. oben Kapitel 2. D. II. 2. d).
1385 *Wagner-von Papp*, in: Bungenberg/Krajewski/Tams/Terhechte/Ziegler, EYIEL 2017, S. 301 (319 ff.).
1386 *Sekine*, Chinese (Taiwan) Y.B. Int'l L.& Aff. 2014, 86 (107).
1387 *Sekine*, Chinese (Taiwan) Y.B. Int'l L.& Aff. 2014, 86 (103 f.).
1388 *Sekine*, Chinese (Taiwan) Y.B. Int'l L.& Aff. 2014, 86 (103 f.).
1389 *Sekine*, Chinese (Taiwan) Y.B. Int'l L.& Aff. 2014, 86 (107).

sei, dass die Vorteile, die durch die Liberalisierung des Handels durch die anderen Regelungen des Freihandelsabkommen erreicht wurden, nicht wieder durch private Handlungen zunichtegemacht werden dürfen.[1390] In den Abkommen der USA wird dagegen häufig ein Kartellrecht gefordert, welches wirtschaftliche Effizienz und Konsumentenwohlfahrt anstrebt.[1391]

C. Abschließende Analyse und Bewertung der Kartellrechtsregelungen in den EU-Freihandelsabkommen der „neuen Generation" mit weiter entfernten Staaten in ihrer Gesamtheit

I. Ähnlichkeit, Allgemeinheit und Verbindlichkeit der Regelungen

1. Nachteile

Die Nachteile der Ähnlichkeit, der Allgemeinheit und der teilweisen Unverbindlichkeit der Regelungen sind schnell erläutert. Der Nachteil der Ähnlichkeit durch die Verwendung von Standardformulierungen ist, dass eine Anpassung an die Individualität der Handelspartner in nur geringem Maße vorgenommen wird. Der Nachteil von allgemeinen und unverbindlichen Regelungen ist, dass sie eine geringere Relevanz in der Praxis haben. Vor dem Hintergrund dieser Nachteile stellt sich die Frage, welchen Grund die Ähnlichkeit, die Allgemeinheit und (teilweise) Unverbindlichkeit der Regelungen der Kartellrechtsregelungen in den Freihandelsabkommen hat und welche Vorteile sich hieraus ergeben.

2. Gründe

Es wurde bereits festgestellt, dass die EU keine „Wort-für-Wort"-Mustervorlage bezüglich des Kartellrechtskapitels benutzt.[1392] Dennoch fällt auf, dass sich der Aufbau und die Formulierungen der Regelungen in den Kartellrechtskapiteln zum Teil sehr stark ähneln. Dies hat vornehmlich zwei Gründe. Erstens werden Standardformulierungen benutzt, um einen

---

1390 So explizit beispielsweise Art. 11.1 EU-Korea. Vgl. auch oben Kapitel 4. A. II. 1. a) (1).
1391 So beispielsweise Art. 16.1 US-Korea.
1392 Vgl. oben Kapitel 4. A. II. 1. b) (2).

schnelleren Verhandlungsablauf zu garantieren.[1393] Obwohl kein Muster-Freihandelsabkommen verwendet wird, werden die neuesten Abkommen mit Staaten mit gleichem Entwicklungsstand als grobe Vorlage in den Verhandlungen benutzt.[1394] Dies hängt erstens damit zusammen, dass die Europäische Kommission trotz der steigenden Zahl an Verhandlungen kein maßgeblich größeres Budget hat,[1395] und zweitens, dass keine ausgewiesenen Kartellrechtsexperten die Kartellrechtskapitel aushandeln. Die *Generaldirektion Wettbewerb* ist in die Verhandlungen bezüglich des Kartellrechtskapitels involviert, aber die *Generaldirektion Handel* hat die Führung bei den Verhandlungen der Kartellrechtskapitel.[1396] Die Führung der Verhandlungen durch die *Generaldirektion Handel* kann damit erklärt werden, dass diese allgemein für die Verhandlung des gesamten Freihandelsabkommens zuständig ist und es der *Generaldirektion Wettbewerb* an Ressourcen fehlt, aktiver an den Verhandlungen teilzunehmen.[1397]

Als Nächstes wird die geringe Detailschärfe der Vorschriften im Kartellrechtskapitel analysiert. Ein Grund hierfür, der für alle Vertragsstaaten gilt, ist, dass viele Probleme der Internationalisierung durch das Auswirkungsprinzip unilateral gelöst werden können.[1398] Durch das Auswirkungsprinzip sinkt die Bereitschaft der Staaten zur Konvergenz der Kartellrechtsregelungen, der Einheitlichkeit des Kartellverfahrens und der Kohärenz bei der Durchsetzung des Kartellrechts weltweit.[1399]

Daneben gibt es zwei spezifische Gründe, warum die EU nicht stärkere, das heißt detailliertere, Kartellrechtsregelungen in den Kartellrechtskapiteln verhandelt. Dies hängt abermals mit der Verhandlungsführung der *Generaldirektion Handel* zusammen. Aufgrund der verschiedenen Denkweisen zwischen Kartellrechtsexperten und Handelsrechtsexperten in Bezug auf ihre Ziele, die sich beim Vergleich des Handels- und Wettbewerbs-

---

1393 *Papadopoulos*, The International Dimension of EU Competition Law and Policy, S. 105. Vgl. auch schon oben Kapitel 4. A. II. 1. b) (2).

1394 So bezogen auf das EU-Chile-Abkommen, welches als Modell für die nachfolgenden Abkommen benutzt wurde, *Woolcock*, EcIPE Working Paper 2007, 1 (5).

1395 *Papadopoulos*, The International Dimension of EU Competition Law and Policy, S. 105.

1396 *Demedts*, The long-term potential of an interim-solution, S. 358.

1397 *Papadopoulos*, The International Dimension of EU Competition Law and Policy, S. 105.

1398 *Wagner-von Papp*, in: Bungenberg/Krajewski/Tams/Terhechte/Ziegler, EYIEL 2017, S. 301 (310).

1399 *Rodríguez de las Heras Ballell*, in: Laible/Barkey, European Reponses to Globalization, S. 65 (75).

rechts respektive der Handels- und Wettbewerbspolitik gezeigt haben, lässt sich die fehlende Detailschärfe erklären.[1400] Kartellrechtsspezifische Themen, wie die Betonung des Verbraucherwohls oder der Effizenz, kommen dadurch wenig vor. Die *Generaldirektion Handel* will mutmaßlich zudem handelsspezifische Themen wie Marktzugangsthemen nicht detaillierter im Kartellrechtskapitel regeln, um nicht einen Konflikt mit dem europäischen Kartellrecht hervorzurufen. Ein zweiter Grund für die geringe Detailschärfe ist, dass für beide Generaldirektionen das Kartellrechtskapitel keine Priorität hat. Für die *Generaldirektion Handel* ist das Kartellrechtskapitel nicht die Priorität, bei der hart verhandelt wird: Diese liegt beispielsweise im Landwirtschaftsbereich[1401] oder im Dienstleistungsbereich.[1402] Es besteht bei den Verhandlungen um ein Freihandelsabkommen immer der Druck, möglichst schnell eine Einigung zu erzielen. Daher wird bei Kapiteln, die eine geringere Priorität haben, nicht auf schwer zu verhandelnde detaillierte Regelungen gedrängt.[1403] Die *Generaldirektion Wettbewerb* hat ihre Priorität im internationalen Bereich in der Intensivierung der Kooperation zwischen den Wettbewerbsbehörden, was sie vor allem durch Kooperationsabkommen und im Rahmen des ICN zu erreichen versucht.[1404] Daher setzt sich auch die *Generaldirektion Wettbewerb* nicht energisch für stärkere Kartellrechtskapitel in den Freihandelsabkommen ein.

Die geringe Priorität, die dem Kartellrechtskapitel beigemessen wird, lässt sich auch daraus erkennen, dass kein spezieller Ausschuss für das Kartellrechtskapitel eingerichtet wird, welcher die Umsetzung des Kapitels überwacht. Theoretisch werden die kartellrechtlichen Themen im Ausschuss für den Warenhandel behandelt. Praktisch aber werden sie kaum behandelt. Dies zeigt sich am Bericht der EU-Kommission über die Arbeit der Ausschüsse bezogen auf das Freihandelsabkommen mit Südkorea. In dem Bericht wird erwähnt, dass sich im Jahr 2015 der Ausschuss für Warenhandel traf und die allgemeine Umsetzung des Freihandelsabkommens nach vier Jahren erörterte, einschließlich der Frage, wie die Nutzung des Freihandelsabkommens durch die Unternehmen verbes-

---

1400 Vgl. oben Kapitel 2. E.; ähnlich auch *Wagner-von Papp*, in: Bungenberg/Krajewski/Tams/Terhechte/Ziegler, EYIEL 2017, S. 301 (310).

1401 Dies ist oft einer der sensibelsten und schwierigsten Bereiche in den Verhandlungen über ein Freihandelsabkommen, so bspw. für ein mögliches Abkommen mit Australien *Hussey/Tidemann*, in: Elijah/Kenyon/Hussey/van der Eng, Australia, the European Union and the New Trade Agenda, S. 97 (99).

1402 *Sokol*, Chi.-Kent L. Rev. 2008, 231 (258).

1403 *Sokol*, Chi.-Kent L. Rev. 2008, 231 (258).

1404 *Damro*, JEPP 2006, 867 (869).

sert werden könne.[1405] In Ermangelung eines speziellen Ausschusses oder einer Arbeitsgruppe für die Umsetzung des Wettbewerbskapitels des Freihandelsabkommens wurde die Umsetzung dieses Kapitels, und hier insbesondere in Bezug auf Subventionen, im Ausschuss für den Warenhandel erörtert.[1406] Die kartellrechtlichen Regelungen werden nicht erwähnt.

3. Vorteile

Der Vorteil von Standardformulierungen, die zu ähnlichen Abkommen führen, ist, dass eine Konstanz der Regelungen erreicht wird, die eine einheitliche Botschaft vermittelt.[1407] Für eine Konstanz spricht auch das Ziel der Entwicklung von weltweiten Standards, die möglicherweise zum Teil in der fernen Zukunft auch in ein multilaterales Abkommen einfließen können.[1408] Die Verwendung von allgemein gehaltenen Standardformulierungen ermöglicht es darüber hinaus, ähnliche Regelungen mit völlig unterschiedlichen Vertragspartnern abzuschließen. Die Verhandlungspartner der EU bei den Freihandelsabkommen der „neuen Generation" mit weiter entfernten Staaten unterscheiden sich in vielen unterschiedlichen Aspekten. Sie unterscheiden sich in ihrer wirtschaftlichen Stärke. Japan ist drittgrößte Volkswirtschaft der Welt und Vietnam ist ein Entwicklungsland.[1409] Die Einwohnerzahl und damit die Größe des Marktes, der einen Einfluss auf die Kartellrechtsgestaltung hat, ist sehr unterschiedlich.[1410] Singapur hat knapp 6 Millionen Einwohner[1411], Japan hat über 126 Millionen Einwohner.[1412] Die Wirtschaftssysteme und die Kartellrechtstradi-

---

1405 EU-Kommission, Annual Report on the Implementation of the EU-Korea Free Trade Agreement, COM(2016) 268 final, 8.

1406 EU-Kommission, Annual Report on the Implementation of the EU-Korea Free Trade Agreement, COM(2016) 268 final, 9.

1407 *Demedts*, The long-term potential of an interim-solution, S. 341.

1408 Zur Wahrscheinlichkeit und zur Bewertung eines multilateralen Kartellrechtsabkommens vgl. unten Kapitel 4. C. V.

1409 Japan mit einem Bruttoinlandsprodukt 2017 von 4,872,136.95 Mio. US$ und Vietnam mit einem Bruttoinlandsprodukt 2017 von 223,864.00 Mio. US$, siehe Website des Internationalen Währungsfonds (https://data.worldbank.org/indicator/NY.GDP.MKTP.CD), zuletzt besucht am 19.1.2019.

1410 Zu diesem unterschiedlichen Einfluss vgl. oben Kapitel 2. C. II. 3.

1411 Stand Juni 2018, siehe Website Statistikbehörde Singapurs (https://www.singstat.gov.sg/modules/infographics/population), zuletzt besucht am 19.1.2019.

1412 Stand Juli 2018, siehe Website der japanischen Statistikbehörde (https://www.stat.go.jp/english/data/jinsui/tsuki/index.html), zuletzt besucht am 19.1.2019.

tionen sind sehr divers. Kanada hat eine lange marktwirtschaftliche und kartellrechtliche Tradition.[1413] Vietnam ist eine „sozialistische Marktwirtschaft", in der es erst seit 2005 ein Kartellgesetz gibt.[1414] Die Rechtstraditionen sind sehr unterschiedlich. Kanada hat ein Rechtssystem, welches stark auf Präjudizien setzt (*Common-law-System*), Japan hat ein Rechtssystem mit einem hauptsächlich kodifizierten Recht (*Civil-law-System*). Die allgemeinen Standardformulierungen, welche auf alle Vertragspartner passen, sparen Ressourcen im Gegensatz zu detailscharfen Anpassungen jeder Regelung an den Vertragspartner. Dies ist sinnvoll vor dem Hintergrund, dass das Kartellrechtskapitel im Gesamtkontext der Freihandelsabkommen keine Priorität hat.[1415] Die Allgemeinheit und die Ähnlichkeit der Kartellrechtsregelungen führen auch dazu, dass sich die Regelungen in den verschiedenen Abkommen nicht widersprechen.[1416] Die Prognose des ehemaligen Generaldirektors der WTO, *Michael Moore*, der eine große Konfusion durch die Unterschiedlichkeit der Kartellrechtsregelungen in den Freihandelsabkommen befürchtete, ist dadurch nicht eingetreten.[1417]

Reine Absichtserklärungen, wie sie teilweise in den Kartellrechtskapiteln vorkommen, haben den Vorteil der Flexibilität und der Wahrung der Souveränität der Vertragspartner, weil lediglich das Ziel und nicht der Weg definiert ist. Der Vorteil der Flexibilität ist, dass eine Einigung erzielt werden kann, auch wenn die Kartellrechtsregelungen der Vertragspartner sehr unterschiedlich sind.[1418] Unverbindliche Regelungen bedürfen in vielen Staaten nicht der Zustimmung der Parlamente.[1419] Wenn die Exekutive entweder Zeitdruck hat oder die Zustimmung der Legislative unsicher ist, können reine Absichtserklärungen somit zu schnelleren Verhandlungsergebnissen führen.[1420] Ein weiterer Vorteil ist, dass das jeweilige Kartellrecht der Vertragspartner mit seinen nationalen Besonderheiten und Zielen nicht verändert wird. Befürchtungen, dass die Kartellrechtssysteme

---

1413 Vgl. oben Kapitel 2. B. III.

1414 *Nguyen*, Competition Law, Technology Transfer and the TRIPS Agreement, S. 239.

1415 Das Kartellrechtskapitel hat weder für die *Generaldirektion Wettbewerb* noch für die *Generaldirektion Handel* Priorität, vgl. oben Kapitel 4. C. I. 1.

1416 *Rennie*, Int. T.L.R. 2007, 30 (34 f.), bezogen auf Kartellrechtsregeln in Freihandelsabkommen von Australien, Gleiches gilt aber auch für die Freihandelsabkommen der EU.

1417 So beschieben in *Heydon*, Regulatory Provisions in Regional Trade Agreements, S. 15.

1418 *Rennie*, Int. T.L.R. 2007, 30 (34).

1419 *Sokol*, Chi.-Kent L. Rev. 2008, 231 (244).

1420 *Sokol*, Chi.-Kent L. Rev. 2008, 231 (244).

durch die Kartellrechtsregelungen verändert werden, beispielsweise durch eine Verschiebung der Ziele des Kartellrechts vom Verbraucherwohl und der Effizienz hin zu der unterschiedlichen Fokussierung des internationalen Handelsrechts auf den Marktzugang, bewahrheiten sich so nicht.[1421]

II. Relevanz der Kartellrechtsregelungen in den Freihandelsabkommen

Es wurde festgestellt, dass die Kartellrechtsregelungen in den Kartellrechtskapiteln allgemein gehalten und teilweise auch unverbindlich sind und beides ihre Relevanz schmälert. Zusätzlich sind die besprochenen Kartellrechtskapitel vom Streitbeilegungsmechanimus ausgeschlossen. Dies schmälert abermals ihre Relevanz. Ob und wenn ja, welche Relevanz die Kartellrechtsregelungen dennoch haben, soll nachfolgend beleuchtet werden.

1. Relevanz für EU-Unternehmen

Bei einer öffentlichen Konsultation bezüglich der Modernisierung des Freihandelsabkommens mit Mexiko wurde deutlich, dass weiterhin vor allem klassische Zollthemen die Priorität von EU-Unternehmen sind. Die Kartellrechtsregelungen in den Freihandelsabkommen sind hiernach aber auch nicht völlig bedeutungslos für die EU-Unternehmen. Die Konsultation hat aufgrund der geringen Anzahl von Teilnehmern und, da es nur ein Freihandelsabkommen betrifft, nur begrenzte Aussagekraft, ist jedoch trozdem als Indiz geeignet.[1422] In dieser Konsultation bejahten 30 % die Frage, ob das Thema Kartellrecht in einem Freihandelsabkommen enthal-

---

1421 *Anderson/Müller*, in: Cottier/Nadakavukaren Schefer, Elgar Encyclopedia of International Economic Law, S. 487.

1422 Insgesamt haben 72 Parteien an der Konslutation teilgenommen. Nach der Selbstklassifizierung waren die Teilnehmer zu 17,5 % kleinere und mittlere Unternhemen, 25 % Großunternehmen, 35 % Branchenverbände und rund 12,5 % Gewerkschaften und andere. Hierbei gaben 75 % an, aus der EU zu kommen, und 5 % aus Mexiko. Siehe EU-Kommission, Commission Staff Working Document/Impact Assessment, Accompanying the document, Recommendation for a Council Decision authorising the European Commission and the High Representative of the Union for Foreign Affairs and Security Policy to open negotiations and to negotiate with Mexico a modernised Global Agreement, Brussels, 16.12.2015, SWD(2015) 289 final, S. 54.

ten sein solle, und nur 2,5 % verneinten dies.[1423] Auf die Frage, welche Teile des bestehenden Abkommens weiterentwickelt werden sollten, um die besonderen Probleme der kleinen und mittleren Unternehmen in der EU oder in Mexiko zu lösen, nannten immerhin 16,25 % das Kartellrecht.[1424] Ein weiteres Indiz dafür, dass die Kartellrechtsregelungen für Unternehmen nicht unbedeutend sind, aber keine Priorität haben, liefert die Meinung des BDI zu CETA. Der BDI hält die Wettbewerbsregeln in CETA insgesamt für „sinnvoll und ausreichend".[1425] Vor allem wird von Seiten des BDI Wert auf Rechtssicherheit und Transparenz gelegt. Wichtig scheint dem BDI allerdings besonders zu sein, dass das Abkommen nicht am Wettbewerbskapitel scheitert und damit die anderen, für Unternehmen wichtigeren Regeln von CETA verhindert werden.[1426]

Die geringe Relevanz für Unternehmen ergibt sich vor allem aus der bereits angesprochenen Allgemeinheit der Regelungen. Für die unter-

---

1423 Die anderen Bereiche waren technische Handelshemmnisse: Ja 53,75 %, Nein 1,25 %., Handelserleichterung: Ja 51.25 %, Nein 0 %, Handel und nachhaltige Entwicklung: Ja 42,5 %., Nein 3,75 %, Sanitäre und phytosanitäre Maßnahmen: Ja 41.25 %, Nein 0 %, Marktzugang in Landwirtschaft und Fischerei: Ja 37,5 %, Nein 1,25 %, Rechte an geistigem Eigentum (einschließlich geografischer Angaben): Ja 37,5 %., Nein 1,25 %., Investitionen: Ja 36.25 %, Nein 0 %, Handel mit Dienstleistungen: Ja 35 %, Nein 0 %, öffentliches Beschaffungswesen: Ja 30 %, Nein 1,25 %, Mediation: Ja 20 %, Nein 3,75 %, andere: Ja 10 %, Nein 2,5 %. Siehe EU-Kommission, Commission Staff Working Document/Impact Assessment, Accompanying the document, Recommendation for a Council Decision authorising the European Commission and the High Representative of the Union for Foreign Affairs and Security Policy to open negotiations and to negotiate with Mexico a modernised Global Agreement, Brussels, 16.12.2015, SWD(2015) 289 final, S. 63 f.

1424 Die anderen Themen hatten für die Befragten folgende Relevanz: Ursprungsregeln: 32,5 %, technische Handelshemmnisse: 31,25 %, Zollabfertigung: 30 %, Zollschranken: 30 %, keine: 27,5 %, sonstiges: 18,75 %, geistiges Eigentum: 16.25 %, öffentliches Beschaffungswesen: 16,25 %, Investitionen: 13,75 %., Dienstleistungen: 12,5 %, Mechanismus zur Beilegung von Streitigkeiten: 7,5 %. Siehe EU-Kommission, Commission Staff Working Document/Impact Assessment, Accompanying the document, Recommendation for a Council Decision authorising the European Commission and the High Representative of the Union for Foreign Affairs and Security Policy to open negotiations and to negotiate with Mexico a modernised Global Agreement, Brussels, 16.12.2015, SWD(2015) 289 final, S. 64.

1425 *Bund Deutscher Industrie*, CETA Stellungnahme für die öffentliche Anhörung des Ausschusses für Wirtschaft und Energie des Deutschen Bundestages, S. 15.

1426 Siehe zu weiteren Meinungen von Wirtschaftsverbänden *Bourgeois/Dawar/Evenett*, A Comparative Analysis of Selected Provisions in Free Trade Agreement, S. 200 ff.

nehmerische Praxis bedeutsame Einzelfallbestimmungen fehlen in den Freihandelsabkommen der EU.[1427] Eine Harmonisierung der materiellen Kartellrechtsregelungen der Vertragsstaaten wird durch die Freihandelsabkommen der EU nicht erreicht.[1428] Eine gewisse Relevanz für Unternehmen ergibt sich aber daraus, dass die Freihandelsabkommen zunehmend als Rechts- und Erkenntnisquelle neben die klassischen kartellrechtlichen Quellen treten.[1429] Die Rechtsunsicherheit wird allerdings nur minimal durch die vereinbarten, nicht durchsetzbaren materiellen Grundsätze verringert, und durch sie wird auch der Marktzugang nur minimal gefördert.[1430] Die Kooperationsregelungen sind allgemein gehalten und teilweise nicht einmal verbindlich. Gleichlaufende oder abgestimmte Prozeduren und Zeitabläufe beziehungsweise Fristen, beispielsweise in der Fusionskontrolle, sind in keinem der Abkommen vereinbart. Das Problem der Unternehmen, welches sich aus dem Vollzugsverbot im Bereich der Fusionskontrolle ergibt, ist ebenfalls nicht geregelt. Es enthält nichts zur Kumulation von Sanktionen und keine Regelungen zu Kronzeugenprogrammen. Abhilfemaßnahmen der verschiedenen Kartellbehörden können weiterhin inkohärent sein.

Dass die Kartellrechtsregelungen keinen größeren Stellenwert für die Unternehmen haben, kann auch damit erklärt werden, dass die Durchsetzung der Kartellrechtsregelungen für EU-Unternehmen kaum möglich ist. Unmittelbare Rechte begründen die Kartellrechtskapitel der Freihandelsabkommen der EU für Unternehmen nicht.[1431] Daher ist eine private Durchsetzung der Kartellrechtsregelungen in den Freihandelsabkommen ausgeschlossen. *Baier* weist auf die Möglichkeit von Unternehmen und Unternehmensvereinigungen hin, einen Antrag bei der EU-Kommission auf

---

1427 Bezogen auf TTIP *Stancke*, EuZW 2016, 567 (572).
1428 *Herrmann/Guilliard*, in: Krenzler/Herrmann/Niestedt, EU-Außenwirtschafts- und Zollrecht, Einleitung zur vertraglichen Handelspolitik, Rn. 63.
1429 *Podszun*, ZWeR 2016, 360 (361).
1430 Vgl. oben Kapitel 4. A. II. 2. c).
1431 *Stancke*, EuZW 2016, 567 (569); siehe zum Abkommen mit Südkorea Beschluss (EU) 2015/2169 des Rates vom 1. Oktober 2015 über den Abschluss des Freihandelsabkommens zwischen der Europäischen Union und ihren Mitgliedstaaten einerseits sowie der Republik Korea andererseits, ABl.EU 2015, Nr. L 307/2: Artikel 7: „Das Abkommen ist nicht so auszulegen, als begründe es Rechte oder Pflichten, die vor Gerichten der Union oder der Mitgliedstaaten unmittelbar geltend gemacht werden können"; ausführlich zur Praxis des expliziten Ausschlusses der unmittelbaren Anwendbarkeit, *Semertzi*, CMLR 2014, 1125.

die Einleitung eines Verfahrens nach der Handelshemmnisverordnung[1432] zu stellen, wenn die andere Vertragspartei gegen Verpflichtungen aus dem Kartellrechtsabkommen verstößt, und leitet daraus eine „gewisse Rechtsstellung" ab.[1433] In der Praxis dürfte diese Möglichkeit keine entscheidende Bedeutung haben. Dies liegt insbesondere an den wenigen verbindlichen Regelungen und der Allgemeinheit dieser Verpflichtungen, welche den Nachweis eines Verstoßes und dadurch ausgelöste Handelshemmnise schwierig machen.[1434]

Zusammenfassend lässt sich festhalten, dass die Kartellrechtsregelungen aus Sicht der Unternehmen nicht gänzlich irrelevant sind. Es haben allerdings besonders Zollsenkungen einen sehr viel höheren Stellenwert. Dies lässt sich auch damit erklären, dass die rechtliche Durchsetzbarkeit der Regelungen für Unternehmen kaum möglich ist. Vor allem lässt sich das damit erklären, dass Einzelfallbestimmungen, insbesondere zur Verfahrensvereinheitlichung, fehlen.

2. Symbolischer Wert

Nach *Sokol* lässt anekdotische Evidenz vermuten, dass Kartellrechtsregelungen in den Freihandelsabkommen weder das Verhalten der Vertragsstaaten noch das ihrer Kartellbehörden beeinflussen.[1435] Die Kartellrechtsregelungen der „neuen Generation" haben daher in erster Linie einen symbolischen Wert.[1436] Bei Abkommen mit Vertragspartnern, die keine lange Kartellrechtstradition haben, sollen die Regeln ein Signal an ausländische Investoren senden, dass für die Vertragsparteien freie Märkte und wettbewerbsfördernde Reformen eine hohe Priorität haben.[1437] Wie stark dies die Entscheidung von ausländischen Investoren beeinflusst, ist unklar. Gegen eine starke Beeinflussung spricht, dass multinationale Firmen genug Expertise besitzen, dass sie wissen, dass diese Kartellrechtskapitel nicht durch-

---

1432 Verordnung 2015/1843 zur Festlegung der Verfahren der Union im Bereich der gemeinsamen Handelspolitik vom 6. Oktober 2015, ABl.EU 2015, Nr. L 272/1.

1433 *Baier*, ÖZK 2012, 174 (177).

1434 Siehe zu den Voraussetzungen der Handelshemmnisverordnung *Tietje*, in: Tietje, Internationales Wirtschaftsrecht, S. 792 (855 ff.).

1435 *Sokol*, Chi.-Kent L. Rev. 2008, 231 (271).

1436 *Melo Araujo*, The EU Deep Trade Agenda, S. 198; *Sokol*, Chi.-Kent L. Rev. 2008, 231 (270); *Bourgeois*, in: FS Maresceau, S. 381 (395).

1437 *Sokol*, Chi.-Kent L. Rev. 2008, 231 (272).

setzbar sind.[1438] Auf der anderen Seite gilt die reine Existenz eines solchen Kapitels den Unternehmen als Symbol des Vertragsstaates, dass eine wirtschaftliche Liberalisierung angestrebt wird.[1439] Es ist wenig bekannt über den Effekt der Kartellrechtsregelungen in Freihandelsabkommen, da nur wenige Studien über die praktischen Auswirkungen existieren.[1440] Die wenigen Studien, die es zu den wirtschaftlichen Auswirkungen gibt, lassen keine eindeutige Bewertung zu. Vereinzelt wird angenommen, dass die Kartellrechtsregelungen in den Freihandelsabkommen einen positiven Einfluss auf ausländische Direktinvestitionen haben.[1441] Begründet wird dies damit, dass insbesondere die Vorschriften zur Transparenz, die Unsicherheit und die Kosten für ausländische Unternehmen bei Fusionen und Übernahmen verringern.[1442] Diese Feststellungen werden jedoch mit der Einschränkung getroffen, dass die Effekte nur eintreten, wenn die Vereinbarungen auch umgesetzt werden.[1443] Das ist nicht garantiert, wenn die Regelungen nicht vom bindenden Streitbeilegungsmechanismus umfasst sind. Auch wird darauf hingewiesen, dass es noch wichtige andere wirtschaftliche Variablen neben ausländischen Direktinvestitionen gibt, die von dieser Studie nicht beachtet wurden.[1444] Ein Signal soll nicht nur an ausländische Investoren, sondern auch an die einheimischen Wähler gesendet werden, dass für die Vertragsparteien freie Märkte und wettbewerbsfördernde Reformen eine hohe Priorität haben. Daneben soll auch allen Bereichen der nationalen Verwaltung und Gesellschaft die Wichtigkeit von Wettbewerbsregelungen verdeutlicht werden, um eine Wettbewerbskultur zu fördern.[1445] Bei Abkommen zwischen Vertragspartnern, die beide über eine lange Kartellrechtstradition verfügen und bei denen die effektive Verfolgung von wettbewerbswidrigen Verhaltensweisen ei-

---

1438 *Sokol*, Chi.-Kent L. Rev. 2008, 231 (272).
1439 *Sokol*, Chi.-Kent L. Rev. 2008, 231 (272).
1440 *Bourgeois/Dawar/Evenett*, A Comparative Analysis of Selected Provisions in Free Trade Agreement, S. 169.
1441 *Bourgeois/Dawar/Evenett*, A Comparative Analysis of Selected Provisions in Free Trade Agreement, S. 188.
1442 *Anderson/Evenett*, Incorporating Competition Elements into Regional Trade Agreements, S. 1 (33).
1443 *Anderson/Evenett*, Incorporating Competition Elements into Regional Trade Agreements, S. 1 (33).
1444 *Bourgeois/Dawar/Evenett*, A Comparative Analysis of Selected Provisions in Free Trade Agreement, S. 188 f.
1445 *Sokol*, Chi.-Kent L. Rev. 2008, 231 (272).

gentlich nicht in Zweifel steht, ist das Ziel auch, die Bedeutung der Wettbewerbspolitik zu bekräftigen.[1446]

3. Politischer Wert

Freihandelsabkommen sind nicht nur Handelsdokumente; der wachsende Umfang ihrer Regelungsbereiche macht deutlich, dass es sich um facettenreiche politische Texte handelt.[1447] Beispiele hierfür sind die sehr politischen Bereiche des Menschenrechtsschutzes und des Umweltschutzes. Im Rahmen des Wettbewerbsrechts und der Wettbewerbspolitik ergibt sich ihr politischer Wert aus ihrer Fähigkeit, dem Kartellrecht einen höheren Stellenwert und eine größere Legitimität zu verleihen.[1448] Wenn Wettbewerbsfragen durch die Verabschiedung eines Freihandelsabkommens mit Kartellrechtsregelungen auf der Tagesordnung stehen, ist es wahrscheinlicher, dass auch weitere nationale Kartellvorschriften erlassen werden.[1449] Die Kartellrechtsregelungen in den Freihandelsabkommen können daher als ein Vorwand benutzt werden und einen Anlass bieten, um nationale Reformen voranzutreiben.[1450] Die Legitimität von internationalen Verträgen hilft Interessenvertretern, national ihre Ziele zu erreichen.[1451] Eine internationale Verpflichtung insbesondere in Freihandelsabkommen gibt auch den nationalen Kartellbehörden eine stärkere Legitimität.[1452] Innerstaatliche Reformen des Kartellrechts und eine effektive Durchsetzung werden dadurch erleichtert, und der Widerstand von Lobbygruppen ist leichter zu überwinden, wenn eine internationale Verpflichtung im Hintergrund steht [1453] Dies ist gerade im Bereich des Kartellrechts hilfreich, da die Interessenvertreter des Kartellrechts, das heißt vor allem die Verbraucher, schlecht und die Gegner des Kartellrechts, das heißt vor allem Monopolisten und Kartellanten, sehr gut organisiert sind.[1454] Die Kartell-

---

1446 So bezogen auf TTIP *Laprévote*, Interview with Johannes Laitenberger, Concurrences Review Special Issue: New frontiers of antitrust 2016, 1 (21).
1447 *Rennie*, Int. T.L.R. 2007, 30 (35).
1448 *Rennie*, Int. T.L.R. 2007, 30 (35).
1449 *Rennie*, Int. T.L.R. 2007, 30 (35).
1450 *Sokol*, Chi.-Kent L. Rev. 2008, 231 (273).
1451 *Brewster*, VA. J. Int'l L. 2004, 501 (510 f.).
1452 *Sokol*, Chi.-Kent L. Rev. 2008, 231 (273).
1453 *Bourgeois/Dawar/Evenett*, A Comparative Analysis of Selected Provisions in Free Trade Agreement, S. 167; *Sokol*, Chi.-Kent L. Rev. 2008, 231 (244).
1454 *Sokol*, Chi.-Kent L. Rev. 2008, 231 (273).

rechtsregelungen können sogar dazu führen, dass nationale Kartellbehörden nach dem Abschluss eines Freihandelsabkommen finanziell besser ausgestattet werden.[1455] Dies hängt damit zusammen, dass eine solche Verpflichtung die Wichtigkeit des Kartellrechts unterstreicht und ins Bewusstsein bringt.[1456] Dieser Punkt betrifft vor allem Entwicklungsländer.[1457]

Die Kartellrechtsregelungen der „neuen Generation" dienen mehr dazu, dass die Vertragsstaaten mittelfristig ein effektives Kartellrechtsregime aufbauen respektive langfristig ein solches bereits vorhandenes abgesichert wird. Die Regelungen haben daher mittel- und langfristige Ziele. Die Regelungen sind damit weniger als kurzfristiges Mittel zur Unterstützung der Vereinbarungen zum Marktzugang gedacht.[1458] Der Zweck der Kartellrechtsregelungen in den Freihandelsabkommen kann als eine Art politische Sicherheit respektive der Versuch Kontinuität zu erreichen gesehen werden. So korrespondiert die Verfolgungsintensität der Kartellbehörden mit der jeweiligen politischen Konstellation.[1459] Die Kartellrechtsregelungen sollen es den Vertragsstaaten, bei denen eine Abkehr vom Kartellrecht insgesamt zu befürchten ist, erschweren, das nationale Kartellrecht so zu verändern, dass die vereinbarten Grundsätze nicht mehr bestehen.[1460] Mit anderen Worten soll es für nachfolgende Regierungen politisch und wirtschaftlich teurer werden, von den vereinbarten Grundsätzen des Kartellrechts abzurücken (sogenannter „Lock-in-Effekt").[1461] In Vietnam ist es anders als im Falle von Kanada nicht völlig abwegig, dass das Kartellrecht kurz- bis mittelfristig wieder abgeschafft werden soll. Für Staaten, die keine lange Kartellrechtstradition haben, kann somit ein Grund für die Aufnahme von Kartellrechtsregelungen in das Freihandelsabkommen sein, dass die Vereinbarung den Reformprozess im Bereich des Kartellrechts über die Legislatur der Regierung, welche das Abkommen abgeschlossen hat, sichern und vor nationalen Interessengruppen schützen soll.[1462] Eine

---

1455 *Evenett*, in: Brusick/Cernat/Alverez, Competition Provisions in Regional Trade Agreements, S. 37 (51).
1456 *Rennie*, Int. T.L.R. 2007, 30 (35 ff.).
1457 *Birdsall/Lawrence*, in: Kaul/Grunberg/Stern, Global Public Goods, S. 128 (136).
1458 *Melo Araujo*, The EU Deep Trade Agenda, S. 198.
1459 *Terhechte*, in: Terhechte, Internationales Kartell- und Fusionskontrollverfahrensrecht, S. 1 (11).
1460 *Melo Araujo*, The EU Deep Trade Agenda, S. 196.
1461 *Bradford/Büthe*, in: Dür/Elsig, Trade Cooperation, S. 246 (247).
1462 Bezogen auf lateinamerikanische Länder *Sokol*, Chi.-Kent L. Rev. 2008, 231 (243); allgemein bezogen auf Entwicklungsländer *Birdsall/Lawrence*, in: Kaul/Grunberg/Stern, Global Public Goods, S. 128 (136 f.).

Absicherung der Grundprinzipien des Wettbewerbsrechts ist auch für die EU und ihre Mitgliedsstaaten aus Sicht des Kartellrechts notwendig, da auch hier die Industriepolitik manchmal gegenüber der Wettbewerbspolitik obsiegt.[1463] Die Kartellrechtsregelungen in Freihandelsabkommen sollen jeder möglichen neuen Regierung signalisieren, dass die Verfolgung wettbewerbswidriger Verhaltensweisen nicht nur eine rein innerstaatliche Angelegenheit ist. Dies gilt auch für die Vertragsstaaten, welche über ein etabliertes Wettbewerbsrecht verfügen, da auch in diesen Staaten ein Regierungswechsel eine stark veränderte Wettbewerbspolitik bedeuten kann. Als historisches Beispiel kann der Vergleich zwischen der Reagan-Administration zu der von Clinton herangezogen werden. Reagan vertraute als klassischer Republikaner auf die „Selbstheilungskräfte des Marktes" und Clinton als Demokrat eher auf eine stärkere Intervention des Staates.[1464] Dies äußert sich darin, dass die Zahl der ermittelten Kartellrechtsverstöße unter Reagan auf einem historischen Tiefstand waren und zu Zeiten Clintons, als erstem Demokraten nach einer Reihe von republikanischen Präsidenten, wieder stark anstieg.[1465]

Ein spezifisches Beispiel für die politische Aussage, welches die Kartellrechtsregelungen in den Freihandelsabkommen treffen können, ist Art. 11.1 Abs. 2 lit. a EU-Singapur in Verbindung mit der Fußnote hierzu. Hiernach sollen die Parteien ein Kartellrecht haben, welches effektiv das Thema der vertikalen Vereinbarungen zwischen Unternehmen behandelt, soweit der zwischenstaatliche Handel zwischen den Vertragsparteien betroffen ist. In der Fußnote zu Art. 11.1 Abs. 2 lit. a EU-Singapur wird vereinbart, dass der zuständige Minister Singapurs im Einzelfall entscheiden muss, ob eine vertikale Vereinbarung verboten ist, wenn die Wettbewerbsbehörde Singapurs der Meinung ist, dass die wettbewerbswidrigen Auswirkungen der vertikalen Vereinbarung wahrscheinlich größer sind als die wettbewerbsfördernden Auswirkungen. Dies ist insofern eine politische Aussage, wenn man das Recht von Singapur im Bereich der vertikalen Vereinbarungen hiermit vergleicht. Nach dem Kartellrecht in Singapur (*Competition Act 2004*) sind vertikale Vereinbarungen nach § 35 des Competition Acts in Verbindung mit § 8 Abs. 1 des *Third Schedule* grundsätzlich nicht verboten, außer wenn der Minister eine Verfügung erlässt, nach

---

1463 So allgemein bezogen auf die Industrienationen und speziell bezogen auf Deutschland auch *Drexl*, in: Oberender, Internationale Wettbewerbspolitik, S. 41 (57-58).

1464 *Kovacic*, Antitrust L. J. 2003, 377 (382 ff.).

1465 *Kovacic*, Antitrust L. J. 2003, 377 (382 ff.).

der bestimmte Arten von vertikalen Vereinbarungen doch verboten sind. Bisher wurde eine solche Verfügung nicht erlassen.[1466] Das Abkommen signalisiert damit den politischen Wunsch der EU nach der bilateralen Vereinbarung des Themas, der vertikalen Vereinbarungen sowie die Bereitschaft Singapurs, ein Verbot vertikaler Vereinbarungen im Einzelfall in Betracht zu ziehen.[1467]

Insgesamt sind die Kartellrechtsregelungen nicht nur danach zu beurteilen, ob sie durchsetzbare Verpflichtungen enthalten, sondern auch danach, ob sie die Beziehungen zwischen den Vertragsparteien respektive Kartellbehörden verbessern und eine gemeinsame strategische Vision bezüglich des Kartellrechts festhalten.[1468] Die Bedeutung der Wettbewerbsbestimmungen lässt sich somit nicht allein an ihren rechtlichen Auswirkungen ablesen.[1469]

4. Netz von Kartellrechtsregelungen

Wenn andere Regionen dem Beispiel Europas folgen würden, mit geographisch nahen Nachbarn eine sehr starke Angleichung der Kartellrechtsregelungen durch Freihandelsabkommen zu erreichen, und zusätzlich mit Staaten, die weiter entfernt sind, allgemeinere Kartellrechtsregelungen zu vereinbaren, dann entstünde ein globales Netzwerk.[1470] Ein solches Netzwerk könnte nicht alle Probleme der Internationalisierung des Kartellrechts lösen, aber einen Beitrag zur Problemlösung leisten.[1471] Insbesondere in den Abkommen mit Staaten, welche über eine lange Kartellrechtstradition verfügen und die eine funktionierende Wettbewerbspolitik verfolgen, sollen die Kartllrechtsregelungen als Vorbild für andere Länder dienen, ähnliche Wettbewerbskapitel mit dritten Staaten abzuschließen.[1472]

1466 Für Details siehe *Whish*, in: Bull/Chong Kin, Competition Law and Policy in Singapore, S. 65 (112 ff.).

1467 So auch zu einer ähnlichen Regelung im Freihandelsabkommen zwischen Australien und Singapur *Rennie*, Int. T.L.R. 2007, 30 (35).

1468 *Gadbaw*, in: Cimino-Isaacs/Schott, Trans-Pacific Partnership, S. 323 (333).

1469 *Rennie*, Int. T.L.R. 2007, 30 (35).

1470 *Wagner-von Papp*, in: Bungenberg/Krajewski/Tams/Terhechte/Ziegler, EYIEL 2017, S. 301 (304).

1471 *Wagner-von Papp*, in: Bungenberg/Krajewski/Tams/Terhechte/Ziegler, EYIEL 2017, S. 301 (304).

1472 EU-Kommission, Die Transatlantische Handels- und Investitionspartnerschaft (TTIP) – Für eine Handelsvereinbarung zwischen der EU und den USA – TTIP auf einen Blick – Eine Übersicht und eine Einführung in die einzelnen

Diese Vorbildfunktion erfüllt auch ihren Zweck, obwohl die Kartellrechtskapitel nicht durchsetzbar sind und sie dadurch eine geringe praktische Relevanz haben.[1473] Eine Begründung dafür liefert *Sokol* mit Verweis auf die Theorie der mimetischen Isomorphie.[1474] Vereinfacht gesagt, ist der Grund dafür, dass Staaten ähnliche Wettbewerbskapitel abschließen wie die EU, dass diese Staaten die Sinnhaftigkeit der Kartellrechtskapitel aufgrund von Informationsdefiziten und Unsicherheit alleine aus der Tatsache für sich begründeten, dass die EU solche Kapitel aufnimmt.[1475] Das Netzwerk, welches dadurch enstehen kann, ist vor allem vor dem Hintergrund des bisherigen Scheiterns eines multilateralen Abkommens eine sinnvolle Alternative.[1476] Auch wenn die Regelungen in den Freihandelsabkommen ein multilaterales Kartellrechtsabkommen nicht in Gänze ersetzen können, sorgen sie zumindest dafür, dass ein Kooperationsnetzwerk zwischen den Wettbewerbsbehörden durch ein Netzwerk zwischen verschiedenen Kartellrechtsregelungen in den Freihandelsabkommen entsteht, welches zu einer Konvergenz der Kartellrechtsanwendung weltweit beiträgt.[1477] Ein wahres Netzwerk enstünde, wenn Abkommen zwischen den verschiedenen Systemen, beispielsweise der EU und ASEAN oder der EU und Mercosur, abgeschlossen würden und diese „Systeme" von Freihandelsabkommen miteinander verbänden.[1478] Ein erster Schritt in diese Richtung stellt die Einigung der EU und Mercosur bezüglich eines Freihandelsabkommens dar.[1479] Zusammen mit der Kooperation, beispielsweise im ICN oder der OECD, könnte dies zu einem System führen, welches die Vorteile einer internationalen Kooperation ohne die Nachteile eines multilateralen Abkommens hätte.[1480] Daher kann die Verbreitung von

---

Kapitel des Handelsabkommens in leicht verständlicher Sprache, 2015, S. 44. Verfügbar auf der Website der EU-Kommission (http://trade.ec.europa.eu/docl ib/docs/2015/july/tradoc_153636.pdf), zuletzt besucht am 19.2.2019.

1473 Vgl. oben Kapitel 4. A. II. 8.

1474 Diese Theorie wurde geprägt von *DiMaggio/Powell*, Am.Soc.Rev. 1983, 147.

1475 Ausführlich hierzu *Sokol*, Chi.-Kent L. Rev. 2008, 231 (279 ff.).

1476 *Di Benedetto*, CYIL 2017, 91 (109).

1477 *Lo*, in: Hwang, The Role of Competition Law/Policy in the Socio-Economic Development, S. 47 (56).

1478 Wagner-von Papp, in: Bungenberg/Krajewski/Tams/Terhechte/Ziegler, EYIEL 2017, S. 301 (325).

1479 Vgl. hierzu oben Kapitel 2. A. II.

1480 *Wagner-von Papp*, in: Bungenberg/Krajewski/Tams/Terhechte/Ziegler, EYIEL 2017, S. 301 (325); zu den Nachteilen eines unter dem Strich allerdings zu begrüßenden multilateralen Kartellrechtsabkommens vgl. unten Kapitel 4. C. V. 1. b).

bi-und plurilateralen Abkommen, die auf den ersten Blick wie eine un-übersichtliche Ersatzlösung aussieht, zu einem System der internationalen Kooperation führen, welches die Vorteile eines dezentralisierten Systems mit dem Vorteil der Verringerung der Komplexität verbindet.[1481] Selbst wenn man, wie in dieser Arbeit vertreten, die Vorteile eines multilateralen Kartellrechtsabkommens als größer als seine Nachteile bewertet, wäre eine solche Entwicklung schon aufgrund der sehr unsicheren Perspektive eines multilateralen Abkommens zu befürworten.[1482]

III. Verortung von Kartellrechtsregelungen in Freihandelsabkommen

1. Fehlende Flexibilität von Freihandelsabkommen

Die fehlende Flexibilität von Freihandelsabkommen ist bezogen auf die Kartellrechtsregelungen problematisch, da eine Anpassung an veränderte Umstände oder eine veränderte Rechtslage in einem Vertragsstaat nach dessen Abschluss kaum möglich ist.[1483] Beispielsweise hat das *Trade Committee* im Abkommen mit Singapur nur sehr begrenzte Möglichkeiten, das Abkommen zu verändern; außerdem ist dies ist nur einstimmig möglich.[1484] Im Gegensatz dazu hat das Kartellrecht einen sehr flexiblen Charakter. Allerdings sind die Kartellrechtsregelungen allgemein gehalten und schreiben nur Grundprinzipien fest. Veränderte Umstände, die für eine Notwendigkeit, diese Grundprinzipien zu ändern, sprechen, sind auch langfristig nicht ersichtlich. Die notwendige Flexibilität des Kartellrechts wird durch die Vereinbarung von Grundprinzipien nicht übergebührlich eingeschränkt. Ein Hauptzweck der Kartellrechtskapitel in Freihandelsabkommen ist es gerade, einseitige Möglichkeiten der Vertragspartner, von den Grundprinzipen abzurücken, zu erschweren.[1485] Aus diesen Gründen spricht die geringe Flexibilität der Freihandelsabkommen nicht gegen die Aufnahme von Kartellrechtsregelungen, sondern ist im Gegenteil ein Ar-

---

1481 *Wagner-von Papp*, in: Bungenberg/Krajewski/Tams/Terhechte/Ziegler, EYIEL 2017, S. 301 (324).

1482 Zu den geringen Realisierungschancen für ein multilaterales Kartellrechtsabkommen vgl. unten Kapitel 4. C. V. 1. a).

1483 *Wendland*, in: Kramme/Baldus/Schmidt-Kessel, Brexit und die juristischen Folgen, S. 231 (254).

1484 *Müller-Ibold*, in: Bungenberg/Hahn/Herrmann/Müller-Ibold, EYIEL Trade Defence, S. 191 (225).

1485 Vgl. oben Kapitel 4 C. II. 3.

gument für die Vereinbarung von allgemeinen Grundprinzipen des Kartellrechts.

2. Freihandelsabkommen als politische Abkommen

Ein Risiko, das mit der Aufnahme von Wettbewerbsbestimmungen in Handelsabkommen einhergeht und als Argument gegen die Aufnahme sprechen könnte, ist die verstärkte Politisierung, die das Kartellrecht dadurch erfährt.[1486] Freihandelsabkommen sind nicht nur Handelsdokumente, sondern durch die Fülle an Themen, die sie mittlerweile abdecken, zu vielschichtigen politischen Abkommen geworden.[1487] Aufgrund ihres Einflusses auf die Wirtschaftstätigkeit und das Wachstum einer Nation sind Freihandelsabkommen zunehmend Gegenstand öffentlicher Debatten sowie das Ziel der Lobbyarbeit von Regierungs- und Nichtregierungsakteuren.[1488] Die Aushandlung internationaler Handelsabkommen steht damit zunehmend unter politischer und sozialer Kontrolle.[1489] Wettbewerbsrechtliche Bestimmungen sind nicht immun gegen solche Einflüsse.[1490] Konflikte zwischen Kartellrechtsjurisdiktionen wie die in dieser Arbeit beschriebenen können durch eine politische Einflussnahme in Kartellrechtsentscheidungen enstehen oder verstärkt werden.[1491] Wettbewerbsrecht ist jedoch per se schon nicht apolitisch.[1492] Im Gegenteil beinhaltet es den Einsatz politischer Macht zur Einschränkung oder gar Umverteilung wirtschaftlicher Macht und ist daher von Natur aus politisch.[1493] Die Auswirkungen des Wettbewerbsrechts auf die Strategien und Gewinnmargen der Unternehmen machen es zu einem zentralen Ziel der Lobbyarbeit.[1494] Das Wettbewerbsrecht wird oft als ein Rechtsgebiet angesehen, welches auf wirtschaftlichen Erwägungen beruht und von externen, sozialen oder politischen Zielen weniger beeinflusst wird.[1495] Es muss jedoch beachtet

---

1486 *Demedts*, The long-term potential of an interim-solution, S. 359.
1487 *Rennie*, Int. T.L.R. 2007, 30 (35).
1488 *Demedts*, The long-term potential of an interim-solution, S. 360.
1489 *Paemen*, in: FS Steenbergen, S. 131 (139).
1490 *Demedts*, The long-term potential of an interim-solution, S. 360.
1491 Vgl. oben Kapitel 2. D. I. 2.
1492 *Demedts*, The long-term potential of an interim-solution, S. 359.
1493 *Büthe*, in: Martin, The Oxford Handbook of The Political Economy of International Trade, S. 213.
1494 *Ezrachi*, JAE 2017, 49 (70).
1495 *Demedts*, The long-term potential of an interim-solution, S. 360.

werden, dass das Wettbewerbsrecht wie jeder andere Rechtszweig in der Lage ist, externe Einflüsse aufzunehmen und einer geistigen und regulatorischen Erfassung zu unterwerfen.[1496] Daher ist im Ergebnis eine mögliche stärkere Politisierung des Wettbewerbsrechts, durch die Aufnahme in den Freihandelsabkommen, kein überzeugendes Argument gegen die Aufnahme.

3. Rückbindung an das internationale Handelsrecht

Eine der Hauptmotivationen der Kartellrechtsregelungen in den Freihandelsabkommen ist, dass die staatlich veranlassten Marktzutrittsschranken nicht durch private Marktzutrittsschranken ersetzt werden sollen. Hierdurch ergibt sich das Problem, dass Kartellrechtsregelungen eine rein dienende Funktion haben, die durch die Handelsliberalisierung erreichte Marktöffnung abzusichern.[1497] Die Kartellrechtsregelungen sind damit nicht als Instrument zum Schutz des Wettbewerbs ausgerichtet, sondern als Recht zur Absicherung des Marktzutritts von Unternehmen gegen die illegitime Ausgestaltung und Anwendung des Kartellrechts auf Auslandsmärkte.[1498] Dieser eindeutige Fokus lässt sich nicht nur an den Zielbestimmungen ablesen, sondern auch an Aussagen der Verhandlungsführer der Freihandelsabkommen. Die damalige Referatsleiterin für internationale Beziehungen der *Generaldirektion Wettbewerb Blanca Rodriguez Galindo* beispielsweise erklärte bezogen auf die TTIP-Verhandlungen, dass die Harmonisierung der strafrechtlichen Kartellsanktionen keine große Relevanz für die Handelsliberalisierung habe und daher die Unterschiede in diesem Bereich für die Verhandlungen keine Rolle spielen würden.[1499] *Christophe Kiener*, der Chefunterhändler für den Bereich Wettbewerb in den TTIP-Verhandlungen der *Generaldirektion Handel*, fügte hinzu, dass es allgemein

---

1496 *Ezrachi*, JAE 2017, 49.
1497 So bezogen auf ein internationales Kartellrecht unter dem Dach der WTO *Drexl*, in: Oberender, Internationale Wettbewerbspolitik, S. 41 (46), diese Argumentation lässt sich aber auch auf die Kartellrechtsregeln in den Freihandelsabkommen übertragen, vgl. oben Kapitel 4. A. II. 1. b) (1).
1498 So bezogen auf ein internationales Kartellrecht unter dem Dach der WTO *Drexl*, in: Oberender, Internationale Wettbewerbspolitik, S. 41 (46), diese Argumentation lässt sich aber auch auf die Kartellrechtsregeln in den Freihandelsabkommen übertragen, vgl. oben Kapitel 4. A. II. 1. b) (1).
1499 EU-Parlament, Report on Workshop on Competition Policy in International Agreements, IP/A/ECON/2015-02, PE 563.431, 2015, 45.

nicht die Idee von TTIP sei, die beiden Rechtssysteme zu harmonisieren oder zusammenzuführen.[1500] Vielmehr betonten beide, dass das Ziel der Kartellrechtsregelungen sei, dass die Liberalisierung des Handels und der Investitionen nicht durch wettbewerbswidriges Verhalten umgangen werden könne.[1501] Spezifische kartellrechtliche Probleme wie die Kumulation von Sanktionen, die Abstimmung oder die Einführung von Kronzeugenregelungen sowie die private Rechtsdurchsetzung werden dagegen gar nicht behandelt.[1502]

Es ergeben sich aber auch Chancen dadurch, dass kartellrechtliche Regelungen in Freihandelsabkommen als einem Instrument der Handelspolitik enthalten sind. Besonders die Verbindungen von grenzüberschreitenden wettbewerbswidrigen Praktiken mit Handelsfragen wie Antidumping rechtfertigen es, diese im Rahmen eines Handelsabkommens zu regeln.[1503] Es würde sich hierbei aufgrund der engen, aber nicht unproblematischen Verbindung von Kartellrecht und Antidumpingrecht anbieten, die Verbindung dieser zwei Gebiete besser aufeinander abzustimmen. Allerdings wird diese Chance noch nicht ausreichend genutzt. Darüber hinaus besteht die Möglichkeit, Verbraucherinteressen durch die Kartellrechtsregelungen stärker in den Vordergrund zu rücken. Dadurch könnte der Vorwurf, dass Freihandelsabkommen in erster Linie Unternehmen und nicht Verbrauchern zugutekommen, entkräftet werden.[1504] Jedoch wird auch diese Chance nicht ausreichend genutzt, da nur in den Abkommen der EU mit Ecuador/Kolumbien/Peru und Vietnam das Verbraucherwohl explizit erwähnt wird.[1505]

IV. Vergleich zu OECD- und ICN-Aktivitäten

Ein umfassender Vergleich der Kooperationsregelungen in den Freihandelsabkommen mit den spezifischen Kooperationsabkommen wurde bereits vorgenommen.[1506] Die Regelungen der WTO-Abkommen, die einen

---

1500 EU-Parlament, Report on Workshop on Competition Policy in International Agreements, IP/A/ECON/2015-02, PE 563.431, 2015, 45.

1501 EU-Parlament, Report on Workshop on Competition Policy in International Agreements, IP/A/ECON/2015-02, PE 563.431, 2015, 45.

1502 Zum Vorschlag, dies zu ändern, vgl. unten Kapitel 5.

1503 *Chauffour/Maur*, in: *Chauffour/Maur*, Preferential Trade Agreements, S. 17 (21).

1504 Zu diesem Vorwurf vgl. oben Kapitel 2. E. I. 2. b) und Kapitel 2. E. I. 3. d) (2).

1505 Vgl. oben Kapitel 4. A. II. 1. a) (2).

1506 Vgl. oben Kapitel 4. A. II. 5. b) (4).

Kartellrechtsbezug haben, wurden ebenfalls bereits umfassend bewertet.[1507] Die Arbeiten der UNCTAD sind bis auf das Gebiet der Entwicklungshilfezusammenarbeit wenig einflussreich, weshalb sich ein umfangreicherer Vergleich erübrigt.[1508] Die Relevanz der Arbeit und die Vorteile der OECD und des ICN wurden ebenfalls bereits beschrieben.[1509] Teilweise wurde bereits in der Bewertung der einzelnen kartellrechtlichen Regelungen in den Freihandelsabkommen Bezug auf die OECD und das ICN genommen.[1510] Dieser Abschnitt stellt insoweit eine Ergänzung zu dem bereits Beschriebenen dar, indem ein grundsätzlicher Vergleich der OECD und des ICN mit den Kartellrechtsregelungen in den Freihandelsabkommen vorgenommen wird.

Insgesamt ergibt sich aus dem nicht bindenden Charakter der Arbeitsergebnisse der OECD und des ICN eine Beschränkung der Effektivität, da alles, was dort beschlossen wird, auf der nationalen respektive europäischen Ebene noch umgesetzt werden muss, um verbindlich zu sein.[1511] In den Kartellrechtsregelungen der Freihandelsabkommen finden sich dagegen zahlreiche verbindliche Regelungen. Diese verbindlichen Regelungen gewähren respektive enthalten zwar mangels unmittelbarer Wirkung ohne eine Umsetzung zumindest im EU-Recht keine unmittelbaren Rechte und Pflichten für Unternehmen,[1512] aber die Vertragspartner haben sich völkerrechtlich zur Realisierung des Inhalts der Regelungen verpflichtet. Insgesamt haben die verbindlichen Kartellrechtsregelungen in den Freihandelsabkommen damit eine höhere Bindungswirkung gegenüber den unverbindlichen Regelungen in multilateralen Foren.[1513] Durch ihre völkerrechtliche Verbindlichkeit bieten bilaterale Abkommen damit eine größere Rechtssicherheit als die Arbeitsergebnisse im Rahmen des ICN oder der OECD.[1514] Die höhere Bindungswirkung ist dabei unabhängig von der rechtlichen Durchsetzbarkeit aufgrund eines stärkeren moralischen

---

1507 Vgl. oben Kapitel 3. B. II.
1508 Vgl. oben Kapitel 3. B. IV. 2.
1509 Vgl. oben Kapitel 3. B. III und Kapitel 3. C. I.
1510 Vgl. oben Kapitel 4. A. II.
1511 *Bourgeois*, in: FS Marescau, S. 381 (392).
1512 Vgl. dazu bereits oben Kapitel 4. C. II. 1.
1513 Ähnlich *Schroll*, Der Einfluss interner und externer Faktoren auf die Effektivität der Kronzeugenprogramme der EU-Kommission und des Bundeskartellamtes, S. 274.
1514 *Schroll*, Der Einfluss interner und externer Faktoren auf die Effektivität der Kronzeugenprogramme der EU-Kommission und des Bundeskartellamtes, S. 274.

Verpflichtungsgrades gegeben.[1515] Es gilt allerdings zu beachten, dass die Arbeiten des ICN und der OECD trotz ihrer Unverbindlichkeit nicht vollständig souveränitätsneutral sind, da auch sie versuchen, ihre Mitglieder dazu zu bewegen, die Vorschläge in die nationale Praxis umzusetzen.[1516] Problematisch ist, dass hierduch die nationalen Beamten immer stärker prozessuale und materielle Regelungen beachten sollen, die in diesen Organisationen ausgehandelt wurden, ohne dass die Legislative Einfluss auf diese hätte nehmen können.[1517] Die Vorteile, die Organisationen wie die OECD und das ICN dadurch haben, sind, dass in ihnen überwiegend ohne öffentlichen Druck gearbeitet werden kann.[1518] Im Gegensatz dazu werden Außenhandelsfragen seit CETA und TTIP sehr viel stärker öffentlich und politisch diskutiert.[1519] Die schleichende Rechtsangleichung unter Umgehung des Völkerrechts und zum Teil auch des nationalen Gesetzgebers ist aber problematisch.[1520] Ob die Vorteile der Ergebnisse, die diese Organisationen erreichen, dieses demokratische Defizit ausgleichen, ist zumindest fraglich.[1521] Die stärkere demokratische Legitimierung ist in jedem Fall ein Argument für die Kartellrechtsregelungen in den Freihandelsabkommen gegenüber Arbeitsergebnissen im Rahmen der OECD oder des ICN.[1522]

Das ICN hat trotz zahlreicher Vorteile auch einige Nachteile gegenüber den Kartellrechtsregelungen in den Freihandelsabkommen.[1523] Arbeiten des ICN werden von praktisch allen Wettbewerbsbehörden umgesetzt. Dadurch wird ein Wettbewerb der Wettbewerbsregeln verhindert und eine dynamische Anpassung an veränderte Umstände erschwert.[1524] Da es auch große Unterschiede zwischen den „EU-Typ-Abkommen" und den „Nordamerika-Typ-Abkommen" gibt sowie noch weitere „Typen" von Abkommen existieren, findet ein Wettbewerb der Systeme durch die

---

1515 *Schroll*, Der Einfluss interner und externer Faktoren auf die Effektivität der Kronzeugenprogramme der EU-Kommission und des Bundeskartellamtes, S. 274.

1516 Siehe allgemein hierzu *Cohen/Sabel*, N.Y.U.J. Int'l Poli. 2005, 763 (764).

1517 *Sokol*, Chi.-Kent L. Rev. 2008, 231 (267 f.).

1518 Bezogen auf die OECD *Göranson/Reindl*, in: Terhechte, Internationales Kartell- und Fusionskontrollverfahrensrecht, S. 1916 (1945).

1519 *Göhler*, in: Felbermayr/Göler/Herrmann/Kalina, Multilateralismus und Regionalismus in der EU-Handelspolitik, S. 9 (30).

1520 *Drexl*, ZWeR 2004, 191, 205 f.

1521 So aber *Sokol*, Chi.-Kent L. Rev. 2008, 231 (267 f., Fn. 155).

1522 Zur demokratischen Legitimierung der EU-Freihandelsabkommen vgl. oben Kapitel 4. A. II. 5. b) (4).

1523 Zu den Vorteilen vgl. oben Kapitel 3. C. I.

1524 *Budzinski/Kuchinke*, in: Wentzel, Internationale Organisationen, S. 176 (187).

Kartellrechtsregelungen in den Freihandelsabkommen weiterhin statt.[1525] Des Weiteren stellen die Arbeiten des ICN eine einheitliche Lösung für alle Mitglieder dar (*one size fits all*). Eine solche einheitliche Regelung für alle Staaten ist jedoch aufgrund der Verschiedenartigkeit der Wirtschaftsstrukturen, des Entwicklungsstandes, der politischen und religiösen Grundlagen und des allgemeinen und kartellrechtlichen Rechtssystems ökonomisch wenig sinnvoll.[1526] Im Gegensatz hierzu sind die kartellrechtlichen Regelungen in den Freihandelsabkommen, trotz ihrer Ähnlichkeit zwischen verschiedenen Abkommen, individuell auf die Vertragspartner angepasst. Darüber hinaus ist es ein Problem, dass das Antidumpingrecht völlig aus der Arbeit des ICN ausgeklammert ist, obwohl ein starker Zusammenhang zum Kartellrecht besteht.[1527] Bei materiellen Änderungen des Kartellrechts, wie zum Beispiel der Abschaffung von industriepolitischen Ausnahmen, erweist sich die fehlende Beteiligung von Regierungen als eine bisherige Stärke des ICN als ein Nachteil, da die Kartellbehörden in den wenigsten Fällen diese Änderungen gegen die Interessen von Regierungen und Lobbygruppen durchsetzen werden.[1528]

Die begrenzte Mitgliederzahl der OECD ist in dem Sinne ein Nachteil, dass sie zu einem kleineren Einfluss führt.[1529] Die Nichtmitglieder werden nur in geringem Maße in die Arbeit einbezogen.[1530] Die Mehrzahl der Vertragspartner der „neuen Generation" von Freihandelsabkommen der EU sind nicht Mitglied der OECD. Schon aus diesem Grund sind die Kartellrechtsegelungen eine sinnvolle Ergänzung der Arbeit in der OECD.

Der bilaterale Ansatz hat gerade in einem Gebiet wie dem Kartellrecht, welches in internationaler Hinsicht besonders von der internationalen Kooperation der Wettbewerbsbehörden abhängt, gegenüber multilateralen Kooperationsformen Vorteile. Eine funktionierende Kooperation beruht

---

1525 Zu den unterschiedlichen „Typen" von Freihandelsabkommen vgl. oben Kapitel 4. B. III; detaillierte Definitionen und Verbote von wettbewerbswidrigen Verhaltensweisen in Freihandelsabkommen können allerdings ebenfalls, wenn auch nur minimal, zu einer Behinderung des Systemwettbewerbs führen und werden daher in dieser Arbeit abgelehnt, vgl. unten Kapitel 5. B. I. 3.

1526 *Budzinski/Kuchinke*, in: Wentzel, Internationale Organisationen, S. 176 (187 f.).

1527 *Fox/Fingleton/Mitchel*, in: Lewis, Building New Competition Law Regimes, S. 163 (176).

1528 *Budzinski/Kuchinke*, in: Wentzel, Internationale Organisationen, S. 176 (187).

1529 *Göranson/Reindl*, in: Terhechte, Internationales Kartell- und Fusionskontrollverfahrensrecht, S. 1916 (1945).

1530 Siehe für die Bedeutung der Arbeiten der OECD für Nichtmitglieder *Göranson/Reindl*, in: Terhechte, Internationales Kartell- und Fusionskontrollverfahrensrecht, S. 1916 (1926 f.).

darauf, dass die Wettbewerbsbehörden gegenseitig auf die Effektivität und die Durchsetzung der Rechtsinstrumente vertrauen müssen.[1531] Ein solches Vertrauen kann in bilateralen Abkommen durch eine auf die andere Vertragspartei genau abgestimmte Regelung erreicht werden.[1532] Gleichzeitig sorgt die höhere Bindungswirkung von bilateralen Abkommen für mehr Vertrauen.[1533]

Ein weiterer Vorteil ist, dass die Kartellrechtskapitel insgesamt eine Bündelung der Regelungen zum materiellen Kartellrecht und zur Kooperation bewirken. Die Regelungen finden sich, anders als in den Arbeiten des ICN und der OECD, in einem Dokument und nicht in vielen verschiedenen.

Insgesamt zeigt sich, dass die Kartellrechtsregelungen in den Freihandelsabkommen Vorteile gegenüber den Arbeiten der OECD und des ICN haben und daher eine sinnvolle Ergänzung zu diesen darstellen.

V. „Stepping stones" oder „stumbling blocks" für ein multilaterales Kartellrechtsabkommen

Nachfolgend werden die Kartellrechtsregelungen danach bewertet, ob sie ein multilaterales Kartellrechtabkommen wahrscheinlicher (*stepping stones*) oder unwahrscheinlicher (*stumbling blocks*) werden lassen. Als Grundlage für die Analyse werden zunächst die Realisierungschancen für ein multilaterales Abkommen untersucht. Danach wird kurz erörtert, ob ein multilaterales Kartellrechtsabkommen wünschenswert wäre.

1531 *Schroll*, Der Einfluss interner und externer Faktoren auf die Effektivität der Kronzeugenprogramme der EU-Kommission und des Bundeskartellamtes, S. 274; *Buchmann*, Positive Comity im internationalen Kartellrecht, S. 126.

1532 *Schroll*, Der Einfluss interner und externer Faktoren auf die Effektivität der Kronzeugenprogramme der EU-Kommission und des Bundeskartellamtes, S. 274.

1533 *Schroll*, Der Einfluss interner und externer Faktoren auf die Effektivität der Kronzeugenprogramme der EU-Kommission und des Bundeskartellamtes, S. 274.

1. Zukünftiges multilaterales Kartellrechtsabkommen

a) Realisierungschancen

Alle Ideen, die einen weitgehenden multilateralen Verzicht der National-staaten auf die Souveränität im Bereich des Kartellrechts beinhalten, sind auf absehbare Zeit unrealistisch.[1534] Dies gilt insbesondere für die Idee der WTO als „Weltkartellbehörde".[1535] Aber auch ein multilaterales Kartellrechtsabkommen, welches Mindestgrundsätze festschreibt, ist in absehbarer Zukunft sehr unwahrscheinlich.[1536] Selbst die EU, die einer der größten Befürworter eines multilateralen Kartellrechtsabkommens war, unternimmt zurzeit keinerlei Anstrengungen, das Thema wieder auf die Agenda der WTO zu setzen.[1537] Der Souverinitätsverzicht, den Staaten durch ein multilaterales Abkommen über das Wettbewerbsrecht in Kauf nehmen müssten, macht es in naher Zukunft zu einem unrealistischen Konzept, vor allem, da die bereits recht weit vorangeschrittene Internationalisierung der Handelspolitik im Rahmen der WTO eine strategische Handelspolitik der Staaten immer weniger zulässt, sodass die strategische Wettbewerbspolitik als Ersatz hierfür immer wichtiger wird.[1538] Des Weiteren setzt ein Weltkartellrecht einen Konsens bezüglich der Ziele, Theorien und Methoden der Wettbewerbspolitik voraus, welcher aufgrund der bestehenden Unterschiede nicht zu erwarten ist.[1539] Dies hängt auch damit zusammen, dass das Kartellrecht, im Gegensatz zur Handelsliberalisierung

---

1534 *Herrmann*, in: Terhechte, Internationales Kartell- und Fusionskontrollverfahrensrecht, S. 1891 (1903); *Farmer*, in: Backer, Harmonizing Law in an Era of Globalisation, S. 185 (195).

1535 *Herrmann*, in: Terhechte, Internationales Kartell- und Fusionskontrollverfahrensrecht, S. 1891 (1903).

1536 *Fox/Fingleton/Mitchel*, in: Lewis, Building New Competition Law Regimes, S. 163; *Sweeney*, in: Duns/Duke/Sweeney, Comparative Competition Law, S. 345 (347); *Abrenica/Bernabe*, in: Chaisse/Gao/Lo, Paradigm Shift in International Economic Law Rule-Making, S. 165 (167).

1537 Siehe bspw. die fehlende Erwähnung in dem am 18 September 2018 veröffentlichten „EU concept paper on WTO reform". Verfügbar auf der Website der EU-Kommission (http://trade.ec.europa.eu/doclib/docs/2018/september/tradoc _157331.pdf), zuletzt besucht am 25.1.2019.

1538 *Budzinski/Kerber*, in: Oberender, Internationale Wettbewerbspolitik, S. 9 (21 f.); vgl. auch oben Kapitel 2. E. II. 1.

1539 *Budzinski/Kerber*, in: Oberender, Internationale Wettbewerbspolitik, S. 9 (22); ähnlich auch *Di Benedetto*, CYIL 2017, 91 (101 f.); zu den Unterschieden vgl. oben Kapitel 2. C. II.

mit der dahinterstehenden traditionellen Freihandelstheorie, bezogen auf Details seiner Regelungen auf einem weniger konsensfähigen wirtschafts-wissenschaftlich-theoretischen Fundament aufbaut.[1540]

Ein universelles Wettbewerbsregime, das den globalen Wohlstand er-höht, wird einigen Länder mehr und anderen weniger Vorteile brin-gen.[1541] Dies wiederum würde die Realisierungschancen und die Akzep-tanz in den Ländern stark beeinträchtigen.[1542] Es ist auch unklar, wie die zweitgrößte Volkswirtschaft China mit ihrem sehr speziellen Staatskapita-lismus bei einem globalen Kartellrecht mitmachen sollte.[1543]

Ganz generell ist zu beobachten, dass selbst Staaten, die jahrzehntelang multilaterale Ansätze verfolgt haben, immer mehr auf bi- oder plurilaterale Freihandelsabkommen setzen.[1544] Von diesem Trend kann sich auch das Kartellrecht nicht abkoppeln. Allerdings gibt es kartellrechtsspezifische Gründe, welche den Abschluss eines multilateralen Kartellrechtsabkom-mens mittel- bis langfristig zumindest realistischer erscheinen lassen als noch im Jahr 2004. Dafür, dass ein Abkommen heute realistischer ist als noch im Jahre 2004, spricht, dass noch mehr Staaten seitdem ein nationa-les Kartellrecht haben, was dazu führt, dass mittlerweile eine ausreichend kritische Masse für die Verhandlung eines multilateralen Kartellrechtsab-kommens vorhanden ist.[1545] Die weitgehende Konvergenz bezüglich der Grundprinzipien der Wettbewerbspolitik zwischen den Volkswirtschaften ist ebenfalls vielversprechend für ein multilaterales Kartellrechtsabkom-men.[1546] Diese Konvergenz wird durch die seit 2004 zunehmende Öko-nomisierung des Kartellrechts verstärkt, da eine zunehmende Einigung auf bestimmte deskriptiv-ökonomische Analysen stattfindet, was zur Folge hat, dass die Tatsachenfeststellung von Kartellbehörden weltweit immer häufiger in einer identischen Sprache stattfindet.[1547] Diese Konvergenz wird auch dadurch verstärkt, dass anders als noch 2004 eine stärkere ge-

---

1540 *Utton*, International Competition Policy, S. 101; siehe für eine Zusammenfas-sung der Außenwirtschaftstheorien *Herrmann/Weiß/Ohler*, Welthandelsrecht, S. 9 ff.

1541 *Stephan*, Cornell Int'l L.J 2005, 173 (210).

1542 *Stephan*, Cornell Int'l L.J 2005, 173 (210).

1543 *Zheng*, in: Charbit/Gerber/Ramundo, Competition Law on the Global Stage, S. 58.

1544 *Altemöller*, EuZW 2019, 321.

1545 *Cottier*, in: Cottier/Nadakavukaren Schefer, Elgar Encyclopedia of Internation-al Economic Law, S. 481 (483); *Hollman/Kovacic*, MJIL 2011, 274 (319).

1546 *Abrenica/Bernabe*, in: Chaisse/Gao/Lo, Paradigm Shift in International Econo-mic Law Rule-Making, S. 165 (184).

1547 *Podszun*, ZWeR 2016, 360 (363).

genseitige Beeinflussung der Kartellbehörden dadurch erfolgt, dass sie in Foren wie dem ICN zusammenarbeiten und Kartellrechtsentscheidungen anderer Behörden im Internet finden können.[1548]

Ein multilaterales Kartellrechtsabkommen ist somit in absehbarer Zukunft unwahrscheinlich, aber nicht völlig ausgeschlossen. Daher ist bei der Bewertung der Kartellrechtsregelungen in den Freihandelsabkommen von Relevanz, ob diese ein solches Abkommen wahrscheinlicher oder unwahrscheinlicher werden lassen. Es wird sogar vertreten, dass dies das entscheidende Bewertungskriterium sei.[1549] Diesem Ansatz wird aufgrund der fehlenden Perspektive in der absehbaren Zukunft für ein solches Abkommen in der vorliegenden Arbeit allerdings nicht gefolgt, sondern es wird nur als ein Aspekt der Bewertung unter vielen betrachtet.

b) Bewertung

Bezüglich des Inhaltes eines multilateralen Kartellrechtsabkommens wird von der vollständigen Harmonisierung des Rechts bis zu fast reinen Rechts- und Amtshilfevorschriften alles vertreten.[1550] Dies macht eine generelle Diskussion um die Vorteile und Nachteile eines multilateralen Abkommens schwierig, da diese sich oft auf die genaue Ausgestaltung eines solchen hypothetischen Abkommens beziehen. Gegen ein multilaterales Kartellrechtsabkommen wird beispielsweise vorgebracht, dass das Kartellrecht ein sehr flexibles Rechtsgebiet sei und ein internationaler Kodex mit einer supranationalen Institution nicht die nötige Geschmeidigkeit und Reformbereitschaft bieten könne, die dafür notwendig sei.[1551] Die Verhinderung eines Systemwettbewerbs spreche ebenfalls gegen ein multilaterales Kartellrechtsabkommen.[1552] Dies sind allerdings Argumente,

---

1548 *Podszun*, ZWeR 2016, 360 (366).

1549 So bezogen auf das Kartellrechtskapitel in TPP *Gadbaw*, in: Cimino-Isaacs/ Schott, Trans-Pacific Partnership, S. 323 (333).

1550 Für einen Ansatz mit minimalen Standards, welcher den Schwerpunkt auf die Rechts- und Amtshilfe bei der Durchsetzung des innerstaatlichen Rechts legt, siehe bspw. *Cottier*, in: Cottier/Nadakavukaren Schefer, Elgar Encyclopedia of International Economic Law, S. 481 (483).

1551 *Stephan*, Cornell Int'l L.J 2005, 173 (203).

1552 *Basedow*, Weltkartellrecht, S. 53 ff.; *Budzinski/Kerber*, in: Oberender, Internationale Wettbewerbspolitik, S. 9 (22); *Budzinski/Kuchinke*, in: Wentzel, Internationale Organisationen, S. 176 (182); ausführlich hierzu *Bätge*, Wettbewerb der Wettbewerbsordnungen?.

die nur gegen ein multilaterales Kartellrecht sprechen, welches inhaltlich über Grundprinzipien hinausgeht. Auf der anderen Seite wird argumentiert, dass ein nur an Grundprinzipien orientiertes multilaterales Kartellrechtsabkommen nur einen begrenzten Mehrwert biete[1553] oder zu einer Verwässerung der Standards führe.[1554] Nachfolgend werden daher nur überblicksartig einige Argumente für und gegen ein multilaterales Kartellrecht aufgeführt, die unabhängig von einem möglichen Inhalt gelten. Eine Disskussion dieses Themas wurde auch bereits ausführlich in der Literatur vorgenommen.[1555] Eine ausführlichere Bewertung eines multilateralen Kartellrechtsabkommens als Alternative zu Kartellrechtsregelungen in den Freihandelsabkommen ist auch deshalb nicht notwendig, da, wie eben dargestellt wurde, der Abschluss eines solchen in absehbarer Zukunft unrealistisch ist.

Ein Beispiel für ein Argument, welches nach *Geradin* gegen die Notwendigkeit eines multilateralen Kartellrechtsabkommens spricht, ist, dass im Kartellrecht kein sogenanntes *race to the bottom* droht.[1556] Das bedeutet eine Situation, in der ein Wettbewerb um das niedrigste Regulierungsniveau droht. In dieser Situation besteht unter den Gesetzgebern und Aufsichtsbehörden die allgemeine Befürchtung, angesichts der Mobilität von Unternehmen und Fabriken, dass es für Jurisdiktionen mit hohen Standards schwierig sei, diese aufrechtzuerhalten, da die Gefahr bestehe, dass Industrien in Länder mit niedrigem Standard wechseln, um der Regulierungslast zu entgehen, der sie ansonsten ausgesetzt sein könnten.[1557] Diese Gefahr besteht namentlich im Umweltrecht[1558], im Arbeitsrecht[1559] und im Steuerrecht.[1560] Im Kartellrecht droht diese Gefahr jedoch nicht, da das Vorhandensein schwacher kartellrechtlicher Standards in einer bestimmten Jurisdiktion Unternehmen kaum dazu veranlassen wird, in die-

---

1553 *Stephan*, Cornell Int'l L.J 2005, 173 (199).
1554 *Möschel*, WuW 2005, 599 (604).
1555 Siehe aus der deutschsprachigen Literatur bspw. *Baetge*, Globalisicrung des Wettbewerbsrechts; *Basedow*, Weltkartellrecht; *Klauß*, Die Aufsicht über ein Gemeinsames Wettbewerbsgebiet; *Bätge*, Wettbewerb der Wettbewerbsordnungen?; *Wins*, Eine internationale Wettbewerbsordnung als Ergänzung zum GATT; *Klodt*, Wege zu einer globalen Wettbewerbsordnung.
1556 *Geradin*, Chic J Int Law 2009, 189 (197).
1557 *Geradin*, Chic J Int Law 2009, 189 (197).
1558 *Stewart*, Yale LJ 1977, 1196 (1211 f.).
1559 *Charny*, in: Esty/Geradin, Regulatoy Competition and Economic Integration, S. 311 (324).
1560 *Shaviro*, in: Esty/Geradin, Regulatoy Competition and Economic Integration, S. 49 (62 f.).

sem Land zu investieren.[1561] Wenn Unternehmen die Verbraucher dieses Landes ausbeuten wollen, könnten sie die Kartellgesetze nutzen, um dies aus dem Ausland zu tun, ohne in dem Land zu investieren.[1562] Wenn es ihr Ziel ist, eine kartellrechtliche Überprüfung ihrer Ausfuhren zu vermeiden, würden sie das auch erreichen, wenn sie in den USA, der EU oder einer anderen Nation investieren würden, die keine Exportkartelle verbieten.[1563] Des Weiteren unterlägen unabhängig davon, wo sie sich befinden, ihre wettbewerbswidrigen Exportpraktiken in den einführenden Ländern weiterhin einer kartellrechtlichen Prüfung.[1564] Dieses Argument spricht allerdings nur dafür, dass ein multilaterales Kartellrecht nicht absolut notwendig ist, um zu verhindern, dass das Niveau der kartellrechtlichen Regulierung weltweit immer mehr sinkt. Es sagt nichts darüber aus, ob ein multilaterales Kartellrecht erstrebenswert wäre oder nicht.

Es gibt zahlreiche ökonomische Studien, die belegen, dass ein multi-laterales Kartellrechtsabkommen notwendig wäre und aus weltwirtschaft-licher Perspektive viele Vorteile brächte.[1565] Ohne ein multilaterales Kar-tellrecht bleibt es bei nationalen Kartellrechtsordnungen. Eine nationale Wettbewerbspolitik, die nur der inländischen Wohlfahrtsmaximierung verpflichtet ist, führt zu einer geringeren Weltwohlfahrt im Vergleich zu einer an globalen Effekten orientierten internationalen Wettbewerbs-politik.[1566] Das beschriebene Problem der Überregulierung, das dadurch entsteht, dass sich das strengste Kartellgesetz weltweit durchsetzt, kann nur effektiv durch ein Weltkartellrecht mit einer Weltkartellbehörde gelöst werden.[1567] Nur bei einem solchen würden die Effekte einer Kartellrechts-entscheidung nicht nur auf eine nationale Volkswirtschaft in Betracht gezogen, sondern die globalen Effekte als Ganzes gesehen werden.[1568]

Für ein multilaterales Kartellrechtsabkommen sprechen auch die Schwä-chen des bilateralen Ansatzes. Der bilaterale Ansatz stößt aufgrund der Anzahl der mittlerweile bestehenden Kartellrechtsordnungen an seine

---

1561 *Geradin*, Chic J Int Law 2009, 189 (197).
1562 *Geradin*, Chic J Int Law 2009, 189 (197).
1563 *Geradin*, Chic J Int Law 2009, 189 (197).
1564 *Geradin*, Chic J Int Law 2009, 189 (197 f.).
1565 *Bourgeois*, in: FS Norberg, S. 125 (132).
1566 *Budzinski/Kerber*, in: Oberender, Internationale Wettbewerbspolitik, S. 9 (12-13).
1567 Zum Problem der „Überregulierung" vgl. oben Kapitel 2. D. III.
1568 Siehe ausführlich zu diesem Themenschwerpunkt, *Klauß*, Die Aufsicht über ein Gemeinsames Wettbewerbsgebiet.

Grenzen.[1569] Wenn man von 120 Kartellrechtsordnungen ausgeht, würden 7140 Abkommen benötigt, damit eine vollständige Abdeckung gewährleistet wäre.[1570] Bilaterale Abkommen haben daher inhärente Wirkungsgrenzen.[1571] Besonders Entwicklungsländer könnten von einem multilateralen Kartellrechtsabkommen profitieren. Entwicklungsländer werden häufig nicht als Partner für die bilaterale Zusammenarbeit ausgewählt oder verfügen nicht über das Humankapital, um an den Verhandlungen über diese Art von Abkommen teilzunehmen.[1572] Aus diesem Grund wäre für diese Länder und aus entwicklungspolitischer Sicht ein multilaterales Kartellrechtsabkommen erstrebenswert. Insbesondere für Entwicklungsländer, welche sich schlecht gegen Exportkartelle und andere internationale Kartelle wehren können, wäre ein multilaterales Kartellrechtsabkommen sehr hilfreich. Es wird sogar vertreten, dass der volkswirtschaftliche Vorteil einer drastischen Senkung der multilateralen Zölle auf landwirtschaftliche Produkte nur halb so groß wäre wie die direkten Vorteile eines multilateralen Kartellrechtsabkommens, welches wirksam internationale Kartelle bekämpfen würde.[1573] Die nachteilige Wirkung von Exportkartellen auf Entwicklungsländer, die kein Kartellrecht haben oder aufgrund fehlender bilateraler Abkommen mit den Industriestaaten Beweissicherungs- und Vollstreckungshindernisse ihres Kartellrechts gegen Exportkartelle haben, kann nur durch ein multilaterales Abkommen behoben werden.[1574] Ihren Belangen könnte darüber hinaus durch eine besondere und differenzierte Behandlung Rechnung getragen werden. Dies würde ihnen die Möglichkeit geben, Ausnahmen in ihrem Wettbewerbsrecht festzuschreiben, sodass dieses für ihre Marktstruktur und ihren Entwicklungsstand passend ist und sie ihre Entwicklungsagenda verfolgen können.[1575]

Bezüglich des Forums, innerhalb dessen ein multilaterales Kartellrechtsabkommen abgeschlossen werden sollte, wird vor allem die WTO ge-

---

1569 *Drexl*, in: Oberender, Internationale Wettbewerbspolitik, S. 41 (49).

1570 Die Formel zur Berechnung dieser Zahl ist: N=(n x (n-1)):2, dabei steht N für die Zahl der Freihandelsabkommen und n für die Anzahl der Kartellrechtsjurisdiktionen, siehe *Taylor*, International Competition Law, S. 120 f.

1571 *Immenga*, Internationales Wettbewerbsrecht, S. 11.

1572 *Papadopoulos*, The International Dimension of EU Competition Law and Policy, 261.

1573 *Jenny*, in: Hwang/Chen, The Future Development of Competition Framework, S. 13 (29 f.) m. w. N.

1574 *Dursun*, Exportkartellausnahmen in einer globalen Handelsordnung, S. 241 f.

1575 *Abrenica/Bernabe*, in: Chaisse/Gao/Lo, Paradigm Shift in International Economic Law Rule-Making, S. 165 (185 f.).

nannt.[1576] Gegen die WTO wird vorgebracht, dass sie keine Expertise im Wettbewerbsrecht habe und themenmäßig überladen werde.[1577] Allerdings sprechen die besseren Gründe für die WTO als Forum. Für die WTO sprichen die nahezu universelle Mitgliedschaft der Staatengemeinschaft und ihr Erfolg im Bereich des Abbaus von staatlichen Handelsschranken.[1578] Ein weiter Vorteil ist, dass die WTO Erfahrungen mit dem Antidumpingrecht hat, welches einen engen Zusammenhang zum Kartellrecht besitzt.[1579] Ein weiteres Argument, welches in der Vergangenheit für die WTO ins Feld geführt wurde, ist, dass sie, falls ein verbindliches multilaterales Abkommen zum Kartellrecht abgeschlossen werden sollte, einen funktionierenden Streitbeilegungsmechanismus zur Verfügung stellen könne.[1580] Dieses Argument ist aufgrund der Krise des *Appellate Body* nicht mehr vollends überzeugend, insbesondere durch die fehlende Nachbesetzung von vakanten Positionen.[1581] Diese Krise ihres Streitbeilegungsmechanismus ist sinnbildlich für die Krise der WTO im Speziellen und des Multilateralismus im Allgmeinen. Allerdings muss sich erst zeigen, ob es sich hierbei um eine langfristige Krise handelt oder ob Veränderungen der politischen Landschaft und ihrer Akteure weltweit mittelfristig wieder zu einem Aufschwung der WTO und des Multilateralismus führen werden.

Insgesamt ist aufgrund der vorherigen Argumente ein multilateraler Ansatz im Rahmen der WTO zu bevorzugen. Aufgrund mangelnder besser geeigneter Organisationen ist die WTO trotz ihrer Krise, die sich exemplarisch an der Krise ihres Streitbeilegungssystems zeigt, immer noch der vielversprechendste Ort für ein zukünftiges multilaterales Kartellrechtsabkommen. Der bilaterale Ansatz ist demgegenüber bei gleichem Inhalt weniger überzeugend.

1576 *Baetge*, Globalisierung des Wettbewerbsrechts, S. 487 m. w. N.
1577 *Budzinski/Kuchinke*, in: Wentzel, Internationale Organisationen, S. 176 (180-181); ausführlich zu den Vorteilen und Nachteilen der WTO *Baetge*, Globalisierung des Wettbewerbsrechts, S. 488 ff.
1578 Communication to the Council, submitted by Sir Leon Brittan and Karel Van Miert, Towards an International Framwork for Competition Rules, COM (96) 296 final, 18 June 1996, S. 2, 3, 6.
1579 *Fox/Fingleton/Mitchel*, in: Lewis, Building New Competition Law Regimes, S. 163 (178); zu diesem Zusammenhang vgl. oben Kapitel 2. E. I. 3.
1580 *Drexl*, in: Oberender, Internationale Wettbewerbspolitik, S. 41 (50).; *Klodt*, Wege zu einer globalen Wettbewerbsordnung, S. 76.
1581 Ausführlich hierzu *Glöckle/Würdemann*, EuZW 2018, 976.

2. Kartellrechtsregelungen in Freihandelsabkommen als „stepping stones" für ein multilaterales Kartellrechtsabkommen

a) „Stumbling blocks"-Theorie

Die Vertreter der sogenannten *stumbling blocks-Theorie* verweisen allgemein auf die diskriminierende Natur der bilateralen Freihandelsabkommen und die Komplexität und Unsicherheit, welche sie in die internationale Wirtschaftswelt bringen.[1582] Daher würden Freihandelsabkommen multilateralen Handelsverhandlungen schaden und nicht helfen.[1583] Bezogen auf die Kartellrechtsregelungen, trifft diese Kritik jedoch größtenteils nicht zu. Die Kartellrechtsregelungen in den Freihandelsabkommen der EU sind untereinander sehr ähnlich und grundsätzlich sehr allgemein gehalten, indem sie lediglich Grundprinzipien festlegen. Die Komplexität und die Unsicherheit steigen daher durch diese Regelungen grundsätzlich nicht. Die Frage, ob die Regelungen diskriminierend wirken, soll nachfolgend näher untersucht werden. Die erste Kategorie von Regelungen, die insgesamt und nicht nur für die Vertragsstaaten gilt, ist in keinem Fall diskriminierend. Hierzu zählen die Regelungen zu rechtsstaatlichen Grundsätzen, welche allgemein gelten und auch nicht nur von Fall zu Fall angewendet werden können oder nur bezüglich einzelner Länder, sondern sie müssen im ganzen System verankert werden und sind damit nicht diskriminierend.[1584] Gleiches gilt für die Verpflichtung öffentlicher Unternehmen, Unternehmen mit besonderen oder ausschließlichen Rechten oder Vorrechten und staatliche Monopole dem nationalen Kartellrecht zu unterwerfen. Dies geschieht allgemein und nicht nur für den Vertragspartner. Die Verpflichtung, ein Kartellrecht beizubehalten oder abzuschließen und eine Kartellbehörde zu haben, ist grundsätzlich auch nicht diskriminierend. Die zweite Kategorie betrifft Regelungen, die eigentlich nur zwischen den Vertragsparteien gelten und damit differenzierter zu betrachten sind. Hierzu zählen die Definitionen von wettbewerbswidrigen Handlungen. Auf der einen Seite bewirken diese Vorschriften, dass eine Wettbewerbskultur in einem Land gefördert wird, was abermals nicht nur dem Vertragspartner zugutekommt, sondern sich auch positiv auf Drittstaaten

---

1582 *Demedts*, The long-term potential of an interim-solution, S. 351; ausführlich hierzu *Bhagwati*, Termites in the Trading System.
1583 *Levy*, Amer. Econ. Rev. 1997, 506.
1584 *Rennie*, Int. T.L.R. 2007, 30 (36).

auswirkt.[1585] Auf der anderen Seite ist eine diskriminierende Wirkung dieser Regelungen zumindest nicht ausgeschlossen, wenn der Zusatz „soweit diese den Handel zwischen den Vertragsstaaten beeinträchtigt" enthält. Des Weiteren zählen hierzu die Regelungen, die eine Koordination und Kooperation zwischen den Wettbewerbsbehörden der Vertragspartner vereinbaren. Diese sind an sich diskriminierend, da sie eindeutig nur zwischen den Vertragspartnern eine Kooperation und Koordination vereinbaren. Sie haben aber auch positive Wirkungen auf Drittstaaten, da diese Regelungen eine Kooperation und Koordination allgemein selbstverständlicher machen.[1586] Die meisten kartellrechtlichen Regelungen in den Freihandelsabkommen der EU sind daher nicht diskriminierend und die Regelungen, die ein diskriminierendes Element aufweisen, bringen auch Vorteile für Drittstaaten.

Es wird auch vertreten, dass regionale Handelsabkommen multilaterale Lösungen schwieriger machen, da sie ablenken.[1587] Staaten sehen erstens bei immer mehr bilateralen Verträgen mit ihren wichtigsten Handelspartnern keine Notwendigkeit darin, ein multilaterales Abkommen abzuschließen.[1588] Zweitens verwenden sie ihre Ressourcen statt auf multilaterale Verhandlungen auf bilaterale Verhandlungen, sodass diese Ressourcen bei multilateralen Verhandlungen fehlen und einige Länder gar nicht mehr in der Lage zu multilateralen Verhandlungen wären.[1589] Diese Argumente überzeugen bezüglich der Kartellrechtsregelungen nicht. Es wurde bereits dargestellt, dass ein multilaterales Abkommen Vorteile gegenüber rein bilateralen Lösungen hat, sodass die Notwendigkeit eines multilateralen Abkommens besteht. Das Argument von fehlenden Ressourcen ist deshalb nicht einschlägig, weil mittelfristig Verhandlungen über ein multilaterales Kartellrechtsabkommen nicht geplant sind.

b) Position der EU-Kommission

Die EU-Kommission sieht die Kartellrechtsregelungen in ihren Freihandelsabkommen als *stepping stones* für ein multilaterales Kartellrechtsabkommen. Besonders deutlich wird dies an Art. 172 Abs. 3 S. 3 EU-Chile.

1585 *Rennie*, Int. T.L.R. 2007, 30 (36).
1586 *Rennie*, Int. T.L.R. 2007, 30 (36).
1587 *The Warwick Commission*, The Multilateral Trade Regime, S. 50.
1588 *The Warwick Commission*, The Multilateral Trade Regime, S. 50.
1589 *The Warwick Commission*, The Multilateral Trade Regime, S. 50.

In diesem Abkommen der „ersten Generation" dient dieser Artikel als Bindeglied zwischen dem Freihandelsabkommen und der von den Vertragsparteien als Idealziel angesehenen multilateralen Angleichung des Kartellrechts.[1590] Er besagt, dass es wichtig ist, Wettbewerbsgrundsätze mit in das Abkommen einzubeziehen, bei denen sich die Vertragsparteien auch vorstellen könnten, diese in multilateralen Abkommen, beispielsweise im Rahmen der WTO, zu vereinbaren. Dieser Artikel ist daher Ausdruck des Verständnisses der EU und Chiles, dass dieses Abkommen als *stepping stones* hin zu einem multilateralen Abkommen im Bereich des Wettbewerbsrechts führen soll. Einen ähnlichen Artikel enthält ansonsten keines der anderen untersuchten Abkommen. Dies spricht aber nicht dagegen, dass die EU die Kartellrechtsregelungen weiterhin als *stepping stones* zu einem multilateralen Kartellrechtsabkommen sieht. Der Artikel in dem Abkommen mit Chile kann vielmehr aus dem Zeitpunkt des Abschlusses dieses Abkommens erklärt werden. Die Verhandlungen begannen im April 2000, und im November 2002 wurde das Abkommen unterzeichnet.[1591] Das Abkommen wurde daher in einer Phase verhandelt, in welcher die EU-Kommission besonderen Wert darauf legte, dass die Bemühungen für ein zu dem Zeitpunkt in Reichweite scheinendes multilaterales Kartellrechtsabkommen nicht konterkariert werden.[1592] Die EU-Kommission bekundete aber auch nach dem Scheitern eines multilateralen Kartellrechtsabkommens im Rahmen der WTO die Eigenschaft der Kartellrechtsregelungen in den Freihandelsabkommen als *stepping stones* für ein solches multilaterales Kartellrechtsabkommen. Dieses ist zu lesen in einem *staff working document*, welches einen Anhang zur Mitteilung „Ein wettbewerbsfähiges Europa in einer globalen Welt" bildete. In diesem werden die Freihandelsabkommen explizit als *stepping stones* zur Weiterentwicklung des WTO-Rechts beschrieben.[1593]

1590 *Sester/Cárdenas*, RIW 2006, 179 (185); zu Art. 172 Abs. 3 S. 3 EU-Chile vgl. oben Kapitel 4. B. I. 2.

1591 First Meeting oft he European Union – Chile Negotiation Committee, Conclusion, 10-11 April 2000, Santiago De Chile. Verfügbar auf der Website der Organisation Amerikanischer Staaten (www.sice.oas.org/TPD/CHL_EU/Negot iations/Round 1_e.pdf), zuletzt besucht am 11.11.2018.

1592 Vgl. oben Kapitel 2. A. II.

1593 EU-Kommission, Commission staff working document – Annex to the Communication from the Commission to the Council, the European Parliament, the European Economic and Social Committee and the Committee of the Regions – Global Europe: competing in the world – Contribution to the EU's Growth and Jobs Strategy, COM(2006) 567 final; zu der Mitteilung „Ein wettbewerbsfähiges Europa in einer globalen Welt" vgl. oben Kapitel 2. A. II.

c) „Stepping stones"-Theorie

Argumente für die sogenannte *stepping stones*-Theorie, die bilaterale Verträge grundsätzlich als vorteilhaft und damit als *stepping stones* für die multilaterale Handelsliberalisierung sieht, sind unter anderem, dass die Praxis der Verhandlungen dieser Abkommen und die Erkenntnisse, die daraus gezogen werden, als Basis für nachfolgende multilaterale Verhandlungen dienen können.[1594] Ein Beispiel hierfür ist die Uruguay-Runde der WTO, in der die Verhandlungsführer die Erfahrungen, die sie beim Nordamerikanischen Freihandelsabkommen (*North American Free Trade Agreement – NAFTA*) in Bezug auf den Handel mit Dienstleistungen gesammelt hatten, nutzen konnten.[1595] Ein weiteres Agrument ist, dass Abkommen wie Freihandelsabkommen den Weg zu einem späteren multilateralen Abkommen ebnen, indem Vereinbarungen, die im Rahmen dieser Abkommen getroffen wurden und zu Reformen geführt haben, nicht so leicht rückgängig zu machen sind.[1596] Diese Argumente sind auf das Kartellrecht übertragbar. Freihandelsabkommen werden als „Labore für Experimente" gesehen, aus denen Erfahrungen gewonnen werden können, wie zwischenstaatliches Kartellrecht funktioniert, und mithilfe derer andere Länder überzeugt werden können, sich auch auf zwischenstaatliche Kartellrechtsregelungen einzulassen.[1597] Es werden die Länder, welche Kartellrechtsregelungen in ihren Freihandelsabkommen aufgenommen haben, auch wenn die Initiative von dem anderen Vertragsstaat kam, diese so auch in ihren anderen Freihandelsabkommen mit Drittstaaten vereinbaren.[1598] Jedes Wettbewerbskapitel in einem Freihandelsabkommen erhöht damit die Chancen auf ein multilaterales Kartellrechtsabkommen, indem es Bausteine für einen multilateralen Rahmen schafft und Standards für künftige Verhandlungen setzt.[1599] Staaten, die eine kurze Kartellrechtstradition haben, wird

---

1594 *Cho*, Harv. Int'l L. J. 2001, 412 (432). Teilweise wird auch von *"building blocks"* statt von *"stepping stones"* gesprochen, vgl. *Bhagwati/Panagariya*, AER 1996, 82 (83).

1595 *Bergsten*, WORLD ECON. 1997, 545 (557).

1596 *Bergsten*, WORLD ECON. 1997, 545 (548).

1597 Allgemein *Gupta*, JICLT 2008, 260 (263); in Bezug auf Kartellrechtsregelungen in Freihandelsabkommen *Sokol*, Chi.-Kent L. Rev. 2008, 231 (247).

1598 *Rennie*, Int. T.L.R. 2007, 30 (34).

1599 *Abrenica/Bernabe*, in: Chaisse/Gao/Lo, Paradigm Shift in International Economic Law Rule-Making, S. 165 (184); *Grosse Rude-Khan/Ononaiwu*, in: Lester/Mercurio/Bartels, Bilateral and Regional Trade Agreements, S. 133 (160); *Rennie*, Int. T.L.R. 2007, 30 (37).

es schwerer gemacht, das Kartellrecht wieder abzuschaffen.[1600] Weitere Argumente, die dafür sprechen, dass die Kartellrechtsregelungen in den Freihandelsabkommen als *stepping stones* bezüglich eines multilateralen Kartellrechtsabkommens im Rahmen der WTO dienen könnten, sind, dass das Kartellrecht schon auf der WTO-Reformagenda stand und bei Drittstaaten, welche Kartellrechtsregelungen in den Freihandelsabkommen abschließen, die Bereitschaft steigt, dies auch im Rahmen eines multilateralen Abkommens zu tun.[1601] Die zunehmende Anzahl von Freihandelsabkommen, die verbindliche wettbewerbspolitische Bestimmungen enthalten, ist ein Indiz dafür, dass viele Staaten bereit sind, Verpflichtungen im Bereich des Kartellrechts einzugehen.[1602] Durch die Vielzahl an Ländern, die Kartellrechtsregelungen in ihre Freihandelsabkommen aufnehmen, verfestigt sich der internationale Konsens bezüglich der Grundprinzipien des Kartellrechts.[1603] Verhandlungen bezüglich eines Kartellrechtsregimes im Rahmen der WTO könnte dies langfristig neuen Schwung geben.[1604] Es ist einfacher, Kartellrechtsregelungen in den Freihandelsabkommen zu vereinbaren als im Rahmen von multilateralen Verhandlungen, da Kompromisse nur zwischen zwei statt mehreren Vertragsparteien gefunden werden müssen. Die Vereinbarung von bilateralen Verträgen kann als eine Strategie gesehen werden, den Stillstand in Bezug auf dieses Thema in der WTO von außen aufzubrechen.[1605] Die Ausbreitung von Kartellrechtsregelungen in Freihandelsabkommen weltweit deutet daher darauf hin, dass auch multilateral eine Chance besteht, dass ein Kartellrechtsabkommen in der Zukunft zurück auf die internationale Agenda kommt.[1606]

Die Eigenschaft der Kartellrechtsregelungen in den Freihandelsabkommen als *stepping stones* für ein multilaterales Freihandelsabkommen ist damit ein Argument dafür, dass sie derzeit die beste Alternative zu einem

---

1600 Vgl. oben Kapitel 4. C. II. 3.

1601 *Bungenberg*, ifo Schnelldienst 2016, 8 (10 f.).

1602 *Podszun*, ZWeR 2016, 360 (363); *Abrenica/Bernabe*, in: Chaisse/Gao/Lo, Paradigm Shift in International Economic Law Rule-Making, S. 165 (184).

1603 So vor allem bezogen auf die Kartellrechtsregeln in den Freihandelsabkommen von Australien und der EU *Kenyon/van der Eng*, in: Elijah/Kenyon/Hussey/van der Eng, Australia, the European Union and the New Trade Agenda, S. 257 (269, 273).

1604 *Sokol*, Chi.-Kent L. Rev. 2008, 231 (247).

1605 *Demedts*, The long-term potential of an interim-solution, S. 351.

1606 *Fox*, Interview mit Jonathan Fried, Concurrences Review Special Issue: Competition and Globalization in Developing Economies 2016, 26.

zurzeit unrealistischen, aber wünschenswerten multilateralen Abkommen sind.

VI. Zwischenfazit

Die eindeutigen Nachteile der Ähnlichkeit, der Allgemeinheit und der Unverbindlichkeit der Regelungen sind, dass die Kartellrechtsregelungen dadurch in der Praxis eine geringe Flexibilität und eine geringe Relevanz haben. Der Grund, dass die EU die Regelungen in dieser Form abschließt, liegt hauptsächlich an gewählten Standardformulierungen. Die Vorteile der Standardformulierungen, die zu ähnlichen Abkommen führen, sind, dass ohne die Aufwendung großer Verhandlungsressourcen Regelungen mit sehr unterschiedlichen Handelspartnern abgeschlossen werden können. Die Unverbindlichkeit hat einen Vorteil aufgrund der Flexibilität und der Wahrung der Souveränität der Vertragspartner.

Für EU-Unternehmen scheinen die Kartellrechtsregelungen in den Freihandelsabkommen trozdem nicht völlig bedeutungslos zu sein, jedoch liegen sie in der Relevanz weit hinter den klassischen Themen von Freihandelsabkommen wie Zollsenkungen. Die Relevanz der Kartellrechtsregelungen liegt vor allem in ihrem symbolischen und politischen Wert. Eine weitere Relevanz, welche die Kartellrechtsregelungen haben können, ist, dass sie als Vorbild für andere Länder dienen können und diese Vorbildfunktion zu einem weltweiten Netz von Kartellrechtsregelungen durch Freihandelsabkommen führen kann.

Es sprechen keine grundsätzlichen Bedenken gegen die Freihandelsabkommen als Ort für Kartellrechtsregelungen. Allerdings ergeben sich in der genauen Ausgestaltung der Kartellrechtsregelungen einige Schwächen, die auch mit dem Instrument der Freihandelsabkommen zusammenhängen. Die geringe Flexibilität der Freihandelsabkommen spricht aufgrund der Konzentration auf Grundprinzipien nicht gegen die Aufnahme von Kartellrechtsregelungen. Eine mögliche stärkere Politisierung des Wettbewerbsrechts durch die Aufnahme in den Freihandelsabkommen ist kein überzeugendes Argument gegen die Aufnahme, da Wettbewerbsrecht selbst auch politisch ist. Durch die Rückbindung an das internationale Handelsrecht ergibt sich das Problem, dass die Kartellrechtsregelungen fast ausnahmslos nur der Absicherung der Marktöffnung dienen. Hierdurch treten spezifische kartellrechtliche Aspekte in den Hintergrund, was zu bedauern ist. Die Chancen, die sich aus dieser Rückbindung ergeben, werden noch nicht ausreichend genutzt. Es würde sich anbieten, das Antidumpingrecht mit dem Kartellrecht zu verbinden und Verbraucherinteressen stärker zu betonen.

Im Vergleich zu den anderen Möglichkeiten, mit der Internationalisierung des Wettbewerbsrechts umzugehen, haben die Kartellrechtsregelungen spezifische Vorteile, was der Vergleich mit der OECD und dem ICN gezeigt hat. Sie stellen daher eine sinnvolle Ergänzung zu diesen dar. Ein weiteres Argument, welches für die Aufnahme der Kartellrechtsregelungen in die Freihandelsabkommen spricht, ist ihre Eigenschaft als *stepping stones* für ein multilaterales Kartellrechtsabkommen, das heißt, dass sie die Wahrscheinlichkeit eines solchen wünschenswerten Abkommens erhöhen.

Ungeachtet einiger Schwächen, sind die Kartellrechtsregelungen in den Freihandelsabkommen der „neuen Generation" der EU mit weiter entfernten Staaten grundsätzlich positiv zu bewerten.

Kapitel 5: Gestaltungsvorschlag für Wettbewerbskapitel in EU-Freihandelsabkommen der „neuen Generation"

Die Analyse hat gezeigt, dass die Bedeutung der Kartellrechtsregelungen in den Freihandelsabkommen der EU für die Praxis gering ist. Aufgrund der geringen Bedeutung vertritt *Sokol* im Sinne einer Kosten-Nutzen-Analyse, dass diese nur dann verhandelt werden sollten, wenn sie mit wenig Aufwand abgeschlossen werden können.[1607] Sei dies nicht möglich, sollten die Ressourcen der Kartellbehörden für Kooperationsabkommen oder für die Arbeit in Organisationen wie dem ICN verwendet werden.[1608] Die Schlussfolgerung der vorliegenden Arbeit ist eine andere. Es sollen Änderungen der Kartellrechtskapitel vorschlagen werden, sodass deren Bedeutung erhöht und das Verhältnis zwischen den Kosten und den Nutzen verbessert wird. In diesem Kapitel wird auch auf mögliche Änderungen eingegangen, die aber nicht vorgenommen werden sollten. Generell ist eine Überfrachtung der Kartellrechtsregelungen in den Freihandelsabkommen abzulehnen. Andernfalls würde die Wahrscheinlichkeit eines positiven Vertragsabschlusses verringert oder zumindest die Verhandlungsdauer deutlich erhöht.

A. Zielbestimmungen

I. Verbraucherschutz

Jedes EU-Freihandelsabkommen der „neuen Generation" mit weiter entfernten Vertragsstaaten sollte den Verbraucherschutz als Ziel der Kartellrechtsregelungen aufnehmen. Diese Aufnahme brächte sowohl im Bereich der Kartell- als auch der Handelspolitik einen Vorteil. Dies würde verdeutlichen, dass das Kartellrecht nicht dem Schutz der Wettbewerber und

---

1607 *Sokol*, Chi.-Kent L. Rev. 2008, 231 (282 f.) bezogen auf die lateinamerikanischen Freihandelsabkommen.

1608 *Sokol*, Chi.-Kent L. Rev. 2008, 231 (282 f.); die Kapazitäten der lateinamerikanischen Länder sind im Vergleich zu denen der EU sehr viel geringer, doch auch die Kapazitäten der EU-Kommission sind endlich, sodass die Argumentation zumindest in Ansätzen übertragbar ist.

insbesondere nicht dem Schutz „nationaler Champions" dienen soll.[1609] Gleichzeitig würde der Eindruck relativiert, dass die Kartellrechtsregelungen lediglich dem Marktzugang dienten.[1610] Dies wäre auch im Einklang mit der seit 2004 verstärkten Fokussierung des europäischen Kartellrechts auf die Belange der Verbraucher.[1611] Für die Handelspolitik wäre dies sinnvoll, da eine solche Regelung die Verbraucherinteressen in den Vordergrund rücken würde und damit die Zentrierung von Freihandelsabkommen auf die Hersteller vermindern würde.[1612] Die Realisierungschancen der Aufnahme des Verbraucherschutzes wären sehr gut, da der Verbraucherschutz praktisch universell als Ziel des Kartellrechts anerkannt ist.[1613] Als Vorbilder könnten Art. 10.2 Abs. 1 EU-Vietnam und Art. 16.1 Abs. 1 TTP dienen.[1614]

II. Kosten für Unternehmen

Es sollte eine Regelung zur Senkung der Transaktionskosten und der Kosten für die Einhaltung von Rechtsvorschriften aufgenommen werden. Für die Aufnahme einer solchen Regelung der sogenannten *compliance costs* spricht, dass diese Kosten genauso wie Wettbewerbsbeschränkungen in der Lage sind, die Vorteile, die sich durch die Zollsenkungen und sonstigen Handelsliberalisierungen der Freihandelsabkommen ergeben, zu verringern.[1615] Das liegt daran, dass diese Kosten dazu führen können, dass der grenzüberschreitende Handel zwischen den Vertragsparteien für Unternehmen unattraktiver wird.[1616] Ein Beispiel für ein Abkommen, welches sich diesem Thema widmet und daher als Vorlage dienen kann, ist das Freihandelsabkommen zwischen Neuseeland und Singapur.[1617] In

---

1609 Das ist auch das Argument von *Gadbaw*, in: Cimino-Isaacs/Schott, Trans-Pacific Partnership, S. 323 (324), der die Regelung im TTP daher begrüßt.

1610 Zu diesem Vorwurf vgl. oben Kapitel 4. C. III. 3.

1611 Siehe zu dieser Fokussierung *Parret*, in: Zimmer, The Goals of Competition Law, S. 61 (76 ff.).

1612 Zu dieser Zentrierung vgl. oben Kapitel 2 E. I. 2. b).

1613 Vgl. oben Kapitel 2. C. II. 1.

1614 Zu Art. 10.2 Abs. 1 EU-Vietnam vgl. oben Kapitel 4. A. II. 1. a) (2). Zu Art. 16.1 Abs. 1 TTP vgl. oben Kapitel 4. B. III. 2.

1615 *Rennie*, Int. T.L.R. 2007, 30 (37 f.).

1616 *Rennie*, Int. T.L.R. 2007, 30 (37 f.).

1617 Agreements between New Zealand and Singapore on Closer Economic Partnership (ANZSCEP), welches am 1. Januar 2001 in Kraft getreten ist. Verfügbar auf der Website des neuseeländischen Ministeriums für auswärtige Angele-

Art. 3 Abs. 2 lit. c vereinbaren die Vertragsparteien dieses Abkommens, dass sie sich darum bemühen, die *compliance costs* für Unternehmen zu reduzieren.

B. Materiell-rechtliche Regelungen

I. Definitionen und Verbote wettbewerbswidriger Praktiken

Für detailliertere Definitionen von wettbewerbswidrigen Praktiken spricht, dass diese Unterschiede in der rechtlichen und wirtschaftlichen Bewertung von wettbewerbswidrigem Verhalten verringern können. Auf diese Weise würde die Gefahr sinken, dass unvereinbare oder widersprüchliche Abhilfemaßnahmen getroffen werden.[1618] Dies könnte auch Unsicherheiten und Belastungen für Unternehmen im zwischenstaatlichen Handel verringern.[1619] Die besseren Argumente sprechen aber für die Beibehaltung allgemeinerer Regelungen.

1. Verkomplizierung der Verhandlungen

Der größte Nachteil von detaillierteren Regelungen ist, dass sie den Abschluss eines Freihandelsabkommens erheblich erschweren. Mit Entwicklungs- und Schwellenländern wird eine weitgehende Harmonisierung des Wettbewerbsrechts schwierig, weil sie beispielsweise sogenannte „nationale Champions" aufbauen wollen, damit diese auf dem Weltmarkt bestehen können.[1620] Aus diesem Grund sind die nationalen Positionen zwischen Industrie- und Entwicklungsländern über die Rolle des Wettbewerbs für die (volkswirtschaftliche) Entwicklung sehr unterschiedlich.[1621]

Mit Staaten, welche über eine eigene lange Kartellrechtstradition verfügen, wäre eine Eins-zu-eins-Übernahme des europäischen Rechts unrealis-

---

genheiten und Handel (https://www.mfat.govt.nz/assets/FTAs-agreements-in-force/Singapore-FTA/NZ-Singapore-CEP-full-text.pdf), zuletzt besucht am 23.11.2018.

1618 *Sokol*, in: Guzman, Cooperation, Comity, and Competition, S. 187 (189).

1619 *Stancke*, EuZW 2016, 567 (569).

1620 *Abrenica/Bernabe*, in: Chaisse/Gao/Lo, Paradigm Shift in International Economic Law Rule-Making, S. 165 (180).

1621 *Abrenica/Bernabe*, in: Chaisse/Gao/Lo, Paradigm Shift in International Economic Law Rule-Making, S. 165 (180 f.).

tisch, sodass schwierige Verhandlungen den Abschluss des Freihandelsabkommens verzögern oder sogar verhindern könnten. Dies wäre bedauerlich, da der Hauptzweck der Freihandelsabkommen die Reduzierung von Zöllen und nichttarifären staatlichen Hindernissen ist.

2. Erstarren der Regeln

Gegen die Vereinbarung von detaillierten Definitionen von wettbewerbswidrigen Verhaltensweisen spricht, dass das Kartellrecht ein sehr flexibles Rechtsgebiet ist, welches auch durch stetige neue ökonomische Erkenntnisse beeinflusst wird.[1622] Dagegen sind Freihandelsabkommen keine flexiblen Instrumente.[1623] Eine unerwünschte Folge von detaillierteren Regelungen, welche über Grundprinzipien hinausgehen, ist, dass Innovation und Wandel dadurch bis zu einem gewissen Grad gelähmt werden könnten.[1624]

3. Systemwettbewerb

Es wurde bereits gezeigt, dass beim Kartellrecht über die Grundprinzipien hinaus kein Konsens in den Details besteht.[1625] Internationale Regeln sollten nicht stärker spezifiziert werden, als es zum Erreichen des Ziels unbedingt erforderlich ist, um die Entwicklung alternativer Lösungswege nicht zu verhindern.[1626] Der Wettbewerb zwischen den verschiedenen Regelungssystemen und die damit einhergehende Herausbildung neuerer und besserer Kartellrechtsregime/-regelungen wird verhindert, wenn Staaten zu viel regeln.[1627] Die Erleichterung von Innovationen und die anschließende Transplantation erfolgreicher Teile von Rechtssystemen in andere Jurisdiktionen sind potenzielle Vorteile des Systemwettbewerbs.[1628]

1622 *Gürkaynak*, Interview mit Randy Tritell, Concurrences Review Special Issue: Competition and Globalization in Developing Economies 2016, 24.
1623 Vgl. oben Kapitel 4. C. III. 1.
1624 Bezogen auf ein multilaterales Kartellrechtsabkommen *Demedts*, The longterm potential of an interim-solution, S. 37.
1625 Vgl. oben Kapitel 2. C.
1626 *Klodt*, Wege zu einer globalen Wettbewerbsordnung, S. 39.
1627 *Klodt*, Wege zu einer globalen Wettbewerbsordnung, S. 37.
1628 *Van Gestel/Micklitz/Poiares Maduro*, EUI Working Papers LAW 2012/13, 1 (16 f.).

Die Beobachtung der Art und Weise, wie verschiedene Staaten mit Problemen umgehen, kann zu intellektuellem Input für eine Rechtsreform führen.[1629] Das Argument einer Verhinderung des Systemwettbewerbs wird vor allem gegen ein multilaterales Kartellrechtsabkommen vorgebracht. Es ist aber, in geringerem Maße, auf plurilaterale- oder bilaterale Vereinbarungen anwendbar. Der Systemwettbewerb wird hierdurch zumindest zwischen den Vertragsstaaten eingeschränkt.

4. Rechtssicherheit

Detailliertere Regelungen würden nicht unbedingt zu einer Vereinheitlichung der Entscheidungspraxis führen. Auch bei wortgleichen Regelungen kann es durch unterschiedliches Verfahrensrecht und zugrundeliegende ökonomische Konzepte zu Konflikten kommen.[1630] Selbst eine Vereinheitlichung des Verfahrensrechts und der ökonomischen Konzepte würde aufgrund der verbleibenden Einschätzungsprärogativen, Prognosen und Gewichtungen, die im Wettbewerbsrecht vorgenommen werden müssen, nicht zwingend zu mehr Rechtssicherheit führen.[1631]

5. Normative Unterschiede

Die Unterschiede der Kartellrechtsordnungen sind zum Teil normativer Art. Sie basieren auf unterschiedlichen (Wert-) Vorstellungen, wie die Wirtschaft zu organisieren ist und wie gesellschaftlich optimale Kartellrechtsvorschriften aussehen sollten.[1632] Die Geschichte einer Nation und ihre wirtschaftlichen sowie kulturellen Werte beziehungsweise Präferenzen können Unterschiede, sowohl bei den Bedürfnissen als auch bei den verfolgten Zielen, rechtfertigen.[1633] Unterschiedliche politökonomische und institutionelle Entscheidungen führen ebenfalls zu Unterschie-

---

1629 *Van Gestel/Micklitz/Poiares Maduro*, EUI Working Papers LAW 2012/13, 1 (16 f.).

1630 *Klauß*, Die Aufsicht über ein Gemeinsames Wettbewerbsgebiet, S. 288.

1631 *Klauß*, Die Aufsicht über ein Gemeinsames Wettbewerbsgebiet, S. 289; siehe grundsätzlich zu Prognoseentscheidungen im europäischen Kartellrecht *Markopoulos*, Die Prognoseentscheidung in der europäischen Fusionskontrolle.

1632 *Budzinski/Kuchinke*, in: Wentzel, Internationale Organisationen, S. 176 (181).

1633 *Karamanian*, AJIL 2002, 1012 (1015).

den.[1634] Die innenpolitischen Realitäten sollten nicht durch ein Streben nach Homogenität überlagert werden.[1635] Detaillierte Definitionen von wettbewerbswidrigen Handlungen, die entweder von einer Vertragspartei übernommen werden würden oder einen Kompromiss darstellen müssten, würden bis zu einem gewissen Grad von der wahrgenommenen optimalen Politik für ein bestimmtes Land abweichen.[1636] Ein Beispiel hierfür ist die kritische Behandlung des Ausbeutungsmissbrauchs von marktbeherrschenden Unternehmen in Europa im Vergleich zu den USA, welche auf tiefverwurzelten und historischen Erfahrungen beruht.[1637] In den USA ist die historisch positive Entwicklung der nationalen Volkswirtschaft größtenteils auf die Unternehmen zurückzuführen, die aufgrund ihrer Effizienz marktbeherrschend wurden. Daher ist ihre Dominanz in vielerlei Hinsicht das Ergebnis ihrer überlegenen Wirtschaftsleistung.[1638] Im Gegensatz dazu wurden in Europa Großunternehmen historisch oft von den Staaten geschützt, entweder durch Konzessionen oder durch einen anderen Schutz beziehungsweise Privilegien. Große leistungsstarke Unternehmen sind demnach nicht unbedingt effizientere Unternehmen.[1639]

6. Bezug auf den zwischenstaatlichen Handel

Eine Erweiterung der Definition von wettbewerbswidrigen Handlungen auf rein nationale Sachverhalte sollte nicht vorgenommen werden. Dies könnte erreicht werden, indem in allen Abkommen die Beschränkung auf den zwischenstaatlichen Handel weggelassen würde. Allerdings führt die Beschränkung dazu, dass der Souveränitätsverlust der Vertragsstaaten geringer bleibt. Den politischen/ökonomischen Unterschieden der Vertragsstaaten und den darin begründeten Präferenzen der Kartellrechtsgestaltung kann dadurch bei rein nationalen Sachverhalten Rechnung getra-

---

1634 *Sweeney*, MJIL 2009, 58 (64).
1635 *Ezrachi*, JAE 2017, 49 (72).
1636 Bezogen auf ein multilaterales Kartellrechtsabkommen *Elhauge/Geradin*, Global Competition Law and Economics, S. 1240; ähnlich auch WTO, Report of the Working Group on the Interaction between Trade and Competition Policy to the General Council, 17.7.2003, WT/WGTCP/7, Rn. 16.
1637 *Katona*, Interview with Frédéric Jenny, the Antitrust Source 2018, 1 (4), der aus diesem Grund eine vollständige Konvergenz in diesen Bereichen für unrealistisch hält.
1638 *Katona*, Interview with Frédéric Jenny, the Antitrust Source 2018, 1 (4).
1639 *Katona*, Interview with Frédéric Jenny, the Antitrust Source 2018, 1 (4).

gen werden.[1640] Schutzlücken drohen durch die Beschränkung nicht zu entstehen und aus Sicht der EU besteht kein Grund, auf Sachverhalte einzuwirken, die keinen Einfluss auf EU-Unternehmen haben.

7. Zwischenfazit

Weitestgehende Rechtseinheitlichkeit ist für multinationale Unternehmen günstig. Diese Erwägung kann aber allein nicht entscheidend für die Gestaltung der Kartellrechtsregelungen in den Freihandelsabkommen sein.[1641] Obwohl die Kartellrechtsregelungen durch detailliertere Definitionen von wettbewerbswidrigen Praktiken an Relevanz gewinnen würden, sprechen die überzeugenderen Argumente gegen solche.

II. Private Rechtsdurchsetzung

Die EU sollte eine an Art. 16.3 TTP orientierte Regelung einführen, welche sich mit der privaten Rechtsdurchsetzung des Kartellrechts beschäftigt.[1642] Besonders empfehlenswert wäre eine solche Klausel für Vertragsstaaten, in denen die Kartellbehörden nicht völlig frei von politischem Einfluss sind,[1643] und für Vertragsstaaten, die eine schwache Kartellbehörde haben.[1644] Das Recht zur privaten Rechtsdurchsetzung stärkt die Durchsetzung des Kartellrechts, da es den Geschädigten neben der Beschwerde bei der Kartellbehörde einen alternativen Lösungsweg bietet.[1645] Ein solcher Artikel würde auch der Entwicklung des europäischen Kartellrechts Rechnung tragen, welches immer stärker auf die private Rechtsdurchsetzung als Instrument setzt.[1646]

1640 So bezogen auf eine multilaterale Harmonisierung *Basedow*, in: Neuman/Weigand, The International Handbook of Competition Law, S. 321 (330).

1641 Ähnlich in Bezug auf ein multilaterales Kartellrechtsabkommen *Herrmann*, in: Terhechte, Internationales Kartell- und Fusionskontrollverfahrensrecht, S. 1891 (1903).

1642 Zu Art. 16.3 TTP vgl. oben Kapitel 4. B. III. 2.

1643 *Gadbaw*, in: Cimino-Isaacs/Schott, Trans-Pacific Partnership, S. 323 (324).

1644 *Abrenica/Bernabe*, in: Chaisse/Gao/Lo, Paradigm Shift in International Economic Law Rule-Making, S. 165 (179 f.).

1645 *Abrenica/Bernabe*, in: Chaisse/Gao/Lo, Paradigm Shift in International Economic Law Rule-Making, S. 165 (180).

1646 Vgl. oben Kapitel 2. C. II. 2.

III. Unlautere Rechtspraktiken

Trotz der in dieser Arbeit propagierten Stärkung des Verbraucherschutzes durch das Kartellrechtskapitel ist ein Artikel zu unlauteren Rechtspraktiken wie Art. 16.6 TPP im Kartellrechtskapitel der Freihandelsabkommen der EU nicht gut aufgehoben und würde dieses Kapitel mit rechtsfremden Vorschriften überfrachten.[1647] Dieser Artikel ist eine Besonderheit im TPP, da ähnliche Praktiken typischerweise bisher als inländische und nicht als handelspolitische Belange betrachtet wurden.[1648] Daher wurden sie typischerweise nicht in die Handelsabkommen im Allgemeinen und ins Kartellrechtskapitel im Speziellen aufgenommen.[1649] Die USA bestanden auf der Ausweitung auf diesen Bereich, da sich unlautere Rechtspraktiken in bestimmten Fällen auf den grenzüberschreitenden Handel auswirken können.[1650] So können beispielsweise falsche Behauptungen über eine ausländische Ware, die von einem konkurrierenden inländischen Hersteller propagiert werden, den Marktzugang für diese Ware einschränken.[1651] In der EU fallen unlautere Handelspraktiken jedoch nicht unter das Wettbewerbsrecht, sondern unter separate Gesetze zum Verbraucherschutz.[1652] Des Weiteren ist mit der *Generaldirektion Justiz und Verbraucher* eine andere Generaldirektion der EU-Kommission für diesen Bereich zuständig.[1653] Somit wären bei einer Aufnahme drei Generaldirektionen an den Verhandlungen zum Kartellrechtskapitel betroffen: die *Generaldirektionen Handel, Wettbewerb und Justiz und Verbrauche*r. Dies würde die Verhandlungen verkomplizieren. Aus diesem Grund ist eine Aufnahme solcher Regelungen, zumindest in die Kartellrechtskapitel für die Freihandelsabkommen der EU, abzulehnen. Im TPP ist die Situation eine andere, da in vielen Verhandlungsstaaten des TPP, einschließlich der USA mit der US *Federal*

1647 Zu Art. 16.6 TPP vgl. oben Kapitel 4. B. III. 2.

1648 *Abrenica/Bernabe*, in: Chaisse/Gao/Lo, Paradigm Shift in International Economic Law Rule-Making, S. 165 (176).

1649 *Abrenica/Bernabe*, in: Chaisse/Gao/Lo, Paradigm Shift in International Economic Law Rule-Making, S. 165 (176).

1650 *Abrenica/Bernabe*, in: Chaisse/Gao/Lo, Paradigm Shift in International Economic Law Rule-Making, S. 165 (176).

1651 *Abrenica/Bernabe*, in: Chaisse/Gao/Lo, Paradigm Shift in International Economic Law Rule-Making, S. 165 (176).

1652 Siehe zum Einfluss des Unionsrecht auf das deutsche Recht im Bereich des Verbraucherschutzes *Schürnbrand/Janal*, Examens-Repetitorium Verbraucherschutzrecht, S. 4 ff.

1653 Siehe zur internen Organisation der EU-Kommission *Streinz*, Europarecht, S. 138 f.

Trade Commission, die Kartellbehörde auch gleichzeitig für den Verbraucherschutz zuständig ist.[1654]

IV. Verbindung von Antidumping- und Kartellrecht

Die EU-Freihandelsabkommen nutzen noch zu wenig die Chancen, die sich daraus ergeben, dass in einem Instrument der internationalen Handelspolitik kartellrechtliche Regelungen vereinbart werden. Insbesondere sollte eine Verbindung zwischen den kartellrechtlichen Regelungen und den Antidumpingmaßnahmen hergestellt werden.[1655] Hierzu wird nachfolgend ein Vorschlag gemacht. Zunächst wird jedoch als Grundlage für den Vorschlag ein knapper Überblick über den Status quo von Antidumpingregelungen in Freihandelsabkommen gegeben.

1. Status quo von Antidumpingregelungen in den Freihandelsabkommen

Das Recht der Union, auf Handelsschutzmaßnahmen zurückzugreifen, wird typischerweise im Rahmen der Handelsverträge beibehalten.[1656] In einer breiten Gruppe von Abkommen hat die EU verfahrensrechtliche Beschränkungen für die Anwendung von Handelsschutzmaßnahmen akzeptiert, indem sie Konsultationen entweder vor der Einleitung von Untersuchungsverfahren oder häufiger gleichzeitig mit oder nach einer solchen Einleitung zustimmte.[1657]

In den Abkommen der „neuen Generation" mit weiter entfernten Staaten bleiben Antidumpingmaßnahmen, wie Antidumpingzölle, nach Maßgabe des WTO-Rechts weiterhin erlaubt.[1658] In den Abkommen finden sich darüber hinaus einige sogenannte WTO-plus-Regelungen zum Anti-

---

1654 *Gadbaw*, in: Cimino-Isaacs/Schott, Trans-Pacific Partnership, S. 323 (332).

1655 Zum Verhältnis Antidumping- Kartellrecht vgl. oben Kapitel 2. E. I. 3.

1656 Ausnahmen sind insbesondere die Beziehungen zwischen den EU-Mitgliedstaaten selbst und der Union zu den EWR-Mitgliedern (bei gewerblichen Erzeugnissen), siehe *Müller-Ibold*, in: Bungenberg/Hahn/Herrmann/Müller-Ibold, EYIEL Trade Defence, S. 191 (229).

1657 *Müller-Ibold*, in: Bungenberg/Hahn/Herrmann/Müller-Ibold, EYIEL Trade Defence, S. 191 (229).

1658 Art. 3.1 Abs. 1 CETA; Art. 37 Abs. 1 EU-Ecuador/Kolumbien/Peru; Art. 5.11 EU-Japan; Art. 3.1 Abs. 1 EU-Singapur; Art. 3.8 Abs. 1 EU-Südkorea; Art. 3.1 Abs. 1 EU-Vietnam; Art. 92 Abs. 1 EU-Zentralamerika.

dumping, das heißt, es existieren Regelungen, die über das Antidumpingrecht des WTO-Rechts hinausgehen. Die Vertragsparteien können von der
Anwendung von Antidumpingmaßnahmen absehen, wenn diese nicht im
öffentlichen Interesse liegen.[1659] Außerdem wird typischerweise vereinbart, dass es wünschenswert wäre, wenn die Regel des niedrigeren Zollsat-
zes (*lesser duty rule*) als Begrenzung für die Verhängung von Antidumpingmaßnahmen eingehalten würde.[1660] Die Regelungen sind nicht bindend
und grundsätzlich nicht vom Streitbeilegungsmechanismus umfasst.[1661]
Darüber hinaus gibt es unter anderem Regelungen zur Transparenz der
Maßnahmen und zur Notifikation.[1662]

Eine Studie aus dem Jahr 2016, welche 83 % der bei der WTO notifizier-
ten Freihandelsabkommen umfasste, kam zu dem Ergebnis, dass 4 % der
weltweiten Freihandelsabkommen Antidumpingmaßnahmen vollständig
verbieten, in 70 % etwas hierzu geregelt wird und 26 % der Freihandelsabkommen Antidumpingmaßnahmen gar nicht behandeln.[1663] Bei den Abkommen, die Antidumpingmaßnahmen verbieten, handelt es sich somit
um wenige Ausnahmen, die als „besonders bemerkenswert" bezeichnet
werden.[1664]

1659 Art. 3.3 Abs. 1 CETA; Art. 39 EU-Ecuador/Kolumbien/Peru; Art. 3.4 EU-Singa-
       pur; Art. 3.10 EU-Südkorea; Art. 5.13 EU-Japan; Art. 3.3 EU-Vietnam; Art. 94
       EU-Zentralamerika; für eine Beschreibung des EU-Recht, welches dies regelt
       vgl. oben Kapitel 2. E. I. 3. e) (1).

1660 Art. 3.3 Abs. 2 CETA; Art. 40 EU-Ecuador/Kolumbien/Peru; Art. 3.3 EU-Singa-
       pur; Art. 3.14 EU-Südkorea; Art. 3.4 EU-Vietnam; Art. 95 EU-Zentralamerika;
       zur „lesser duty rule" im EU-Recht vgl. oben Kapitel 2. E. I. 3. e) (2).

1661 Art. 3.7 CETA; Art. 98 EU-Zentralamerika; Art. 3.15 EU-Südkorea; Art. 3.5 EU-
       Singapur; Art. 42 EU-Ecuador/Kolumbien/Peru; Art. 3.5 EU-Vietnam.

1662 Eine ausführliche Beschreibung und Analyse der Regelungen des Abkommens
       der EU mit Vietnam, welche näher auf diese Vorschriften eingeht, findet sich
       bei *Chaisse/Sejko*, in: Bungenberg/Hahn/Herrmann/Müller-Ibold, EYIEL Trade
       Defence, S. 295.

1663 *Prusa*, in: Bhagwati/Krishna/Pamagariya, The World Trade System, S. 117
       (131); siehe für eine Auflistung von 14 Freihandelsabkommen und 3 Zollunio-
       nen, die Antidumpingmaßnahmen vollständig verbieten, *Kasteng*, in: Bhagwa-
       ti/Krishna/Pamagariya, The World Trade System, S. 317 (345 f.).

1664 *Koopmann/Vogel*, Wirtschaftsdienst 2009, 53 (57).

2. Vollständige Ersetzung von Antidumping- durch Kartellrechtsregelungen

Staaten, die Antidumpingmaßnahmen verhängen, wird oft Protektionismus vorgeworfen.[1665] Außerdem führen Antidumpingmaßnahmen zu ökonomischen Kosten, da sie die Importe verteuern und damit die Konsumenten gegebenenfalls auf teurere nationale Güter ausweichen müssen. Gleichzeitig wird der Wettbewerb kleiner, was dazu führen kann, dass marktbeherrschende Unternehmen ihre Stellung ausnutzen können. Antidumpingverfahren sind teuer, erzeugen oft Unsicherheiten und Produktknappheit für industrielle Verbraucher und werden oft in unfairer Weise von nationalen Behörden angewendet.[1666] Des Weiteren sind Antidumpingmaßnahmen im Vergleich zum Kartellrecht eine weniger effiziente Methode, um Dumping zu verhindern.[1667] Es gibt Studien, die zeigen, dass die volkswirtschaftlichen Kosten von Antidumpingmaßnahmen regelmäßig höher sind als die Vorteile für die geschützte Industrie.[1668] Eine Studie von *Kasteng*, welche Daten aus den Jahren von 2000 bis 2008 verwendet, zeigt, dass Antidumpingverfahren der EU zu geringen positiven Effekten für die EU-Produzenten führen, da sie zu einem höheren Marktanteil dieser beitragen und die Unternehmen höhere Preise in der EU verlangen können.[1669] Allerdings zeigt die Studie auch, dass diese geringen Vorteile zu sehr hohen Kosten für die Konsumenten führen. Mit jedem Euro, den die EU-Produzenten durch die Antidumpingmaßnahmen gewinnen, verlieren die Konsumenten im Schnitt 4,50 Euro.[1670] Bei Vorliegen von Kartell- und Beihilferechtsvorschriften, welche internationalen Standards entsprechen und effektiv durchgesetzt werden, ist Dumping grundsätzlich

---

1665 *Basedow*, Weltkartellrecht, S. 43 mit weiteren Nachweisen; *Utton*, International Competition Policy, S. 3 f. mit Verweis auf empirische Studien, die diesen Vorwurf belegen.

1666 *Goldman/Facey*, in: Hawk, Fordham Corp. L. Inst. 1998, S. 279 (286).

1667 *Nicolaides*, J World Trade 1996, 131 (134).

1668 *Corr*, Nw. J. Int'l L. & Bus. 1997, 49 (100 f.).

1669 *Kasteng*, in: Bhagwati/Krishna/Pamagariya, The World Trade System, S. 317 (320 ff.), der beispielsweise zeigt, dass der Marktanteilsgewinn (basierend auf dem Wert der Einfuhren) der EU-Produzenten auf dem EU-Markt drei Jahre nach der Einleitung einer Antidumpinguntersuchung nur 1 % im Schnitt beträgt im Vergleich zu 8 % Marktanteilsgewinn von nicht betroffenen außereuropäischen Produzenten.

1670 *Kasteng*, in: Bhagwati/Krishna/Pamagariya, The World Trade System, S. 317 (326), siehe ausführlich zu der Methodik und den verwendeten Daten der Studie Anhang 1 auf S. 372 ff.

nicht möglich und Antidumpingmaßnahmen sind somit überflüssig.[1671] Aufgrund der aufgezeigten Nachteile von Antidumpingmaßnahmen wäre eine vollständige Ersetzung der Antidumpingregelungen, insbesondere mit Vertragsstaaten, die eine effektive Kartellrechtsdurchsetzung durch eine unabhängige Kartellbehörde vornehmen, wünschenswert.

Allerdings scheint ein vollständiges Ersetzen von Antidumpingmaßnahmen durch eine koordinierte Kartellrechtspolitik in Freihandelsabkommen mit weiter entfernten Staaten in absehbarer Zukunft unrealistisch. Sowohl wichtige Industriezweige der Vertragsstaaten als auch die Vertragsstaaten selbst werden in absehbarer Zukunft nicht auf die Möglichkeit der Verhängung von Antidumpingmaßnahmen verzichten wollen. Für einige Industriezweige können Antidumpingmaßnahmen, als sozusagen letzter Rettungsring, eine notwendige Voraussetzung dafür sein, dass sie das Freihandelsabkommen unterstützen und damit nicht das ganze Projekt gefährden.[1672] Die Vertragsstaaten werden die Möglichkeit von Antidumpingmaßnahmen als ein Instrument gegen Verzerrungen grundsätzlich behalten wollen, solange die Vertragsstaaten jeweils ihr nationales Wettbewerbsrecht durch nationale Kartellbehörden anwenden und keine unabhängige, neutrale Einrichtung zur Durchsetzung des Wettbewerbsrechts besteht. Ohne eine unabhängige, neutrale Einrichtung zur Durchsetzung des Wettbewerbsrechts vertrauen die Vertragsparteien gegenseitig nicht darauf, dass sie jeweils effektiv gegen Wettbewerbsverzerrungen vorgehen.[1673] Eine vollständige Ersetzung des Antidumpingrechts durch Kartellrechtsregelungen würde höchstwahrscheinlich auch auf Protest der Öffentlichkeit stoßen. Das hängt damit zusammen, dass das Kartellrecht als ein Mechanismus zur Gestaltung der Globalisierung weniger direkt und schwerer zu erfassen ist als handelspolitische Schutzinstrumente wie Antidumpingzölle.[1674]

1671 Basedow, Weltkartellrecht, S. 43; so auch *Prusa*, in: Chauffour/Maur, Preferential Trade Agreements, S. 179 (191), der allerdings von gemeinsamen Kartellrechtsregeln ausgeht.

1672 *Sokol*, Chi.-Kent L. Rev. 2008, 231 (278, Fn. 191); *Abrenica/Bernabe*, in: Chaisse/Gao/Lo, Paradigm Shift in International Economic Law Rule-Making, S. 165 (181).

1673 *Daiber*, EuR 2015, 542 (570); Das ist letztendlich auch das Ergebnis der Untersuchung von Präferenzabkommen der EU bezogen auf Antidumpingregelungen von *Müller-Ibold*, in: Bungenberg/Hahn/Herrmann/Müller-Ibold, EYIEL Trade Defence, S. 191 (229).

1674 *Steenbergen*, in: Goevaere/Quick/Bronchers, Trade and Competition Law in the EU and Beyond, S. 3 (15).

Diese Prognose wird auch unterstützt, wenn man sich die Abkommen anschaut, bei denen ein Verbot von Antidumpingmaßnahmen vereinbart wurde. Alle diese Abkommen sind Sonderfälle. Sie haben spezielle Entstehungsgeschichten oder Charakteristika, sodass sie nicht als Vorbild dienen können. Der EWR zeichnet sich durch einen besonders hohen Grad an wirtschaftlicher Integration, durch eine Harmonisierung der materiellen Regeln und durch eine Durchsetzung mithilfe von überstaatlichen Institutionen und Gerichten aus.[1675] Ein solches Maß an Integration ist in Freihandelsabkommen mit weiter entfernten Staaten nicht zu erwarten. Ebenso ist ANZCERTA ein Beispiel, welches nicht übertragbar ist auf andere Freihandelsabkommen.[1676] Die Annäherung der Kartellrechtsregime und das damit verbundene Verbot von Antidumpingmaßnahmen sind bei ANZCERTA durch die gemeinsamen Wurzeln der Staaten, die gemeinsame Sprache und Kultur der Länder und auch durch die schon vor dem Freihandelsabkommen bestehende Ähnlichkeit der Kartellrechtsregime zu erklären.[1677] Außerdem wurden im Fall von ANZCERTA handelspolitische Schutzinstrumente zwischen Australien und Neuseeland, auch vor dem Abschluss des Abkommens, praktisch nicht angewendet, sodass der Schritt zu ihrer Ersetzung als „selbstverständlich" beschrieben wurde.[1678] Beim Freihandelsabkommen zwischen Chile und Kanada gibt es ebenfalls spezifische Gründe, die zu dem Verbot der Antidumpingmaßnahmen geführt haben. *Sokol*, der mit Verhandlungsteilnehmern beider Seiten gesprochen hat, nennt als mögliche Gründe, dass entweder Chile NAFTA beitreten wollte und dies ein Schritt in diese Richtung sein sollte, oder Kanada eigentlich im Freihandelsabkommen mit den USA Antidumpingmaßnahmen verbieten wollte und somit das Abkommen mit Chile als Test in diese Richtung gesehen hat.[1679] Eine solche Klausel war in jedem Fall nur möglich, da aufgrund des geringeren Wirtschaftsvolumens zwischen den beiden Ländern keine Antidumpingmaßnahmen zukünftig realistisch waren und daher die Wirtschaftslobbys beider Länder nichts gegen eine solche Klausel einzuwenden hatten.[1680] Kanada konnte danach weder die USA noch sonst einen Vertragspartner zu einer solchen Klausel bewegen; daher kann dieses Abkommen auch als ein vergeblicher Versuch, die brei-

---

1675 *Müller-Ibold*, in: Bungenberg/Hahn/Herrmann/Müller-Ibold, EYIEL Trade Defence, S. 191 (229).
1676 *Rennie*, Int. T.L.R. 2007, 30 (31).
1677 *Ahdar*, Nw. J. Int'l L. & Bus. 1991, 317 (322).
1678 *Ahdar*, Nw. J. Int'l L. & Bus. 1991, 317.
1679 *Sokol*, Chi.-Kent L. Rev. 2008, 231 (277 f.).
1680 *Sokol*, Chi.-Kent L. Rev. 2008, 231 (277 f.).

tere Agenda innerhalb der westlichen Hemisphäre zu gestalten, angesehen werden.[1681]

Aufgrund der geringen Realisierungschancen einer Klausel, welche Antidumpingmaßnahmen vollständig verbietet und durch Kartellrechtsregelungen ersetzt, soll im Folgenden eine weniger radikale Variante vorgeschlagen werden, wie Kartellrecht und Antidumping besser miteinander vereinbart und Dumpingmaßnahmen reduziert werden können.

3. Vorschlag für eine Regelung

a) Inhalt

Es sollte eine Regelung in den Freihandelsabkommen aufgenommen werden, die eine verpflichtende Untersuchung der Kartellbehörde vor der Verhängung einer Antidumpingmaßnahme vorschreibt. Ein Vorschlag für eine solche Regelung wird nachfolgend erläutert. Nach der vorgeschlagenen Regelung muss die Kartellbehörde des Vertragspartners, der Dumping von Unternehmen des anderen Vertragspartners vermutet, eine Untersuchung anhand des nationalen Kartellrechts vornehmen. Erst nach einer solchen Untersuchung, wenn die Kartellbehörde einen Wettbewerbsverstoß festgestellt hat, darf der Vertragsstaat eine Antidumpingmaßnahme ergreifen. Die untersuchende Kartellbehörde muss hierbei die Grundprinzipien, welche die Kartellrechtsregelungen des Freihandelsabkommens festschreiben, beachten. Die Kartellbehörde des Vertragsstaates, in welchem die mutmaßlich dumpenden Unternehmen ihren Sitz haben, wird zur Kooperation im Sinne der Kooperationsregelungen aufgefordert. Ein Druckmittel, damit eine umfangreiche Kooperation tatsächlich stattfindet, ist, dass ohne eine solche Kooperation ein Antidumpingzoll ohne weitere Voraussetzung erhoben werden darf. Nach Abschluss der Untersuchung muss das Untersuchungsergebnis mit der Kartellbehörde des Vertragspartners geteilt und dieser die Möglichkeit zur Stellungnahme gegeben werden. Bestätigt die Untersuchung der Kartellbehörde den Dumpingvorwurf, muss der Kartellbehörde des Vertragsstaates, in dem das dumpende Unternehmen seinen Sitz hat, zusätzlich die Gelegenheit gegeben werden, gegen das Verhalten vorzugehen. Erst nach dem Einräumen dieser Möglichkeit wird die Verhängung eines Antidumpingzolles gestattet, wenn keine Maß-

---

1681 *Woolcock*, EcIPE Working Paper 2007, 1 (7).

nahmen von der Kartellbehörde ergriffen wurden oder diese aus Sicht des anderen Vertragsstaates nicht ausreichend waren.

Die Klausel müsste sinnvollerweise durch Maßnahmen ergänzt werden, welche staatliche Verhaltensweisen als Ursachen des Dumpings respektive des asymmetrischen Marktzugangs behandeln.[1682]

b) Vorteile

(1) Asymmetrie des Marktzugangs

Wie bereits dargestellt, ist eine Markttrennung eine Voraussetzung für Dumping.[1683] Das Vorhandensein von Dumpingpraktiken ist somit ein Indikator für eine Markttrennung.[1684] Eine solche kann durch privates wettbewerbswidriges Verhalten entstehen.[1685] Die zugrundeliegenden Praktiken sind aber möglicherweise nicht sofort ersichtlich oder nicht leicht aufzudecken, insbesondere wenn die betreffenden Tätigkeiten in Drittländern durchgeführt werden.[1686] Durch Antidumpingmaßnahmen wird gegen bestimmte Auswirkungen dieser Markttrennung auf die heimische Industrie vorgegangen.[1687] Antidumpingmaßnahmen sind, wenn das Anliegen tatsächlich der Marktzugang ist und nicht der Schutz der heimischen Industrie, jedoch ein unvollkommenes Instrument.[1688] Es befasst sich nicht direkt mit der eigentlichen Ursache der Asymmetrie des Marktzugangs, sondern versucht, die Symptome zu lindern, indem es bestimmte schädliche Auswirkungen auf die heimische Industrie begrenzt.[1689] Die vorgeschlagene Klausel würde dazu führen, dass die Kartellbehörde bei dem Verdacht eines Dumpings eingeschaltet werden würde und in Koope-

---

1682 Siehe zu Vorschlägen, wie diese beseitigt werden könnten: *Müller-Ibold*, in: Bungenberg/Hahn/Herrmann/Müller-Ibold, EYIEL Trade Defence, S. 191 (199 f.).

1683 Vgl. oben Kapitel 2. E. I. 3. b).

1684 *Müller-Ibold*, in: Bungenberg/Hahn/Herrmann/Müller-Ibold, EYIEL Trade Defence, S. 191 (197).

1685 Vgl. oben Kapitel 2. E. II. 2.

1686 Vgl. oben Kapitel 2. D. I. 3. a).

1687 *Müller-Ibold*, in: Bungenberg/Hahn/Herrmann/Müller-Ibold, EYIEL Trade Defence, S. 191 (197).

1688 *Müller-Ibold*, in: Bungenberg/Hahn/Herrmann/Müller-Ibold, EYIEL Trade Defence, S. 191 (197).

1689 *Müller-Ibold*, in: Bungenberg/Hahn/Herrmann/Müller-Ibold, EYIEL Trade Defence, S. 191 (197).

ration mit der Wettbewerbsbehörde des Vertragsstaates gegen die Ursache der Marktasymmetrie vorgehen könnte.

(2) Größerer Stellenwert von Kartellrechtsargumenten und Begrenzung von Antidumpingmaßnahmen

Der Einfluss der Antidumpingmaßnahmen auf den Wettbewerb würde in jedem Fall von Amts wegen und nicht erst nach einem Antrag im Rahmen der Prüfung des Unionsinteresses gemäß Art. 21 der Antidumping-Grundverordnung untersucht werden.[1690] Eine Untersuchung durch die Kartellbehörden scheint vor allem deshalb sinnvoll, da bereits nach geltendem Recht der EU Kartellrechtskonzepte im Antidumpingverfahren zur Anwendung kommen. Diese werden allerdings nicht immer in überzeugender Weise angewendet.[1691] Der Vorteil der Einbeziehung der *Generaldirektion Wettbewerb* bestünde auch darin, dass diese über den notwenigen volkswirtschaftlichen Sachverstand verfügt.[1692] Die sachliche Marktabgrenzung würde ebenfalls genauso von Amts wegen bestimmt werden und nicht, wie oft üblich, ohne eigene Untersuchung der Marktabgrenzung der Antragsteller folgen.[1693] Wären die Kartellbehörden involviert, ist zu erwarten, dass auch Faktoren wie Anzahl der Anbieter, Effektivitätsargumente und Markteintrittsbarrieren überhaupt beziehungsweise überzeugender in die Betrachtung miteinbezogen würden.[1694] Stichhaltige Kartellrechtsargumente könnten mit einer solchen Klausel häufiger ausreichen, um Antidumpingzölle zu verhindern, selbst wenn Dumping und eine Verletzung im Sinne des Antidumpingrechts festgestellt würden. Die vorgeschlagene Klausel könnte daher die Verhängung von Antidumpingmaßnahmen begrenzen. Die Untersuchung der Kartellbehörden könnte beispielsweise ergeben, dass aus kartellrechtlicher Sicht Preise unter Stück-

---

1690 *Laprévote*, Concurrences 2015, 1 (16) schlägt eine Änderung des EU-Rechts zur Untersuchung von Amts wegen durch die *Generaldirektion Wettbewerb* unabhängig von Freihandelsabkommen vor.

1691 Vgl. oben Kapitel 2. E. I. 3. d) (1).

1692 Ähnlich *Laprévote*, Concurrences 2015, 1 (16), der allerdings eine solches Team in der *Generaldirektion Handel* aufzubauen vorschlägt.

1693 Dafür, dass dies allgemein wünschenswert wäre, *Knorr*, List Forum 1999, S. 414 (426).

1694 Dass diese Faktoren überhaupt respektive überzeugender mit in die Betrachtung bei der Verhängung von Antidumping einbezogen werden, fordert auch *Laprévote*, Concurrences 2015, 1 (8).

kosten gerechtfertigt, und daher Antidumpingmaßnahmen abzulehnen sind.[1695] Der Vorteil zeigt sich besonders in Bezug auf die Verhinderung von Verdrängungsdumping. Antidumpingmaßnahmen werden vor allem durch den Versuch der Verhinderung der bewussten Verdrängung von Wettbewerbern durch das dumpende Unternehmen begründet, also der Verhinderung von Verdrängungsdumping (*predatory pricing*).[1696] In nur sehr wenigen Fällen ist allerdings die Absicht des dumpenden Unternehmens, die einheimischen Unternehmen vom Markt zu verdrängen, tatsächlich gegeben.[1697] Liegt einmal ein solcher Fall vor, ist das Kartellrecht das geeignetere Recht zur Verhinderung solcher Praktiken.[1698]

Des Weiteren würde das Ziel des Kartellrechts der Verbraucherwohlfahrt durch eine solche Klausel auch beim Dumping eine stärkere Rolle spielen.[1699] Hierdurch würde allgemein die Zentrierung der Handelspolitik auf Herstellerinteressen verringert werden.[1700]

(3) Kartellbildungen im Zusammenhang mit Antidumpingzöllen

EU-Dumpingverfahren erhöhen die Gefahr von Kartellbildungen.[1701] *Laprévote* stellt dies anhand von zwölf Produkten dar, bei denen sich der Kartellzeitraum mit dem EU-Antidumpingzollzeitraum überschneidet.[1702] Er weist zu Recht darauf hin, dass diese Zahl nicht unterschätzt werden darf, da erstens längst nicht alle Kartelle aufgedeckt werden und zweitens seine Analyse nur Entscheidungen der EU-Kommission enthält und nationale Kartellrechtsentscheidungen außen vor lässt.[1703] Allgemein sind die Gründe hierfür, dass Antidumpingzölle die Zahl der Anbieter reduzieren

---

1695 Zu Situationen, in denen Preise unter Stückkosten aus kartellrechtlicher Sicht gerechtfertigt sind, vgl. oben Kapitel 2. E. I. 3. d) (4).
1696 *Herrmann/Weiß/Ohler*, Welthandelsrecht, S. 288.
1697 *Herrmann/Weiß/Ohler*, Welthandelsrecht, S. 288.
1698 *Herrmann/Weiß/Ohler*, Welthandelsrecht, S. 288.
1699 Dafür, dass dies allgemein wünschenswert wäre, *Knorr*, List Forum 1999, S. 414 (415).
1700 Zu dieser Zentrierung vgl. oben Kapitel 2. E. I. 2. b) und Kapitel 2. E. I. 3. d) (2).
1701 *Pierce*, Antitrust L. J. 2000, 740 (741).
1702 Siehe für eine Auflistung der Fälle mit Angabe des Kartellzeitraums und des sich überlappenden oder nachfolgenden Zeitraums, in dem die EU Antidumpingzölle verhängt hat, *Laprévote*, Concurrences 2015, 1 (12).
1703 *Laprévote*, Concurrences 2015, 1 (14).

und Kartellaußenseiter vom Markteintritt abhalten können.[1704] Speziell in der Konstruktion des EU-Antidumpingverfahrens identifiziert *Laprévote* problematische Punkte, die zu einer erhöhten Kartellgefahr führen.[1705] Um eine Antidumpinguntersuchung nach der Antidumping-Grundverordnung anzustrengen, muss gemäß Art. 5 Abs. 4 AD-GVO ein Antrag von EU-Produzenten, die mindestens 25 % der gesamten EU-Produktion repräsentieren, gestellt werden. Zusätzlich müssen sich mindestens 50 % der EU-Produzenten zu einem möglichen Dumpingzoll geäußert haben. Diese Regelung ermutigt dazu, dass Hersteller zusammenarbeiten. Diese Zusammenarbeit kann leicht in eine kartellrechtswidrige Zusammenarbeit übergehen.[1706] Für die Vorbereitung eines Antidumpingantrags bedarf es in der Praxis einer Glaubhaftmachung von Dumping und einer Verletzung. Hierfür sind Annahmen oder Informationen über Preise und Kosten notwendig, die nicht selten aus internen Informationen der Wettbewerber stammen. Der Austausch dieser Informationen kann aus kartellrechtlicher Sicht problematisch sein und wiederum leicht zu einem weitergehenden wettbewerbswidrigen Austausch von Informationen führen.[1707] Eine Situation, in der das Antidumpingrecht zu einer Bildung respektive einer Kartellausweitung führen kann, liegt auch dann vor, wenn das Wettbewerbsverhalten von außereuropäischen Wettbewerben beeinflusst werden soll.[1708] In diesen Fällen kann öffentlich mit einem Antidumpingverfahren gedroht werden, um den Wettbewerbern deutlich zu machen, nicht unter einem bestimmten Preis zu verkaufen.[1709]

Dies zeigt, dass die *Generaldirektion Wettbewerb* ein Interesse daran haben sollte, in Antidumpingverfahren stärker involviert zu sein. Eine Regelung wie die vorgeschlagene würde dies erreichen, da die *Generaldirektion Wettbewerb* bei jeder Verhängung eines Antidumpingzolles stark involviert wäre und sich mit dem betreffenden Markt ausführlich auseinandersetzen

---

1704 *Laprévote*, Concurrences 2015, 1 (10).
1705 *Laprévote*, Concurrences 2015, 1 (10 f.).
1706 *Laprévote*, Concurrences 2015, 1 (10 f.).
1707 *Laprévote*, Concurrences 2015, 1 (11) mit weiteren Nachweisen; siehe auch *Knorr*, List Forum 1999, S. 414 (428) m.w.N.
1708 Dies kann beispielsweise durch ein bereits bestehendes nationales Kartell angestrebt werden.
1709 *Laprévote*, Concurrences 2015, 1 (11) dieser nennt mit Preisverpflichtungen nach Art. 8 der Antidumping-Grundverordnung (VO (EU) 2016/1036 einen weiteren Faktor, der zu Kartellverstößen führen kann, erkennt aber an, dass die Kommission dies beachtet; daher wird dies vorliegend nicht weiter besprochen.

müsste. Im Zuge dieser Untersuchung könnte sie besonders auf eine mögliche Kartellbildung achten.

c) Wirkung und mögliche Probleme

Es muss beachtet werden, dass die vorgeschlagene Regelung gerade in Bezug auf Entwicklungs- und Schwellenländer nur eine begrenzte Wirkung hätte. Für diese Staaten ist der Aufbau von „nationalen Champions", die ihre marktbeherrschende Stellung auf dem Heimatmarkt ausnutzen, um Produkte billiger im Ausland anzubieten und so eine Chance auf dem Weltmarkt zu haben, aus wirtschaftspolitischer Sicht sinnvoll. Mutmaßlich würden die nationalen Kartellbehörden dieser Vertragsstaaten eine solche Praxis selten unterbinden.[1710]

Zusätzlich könnten Probleme durch die bilaterale Begrenzung von Antidumpingmaßnahmen entstehen. Es ist umstritten, ob eine Klausel in einem bilateralen Vertrag, welche Antidumping vollständig verbietet oder erschwert, dazu führt, dass Antidumpingmaßnahmen verstärkt gegen Länder ergriffen werden, mit denen ein solches nicht in Freihandelsabkommen geregelt ist.[1711] Die Regelungen könnten damit insgesamt zu keiner Verringerung von Antidumpingmaßnahmen führen. Allerdings könnte eine solche Regelung erstens immer mehr Staaten motivieren, solche Regelungen bilateral abzuschließen. Zweitens könnte die Regelung dazu führen, dass gemäß dem *stepping stones-Gedanken* auch auf der multilateralen Ebene der WTO die Antidumpingregeln in diese Richtung geändert werden würden.[1712]

1710 Ähnlich *Abrenica/Bernabe*, in: Chaisse/Gao/Lo, Paradigm Shift in International Economic Law Rule-Making, S. 165 (180).

1711 Dafür: *Bhagwati*, in: de Melo/Panagariya, New Dimensions in Regional Integration, S. 22 ff.; *Prusa*, in: Bhagwati/Krishna/Pamagariya, The World Trade System, S. 117 (133 ff.), der dies mit Statistiken zum NAFTA-Vertrag zeigt, welcher zu weniger Antidumpingmaßnahmen der Mitglieder untereinander, aber zu mehr Maßnahmen gegenüber Nichtmitgliedern geführt hat. NAFTA verbietet Antidumpingmaßnahmen nicht, sondern erschwert die Einführung nur dadurch, dass nach Chapter 19 ein binationaler Überprüfungsausschuss die Maßnahmen vor Einführung überprüfen kann; dagegen: *Kasteng*, in: Bhagwati/Krishna/Pamagariya, The World Trade System, S. 317 (338 f.), welcher dies damit begründet, dass die EU-Osterweiterung 2004 Antidumpingmaßnahmen gegen Drittstaaten nicht steigen ließ.

1712 Ähnlich auch *Kasteng*, in: Bhagwati/Krishna/Pamagariya, The World Trade System, S. 317 (372), welcher dies allerdings auf das vollständige Verbot von

C. Rechtsstaatliche Grundsätze

Rechtsstaatliche Grundsätze sollten in den Kartellrechtskapiteln stärker betont werden und die Einhaltung sollte immer als Verpflichtung formuliert sein. Ausführlichere und verbindliche Rechtsstaatsregelungen im Kartellrechtskapitel wären sowohl für die Unternehmen als auch für die Kartellbehörden von Vorteil. Es wurde bereits erwähnt, dass sich Unternehmen auf verschiedene Kartellgesetze einstellen können. Die Planungssicherheit wird jedoch erschwert, wenn rechtsstaatliche Grundsätze im Kartellrecht nicht eingehalten werden. Für die Kartellbehörden sind diese Vorschriften wichtig, damit eine Zusammenarbeit stattfinden kann. Sie müssen darauf vertrauen, dass die Wettbewerbsbehörden, mit denen sie zusammenarbeiten, rechtsstaatliche Grundsätze einhalten.[1713] Hierbei könnte sich an Art. 16.2 TPP orientiert werden, der ausführlicher ist als die Regelungen in diesem Bereich in den EU-Abkommen.[1714] Es könnte aber auch auf die Arbeit der „Working Group" der WTO zurückgegriffen werden, die ähnliche Grundprinzipien herausgearbeitet hat. Diese stellte folgende Grundprinzipien fest: Jeder Person, die mit einer nachteiligen Entscheidung oder Sanktion konfrontiert ist, sollten grundlegende Garantien gewährt werden, wie beispielsweise: das Recht, benachrichtigt zu werden, wenn eine förmliche Untersuchung durch die Wettbewerbsbehörde eingeleitet wurde; das Recht, sich zu verteidigen sowie die Möglichkeit und Zeit zu haben, die Behörde über die eigene Sicht der Dinge schriftlich zu informieren respektive an Anhörungen teilzunehmen, Beweise vorzulegen und Zeugenaussagen vorzulegen; das Recht, die Überprüfung von Entscheidungen durch ein unabhängiges Justizorgan zu beantragen; und der Schutz von vertraulichen Informationen, einschließlich Geschäftsgeheimnissen.[1715] Darüber hinaus kann die Verpflichtung eines Mitglieds, welches auf die Sicherstellung eines ordnungsgemäßen Verfahrens ausgerichtet ist, Folgendes vorsehen: privates Klagerecht vor Justizbehörden; unverzügliche Überprüfung und Korrektur von Verwaltungsmaßnahmen; Zugang zu Beweismitteln, die von nationalen Behörden und anderen Parteien vorgelegt werden; Recht einer Streitpartei, sich durch einen Rechtsbeistand

---

Antidumpingmaßnahmen und auf die sog. „mega" Freihandelsabkommen wie TTIP bezieht.

1713 *Katona*, Interview with Frédéric Jenny, the Antitrust Source 2018, 1 (8).

1714 Zu Art. 16.2 TPP vgl. oben Kapitel 4. B. III. 2.

1715 WTO, Report of the Working Group on the Interaction between Trade and Competition Policy to the General Council, 9.12.2002, WT/WGTCP/6, Rn. 30.

vertreten zu lassen; und Entscheidungen, die nur auf der Grundlage von Beweisen getroffen werden, die von den Parteien in einem Fall angeboten werden.[1716]

D. Koordinations- und Kooperationsregelungen

I. Vertraulicher Informationsaustausch

Mit Staaten, bei denen die EU darauf vertrauen kann, dass rechtsstaatliche Grundsätze eingehalten werden, sollte eine Regelung aufgenommen werden, die den Austausch vertraulicher Informationen erlaubt. Ein solcher Informationsaustausch sollte unabhängig von der Zustimmung der betroffenen Parteien sein. Die genaue Ausgestaltung sollte sich an den OECD-Empfehlungen zur Kooperation von 2014 orientieren.[1717]

Für die Aufnahme einer Regelung, welche den Austausch vertraulicher Informationen zwischen den Kartellbehörden erlaubt, sprechen zwei positive Auswirkungen für die Kartellbehörden und eine für die Unternehmen. Für Kartellbehörden könnten erstens die Kosten gesenkt werden. Die Entscheidung darüber, ob eine wettbewerbswidrige Handlung vorliegt, und das Sammeln von Beweisen würden hierdurch erleichtert, sodass weniger Ressourcen eingesetzt werden müssten. Ohne einen Informationsaustausch entstehen für die Kartellbehörden, selbst wenn sie in der Lage sind, an Beweise zu gelangen, höhere Regulierungskosten für die Erzielung des Abschreckungseffekts.[1718] Ein weiteres Argument für den Informationsaustausch ist, dass die Kumulation von Sanktionen unwahrscheinlicher wird, wenn die Kartellbehörden genau wissen, worauf sich die andere Kartellbehörde bei ihrer Sanktion bezogen hat, und eine Abstimmung insoweit möglich ist. Jedoch ist der Informationstausch keine Garantie dafür, dass dieser überhaupt für eine Abstimmung der Sanktionen genutzt wird. Dafür bedarf es vielmehr einer eigenständigen Regelung.[1719]

Der Austausch von vertraulichen Informationen nur mit der Zustimmung der Betroffenen reicht nicht aus. Bei der Effektivität der Kartellrechtverfolgung sind, wenn vertrauliche Informationen nur mit der Zu-

---

1716 WTO, Report of the Working Group on the Interaction between Trade and Competition Policy to the General Council, 9.12.2002, WT/WGTCP/6, Rn. 30.
1717 Vgl. oben Kapitel 3. B. III. 2. a).
1718 *Sester/Cárdenas*, RIW 2006, 179 (181).
1719 Für einen Vorschlag hierzu vgl. unten Kapitel 5. D. III.

stimmung der Kartellanten ausgetauscht werden können, höchstens kleine Verbesserungen zu erwarten, denn stimmen diese einem Informationsaustausch zu, ist zu erwarten, dass sie auch ansonsten kooperiert hätten.[1720]

Ein Austausch ohne die Zustimmung der Unternehmen ist hingegen nur mit Staaten realistisch, mit denen ein besonders enges Verhältnis besteht. Es setzt ein Vertrauen voraus, dass die andere Behörde willens und in der Lage ist, die Informationen vor Dritten zu schützen.[1721]

Die europäische Sektion der Wirtschaft innerhalb der Internationalen Handelskammer behauptete, dass die verfahrenstechnische und inhaltliche Konvergenz oder Harmonisierung eine „Vorbedingung" für eine weitere Zusammenarbeit, beispielsweise im Bereich des Informationsaustausches, sei, um das Risiko des Missbrauchs oder der Information zu begrenzen.[1722] Diesem Ansatz wird nicht gefolgt. Es handelt sich hierbei um eine Verzögerungstaktik, um die Kontrolle über den Informationsaustausch in internationalen Kartellverfahren aufrechtzuerhalten. Nur wenn es das Interesse der Unternehmen fördert, wie etwa in einem Fusionsfall, können diese beschließen, auf ihre Geheimhaltungsrechte zu verzichten. Andernfalls können sie die Untersuchung blockieren oder behindern, indem sie ihre Zustimmung nicht erteilen. Eine fortgeschrittene Zusammenarbeit der Agenturen würde sie dieser Kontrolle berauben.[1723]

II. Kronzeugenprogramme

Kronzeugenprogramme sind nicht nur entscheidend für das Aufdecken von wettbewerbswidrigen Handlungen, sondern steigern durch ihre Abschreckungswirkung auch Präventionseffekte.[1724] Nicht alle Länder verfügen über ein Kronzeugenprogramm, was zu einer Schmälerung der Effektivität des Kronzeugenprogrammes der EU führen kann.[1725] Daher sollten die Vertragsstaaten zur Einführung oder Beibehaltung eines solchen verpflichtet werden.[1726] Wenn die Vereinbarung einer solchen Regelung

---

1720 *Bätge*, Wettbewerb der Wettbewerbsordnungen?, S. 228.
1721 *Bätge*, Wettbewerb der Wettbewerbsordnungen?, S. 231.
1722 *Zanettin*, Cooperation between Antitrust Agencies at the International Level, S. 138.
1723 *Zanettin*, Cooperation between Antitrust Agencies at the International Level, S. 140.
1724 Vgl. oben Kapitel 2. D. I. 2. a) und Kapitel 2. D. I. 4. b).
1725 Vgl. oben Kapitel 2. D. I. 2. a).
1726 Eine solche Klausel wäre dann als materiell-rechtlich zu qualifizieren.

nicht möglich ist, sollte zumindest die Teilnahme am Kronzeugenprogramm in der EU im Kartellverfahren des Vertragsstaates positiv berücksichtigt werden.

Entscheidend für die Bekämpfung von internationalen Absprachen und abgestimmten Verhaltensweisen ist darüber hinaus eine bessere Koordination der Kronzeugenprogramme.[1727] Die bisherige Abstimmung der Kronzeugenprogramme durch andere Mechanismen ist stark verbesserungsfähig.[1728] Die Verfahrenskonvergenz oder -harmonisierung kann im Bereich der Kronzeugenregelung unnötige Kosten beseitigen, die durch mehrere Verfahren mit unterschiedlichen Fristen oder Informationsanforderungen verursacht werden.[1729] Daher ist eine Abstimmung im bilateralen Verhältnis notwendig und sollte in den Freihandelsabkommen explizit vereinbart werden. Diese Pflicht zur Abstimmung sollte dabei das Ziel verfolgen, widersprüchliche Anforderungen nach Möglichkeit zu vermeiden, indem die Kartellbehördenkommunizieren und, wo immer möglich, über eine gemeinsame Linie entscheiden. Es ist entscheidend, dass eine Abstimmung auch darüber erfolgt, ob die Fortsetzung des Kartellverhaltens gestattet wird, um weitere Beweise zu sammeln oder eine Durchsuchung vorzubereiten.[1730] Die Kartellbehörden sollten dazu angehalten werden, Fristen durch die Abstimmung anzupassen und einen gemeinsamen Ansatz zum Schutz von Informationen in einer Kronzeugenakte zu verfolgen.[1731] Wenn Unternehmen sich auf eine solche Kooperation verlassen können,

---

1727 Ähnlich *Choi/Gerlach*, IJIO 2012, 528; vgl. auch oben Kapitel 2. D. I. 2. a).

1728 *Fox/Fingleton/Mitchel*, in: Lewis, Building New Competition Law Regimes, S. 163 (176); *Choi/Gerlach*, IJIO 2012, 528, die besonders auf den aus ihrer Sicht verbesserten Informationsaustausch zwischen den Wettbewerbsbehörden abstellen.

1729 *Demedts*, The long-term potential of an interim-solution, S. 31.

1730 Eine fehlende Kooperation in diesem Bereich kann im schlimmsten Fall dazu führen, dass es Unternehmen unmöglich ist, die Voraussetzungen aller Kronzeugenverfahren zu erfüllen. So verlangen einige Wettbewerbsbehörden, dass alle Kartellaktivitäten vor Einreichung eines Antrags eingestellt werden müssen, während andere Behörden den Unternehmen vorschreiben, ihr Kartellverhalten fortzusetzen, bis der Antragsteller eine Anordnung der Wettbewerbsbehörde erhält, damit die Wettbewerbsbehörde Zeit hat, sich vorzubereiten und/oder eine Durchsuchung durchzuführen; siehe OECD, Working Party No. 3 on Co-operation and Enforcement, Challenges and Co-Ordination of Leniency Programmes – Background Note by the Secretariat, DAF/COMP/WP3(2018)1, Rn. 46.

1731 Allgemein hierzu OECD, Working Party No. 3 on Co-operation and Enforcement, Challenges and Co-Ordination of Leniency Programmes – Background Note by the Secretariat, DAF/COMP/WP3(2018)1, Rn. 49.

werden sie eher bereit sein, einen Kronzeugenantrag auch in internationalen Kartellen zu stellen. Damit wäre erstens die Verfolgung von internationalen Kartellen einfacher und zweitens würde die Präventionswirkung in Bezug auf diese steigen.

III. Kumulation von Sanktionen

Einer Regelung zur internationalen Kumulation von Sanktionen ist nur dann erforderlich, wenn diese zu einer unverhältnismäßigen Gesamtbelastung für die Unternehmen führen würde. Ist die Gesamtbelastung aber auch bei einer Haftungskumulation unter Abschreckungsgesichtspunkten zu niedrig, bedarf es auch keiner Abstimmung der Bußgelder.[1732] Im Jahr 2006 kam eine Studie von *Connor* zu dem Ergebnis, dass in Hardcore-Kartellen nur in 8 % bis 10 % der Fälle eine abschreckende Sanktion verhängt worden sei und die Kumulation von internationalen Sanktionen daher für eine bessere Abschreckung notwendig sei.[1733] Seitdem werden allerdings immer neue Rekordbußgelder verhängt, und die Zahl der aktiven Kartellrechtsjurisdiktionen steigt. Daher ist davon auszugehen, dass die Sanktionen, häufiger als noch im Jahr 2006, die Höhe, welche für eine Abschreckung erforderlich ist, übersteigen.[1734] Ein weiteres Problem ist, dass sehr hohe Sanktionen, welche vor allem durch eine Kumulation möglich sind, Unternehmen auch von zulässigem Verhalten abhalten können.[1735] Dies geschieht insbesondere dann, wenn Unsicherheit über die Abgrenzung zwischen erlaubten und verbotenen Verhaltensweisen aufgrund der Unterschiedlichkeit der internationalen Regeln besteht. Bei Hardcore-Kartellen besteht dieses Problem grundsätzlich nicht.[1736] Hier gibt es weltweit kaum Unterschiede in der Bewertung.[1737] In anderen Bereichen, vor allem bei vertikalen Vereinbarungen und abgestimmten Verhaltensweisen sowie einseitigen wettbewerbswidrigen Handlungen, besteht dieses Problem durchaus. Hier ist eine Abgrenzung von erlaubten und verbotenen Handlungen

---

1732 *Bätge*, Wettbewerb der Wettbewerbsordnungen?, S. 137 f.
1733 *Connor*, J Ind Compet Trade 2006, 195 (215 f.).
1734 In diese Richtung auch *Bätge*, Wettbewerb der Wettbewerbsordnungen?, S. 138; eine Übersanktionierung auch annehmend und daher eine Anrechnung präferierend, *Wiedemann*, in: Wiedemann, Handbuch des Kartellrechts, § 6, Rn. 19.
1735 *Wagner-von Papp*, in: Tietje, Internationales Wirtschaftsrecht, S. 532 (594).
1736 *Blair/Durrance*, Antitrust Bull. 2008, 643 (655).
1737 Vgl. oben Kapitel 2. C. I.

sehr schwierig. In diesen Bereichen kann eine Kumulation von Bußgeldern und sonstigen Sanktionen dazu führen, dass Unternehmen effizienzfördernde Verhaltensweisen unterlassen.[1738]

Es bedarf daher einer Regelung zur Kumulation von Bußgeldern.[1739] Diese gibt es bisher auch nicht in den bilateralen Kooperationsabkommen der EU.[1740] Es sollte hierzu zumindest eine generelle Verpflichtung der Wettbewerbsbehörden aufgenommen werden, dass sie Sanktionen miteinander abstimmen respektive eine bereits verhängte Sanktion einer anderen Wettbewerbsbehörde berücksichtigen.

IV. Orientierung an Abkommen der „ersten Generation"

Die Analyse hat gezeigt, dass die ausführlicheren Kooperationregelungen in den EU-Freihandelsabkommen der „ersten Generation" wenig genutzt wurden.[1741] Von daher war es folgerichtig, dass die EU ihre Verhandlungsressourcen nicht mehr auf die Verhandlung ähnlicher Kooperations- und Koordinationsregelungen verwendet hat. Vielmehr sollten mit Ausnahme der soeben vorgeschlagenen Regelungen ausführlichere Kooperations- und Koordinationsregelungen nur in bilateralen Kooperationsabkommen abgeschlossen werden. Diese werden von den Kartellbehörden verhandelt, welche besser als die Handelsrechtsexperten einschätzen können, mit welchen Staaten ausführlichere Regelungen sinnvoll sind und welche genauen Regelungen notwendig sind.

E. Fusionskontrolle

In Bezug auf die Fusionskontrolle bieten sich bilaterale Verfahrensharmonisierungen nicht an. Möglich ist es aber, das Vollzugverbot zu beschränken. Eine Regelung mit diesem Effekt sollte vereinbart werden.

Die Anmelde- und Entscheidungsfristen sowie die für eine Anmeldung erforderlichen Daten können sinnvoll mit weiter entfernten Staaten nur

---

1738 *Bätge*, Wettbewerb der Wettbewerbsordnungen?, S. 1138 mit weiteren Nachweisen.

1739 So auch *Bätge*, Wettbewerb der Wettbewerbsordnungen?, S. 140, die diesen Punkt allerdings nicht überbewerten möchte.

1740 So ausdrücklich zu den Abkommen mit den USA EuGH, Urt. v. 29. 6. 2006, C-308/04 P, ECLI:EU:C:2006:433, Rn. 35 – *Graphitelektroden*.

1741 Vgl. oben Kapitel 4. A. II. 5. b) (3).

multilateral vereinheitlicht werden. Bilateral ist das nicht praktikabel. Dies gilt zumindest in Bezug auf Vertragspartner, die keine besondere Beziehung zueinander haben und daher nicht nur untereinander eine Vereinheitlichung bezwecken, sondern auch mit anderen Vertragsstaaten. Der Aufwand für Unternehmen und die Rechtsunsicherheit würden sogar noch steigen, wären diese, je nachdem, aus welchem Land der Fusionspartner kommen würde, in einer Jurisdiktion verschieden. Freihandelsabkommen als bilaterale oder plurilaterale Instrumente eignen sich daher nicht für eine solche Harmonisierung. Als eine Erleichterung für Unternehmensfusionen könnte in Freihandelsabkommen vereinbart werden, dass sich das Vollzugsverbot nur auf den eigenen Geltungsbereich beschränken darf, sodass der Vollzug im Ausland nicht verhindert wird, auch wenn er sich im Inland auswirkt.[1742] Eine solche Regelung wäre auch bilateral möglich, da es die Fusionsanmeldung nicht verkomplizieren würde.

F. Ständiges Forum in plurilateralen Abkommen

Es gibt starke Argumente dafür, Streitbeilegungsmechanimusregelungen nicht auf Kartellrechtskapitel anzuwenden.[1743] Daher sollte dies auch in Zukunft nicht geschehen. In plurilateralen Abkommen, wie in den Abkommen der EU mit Ecuador/Kolumbien/Peru, Zentralamerika und Mercosur sowie in dem möglichen zukünftigen Abkommen mit ASEAN, könnten die Verpflichtungen aber glaubwürdiger werden, wenn ein ständiges Forum eingerichtet werden würde. Dieses Forum könnte regelmäßige *peer reviews*, den Austausch von Informationen und Erfahrungen und den Aufbau von Kapazitäten im Hinblick auf die Schaffung einer Wettbewerbskultur sowie die Erreichung einer politischen Konvergenz erleichtern.[1744] Dieses Forum könnte sicherstellen, dass besondere Anliegen der Vertragsparteien in einem nicht konfrontativen Umfeld berücksichtigt werden, indem es Gruppenzwang ausübt, um die Einhaltung zu fördern.[1745]

1742 *Bechtold*, in: Oberender, Internationale Wettbewerbspolitik, S. 129 (139-140).
1743 Vgl. oben Kapitel 4. A. II. 8. d) (2).
1744 Ähnlich bezüglich TPP *Abrenica/Bernabe*, in: Chaisse/Gao/Lo, Paradigm Shift in International Economic Law Rule-Making, S. 165 (185).
1745 Ähnlich bezüglich TPP *Abrenica/Bernabe*, in: Chaisse/Gao/Lo, Paradigm Shift in International Economic Law Rule-Making, S. 165 (185).

Kapitel 6: Zusammenfassung

1. Die Globalisierung der Wirtschaft und die Liberalisierung des Welthandels haben zu einer Ausbreitung von wettbewerbswidrigen Handlungen, die einen internationalen Effekt haben, geführt. Gleichzeitig haben immer mehr Staaten Kartellgesetze und wenden diese auf Grundlage des Auswirkungsprinzips extraterritorial an. Dieses Phänomen wird in dieser Arbeit als Internationalisierung des Wettbewerbsrechts bezeichnet. Die EU begegnet den Problemen, die sich daraus ergeben, seit der Mitteilung „Ein wettbewerbsfähiges Europa in einer globalen Welt" aus dem Jahr 2006 verstärkt durch den Abschluss von Freihandelsabkommen, die Kartellrechtsregelungen enthalten. Diese werden als „neue Generation" von Abkommen bezeichnet. Die Kartellrechtsregelungen in den Kartellrechtskapiteln der „neuen Generation" von Freihandelsabkommen der EU mit Ecuador/Kolumbien/Peru, Japan, Kanada, Singapur, Südkorea, Vietnam und Zentralamerika sind Gegenstand der vorliegenden Arbeit. Es ist in den vorherigen Kapiteln untersucht worden, wie diese Kartellrechtsregelungen zu bewerten sind. Hierzu wurde insbesondere ein Vergleich mit anderen Ansätzen, mit der Internationalisierung des Wettbewerbsrechts umzugehen, sowie mit weiteren Freihandelsabkommen, die Kartellrechtsregelungen enthalten, vorgenommen.

2. Probleme, die aufgrund der Diskrepanz von globalem Wettbewerb und nationalen Kartellrechtsordnungen entstehen, sind Schutzlücken sowie Probleme, die sich vor allem durch die parallele Anwendbarkeit von immer mehr Kartellrechtsjurisdiktionen ergeben. Durch die parallele Anwendbarkeit von mehreren Kartellrechtsregimen entsteht die Gefahr von Konflikten zwischen verschiedenen Wettbewerbsbehörden aufgrund unterschiedlicher kartellrechtlicher Beurteilungen. Schutzlücken entstehen durch Probleme beim Aufdecken und Beweisen von internationalen wettbewerbswidrigen Verhaltensweisen und durch Probleme beim Durchsetzen von Sanktionen oder Abhilfemaßnahmen im Zusammenhang mit solchen. Diese Schwierigkeiten führen zu einer geringeren Effektivität der Wettbewerbsaufsicht in Bezug auf internationale wettbewerbswidrige Verhaltensweisen im Vergleich zu nationalen respektive EU-weiten wettbewerbswidrigen Handlungen. Für das Aufdecken von Kartellen haben grundsätzlich Kronzeugenprogramme eine herausragende Bedeutung. Allerdings führen die nicht ausreichenden Abstimmungen der Kronzeugen-

programme und das Fehlen solcher in rund der Hälfte aller Länder mit Kartellrechtsgesetzen dazu, dass für Unternehmen die Attraktivität der Teilnahme an einem Kronzeugenprogramm sinkt. Dies führt mutmaßlich zu einer geringen Aufdeckungsrate von internationalen Kartellen. Daneben ist die fehlende Berechtigung der Ausübung von Hoheitsbefugnissen auf fremdem Hoheitsgebiet als Grund zu nennen. Diese fehlende Berechtigung ist auch der Grund für die Probleme bezogen auf das Beweisen und das Durchsetzen von Sanktionen oder Abhilfemaßnahmen in internationalen Konstellationen.

Für Unternehmen führt die parallele Anwendbarkeit von sich unterscheidenden nationalen Kartellrechtsregelungen unter anderem zu einer hohen Rechtsunsicherheit, die zu hohen Beratungskosten führt. In der Fusionskontrolle sind darüber hinaus die zum Teil undurchsichtigen Vollzugverbote ausländischer Kartellbehörden problematisch. Ebenfalls ein Problem für Unternehmen stellen nicht abgestimmte kumulierte Sanktionen bei internationalen wettbewerbsbeschränkenden Verhaltensweisen dar.

Für Verbraucher ergibt sich insbesondere das Problem der Überregulierung, welche zu höheren Preisen führen kann.

3. Freihandelsabkommen sind ein Instrument der internationalen Handelspolitik. Daher wurde ein Vergleich zwischen der Handels- und der Wettbewerbspolitik und hier insbesondere zwischen der Kampfpreisunterbietung und dem räuberischen Dumping vorgenommen. Die Unterschiede sind insbesondere, dass die Handelspolitik hauptsächlich die Unternehmen und deren Marktzugang im Blick hat, während der Fokus der Wettbewerbspolitik auf der Verbraucherwohlfahrt liegt. Die EU versucht die Gefahr, die sich aus den einander teilweise widersprechenden Zielen des Kartellrechts und des Antidumpingrechts ergeben können, durch die Beachtung von Wettbewerbsargumenten im Antidumpingverfahren zu begegnen. Diese Wettbewerbsargumente werden allerdings oft nicht überzeugend in Antidumpingverfahren behandelt.

Trotz oder gerade wegen dieser Unterschiede sind die Kartellrechtsregelungen in den Freihandelsabkommen eine passende Verbindung, da die Kartellrechtsanwendung der nationalen Kartellbehörden Auswirkungen auf die Handelspartner hat und damit eine enge Verbindung von Kartell- und Wettbewerbspolitik besteht. Dies zeigt besonders deutlich die Möglichkeit der Ersetzung von handelspolitischen Markteintrittsschranken durch die strategische Wettbewerbspolitik und/oder durch wettbewerbswidrige Verhaltensweisen von Privaten.

4. Die Darstellung anderer Ansätze, mit der Internationalisierung des Kartellrechts umzugehen, hat gezeigt, dass diese nicht ausreichend sind und ergänzt werden müssen.

Unilaterale Maßnahmen können Probleme nur punktuell lösen. Darüber hinaus ist aus Gründen einer stärkeren Präventionswirkung die Durchsetzung des nationalen Kartellrechts der Kartellanten sinnvoller als die extraterritoriale Anwendung eines „fremden" Kartellrechts.

Versuche, ein multilaterales Abkommen im Bereich des Kartellrechts abzuschließen, sind bisher alle gescheitert. Im WTO-Recht gibt es lediglich kartellrechtliche Randaspekte, die nicht ausreichend sind, um den Problemen, die sich aus der Internationalisierung des Kartellrechts ergeben, zu begegnen. Die OECD und das ICN können dagegen einige Erfolge durch nicht bindende Empfehlungen bezüglich der Konvergenz, vor allem in verfahrensrechtlicher Hinsicht, vorweisen. Des Weiteren bieten diese Foren Möglichkeiten zur informellen Kooperation. Eine intensive Zusammenarbeit kann durch die detaillierten Regelungen zur Zusammenarbeit und Koordination in den bilateralen Kooperationsabkommen der Wettbewerbsbehörden erreicht werden, welche die EU-Kommission mit einigen wenigen Wettbewerbsbehörden abgeschlossen hat.

5. Eine Ergänzung der beschriebenen Ansätze zur Lösung der Probleme, die sich durch die Internationalisierung des Kartellrechts ergeben, sind die Kartellrechtsregelungen in den Freihandelsabkommen der EU. Die Kartellrechtsregelungen in den Freihandelsabkommen der „neuen Generation" der EU mit ausgewählten Staaten rund um den Globus ähneln sich zum Teil stark; es gibt allerdings auch Unterschiede, da die EU keine Musterabkommen bei der Verhandlung der Kartellrechtskapitel verwendet.

In den Zielbestimmungen wird in allen Abkommen die Gefährdung der Vorteile der Handelsliberalisierung durch wettbewerbswidrige Verhaltensweisen betont; andere Ziele wie der Verbraucherschutz kommen dagegen kaum vor.

Bei den Definitionen von wettbewerbswidrigen Handlungen und der Verpflichtung, gegen diese vorzugehen, unterscheiden sich die Abkommen stark. Im Abkommen mit Japan wurde keine und in CETA nur eine sehr allgemeine gemeinsame Definition von wettbewerbswidrigen Verhaltensweisen vereinbart. Im Gegensatz zu diesen zwei Abkommen konnte die EU in den Abkommen mit Ecuador/Kolumbien/Peru, Singapur, Südkorea, Vietnam und Zentralamerika gemeinsame Definitionen von wettbewerbswidrigen Handlungen vereinbaren, die dem *acquis communautaire* entsprechen; wobei nur die allgemeinen Definitionen des AEUV und der Fusionskontrollverordnung aufgenommen wurden und nicht etwa auch die Regelbeispiele. Bis auf die Definition im Abkommen mit Vietnam gelten die Definitionen aber nur bezüglich Handlungen, die den gemeinsamen Handel betreffen.

Das Fehlen eines multilateralen Abkommens im Bereich des Kartellrechts erklärt die Allgemeinheit der Regelungen. Die Unterschiede in den verschiedenen Abkommen sind der unterschiedlichen Verhandlungsmacht der Vertragsstaaten geschuldet. Die Definitionen in den Abkommen mit Ecuador/Kolumbien/Peru, Singapur, Südkorea, Vietnam und Zentralamerika sind trotz ihrer Allgemeinheit ein erster Schritt, in diesen Ländern einen Kartellrechtsstandard durchzusetzen, der sich am EU-Modell orientiert. Die Definitionen von wettbewerbswidrigen Handlungen und deren Verbot in Abkommen können einen, wenn auch nur minimalen Beitrag zur Lösung einiger Probleme, die sich aus der Internationalisierung des Kartellrechts ergeben, leisten. Dies gilt insbesondere in Bezug auf den Marktzugang und die Bekämpfung von Exportkartellen. Eng mit der Definition von wettbewerbswidrigen Handlungen verbunden ist auch die Verpflichtung, gegen diese wettbewerbswidrigen Handlungen vorzugehen, die sich in allen Abkommen befindet. Darüber hinaus wurde außer in CETA in allen Abkommen die Verpflichtung vereinbart, eine (unabhängige) Kartellbehörde zu haben.

Rechtsstaatliche Grundsätze werden in allen Abkommen in den jeweiligen Kartellrechtskapiteln betont. Die Gemeinsamkeit ist, dass die Regelungen wenig detailreich sind. Einzig das Abkommen mit Japan beinhaltet eine kurze Beschreibung der Grundsätze. Ein grundsätzlicher Unterschied ist, dass die Abkommen mit Ecuador/Kolumbien/Peru, Südkorea und Zentralamerika im Gegensatz zu CETA und den Abkommen mit Japan, Singapur und Vietnam keine eindeutige Verpflichtung zur Einhaltung der vereinbarten Grundsätze enthalten.

Bei den Kooperations- und Koordinationsregelungen müssen CETA und die Abkommen mit Japan und Südkorea von den anderen Abkommen abgegrenzt werden. Diese drei Abkommen enthalten hauptsächlich einen Verweis auf ein Kooperationsabkommen aus dem Bereich des Kartellrechts. Anders als das Abkommen mit Vietnam enthalten die Abkommen mit Ecuador/Kolumbien/Peru, Singapur und Zentralamerika ohne einen Verweis auf ein Kooperationsabkommen auch Regelungen zur Kooperation der Wettbewerbsbehörden. Diese Kooperationsregelungen sind insgesamt als schwach zu bewerten, da die Vertragsstaaten mutmaßlich keine intensivere Kooperation erwarten. Die praktische Bedeutung dieser Vorschriften ist daher mutmaßlich gering. Der Vergleich mit Alternativen hat allerdings gezeigt, dass sie dennoch notwendig sind. Spezielle

Kooperationsabkommen werden aufgrund des Aufwands nur mit wenigen ausgewählten Staaten verabschiedet. Die wichtige informelle Kooperation zwischen den Wettbewerbsbehörden, vor allem im Rahmen von multilateralen Organisationen, reicht nicht aus und sollte durch formalisierte Regelungen ergänzt werden, damit die Zusammenarbeit nicht von einzelnen Personen abhängig ist. Diese Formalisierung können die Kooperations- und Koordinationsregelungen in den Freihandelsabkommen leisten.

In allen Freihandelsabkommen der „neuen Generation" mit Staaten rund um den Globus ist das Kartellrechtskapitel vom Streitbeilegungskapitel ausgeschlossen. Der Grund für den Ausschluss des Kartellrechtskapitels vom Streitbeilegungsmechanismus ist insbesondere das Fehlen eines WTO-Kartellrechtsabkommens, welches vom WTO-Streitbeilegungsmechanismus umfasst ist. Die Vertragsstaaten wollen durch das Freihandelsabkommen keine erstmalige supranationale Überprüfung von Kartellrechtsfragen einführen. Es wird in dieser Arbeit gezeigt, dass die besseren Argumente gegen die Unterwerfung der Kartellrechtsregelungen unter den Streitbeilegungsmechanismus sprechen. Insbesondere lassen sich viele Ziele der Freihandelsabkommen und glaubwürdige Verpflichtungen auch ohne einen Streitbeilegungsmechanismus erreichen. Des Weiteren wäre der Streitbeilegungsmechanismus auch unzweckmäßig, da die meisten Kartellrechtsregelungen aufgrund ihrer Allgemeinheit zumindest ungeeignet für ein Streitbeilegungsverfahren sind und Handelsrechts- und nicht Kartellrechtsexperten Kartellrechtsstreitigkeiten beilegen müssten.

6. Die Unterschiede und Gemeinsamkeiten zu/mit anderen (Frei-)Handelsabkommen zeigen, dass die Abkommen der „ersten Generation" mit Chile, Mexiko und Südafrika, die vor der Mitteilung „Ein wettbewerbsfähiges Europa in einer globalen Welt" abgeschlossen wurden, im Vergleich zu den Abkommen der „neuen Generation" kaum materielle Kartellrechtsregelungen enthalten. Die Kooperationsregelungen in den Abkommen mit Chile und Mexiko sind dagegen detailliert. Die Abkommen mit Mexiko und Chile enthalten eine Regelung zur „negative comity"; das Abkommen mit Südafrika enthält sogar eine „positive comity-Regelung".

Ein Vergleich der Abkommen der „neuen Generation" mit Staaten rund um den Globus mit den Abkommen mit (möglichen) Beitrittsstaaten sowie mit Staaten des südlichen Mittelmeerraums und der ehemaligen Sowjetunion zeigt, dass sich der größte Unterschied auf die angestrebte materiell-rechtliche Konvergenz bezieht. In den Abkommen mit (möglichen) Beitrittsstaaten wird diese deutlich durch die Verpflichtung, die Kartellrechtsregelungen denen der EU anzugleichen oder sogar die Interpretation der Kartellrechtsregelungen an die Auslegung in der EU anzugleichen.

In den Abkommen mit Staaten des südlichen Mittelmeerraums und der ehemaligen Sowjetunion sind Regelungen zu einer solchen Angleichung nicht als Verpflichtung, sondern als Ziel oder in ähnlicher Weise vereinbart. Die Kooperations- und Koordinationsregelungen sind divers, aber grundsätzlich wenig detailliert. Streitigkeiten können dem Assoziationsrat respektive Kooperationsrat vorgelegt werden. Die neueren, modernisierten Abkommen über Partnerschaft und Zusammenarbeit und Assoziationsabkommen gehen in vielen Bereichen weiter als die älteren Abkommen. Insbesondere enthalten sie, anders als die anderen Abkommen, Vorschriften zur Beachtung von rechtsstaatlichen Grundsätzen.

Die Kartellrechtsregelungen in den (Interims-)Wirtschaftspartnerschaftsabkommen gehen mit wenigen Ausnahmen nicht über allgemeine Absichtserklärungen hinaus.

Der Grund für die Unterschiede liegt in den verschiedenen Zielen der Abkommen. Diese unterschiedlichen Ziele führen dazu, dass die Regelungen nicht als Vorlage für die EU-Freihandelsabkommen der „neuen Generation" mit weiter entfernten Staaten geeignet sind. Für die EU-Beitrittskandidaten ist das Ziel die Angleichung der Kartellrechtsregelungen, um einen möglichen Beitritt vorzubereiten. Das Ziel der Abkommen der EU mit den südlichen Mittelmeerstaaten und ehemaligen Sowjetrepubliken ist es, eine umfassende Kooperation mit den Nachbarstaaten in allen Bereichen, einschließlich des Kartellrechts, zu erreichen. Viele dieser Abkommen sind außerdem Teil der „Europäischen Nachbarschaftspolitik", deren Motivation, speziell bezogen auf das Kartellrecht, es ist, die Konvergenz der Kartellrechtsregelungen zu erreichen, um Marktintegration als langfristiges Ziel zu ermöglichen. Wirtschaftspartnerschaftsabkommen haben in erster Linie entwicklungspolitische Ziele. Die Abkommen der „neuen Generation" mit weiter entfernten Staaten sind dagegen stärker geprägt von rein wirtschaftlichen Interessen wie der Sicherung des Marktzugangs.

Bezüglich des Vergleichs der Kartellrechtsregelungen in Freihandelsabkommen unterschiedlicher Vertragspartner hat sich in der Literatur eine Taxonomie durchgesetzt, welche insbesondere die „EU-Typ-Abkommen" von den „Nordamerika-Typ-Abkommen" unterscheidet.

Ein Vergleich der Kartellrechtsregelungen in den Freihandelsabkommen der EU mit den „Nordamerika-Typ-Abkommen" am Beispiel der Abkommen der USA und insbesondere an TTP verdeutlicht, dass die EU anders als die USA den Fokus auf den Marktzugang legt und weniger auf den Schutz der inländischen Verbraucher. Der Hauptgrund für diesen Unterschied liegt darin, dass sich die Sichtweisen der EU und die der USA darin unterscheiden, dass das Problem der Marktabschließung durch private Handelsschranken vom nationalen Kartellrecht des Vertragsstaates geregelt werden muss. Hierzu sollen die Kartellrechtsregelungen hauptsächlich dienen. Die USA wenden dagegen ihr nationales Kartellrecht „aggressiver" extraterritorial an, auch zum Schutz ihrer Exporteure. Dies erklärt, dass die Abkommen des „Nordamerika-Typs" anders als die des „EU-Typs" keine Definitionen von wettbewerbswidrigen Handlungen enthalten. Die USA legen den Fokus auf die Kooperation, die auch der extraterritorialen Anwendung des US-Kartellrechts dient. Dieser unterschiedliche Fokus wird auch an dem Vergleich der Zielbestimmungen deutlich.

7. Eine Gesamtbetrachtung der Kartellrechtsregelungen in den EU-Freihandelsabkommen der „neuen Generation" mit weiter entfernten Staaten zeigt, dass diese grundsätzlich positiv zu bewerten sind, obwohl an einzelnen Stellen Optimierungsbedarf besteht.

Die eindeutigen Nachteile der Ähnlichkeit, der Allgemeinheit und der teilweisen Unverbindlichkeit der Kartellrechtsregelungen in den Freihandelsabkommen der „neuen Generation" mit Staaten rund um den Globus bestehen darin, dass die Kartellrechtsregelungen in der Praxis eine geringe Flexibilität und eine geringe Relevanz haben. Der Grund für die Ähnlichkeit und Allgemeinheit liegt an Standardformulierungen, welche die EU einsetzt. Diese ermöglichen der EU, ohne die Aufwendung großer Verhandlungsressourcen Regelungen mit sehr unterschiedlichen Handelspartnern abzuschließen. Der Vorteil der Unverbindlichkeit ist die Flexibilität und die Wahrung der Souveränität der Vertragspartner.

Ungeachtet der Allgemeinheit und Unverbindlichkeit, scheinen die Kartellrechtsregelungen in den Freihandelsabkommen für EU-Unternehmen nicht völlig bedeutungslos zu sein, wobei die Relevanz der klassischen Themen von Freihandelsabkommen wie Zollsenkungen deutlich höher ist. Die Relevanz der Kartellrechtsregelungen ergibt sich vor allem aus ihrem symbolischen und politischen Wert. Des Weiteren können die Kartellrechtsregelungen als Vorbild für andere Länder dienen, was langfristig zu dem Enstehen eines weltweiten Netzes von Kartellrechtsregelungen durch Freihandelsabkommen führen kann. Ein zusätzliches Argument, welches für die Kartellrechtsregelungen in den Freihandelsabkommen spricht, ist, dass sie als *stepping stones* die Wahrscheinlichkeit eines multilateralen Kartellrechtsabkommens erhöhen. Ein solches Abkommen wäre wünschenswert, da beispielsweise das Problem der „Überregulierung" für Verbraucher nur durch ein solches gelöst werden könnte. Gleichwohl ist ein derartiges Abkommen in absehbarer Zukunft sehr unwahrscheinlich.

Grundsätzlich sind Freihandelsabkommen ein geeigneter Ort für Kartellrechtsregelungen. Ihre geringe Flexibilität spricht aufgrund der Konzentration auf allgemeine Grundprinzipien nicht gegen die Aufnahme dieser. Die Möglichkeit einer stärkeren Politisierung des Wettbewerbsrechts durch die Aufnahme in den Freihandelsabkommen spricht nicht gegen die Aufnahme, da Wettbewerbsrecht selbst auch nicht apolitisch ist. Die Kartellrechtsregelungen weisen allerdings einige Schwächen auf, die auch darin begründet sind, dass sich die Kartellrechtsregelungen in Freihandelsabkommen befinden. Die Kartellrechtsregelungen haben dadurch fast ausschließlich die Funktion, die durch die Handelsliberalisierung erreichte Marktöffnung abzusichern. Spezifische kartellrechtliche Aspekte wie der Verbraucherschutz finden dadurch bedauerlicherweise kaum Beachtung.

Zu der positiven Bewertung der Kartellrechtsregelungen in den Freihandelsabkommen trägt auch bei, dass sie im Vergleich zu den anderen Möglichkeiten, mit der Internationalisierung des Wettbewerbsrechts umzugehen, insbesondere zu Arbeiten im Rahmen der OECD und des ICN, spezifische Vorteile haben. Diese Vorteile sind insbesondere, dass die Freihandelsabkommen nicht nur unverbindliche Regelungen, sondern auch zahlreiche verbindliche Regelungen enthalten und insgesamt eine vergleichsweise höhere Bindungswirkung entfalten als die unverbindlichen Arbeitsergebnisse im Rahmen des ICN und der OECD. Die Freihandelsabkommen sind im Vergleich zu den Arbeitsergebnissen des ICN und der OECD stärker demokratisch legitimiert. Des Weiteren bleibt ein Wettbewerb der Systeme bestehen, da keine einheitlichen Regelungen für alle Staaten vereinbart werden. Zugleich sind in den Freihandelsabkommen im Vergleich zu allen Alternativen materielle Kartellrechtsregelungen und Regelungen zur Kooperation- und Koordination der Wettbewerbsbehörden in einem Dokument gebündelt.

8. Beim Gestaltungsvorschlag für die Wettbewerbskapitel in den EU-Freihandelsabkommen der „neuen Generation" wird in dieser Arbeit insbesondere das Verhältnis zwischen den Kosten und den Nutzen beachtet und dass es zu keiner Überfrachtung der Wettbewerbskapitel kommt.

In die Zielbestimmungen sollte eine Regelung zum Verbraucherschutz aufgenommen werden, welche sich an der entsprechenden Regelung des TTP orientiert. Für die Kartellrechtspolitik würde damit deutlich gemacht werden, dass das Kartellrecht nicht dem Schutz der Wettbewerber dienen soll und daher nicht industriepolitisch eingesetzt werden sollte. Für die Handelspolitik wäre eine solche Regelung sinnvoll, da die Verbraucherinteressen in den Vordergrund gerückt werden würden und damit die Zentrierung von Freihandelsabkommen auf die Herstellerinteressen geschmälert würde. Die Realisierungschancen der Aufnahme des Verbraucherschutzes sind sehr gut, da der Verbraucherschutz praktisch universell als Ziel des Kartellrechts anerkannt ist. Des Weiteren sollte die Zielvorschrift aufgenommen werden, dass das Kartellrechtskapitel auch zur Senkung der Transaktionskosten und der Kosten für die Einhaltung der Rechtsvorschriften dient, da diese Kosten genauso wie Wettbewerbsbeschränkungen in der Lage sind, die Vorteile, die sich durch die Zollsenkungen und sonstigen Handelsliberalisierungen der Freihandelsabkommen ergeben, zu verringern.

Die Kartellrechtsregelungen würden durch detailliertere Definitionen von wettbewerbswidrigen Handlungen an Relevanz gewinnen. Die besseren Argumente sprechen aber für die Beibehaltung allgemeinerer Regelungen. Detailliertere Definitionen von wettbewerbswidrigen Praktiken verkomplizieren die Verhandlungen. Innovation und Wandel könnten durch solche Regelungen zum Teil gelähmt und Systemwettbewerb bis zu einem gewissen Grad verhindert werden. Selbst bei wortgleichen Regelungen der Definitionen von wettbewerbswidrigen Handlungen könnte es zu unterschiedlichen Beurteilungen und Konflikten kommen. Die Unterschiede der Kartellrechtsordnungen beruhen darüber hinaus zum Teil auf unterschiedlichen (Wert-) Vorstellungen. Daher scheint eine Vereinheitlichung nicht wünschenswert und nicht realistisch. Auch eine Erweiterung der Definition von wettbewerbswidrigen Handlungen, indem in allen Abkommen die Beschränkung auf den zwischenstaatlichen Handel weggelassen würde, sollte nicht vorgenommen werden. Diese Beschränkung führt dazu, dass politischen und ökonomischen Unterschieden der Vertragsstaaten bei rein nationalen Sachverhalten Rechnung getragen wird.

Um die Kosten für die Verhandlungen nicht zu erhöhen und keine Überfrachtung des Wettbewerbskapitels zu schaffen, sollte die EU keine Einführung ausführlicherer Koordinations- und Kooperationsregelungen, die sich an den Regelungen EU-Freihandelsabkommen der „ersten Generation" orientieren, vornehmen und in den Wettbewerbskapiteln auch keine Regelungen zu unlauteren Rechtspraktiken aufnehmen.

Dagegen sollte die EU die Chancen stärker nutzen, welche sich daraus ergeben, dass sich die Kartellrechtsregelungen in den Freihandelsabkommen, also in Dokumenten der Handelspolitik, befinden. Hierzu sollte eine Klausel eingefügt werden, welche Kartellrecht- und Antidumpingrecht verbindet. Ein vollständiges Ersetzen wäre dabei wünschenswert, eine solche ist jedoch nicht realistisch. Die vorgeschlagene weniger radikale Regelung sollte eine verpflichtende Untersuchung der jeweiligen Kartellbehörde vor der Verhängung einer Antidumpingmaßnahme vorschreiben. Nach der vorgeschlagenen Regelung müsste die Kartellbehörde des Vertragspartners, der Dumping von Unternehmen des anderen Vertragspartners vermutet, eine Untersuchung anhand des nationalen Kartellrechts vornehmen. Die vorgeschlagene Klausel würde dazu führen, dass die jeweilige Kartellbehörde bei dem Verdacht eines Dumpings eingeschaltet werden würde und in Kooperation mit der Wettbewerbsbehörde des Vertragsstaates gegen die Ursache der Marktasymmetrie vorgehen könnte. Kartellrechtsargumente würden darüber hinaus einen größeren Stellenwert erhalten und könnten die Anwendung von Antidumpingmaßnahmen begrenzen. Des Weiteren würde die Verbraucherwohlfahrt durch eine solche Klausel auch beim Dumping eine stärkere Rolle spielen. Dies würde abermals die Zentrierung der Freihandelsabkommen auf Herstellerinteressen verringern. Darüber hinaus würde das Problem von Kartellbildungen im Zusammenhang mit Antidumpingzöllen in den Fokus der Kartellbehörde gerückt werden. Die vorgeschlagene Regelung wäre ein erster Schritt zur besseren Verbindung von Antidumping- und Kartellrecht und zur Reduzierung von Antidumpingmaßnahmen.

Weitere Vorschläge dieser Arbeit sind, dass rechtsstaatliche Grundsätze stärker betont und immer als Verpflichtungen ausgestaltet werden. Mit Staaten, bei denen die EU darauf vertrauen kann, dass rechtsstaatliche Grundsätze eingehalten werden, sollte eine Regelung aufgenommen werden, die den Austausch vertraulicher Informationen erlaubt. Die EU sollte darüber hinaus eine Regelung einfügen, welche die Vertragsstaaten auffordert, eine Möglichkeit der privaten Rechtsdurchsetzung zu schaffen respektive sie zu behalten. Diese Regelung sollte sich an einer entsprechenden Regelung in TTP orientieren. Die Einführung oder Beibehaltung eines Kronzeugenprogramms sollte verpflichtend werden. Außerdem sollte vereinbart werden, dass die Teilnahme am Kronzeugenprogramm in der EU positiv berücksichtigt wird, sowie die Abstimmung der Kronzeugenprogramme verbessert werden. Zusätzlich sollte eine Regelung zur Kumulation von Sanktionen aufgenommen werden.

Zur Erleichterung für Unternehmensfusionen sollte vereinbart werden, dass sich das Vollzugsverbot nur auf den eigenen Geltungsbereich beschränken darf. In plurilateralen Abkommen sollte ein ständiges Forum eingerichtet werden, welches unter anderem regelmäßige *peer review*s vornimmt.

9. Die vorliegende Arbeit zeigt, dass die Kartellrechtsregelungen in den Freihandelsabkommen weit davon entfernt sind, zu einer „Deformierung des wettbewerbsrechtlichen Kulturguts in Europa" zu führen.[1746] Sie laufen eher aufgrund ihrer Allgemeinheit und des Ausschlusses vom Streitbei-

---

1746 Siehe hierzu das einleitende Zitat.

legungsmechanismus Gefahr, irrelevant zu sein. Aufgrund des geringen Aufwands, den ihre Verhandlungen mit sich bringen, und ihrer, wenn auch geringen Relevanz, sind sie dennoch als Ergänzung der anderen Ansätze zur Lösung der Probleme, die durch die Internationalisierung des Kartellrechts entstehen, zu begrüßen. Durch die vorgeschlagenen Änderungen der Kartellrechtskapitel könnte ihre Bedeutung erhöht werden, ohne dass es zum Einsatz unverhältnismäßiger Verhandlungsressourcen kommt.

Epilog – EU-Austritt des Vereinigten Königreichs Großbritannien und Nordirlands („Brexit")

A. Hintergrund und mögliche Optionen

Nachdem am 23. Juni 2016 in einer Volksabstimmung die Mehrheit der Bevölkerung des Vereinigten Königreichs für den Austritt aus der EU gestimmt hat, hat dieses am 29. März 2017 sein Austrittsgesuch nach Art. 50 EUV an die EU übermittelt[1747] und ist am 31. Januar 2020 aus der EU ausgetreten. Im Austrittsabkommen zwischen dem Vereinigten Königreich und der EU, welches am 24. Januar 2020 unterzeichnet wurde und am 1. Februar 2020 in Kraft trat, wurde vereinbart, dass bis zum Ende des Übergangszeitraums am 31. Dezember 2020 das Vereinigte Königreich Teil des Binnenmarktes bleibt und die allermeisten EU-Regelungen, inklusive der Kartellrechtsregelungen, weiterhin gelten und von der Kommission durchgesetzt werden.[1748] Für die Zeit danach ergibt sich die Herausforderung, dass ein in rund 50 Jahren gewachsenes politisches, wirtschaftliches und rechtliches Bündnis entwirrt und auf eine neue Grundlage gestellt werden soll.[1749] Veränderungen ergeben sich auch in Bezug auf das Kartellrecht, obwohl dieses nicht der Grund für das Votum gewesen sein dürfte, da die Anwendung des EU-Kartellrechts politisch weitestgehend unumstritten war.[1750] Das Kartellrecht und dessen effektive Durchsetzung wurden vielmehr auch von Befürwortern des „Brexit" als eine der erfolg-

---

1747 Brief der ehemaligen britischen Premierministerin Theresa May an den ehemaligen Präsidenten des Europäischen Rates Donald Tusk v. 29.3.2017. Verfügbar auf der Website der Regierung des Vereinigten Königreichs Großbritannien und Nordirland (https://www.gov.uk/government/uploads/system/upl oads/attachment_data/file/604079/Prime_Ministers_letter_to_European_Coun cil_President_Donald_Tusk.pdf), zuletzt besucht am 19.2.2019.

1748 Abkommen über den Austritt des Vereinigten Königreichs Großbritannien und Nordirland aus der Europäischen Union und der Europäischen Atomgemeinschaft, ABl.EU 2020, Nr. L 29/7 (Austrittsabkommen); vgl. für das Kartellrecht insbesondere Art. 92 Abs. 1 lit. b, Art. 95 Abs. 2 des Austrittsabkommens.

1749 Zur Beschreibung des verfahrensrechtlichen Fahrplans des Austrittsprozesses siehe *Streinz*, in: Kramme/Baldus/Schmidt-Kessel, Brexit und die juristischen Folgen, S. 17 ff.

1750 *Bechtold/Soltéz*, NZKart 2016, 301.

reichsten Auswirkungen der Mitgliedschaft des Vereinigten Königreichs in der EU angesehen.[1751]

Wie das künftige Verhältnis nach dem Ende des Übergangszeitraums am 31. Dezember 2020 aussehen wird, ist zurzeit unklar.[1752] *Piris* beschrieb im Januar 2016 vor dem Brexit-Votum noch sieben mögliche Brexit-Szenarien: eine maßgeschneiderte „Norwegen Lösung" ohne EWR-Mitgliedschaft, ein Verbleib im EWR, eine Zollunion, eine Mitgliedschaft in der Europäischen Freihandelsassoziation, das Schweizer Modell, ein Freihandelsabkommen und kein Abkommen.[1753] Die ehemalige Premierministerin des Vereinigten Königreichs, *Theresa May*, stellte schon Anfang 2017 nach dem Brexit-Votum klar, dass das Vereinigte Königreich auf jeden Fall den europäischen Binnenmarkt verlassen und kein „normales" Mitglied der Zollunion oder des EWR sein möchte.[1754] Dahinter steht vor allem, dass die Personenfreizügigkeit vom Vereinigten Königreich nicht akzeptiert wird.[1755] An dieser Position änderte sich auch durch die Wahl von *Boris Johnson* zum Premierminister im Jahr 2019 nichts, der im Vergleich zu *Theresa May* seit seiner Wahl sogar ein noch weniger enges Verhältnis mit der EU anstrebt. Die EU machte wiederum schnell deutlich, dass die vier Grundfreiheiten untrennbar sind und sie kein „Rosinenpicken" von Seiten des Vereinigten Königreichs akzeptieren werde.[1756] Hierdurch wurden die ersten vier Optionen schnell unwahrscheinlich. Das Schweizer Modell beinhaltet den Abschluss einer Vielzahl von einzelnen Abkommen und wäre eine mögliche Option gewesen.[1757] Allerdings ergeben sich Probleme daraus, dass nur eine begrenzte Zeit für Verhandlungen verfügbar ist und wohl noch mehr als mit der Schweiz geregelt werden müsste.[1758] Daher ist diese Option, wie auch allgemein erwartet worden war, im

---

1751 *Guski*, in: Kramme/Baldus/Schmidt-Kessel, Brexit und die juristischen Folgen, S. 261 (263); für eine Analyse der Gründe für den Brexit siehe *Amstrong*, Brexit Time, S. 71 ff.

1752 Stand 17. September 2020.

1753 *Piris*, in: Birkinshaw/Biondi, Britain Alone!, S. 111 (118 ff.).

1754 *May*, Rede v. 17.1.2017, The government's negotiating objectives for exiting the EU.

1755 *Daugėlienė/Puskunigis*, in: Ramiro Troitiño/Kerikmäe/Chochia, Brexit, S. 265 (276).

1756 Ausführlich auch aus rechtlicher Sicht hierzu *Kainer/Persch*, EuZW 2018, 932.

1757 *Wendland*, in: Kramme/Baldus/Schmidt-Kessel, Brexit und die juristischen Folgen, S. 231 (253); zum System der bilateralen Abkommen mit der Schweiz siehe *Ziegler*, in: FS Europa-Institut, S. 639.

1758 *Wendland*, in: Kramme/Baldus/Schmidt-Kessel, Brexit und die juristischen Folgen, S. 231 (253).

September 2020 nicht mehr realitisch.[1759] Dies hängt vermutlich auch damit zusammen, dass dieses Modell, mit einer Vielzahl an Abkommen, bei der Kommission unbeliebt ist da es schwer zu verwalten ist.[1760] Die im September 2020 verbliebenen Optionen sind daher der Abschluss eines Freihandelsabkommens oder ein Austritt ohne Abkommen („harter Brexit" oder „No-Deal-Szenario").[1761] Ein Austritt ohne Abkommen wird auch als „WTO-Modell" bezeichnet, da die Handelsbeziehungen zwischen der EU und dem Vereinigten Königreich in einem solchen Fall auf den Regeln des WTO-Rechts basieren würden.[1762]

B. Analyse eines „harten Brexit"

I. Kartellrecht im Vereinigten Königreich nach dem Brexit

Die unmittelbaren Auswirkungen eines „harten Brexit" bezogen auf die Rechtssicherheit wären begrenzt, da das britische und das europäische Kartellrecht zurzeit weitgehend identisch sind.[1763] Die britischen Kartellvorschriften, die in Kapitel I und Kapitel II des Competition Act 1998 enthalten sind, sind im Wesentlichen identisch mit Art. 101 AEUV und Art. 102 AEUV.[1764] Des Weiteren werden die Vorschriften des europäischen Kartellrechts voraussichtlich durch das Aufhebungsgesetz (European Union [Withdrawal] Act 2018) weitestgehend ins nationale Recht übernommen, nachdem sie nach dem Austritt des Vereinigten Königreichs ihre unmittelbare Wirkung verlieren.[1765] Es muss allerdings beachtet werden, dass in britisches Recht überführtes früheres EU-Recht nach section 8 des Eu-

---

1759 *Wendland*, in: Kramme/Baldus/Schmidt-Kessel, Brexit und die juristischen Folgen, S. 231 (253); *Bechtold/ Soltész*, NZKart 2016, 301 (302).

1760 *Barnard*, in: Fabbrini, The law & politics of Brexit, S. 201 (209 f.).

1761 *Daugėlienė/Puskunigis*, in: Ramiro Troitiño/Kerikmäe/Chochia, Brexit, S. 265 (276).

1762 *Herrmann*, EuZW 2017, 961 stellt aber zu Recht fest, dass die Anwendung des WTO-Rechts zwischen der EU und dem Vereinigte Königreich keine Option, sondern eine zwangsläufige Folge des Brexit ist.

1763 *Wendland*, in: Kramme/Baldus/Schmidt-Kessel, Brexit und die juristischen Folgen, S. 231 (241).

1764 Unterschiede beziehen sich insbesondere auf den geografischen Umfang und die Zuständigkeitsschwelle, siehe *Fingleton/Fletcher/Forwood/Nikpay/Turner/Vickers/Whish*, J.C.L.& E 2017, 389 (394).

1765 Ausführlich zu den Änderungen, die das Aufhebungsgesetz im Detail in Bezug auf das Kartellrecht vornimmt, siehe *Pimlott/Ellard*, Comp. L.I. 2018, 5.

ropean Union (Withdrawal) Act 2018 durch Minister der Regierung im Wege der delegierten Gesetzgebung (*secondary legislation*) geändert werden kann.[1766]

Eine grundsätzliche Änderung des Kartellrechts im Vereinigten Königreich ist aber zumindest kurzfristig sehr unwahrscheinlich.[1767] Einige gehen von dogmatisch-methodischen Unterschieden, vor allem zwischen den „französisch-deutschen" und den „angelsächsisch-liberalen" Konzeptionen, aus.[1768] Diese würden sich darin zeigen, dass im Vereinigten Königreich traditionell in Kartellrechtsfällen eine mehr wirkungsorientierte (*effects-based*) und fallrechtsorientierte (*rule of reason*) Herangehensweise gepflegt wird.[1769] Es wird daher spekuliert, dass sich langfristig das Recht auseinanderentwickeln wird. Das Vereinigte Königreich könnte langfristig im Vergleich zur EU einen liberaleren Kurs einschlagen.[1770] Dies könnte auf lange Sicht zu Divergenzen im materiellen Recht, dogmatischen Inkonsistenzen und sogar verschiedenen kartellrechtlichen Grundkonzeptionen führen.[1771] In absehbarer Zukunft sind allerdings keine grundlegenden Divergenzen zu erwarten.[1772] Es ist nicht zu erwarten, dass sich das Vereinigte Königreich allgemein von einer effektiven Kartellrechtsdurchsetzung verabschiedet, da es zu sehr in der modernen Kartellrechtsgemeinschaft

---

1766 Insgesamt ausführlich zum Kartellrecht des Vereinigten Königreichs im Falle eines „harten Brexit" siehe UK Competition and Markets Authority, Draft guidance on the effects of the UK's 'no deal' exit from the European Union on the functions of the CMA, 28.1.2019, CMA101.

1767 So empfiehlt auch die britische Kartellbehörde, dass das Recht, auch um Rechtssicherheit zu haben, nicht geändert werden sollte, siehe House of Lords, EU Select Committee Internal Market Sub-Committee inquiry into Brexit and competition, Competition and Markets Authority – Written evidence (CMP0002), 21.7.2017, Rn. 8.

1768 *Guski*, in: Kramme/Baldus/Schmidt-Kessel, Brexit und die juristischen Folgen, S. 261 (268).

1769 *Guski*, in: Kramme/Baldus/Schmidt-Kessel, Brexit und die juristischen Folgen, S. 261 (268) m. w. N.; ähnlich auch *Wagner-von Papp*, in: Bungenberg/Krajewski/Tams/Terhechte/Ziegler, EYIEL 2017, S. 301 (347).

1770 *Wendland*, in: Kramme/Baldus/Schmidt-Kessel, Brexit und die juristischen Folgen, S. 231 (243); ähnlich auch *Wagner-von Papp*, in: Bungenberg/Krajewski/Tams/Terhechte/Ziegler, EYIEL 2017, S. 301 (348).

1771 *Wendland*, in: Kramme/Baldus/Schmidt-Kessel, Brexit und die juristischen Folgen, S. 231 (243).

1772 *Bechtold/Soltéz*, NZKart 2016, 301 (302); *Guski*, in: Kramme/Baldus/Schmidt-Kessel, Brexit und die juristischen Folgen, S. 261 (273); *Wagner-von Papp*, in: Bungenberg/Krajewski/Tams/Terhechte/Ziegler, EYIEL 2017, S. 301 (347).

durch die OECD und dem ICN verankert ist.[1773] Außerdem könnte die spezielle Beziehung zu den USA durch eine radikale Änderung in diesem Rechtsgebiet leiden, was das Vereinigte Königreich mutmaßlich von einem solchen Schritt abhalten wird.[1774] Kleinere Änderungen sind allerdings möglich. Ein Beispiel für eine mögliche Veränderung ist eine großzügigere Beurteilung von vertikalen Beschränkungen. Die Gründe, die für eine solche Veränderung sprechen, sind der Wegfall des Ziels der Marktintegration und die voraussichtliche Konzentration auf schwerwiegendere Wettbewerbsverstöße aufgrund von eingeschränkten Ressourcen.[1775]

II. Kooperation und Koordination der Kartellbehörden

Derzeit erfolgt die erforderliche Koordinierung und Zusammenarbeit zwischen der britischen Kartellbehörde und der EU-Kommission effektiv über das „Europäische Wettbewerbsnetz" (*European Competition Network* – ECN).[1776] Das ECN ermöglicht zudem die Koordinierung und Zusammenarbeit zwischen der britischen und den anderen nationalen Wettbewerbsbehörden der Mitgliedstaaten.[1777] Über das ECN informieren sich die EU-Kommission und die Wettbewerbsbehörden der Mitgliedstaaten gegenseitig über vorgeschlagene Entscheidungen und berücksichtigen die Stellungnahmen der anderen Wettbewerbsbehörden.[1778] Sie koordinieren bei Bedarf Untersuchungen und sind in der Lage, Beweise und andere Informationen auszutauschen und Fragen von gemeinsamem Interesse zu diskutieren.[1779] Diese Möglichkeiten würden ohne eine Vereinbarung wegfallen. Allerdings wären eine informelle Kooperation und Koordination

---

1773 *Wagner-von Papp*, in: Bungenberg/Krajewski/Tams/Terhechte/Ziegler, EYIEL 2017, S. 301 (347 f.).

1774 *Wagner-von Papp*, in: Bungenberg/Krajewski/Tams/Terhechte/Ziegler, EYIEL 2017, S. 301 (347 f.).

1775 *Hughes*, UK Competition Law Enforcement Post-Brexit: Choppy Waters Ahead, Kluwer Competition Law Blog, 1.2.2019.

1776 *Fingleton/Fletcher/Forwood/Nikpay/Turner/Vickers/Whish*, J.C.L.& E 2017, 389 (411 f.).

1777 *Behrens*, Europäisches Marktöffnungs- und Wettbewerbsrecht, S. 349.

1778 *Fingleton/Fletcher/Forwood/Nikpay/Turner/Vickers/Whish*, J.C.L.& E 2017, 389 (412).

1779 *Fingleton/Fletcher/Forwood/Nikpay/Turner/Vickers/Whish*, J.C.L.& E 2017, 389 (412).

auch ohne ein Abkommen zu erwarten, da diese im beidseitigen Interesse sind.[1780]

III. Praktische Auswirkungen und Risiken

Wesentliche Schutzlücken sind nicht zu erwarten, da durch das Auswirkungsprinzip das EU-Kartellrecht respektive das Recht der Mitgliedsstaaten in den relevanten Fällen anwendbar bleibt.[1781] Allerdings sind nach dem Brexit Justizkonflikte durch dieses Auswirkungsprinzip nicht ganz auszuschließen.[1782] Das hängt damit zusammen, dass das Vereinigte Königreich eine historisch gewachsene ablehnende Haltung gegenüber diesem hat.[1783] Darüber hinaus besteht die Gefahr von doppelten Bußgeldern.[1784] Zusätzlich wird die Rechtsunsicherheit aufgrund von Parallelverfahren erhöht.[1785] Bezogen auf Unternehmenszusammenschlüsse, sorgt der Verlust der EU-Kommission als *One-Stop-Shop* und damit die Notwendigkeit der doppelten Anmeldung für höhere Anwaltskosten und höhere Anmeldegebühren für Unternehmen.[1786] Die Mehrbelastungen sollten diesen allerdings keine größeren Probleme bereiten, da hauptsächlich multinationale große Unternehmen betroffen sind, die eine solche Mehrbelastung durch parallele Fusionsanmeldungen in der EU und in Drittstaaten kennen.[1787]

Bei einer negativen wirtschaftlichen Entwicklung ist es nicht ausgeschlossen, dass das Vereinigte Königreich wettbewerbswidrige Vereinba-

---

1780 *Wagner-von Papp*, in: Bungenberg/Krajewski/Tams/Terhechte/Ziegler, EYIEL 2017, S. 301 (353).
1781 *Wagner-von Papp*, in: Bungenberg/Krajewski/Tams/Terhechte/Ziegler, EYIEL 2017, S. 301 (348).
1782 *Behrens*, EuZW 2019, 49 (50).
1783 Ausführlich hierzu *Behrens*, EuZW 2019, 49 (49 f.); vgl. auch oben Kapitel 2. D. I. 1.
1784 *Bechtold/Soltéz*, NZKart 2016, 301 (302); *Guski*, in: Kramme/Baldus/Schmidt-Kessel, Brexit und die juristischen Folgen, S. 261 (276).
1785 *Guski*, in: Kramme/Baldus/Schmidt-Kessel, Brexit und die juristischen Folgen, S. 261 (276).
1786 *Wendland*, in: Kramme/Baldus/Schmidt-Kessel, Brexit und die juristischen Folgen, S. 231 (246); *Bechtold/Soltéz*, NZKart 2016, 301 (302).
1787 *Wendland*, in: Kramme/Baldus/Schmidt-Kessel, Brexit und die juristischen Folgen, S. 231 (255); House of Lords, EU Select Committee Internal Market Sub-Committee inquiry into Brexit and competition, Competition and Markets Authority – Written evidence (CMP0002), 21.7.2017, Rn. 34 f.

rungen wie Strukturkrisenkartelle großzügiger freistellt.[1788] Auch könnte Industriepolitik seitens der britischen Regierung betrieben werden, indem beispielsweise Arbeitsplatz- oder Investitionsgarantien gefordert werden.[1789] Bei der Fusionskontrolle bestehen selbst bei gleichen oder ähnlichen Regelungen politische Risiken aufgrund der Genehmigung unter bestimmten Auflagen oder Untersagung von Fusionen aufgrund des öffentlichen Interesses.[1790]

IV. Bewertung eines „harten Brexit" – „WTO-Modell"

Die WTO-Regelungen, auf die das Vereinigte Königreich zurückfallen würde, enthalten kaum Kartellrechtsregelungen.[1791] Dies hat verschiedene Auswirkungen für die Unternehmen und die Kartellbehörden, die aber zumindest kurzfristig eher gering sein dürften. Es bestehen allerdings Gefahren, die das Potenzial für weitreichende politische und diplomatische Verwerfungen bieten. Kurzfristig drohen Justizkonflikte durch die extraterritoriale Anwendung des EU-Kartellrechts. Langfristig besteht die Gefahr der Auseinanderentwicklung und der politischen Anwendung des Kartellrechts.

C. Bilaterales Freihandelsabkommen als Austrittsszenario

Das Vereinigte Königreich und die EU verhandeln seit März 2020 über ein Freihandelsabkommen, welches die Beziehungen nach dem Übergangszeitraum des Austrittsabkommens regeln soll.[1792] Die Kartellrechtsregelungen in den bisherigen Freihandelsabkommen der EU erhalten dadurch als

---

1788 *Guski*, in: Kramme/Baldus/Schmidt-Kessel, Brexit und die juristischen Folgen, S. 261 (273 f.).

1789 *Wendland*, in: Kramme/Baldus/Schmidt-Kessel, Brexit und die juristischen Folgen, S. 231 (248).

1790 *Wendland*, in: Kramme/Baldus/Schmidt-Kessel, Brexit und die juristischen Folgen, S. 231 (248); ähnlich *Hughes*, UK Competition Law Enforcement Post-Brexit: Choppy Waters Ahead, Kluwer Competition Law Blog, 1.2.2019.

1791 Vgl. oben Kapitel 3. B. II.

1792 Für einen Überblick der Ergebnisse der Verhandlungen siehe Website der Europäischen Kommission (https://ec.europa.eu/info/european-union-and-united-kingdom-forging-new-partnership/future-partnership/negotiation-rounds-future-partnership-between-european-union-and-united-kingdom_en#first-round-of-negotiations), zuletzt besucht am 12.9.2020.

eine mögliche Vorlage für ein zukünftiges Abkommen mit dem Vereinigten Königreich eine neue Bedeutung durch den „Brexit".[1793]

I. Positionen des Vereinigten Königreichs und der EU

Unter der ehemaligen Premieministerin *Theresa May* stellte das Vereinigte Königreich in dem im Juli 2018 veröffentlichten „Weißbuch" klar, dass Kartellrechtsregelungen grundlegend für Handelsbeziehungen sind und es daher gegenseitige Verpflichtungen abzuschließen beabsichtigt, die über die bisherigen Verpflichtungen in den Freihandelsabkommen der EU hinausgehen.[1794] Diese Regelungen sollten nach Meinung des Vereinigten Königreichs bindend sein.[1795] Nach dem Vorschlag des Vereinigten Königreichs sollte ein Kartellrechtskapitel Regelungen enthalten, die eine Beibehaltung der derzeitigen Kartellverbote und des Fusionskontrollsystems mit effektiver Durchsetzung bewirken.[1796] Die ehemalige Premierministerin *Theresa May* hat in ihrer Rede zur zukünftigen Wirtschaftspartnerschaft des Vereinigten Königreichs mit der EU im März 2018 angedeutet, dass eine Regelung mit dem Vereinigten Königreich möglich ist, die eine verbindliche Übereinstimmung von britischem und europäischem Kartellrecht vorschreibt.[1797] Zusätzlich sollten nach dem Willen des Vereinigten Königreichs Koordinations- und Kooperationsregelungen mit dem Ziel der Vereinbarkeit der Wettbewerbsentscheidungen abgeschlossen werden.[1798] Diese sollten auf den Kooperationsvereinbarungen der bestehenden Freihandelsabkommen der EU aufbauen.[1799] Die Bestimmun-

---

1793 *Cîrlig/Puccio*, The future partnership between the European Union and the United Kingdom. Negotiating a framework for relations after Brexit. Study of the European Parliamentary Research Service, PE 628.220, 2018, S. 48.
1794 UK Government, The future relationship between the United Kingdom and the European Union, Cm 9593, July 2018, S. 37.
1795 UK Government, The future relationship between the United Kingdom and the European Union, Cm 9593, July 2018, S. 14.
1796 UK Government, The future relationship between the United Kingdom and the European Union, Cm 9593, July 2018, S. 38.
1797 *May*, Rede v. 2.3.2018, Zukünftigen Wirtschaftspartnerschaft des Vereinigten Königreichs mit der Europäischen Union.
1798 UK Government, The future relationship between the United Kingdom and the European Union, Cm 9593, July 2018, S. 39.
1799 UK Government, The future relationship between the United Kingdom and the European Union, Cm 9593, July 2018, S. 39.

gen sollten zudem den Austausch vertraulicher Informationen und die Zusammenarbeit bei laufenden Fällen umfassen.[1800]

Des Weiteren hat die britische Kartellbehörde vorgeschlagen, dass eine weiche Verpflichtung, Präzedenzfälle des EuGHs zu berücksichtigen, vereinbart werden könnte. Hiernach dürften die britischen Gerichte nur von den Präzedenzfällen des EuGHs abweichen, wenn sie rationale Gründe für Abweichungen vorbringen können.[1801] Ähnlich klingen auch die Aussagen der ehemaligen Premierministerin *Theresa May* in ihrer Rede vom März 2018, in der sie einerseits betonte, dass es sinnvoll sein könnte, dass sich die Gerichte des Vereinigten Königreichs die entsprechenden EuGH-Urteile „anschauen", um zu erreichen, dass die Gesetze übereinstimmend interpretiert werden.[1802] Auf der anderen Seite betonte sie, dass ein Abkommen die Souveränität der Rechtsordnungen respektieren und daher die Zuständigkeit des EuGH im Vereinigten Königreich enden müsse.[1803]

Diese Positionen haben sich durch die Wahl von *Boris Johnson* zum Premierminister wesentlich geändert. Schon im Februar 2020 machte *Johnson* in einer Rede deutlich, was sein Ziel in Bezug auf das Kartellrecht ist. Er sagte, dass ein Freihandelsabkommen, in dem das Vereinigte Königreich die Kartellrechtsregelungen der EU übernehme, nicht nötig sei, und versprach vielmehr, die volle souveräne Kontrolle über das Kartellrecht wiederherzustellen.[1804]. Im Mai 2020 veröffentlichte die Regierung *Johnson* ihren Vorschlag für ein Freihandelsabkommen.[1805] Kapitel 22 dieses Vorschlags ist dem Kartellrecht gewidmet. Entsprechend der Ankündigungen von *Boris Johnson*, ist dieses Kapitel insgesamt mit nur etwas über einer Seite sehr kurz und inhaltlich sehr allgemein gehalten. In Bezug auf das materielle Kartellrecht und dessen Durchsetzung enthält es neben einer groben Definition von wettbewerbswidrigen Handlungen und von Un-

---

1800 UK Government, The future relationship between the United Kingdom and the European Union, Cm 9593, July 2018, S. 39.

1801 House of Lords, EU Select Committee Internal Market Sub-Committee inquiry into Brexit and competition, Competition and Markets Authority – Written evidence (CMP0002), 21.7.2017, Rn. 16.

1802 *May*, Rede v. 2.3.2018, Zukünftige Wirtschaftspartnerschaft des Vereinigten Königreichs mit der Europäischen Union.

1803 *May*, Rede v. 2.3.2018, Zukünftige Wirtschaftspartnerschaft des Vereinigten Königreichs mit der Europäischen Union.

1804 *Johnson*, Rede v. 3.2.2020, Rede in Greenwich.

1805 Verfügbar auf der Website der Regierung des Vereinigten Königreichs (https://assets.publishing.service.gov.uk/government/uploads/system/uploads/attachment_data/file/886010/DRAFT_UK-EU_Comprehensive_Free_Trade_Agreement.pdf), zuletzt besucht am 12.9.2020.

ternehmen lediglich Absichtsbekundungen dazu, dass geeignete Maßnahmen gegen wettbewerbswidrige Handlungen getroffen und wesentliche Rechtsstaatgrundsätze hierbei gewahrt werden sollten. Daneben werden die Wichtigkeit von Kooperation und Koordination betont und ein Bemühen („*shall endeauvour*") in Bezug hierauf festgeschrieben. Es wird auch auf die Möglichkeit des Abschlusses eines spezifischen Kooperationsabkommens verwiesen, welches auch die Möglichkeit des Austausches vertraulicher Informationen beinhalten könnte. Das Kartellrechtskapitel soll nach dem Vorschlag nicht vom Streitbeilegungsmechanismus umfasst sein. In den Verhandlungsleitlinien zu diesem Vorschlag wird explizit auf CETA als Vorbild für das Kartellrechtskapitel verwiesen.[1806] Bezüglich des Ausschlusses des Kapitels vom Streitbeilegungsmechanismus wird daneben auch auf die Abkommen der EU mit Japan und Südkorea verwiesen.[1807]

Die EU hat im März 2020 ebenfalls einen Vorschlag für ein Freihandelsabkommen veröffentlicht.[1808] Part Two, Titel III, Section 2 dieses Vorschlages enthält ein Kartellrechtskapitel. Dieses ist dreimal so lang wie der Vorschlag des Vereinigten Königreichs und dementsprechend inhaltlich sehr viel ausführlicher. Es enthält im Vergleich zu dem Vorschlag des Vereinigten Königreichs insbesondere sehr viel detailliertere Definitionen von wettbewerbswidrigen Handlungen. Diese Definitionen sind eng an die Regelungen der EU inklusive einiger Grundsätze der (Freistellungs-)Verordnungen angelehnt, aber nur anwendbar, soweit die wettbewerbswidrigen Handlungen den Handel zwischen den Vertragsparteien beeinträchtigen. Neben den detaillierten Definitionen von wettbewerbswidrigen Handlungen fallen zwei weitere wesentliche Unterschiede im Vergleich zu dem Vorschlag des Vereinigten Königreichs auf. Erstens werden die Regelungen zu wettbewerbswidrigen Vereinbarungen zwischen Unternehmen für anwendbar erklärt auf Staatsunternehmen, Unternehmen mit besonderen/ausschließlichen (Vor-)Rechten und staatliche Monopole. Zweitens sind Teile des Kartellrechtskapitels vom Streitbeilegungsmechanismus umfasst. Dies gilt zum einen für die Definition von wettbewerbswidrigen Vereinbarungen zwischen Unternehmen sowie die Verpflichtung, dass die

---

1806 Siehe Rn. 66 der Verhandlungsleitlinien, welche auf der Website der Regierung des Vereinigten Königreichs verfügbar sind (https://assets.publishing.serv ice.gov.uk/government/uploads/system/uploads/attachment_data/file/868874/T he_Future_Relationship_with_the_EU.pdf), zuletzt besucht am 12.9.2020.

1807 Siehe Rn. 68 der Verhandlungsleitlinien.

1808 Verfügbar auf der Website der Europäischen Kommission (https://ec.europa. eu/info/sites/info/files/200318-draft-agreement-gen.pdf), zuletzt besucht am 12.9.2020.

Kartellrechtsregelungen der Vertragsparteien solche Vereinbarungen adressieren. Daneben sind auch die Regelungen bezüglich Staatsunternehmen, Unternehmen mit besonderen/ausschließlichen (Vor-)Rechten und staatlichen Monopolen vom Streitbeilegungsmechanismus umfasst.

Dieser Vorschlag scheint nach der Wahl von *Boris Johnson* abgeschwächt worden zu sein, da nach dem Willen der Kommission im Jahr 2018 noch das ganze Kartellrechtskapitel vom Streitbeilegungsmechanismus umfasst sein sollte.[1809] Die Kommission betonte 2018 ferner, wenn in dem Abkommen auf EU-Rechtsvorschriften Bezug genommen wird, dass diese nur vom EuGH ausgelegt werden können.[1810]

II. CETA als Vorlage

CETA wurde in der Literatur teilweise als Modell für die zukünftigen Beziehungen des Vereinigten Königreichs zur EU genannt[1811] und die Verhandlungsrichtlinien des Vereinigten Königreichs nehmen, wie bereits erwähnt, in Bezug auf die Kartellrechtsregelungen CETA explizit als Vorlage.[1812] Ein Freihandelsabkommen nach dem Vorbild von CETA und damit auch ein Kartellrechtskapitel nach dem Vorschlag des Vereinigten Königreichs würde jedoch nur sehr rudimentäre materiell-rechtliche Kartellrechtsregelungen enthalten und hätte daher nur beschränkten Nutzen.[1813] Vor allem, da die Regelungen für die einzelnen Unternehmen nicht unmittelbar verbindlich sind hätten diese kaum einen praktischen Nutzen.[1814] Die Regelungen sind so allgemein, dass sie außer bei einem totalen Abrücken des Vereinigten Königreichs von weltweit anerkannten Grundsätzen, was äußerst unwahrscheinlich ist, nur geringe Relevanz haben wür-

---

1809 *Cîrlig/Puccio*, The future partnership between the European Union and the United Kingdom. Negotiating a framework for relations after Brexit. Study of the European Parliamentary Research Service, PE 628.220, 2018, S. 48.

1810 *Cîrlig/Puccio*, The future partnership between the European Union and the United Kingdom. Negotiating a framework for relations after Brexit. Study of the European Parliamentary Research Service, PE 628.220, 2018, S. 48 f.

1811 Siehe bspw. *Neuwahl*, Eur Foreign Aff Rev 2017, 279.

1812 Siehe Rn. 66 der Verhandlungsleitlinien, welche auf der Website der Regierung des Vereinigten Königreichs verfügbar sind (https://assets.publishing.serv ice.gov.uk/government/uploads/system/uploads/attachment_data/file/868874/T he_Future_Relationship_with_the_EU.pdf), zuletzt besucht am 12.9.2020.

1813 *Wendland*, in: Kramme/Baldus/Schmidt-Kessel, Brexit und die juristischen Folgen, S. 231 (254).

1814 *Bechtold/Soltéz*, NZKart 2016, 301 (302).

den.[1815] Bezüglich der Kooperation verweist CETA gemäß Art. 17.2 Abs. 3 auf das bereits abgeschlossene Kooperationsabkommen zwischen der kanadischen und der europäischen Kartellbehörde.[1816] Ein solches Abkommen existiert jedoch zwischen der EU und dem Vereinigten Königreich nicht und müsste dann zusätzlich abgeschlossen werden, um das Niveau von CETA bezüglich des Kartellrechts zu erreichen.

Insgesamt sind die Regelungen in den EU-Freihandelsabkommen der „neuen Generation" mit weiter entfernten Staaten, insbesondere in CETA, nicht ausreichend für das künftige Verhältnis der EU zum Vereinigten Königreich. Aufgrund der engen Integration der Volkswirtschaften sind ausführlichere Regelungen wünschenswert.

III. Vorschlag für Kartellrechtsregelungen eines zukünftigen Freihandelsabkommens

Die Kartellrechtsregelungen sollten über den Vorschlag des Vereinigten Königreichs, aber auch über den Vorschlag der EU, wie sie oben beschrieben wurden, hinausgehen. Politisch scheint dies zwar mit der Wahl von *Boris Johnson* sehr schwierig zu erreichen zu sein. Allerdings muss in diesem Zusammenhang auch beachtet werden, dass das Kartellrecht, anders als beispielsweise das Beihilferecht, nicht ein Hauptstreitpunkt in den Verhandlungen zwischen der EU und dem Vereinigten Königreich in Bezug auf einheitliche Wettbewerbsbedingungen („level playing field") ist.

Als Ausgangspunkt für die Kartellrechtsregelungen in einem künftigen Freihandelsabkommen der EU mit dem Vereinigten Königreich könnten die Regelungen des Assoziierungsabkommens zwischen der EU und der Ukraine dienen.[1817] Das Abkommen ist ein guter Ausgangspunkt, weil es die Ukraine verpflichtet, ihr materiell-rechtliches Kartellrecht dem EU-Kartellrecht, einschließlich des wichtigen EU-Sekundärrechts, anzugleichen. Hier wäre eine ähnliche Verpflichtung möglich, welche die bereits vorgenommene Angleichung des Kartellrechts des Vereinigten Königreichs si-

---

1815 Zur Relevanz der Kartellrechtsregelungen in den EU-Freihandelsabkommen der „neuen Generation" mit weiter entfernten Staaten vgl. oben Kapitel 4. C. II.

1816 Vgl. oben Kapitel 4. A. II. 5. a) (2).

1817 Ähnlich wohl auch *Cîrlig/Puccio*, The future partnership between the European Union and the United Kingdom. Negotiating a framework for relations after Brexit. Study of the European Parliamentary Research Service, PE 628.220, 2018, S. 50; zu diesem Abkommen vgl. oben Kapitel 4. B. II. 2. b) (3).

chert. Die Bestimmung des Assoziierungsabkommens zur Angleichung der Wettbewerbsregeln unterliegt dem Streitbeilegungsverfahren, was ein weiterer Grund ist, das Abkommen als Ausgangspunkt zu nehmen. Die Regelungen in dem Assoziierungsabkommen sind jedoch nicht ausreichend und müssten ergänzt werden.

Es bedarf einer Vereinbarung, welche die Auslegung der Kartellrechtsregelungen betrifft. Das ist notwendig, da es zu divergierenden Entscheidungen kommen kann, selbst wenn das Vereinigte Königreich ähnliche Kartellrechtsregelungen erhält sowie eine weitreichende Kooperation der Wettbewerbsbehörden vereinbart und umgesetzt wird.[1818] Realistisch scheint hier eine Klausel, welche Art. 264 des Assoziierungsabkommens mit der Ukraine ähnelt. Art. 264 bestimmt in Bezug auf die Beihilferegelungen, dass die Vertragsparteien „[...] die einschlägige Rechtsprechung des Gerichtshofs der Europäischen Union sowie das einschlägige Sekundärrecht, Rahmen, Leitlinien und andere Verwaltungsakte, die in der Europäischen Union in Kraft sind", als „Auslegungsquellen" benutzen. Eine solche Klausel sollte aber ausführlicher gestaltet werden und eine Pflicht zur Auslegung anhand der Rechtsprechung des EuGHs festlegen sowie nur in engen Ausnahmefällen eine Abweichung hiervon erlauben. Gleichzeitig könnte das Vereinigte Königreich verpflichtet werden, eine solche abweichende Auslegung zu notifizieren.

Die Kooperation zwischen den Wettbewerbsbehörden und entsprechenden Vorschriften hierzu sind bei einem möglichen Abkommen zwischen Großbritannien und der EU allerdings noch wichtiger als materiell-rechtliche Regelungen im Bereich des Kartellrechts.[1819] Dies hängt damit zusammen, dass Großbritanien sich materiell-rechtlich höchstwahrscheinlich nicht von international annerkannten Standards verabschieden wird.[1820] Die Regelungen zur Kooperation und Koordination in dem Assoziierungsabkommen mit der Ukraine sind schwach formuliert und nicht verpflichtend.[1821] Des Weiteren sind sie inhaltlich nicht weitgehend genug. Insbesondere wird kein Austausch vertraulicher Informationen vereinbart. Sie sind daher nicht ausreichend. Die Wahrscheinlichkeit, dass weitergehende

---

[1818] *Guski*, in: Kramme/Baldus/Schmidt-Kessel, Brexit und die juristischen Folgen, S. 261 (275 f.).

[1819] Ähnlich auch *Bechtold/Soltéz*, NZKart 2016, 301 (302); *Wagner-von Papp*, in: Bungenberg/Krajewski/Tams/Terhechte/Ziegler, EYIEL 2017, S. 301 (349).

[1820] Vgl. oben Epilog B. I.

[1821] *Smyrnova*, in: Trunk/Panych/Rieckhof, Legal Aspects of the EU Association Agreements with Georgia, Moldova and Ukraine in the Context of the EU Eastern Partnership Initiative, S. 81 (84).

Regelungen hierzu mit dem Vereinigten Königreich vereinbart werden könnten, ist sehr hoch. Gründe, die eine Kooperation der Kartellbehörden erschweren, sind vor allem dann gegeben, wenn sich die Vertragsstaaten bezüglich der folgenden vier Kriterien unterscheiden: ob und in welchem Maße strafrechtliche und/oder zivilrechtliche Durchsetzungsmechanismen verwendet werden, materielle Kartellrechtsregelungen, prozessuale Kartellrechtsregelungen und Größe und Entwicklungsgrad der Volkswirtschaft.[1822] Im Verhältnis der EU zum Vereinigten Königreich ist nur einer dieser Gründe einschlägig. Das Kartellrecht im Vereinigten Königreich sieht im Vergleich zum EU-Recht weitreichende strafrechtliche Sanktionen für Kartellrechtsverletzungen vor.[1823] Es gibt in weiteren einzelnen Mitgliedsstaaten die Möglichkeit, wettbewerbswidrige Handlungen strafrechtlich zu sanktionieren.[1824] Anders als im britischen Recht ist dies in den allermeisten EU-Ländern aber entweder nur in speziellen Einzelfällen möglich[1825] oder eine Kriminalisierung von Kartellen erfolgt nicht ausdrücklich, sondern diese können unter zusätzlichen Voraussetzungen unter allgemeine Strafnormen wie Betrug fallen.[1826] Im EU-Recht gibt es nicht die Möglichkeit einer strafrechtlichen Sanktion. Vielmehr stellt Art. 23 Abs. 5 der Verordnung 1/2003 ausdrücklich fest, dass Bußgeldentscheidungen der Europäischen Kommission wegen Verstößen gegen das EU-Wettbewerbsrecht nicht strafrechtlicher Natur sind. Dadurch, dass nur dieser eine Umstand eine Kooperation und Koordination erschwert, sind die Voraussetzungen für eine Kooperation günstig. Es sollten daher umfangreiche Kooperations- und Koordinationsregelungen vereinbart werden. Insbesondere sollte die Möglichkeit des Austausches vertraulicher Informationen vereinbart werden. Generell ist der Austausch von vertraulichen Informationen ohne die Zustimmung der Unternehmen nur mit

---

1822 *Capobianco/Nagy*, J Eur Compet Law Pract 2016, 566 (569 ff.).
1823 Enterprise Act 2002 zuletzt geändert durch Enterprise and Regulatory Reform Act 2013, siehe insbesondere Section 188 Enterprise Act 2002.
1824 *Jones/Harrison*, Concurrences e-Competitions Bulletin 2015, 1.
1825 In Deutschland z. B. gibt es mit § 298 StGB nur eine spezielle Strafrechtsnorm, die wettbewerbswidriges Handeln unter Strafe stellt.
1826 So z. B. in Frankreich, Griechenland und Rumänien, siehe *Jones/Harrison*, Concurrences e-Competitions Bulletin 2015, 1 (3); in Deutschland ist neben § 298 StGB eine Strafbarkeit nach §§ 263, 266 StGB im Einzelfall bei Verstößen gegen die Kartellrechtsregeln möglich, wobei die Reichweite dieser Vorschriften im kartellrechtlichen Kontext strittig ist, siehe hierzu *Monopolkommission*, Strafrechtliche Sanktionen bei Kartellverstößen, Sondergutachten 72, 2015, Rn. 192 m. w. N.

Staaten realistisch, mit denen ein besonders enges Verhältnis besteht.[1827] Ein solches Verhältnis besteht aufgrund der langen Zusammenarbeit der Kartellbehörden im ECN mit der britischen Kartellbehörde. Ein potenzielles Problem kann sich aus der Tatsache ergeben, dass das britische Recht strafrechtliche Sanktionen gegen Kartelle vorsieht.[1828] Hier müsste eine Regelung wie in dem Abkommen zwischen der EU und der Schweiz verhandelt werden, welche vertraulichen Informationsaustausch vorsieht, die Schweiz aber daran hindert, solche Informationen zur Verhängung von Sanktionen gegen natürliche Personen zu verwenden.[1829]

1827 Vgl. oben Kapitel 5. D. I.
1828 *Fingleton/Fletcher/Forwood/Nikpay/Turner/Vickers/Whish*, J.C.L.& E 2017, 389 (414).
1829 *Fingleton/Fletcher/Forwood/Nikpay/Turner/Vickers/Whish*, J.C.L.& E 2017, 389 (414).

Literaturverzeichnis

Aaronson, Susan A.: Trade and the American Dream. A Social History of Postwar Trade Policy, 1996.

Abbott, Kenneth W./Snidal, Duncan: Hard and Soft Law in International Governance, IO 2000, S. 421.

Abrenica, Ma. Joy V./Bernabe: *Johannes*: Competition Chapter in the Trans-Pacific Partnership Agreement: Developing a Template for a Multilateral Framework, in: Julien Chaisse/Henry Gao/Chang-fa Lo (Hrsg.), Paradigm Shift in International Economic Law Rule-Making. TPP as a New Model for Trade Agreements?, 2017, S. 165.

Aggarwal, Vinod K./Evenett, Simon J.: A Fragmenting Global Economy: A Weakened WTO, Mega FTAs, and Murky Protectionism, SPSR 2013, S. 550.

Ahdar, Rex J.: The Role of Antitrust Policy Policy in the Development of Autralian-New Zealand Free Trade, Nw. J. Int'l L. & Bus. 1991, S. 317.

Ahearn, Raymond J.: Europe's Preferential Trade Agreements: Status, Content, and Implications. CRS Report for Congress, 2011.

Akbar, Yusaf H.: Global Antitrust. Trade and Competition Linkages, 2003.

Albrecht, *Stephan*: Die Anwendung von Kronzeugenregelungen bei der Bekämpfung internationaler Kartelle, 2008.

Allen & Overy: Global Trends on Merger Control, 2018. Verfügbar unter: http://www.allenovery.com/SiteCollectionDocuments/Global%20trends%20in%20merger%20control.pdf#report (zuletzt besucht: 20.2.2019).

Almunia, Joaquín: Rede v. 8.4.2011, Recent Developments and Future Priorities in EU Competition Policy, International Competition Forum St. Gallen, SPEECH/11/243. Verfügbar unter: europa.eu/rapid/press-release_SPEECH-11-243_en.pdf (zuletzt besucht: 15.2.2019).

Ders.: Rede v. 11.2.2011, Taking stock and looking forward: a year at the helm of EU competition, Revue Concurrences conference: "New Frontiers of Antitrust 2011", SPEECH/11/96. Verfügbar unter: http://europa.eu/rapid/press-release_SPEECH-11-96_en.htm?locale=en (zuletzt besucht: 15.2.2019).

Ders.: Rede v. 14.4.2011, Cartels: the Priority in Competition Enforcement, 15th International Conference on Competition: A Spotlight on Cartel Prosecution, SPEECH/11/268. Verfügbar unter: http://europa.eu/rapid/press-release_SPEECH-11-268_en.htm?locale=en (zuletzt besucht: 15.2.2019).

Ders.: Rede vom 3.4.2014, Fighting against cartels: A priority for the present and for the future. Verfügbar unter: http://europa.eu/rapid/press-release_SPEECH-14-281_en.htm (zuletzt besucht: 15.2.2019).

Altemöller, Frank: Die aufstrebenden Staaten in den internationalen Handelsbeziehungen: Von multilateraler Governance zu neuen Formen und Konflikten der wirtschaftlichen Integration, EuZW 2019, 321.

Amstrong, Kenneth A.: Brexit Time. Leaving the EU – Why, How and When?, 2017.

Anderson, Robert D./Sen, Nivedita: The Role of the OECD in Competition Policy, in: Thomas Cottier/Krista Nadakavukaren Schefer (Hrsg.), Elgar Encyclopedia of International Economic Law, 2017, S. 488.

Ders./Holmes, Peter: Competition Policy and the Future of the Multilateral Trading System, JIEL 2002, S. 531.

Ders./Evenett, Simon J.: Incorporating Competition Elements into Regional. Trade Agreements: Characterization and Empirical Analysis, 2006. Verfügbar unter http://aleph.unisg.ch/volltext/evenett_incorporating_competition_01.pdf (zuletzt besucht: 19.2.2019).

Ders./Müller, Anna C.: Impact of Preferential Trade Agreements on Competition Policy, in: Thomas Cottier/Krista Nadakavukaren Schefer (Hrsg.), Elgar Encyclopedia of International Economic Law, 2017, S. 487.

Apostolakis, Ioannis: E-commerce and free rider considerations under article 101 TFEU, E.C.L.R. 2016, S. 114

Axelrod, Robert: The Evolution of Cooperation, 1984.

Baetge, Dietmar: Globalisierung des Wettbewerbsrechts. Eine internationale Wettbewerbsordnung zwischen Kartell- und Welthandelsrecht, 2009.

Baier, Simon: Das wettbewerbsrechtliche Kapitel im Freihandelsabkommen zwischen der EU und Südkorea – effektive Rechtsdurchsetzung oder zahnloser Tiger?, ÖZK 2012, S. 174.

Barnard, Catherine: Brexit and the EU Internal Market, in: Federico Fabbrini (Hrsg.), The law & politics of Brexit, 2017, S. 201.

Baron, Michael: Politische Perspektiven einer internationalen Wettbewerbsordnung unter besonderer Berücksichtigung der Empagran-Entscheidung des US Supreme Court, in: Peter Oberender (Hrsg.), Internationale Wettbewerbspolitik, 2006, S. 111.

Basedow, Jürgen: Competition Policy in a Globalized Economy: From Extraterritorial Application to Harmonization, in: Manfred Neuman/Jürgen Weigand (Hrsg.), The International Handbook of Competition Law, 2004, S. 321.

Ders.: Weltkartellrecht. Ausgangslage und Ziele, Methoden und Grenzen der internationalen Vereinheitlichung des Rechts der Wettbewerbsbeschränkungen, 1998.

Bätge, Johanna: Wettbewerb der Wettbewerbsordnungen? Überlegungen zum richtigen Grad von Dezentralität und Harmonisierung im Recht gegen Wettbewerbsbeschränkungen, 2009.

Batura, Olga: The WTO Legal Framework for Telecommunications Services and Challenges of the Information Age, in: Christoph Herrmann/ Markus Krajewski/ Jörg Philipp Terhechte, European Yearbook of International Economic Law 5 (2014), 2014, S. 201. (zitiert: *Batura*, in: Herrmann/Krajewski/Terhechte, EYIEL 2014)

Bechtold, Rainer/ Soltész, Ulrich: Brexit: EU-Kartellrecht ohne Großbritannien, NZ-Kart 2016, S. 301.

Ders.: Internationale Wettbewerbspolitik aus Sicht der Rechtspraxis unter besonderer Berücksichtigung von internationalen Fusionskontrollfällen, in: Peter Oberender (Hrsg.), Internationale Wettbewerbspolitik, 2006, S. 129.

Ders.: Ministererlaubnis – ja, aber nicht so, NZKart 2016, S. 553.

Becker, Florian: The Case of Export Cartel Exemptions: Between Competition and Protectionism, J. Competition L & Econ. 2007, S. 97.

Behrens, Maria: Beyond the Competition for Liberalisation. Free Trade Agreements and the Emerging of the Transnational Competitive State, in: Finn Laursen (Hrsg.), The EU and the Political Economy of Transatlantic Relations, 2013, S. 101.

Behrens, Peter: Brexit: Was wird aus der Anwendung des EU-Kartellrechts auf britische Unternehmen?, EuZW 2019, S. 49.

Ders.: Europäisches Marktöffnungs- und Wettbewerbsrecht. Eine systematische Darstellung der Wirtschafts- und Wettbewerbsverfassung der EU, 2017.

Bellis, Jean-François: Merger Control, 3. Aufl. 2017.

Bergsten, C. Fred: Open Regionalism, WORLD ECON. 1997, S. 545.

Bhagwati, Jagdish: Regionalism and multilateralism: an overview, in: Jaime De Melo/Arvind Panagariya (Hrsg.), New Dimensions in Regional Integration, 1993, S. 22.

Bhagwati, Jagdish/Panagariya, Arvind, The Theory of Preferential Trade Agreements: Historical Evolution and Current Trends, AER 1996, S. 82.

Ders.: Termites in the Trading System. How Preferential Agreements Undermine Free Trade, 2008.

Bhatnagar, Mukesh: State-owned Enterprises (SOEs), in: Abhijit Das/ Shailja Singh (Hrsg.), Trans-Pacific Partnership Agreement. A Framework for Future Trade Rules?, 2018, S. 278.

Biene, Derk/Brink, Gustav/Ciuriak, Dan: Overview, in: Derk Bienen/Gustav Brink/Dan Ciuriak (Hrsg.), Guide to International Anti-Dumping Practice, 2013, S. 1.

Ders.: European Union, in: Derk Bienen/Gustav Brink/Dan Ciuriak (Hrsg.), Guide to International Anti-Dumping Practice, 2013, S. 271.

Birdsall, Nancy/Lawrence, Robert Z.: Deep Integration and Trade Agreements, in: Inge Kaul/Isabelle Grunberg/Marc Stern (Hrsg.), Global Public Goods: International Cooperation in the 21st Century, 1999, S. 128.

Blair, Roger D./Durrance, Christine P.: Symposium: The Antitrust Modernization Commission: Antitrust Sanctions: Deterrence and (Possibly) Overdeterrence Antitrust Bull. 2008, S. 643.

Bloch, Robert E / Kamann, Hans-Georg / Brown, Jay S./ Schmidt, Jens Peter: A Comparative Analysis of Art. 82 of the EC Treaty and Sec. 2 of the Sherman Act, ZWeR 2005, S. 325.

Böge, Ulf: Das International Competition Network als Ansatz einer internationalen Wettbewerbspolitik, in: Peter Oberender (Hrsg.), Internationale Wettbewerbspolitik, 2006, S. 73.

Ders.: Die Herausforderungen einer internationalen Wettbewerbspolitik in Zeiten globalisierter Märkte, WuW 2005, S. 590.

Böni, Franz: Das Verhältnis von EU-Kartellrecht zum US Antitrust Law am Beispiel ausgewählter vertikaler Beschränkungen – Rockzipfel oder Emanzipation?, WUW 2012, S. 699.

Bosch, Wolfgang: Die Entwicklung des deutschen und europäischen Kartellrechts, NJW 2016, S. 1700.

Bourgeois, Jacques/Dawar, Kamala/Evenett, Simon J.: A comparative analysis of selected provisions in free trade agreements, Studie in Auftrag gegeben von der EU-Kommission Generaldirektion Wettbwerb, 2007.

Ders.: Competition Policy: The Poor Relation in the European Union Free Trade Agreements, in: Inge Govaere/Erwan Lannon/Peter Van Elsuwege/Stanislas Adam (Hrsg.) The European Union in the World, Essays in Honour of M. Maresceau, 2013, S. 381. (zitiert: Bourgeois, in: FS Maresceau)

Ders.: The EEA Rules on Competition: ODD Man out or Model for Multilateral rules?, in: Martin Johansson/Nils Wahl/Ulf Bernitz (Hrsg.), Liber Amicorum in Honour of Sven Norberg. A European for All Seasons, 2006, S. 125. (zitiert: *Bourgeois*, in: FS Norberg)

Bowles, Paul: beggar-thy-neighbor policies, in: Kenneth A Reinert/ Ramkishen S. Rajan/ Amy J. Glass/ Lewis S. Davis (Hrsg.), The Princeton Encyclopedia of the World Economy, Band 1: A-H, 2008, S. 126.

Bradford, Anu/Büthe, Tim: Competition policy and free trade, in: Andreas Dür/ Manfred Elsig (Hrsg.), Trade Cooperation, 2015, S. 246.

Dies./Jackson, Robert J./Zytnick, Jonathon: Is E.U. Merger Control Used for Protectionism? An Empirical Analysis, JELS 2018, S. 165.

Dies.: International Antitrust Cooperation and the Preference for Non-Binding Regimes in: Andrew T. Guzman (Hrsg.), Cooperation, Comity and Competition Policy, 2010, S. 319.

Brammer, Silke: Ne bis in idem im europäischen Kartellrecht – Neue Einsichten zu einem alten Grundsatz, EuZW 2013, S. 617.

Braun, Dominik: Das Konzept der gesamtschuldnerischen Verantwortlichkeit von Konzerngesellschaften im europäischen Wettbewerbsrecht, 2018.

Brawley, Mark R.: Globalization, in: Kenneth A Reinert/ Ramkishen S. Rajan/ Amy J. Glass/ Lewis S. Davis (Hrsg.), The Princeton Encyclopedia of the World Economy, Band 1: A-H, 2008, S. 555

Brewster, Rachel: The Domestic Origins of International Agreements, VA. J. Int'l L. 2004, S. 501.

Brittan, Leon: Rede v. 29.6.1999, Trade and competition: The need for a multilateral framework of competition rules, OECD Conference on Trade and Competition, SPEECH/99/102. Verfügbar unter: http://europa.eu/rapid/press-release_SP EECH-99-102_en.htm?locale=en (zuletzt besucht: 15.2.2019).

Brown, Colin M./Record, Jeremy: EU–Korea Free Trade Agreement, in: Simon Lester/Bryan Mercurio/Lorand Bartels (Hrsg.), Bilateral and Regional Trade Agreements, Band 2, 2 Aufl. 2016, S. 39.

Brusick, Philippe: UN Control of Restrictive Business Practices, J. World Trade L. 1983, S. 337.

Buchmann, Eva: Positive Comity im internationalen Kartellrecht, 2004.

Budzinski, Oliver/Aigner, Gisela: Institutionelle Rahmenbedingungen für internationale M&A-Transaktionen – Auf dem Weg zu einem globalen Fusionskontrollregime?, Volkswirtschaftliche Beiträge 2004, S. 1.

Ders./Kerber, Wolfgang: Internationale Wettbewerbspolitik aus ökonomischer Perspektive, in: Peter Oberender (Hrsg.), Internationale Wettbewerbspolitik, 2006, S. 9.

Ders./Kuchinke, Björn A.: Zehn Jahre Internationale Competition Network (ICN): Auf dem Weg zu einer globalen Wettbewerbsordnung?, in: Dirk Wentzel (Hrsg.), Internationale Organisationen. Ordnungspolitische Grundlagen, Perspektiven und Anwendungsbereiche, 2013, S. 176.

Ders.: The Governance of Global Competition. Competence Allocation in International Competition Policy, 2008.

Bui, Nguyen Khanh: Das Wettbewerbsrecht im Rahmen der Wirtschaftsverfassung Vietnams. Unter Berücksichtigung der deutschen und europäischen Wirtschaftsverfassung, 2007.

Bund Deutscher Industrie: Stellungnahme für die öffentliche Anhörung des Ausschusses für Wirtschaft und Energie des Deutschen Bundestages am 5.09.2016. Wirtschafts- und Handelsabkommen zwischen der EU und Kanada (CETA), Ausschussdrucks. 18(9)939.

Bungenberg, Marc: Das mögliche EU-China-Investitionsschutzabkommen-Diskussionspunkte und Stolperstein, in: Peter-Christian Müller-Graff (Hrsg.), Die Beziehungen zwischen der Europäischen Union und China, 2017, S. 81.

Ders.: Die Zukunft der WTO nach Nairobi, ifo Schnelldienst 2016, S. 8.

Büthe, Tim: The Politics of Market Competition: Trade and Antitrust in a Global Economy, in: Lisa L. Martin (Hrsg.), The Oxford Handbook of The Political Economy of International Trade, 2015, S. 213.

Buxbaum, Hannah L.: National Jurisdiction and Global Business Networks, Ind. J. Global Legal Stud 2010, S. 165.

Cabral, Luís: Competition policy in the global era, NZEP 2017, S. 100.

Campbell, A. Neil/Rowley, J. William: The Internationalization of Unilateral Conduct Laws—Conflict, Comity, Cooperation and/or Convergence?, Antitrust L. J. 2008, S. 267.

Capobianco, Antonio/Nagy, Aranka: Developments in International Enforcement Co-operation in the Competition Field, J Eur Compet Law Pract 2016. S. 566.

Chaisse, Julien/Sejko, Dini: The Latest on the Best? Reflections on Trade Defence Regulation in EU-Vietnam FTA, in: Marc Bungenberg/Michael Hahn/Christoph Herrmann/Till Müller-Ibold (Hrsg.), European Yearbook of International Economic Law. Special Issue: Trade Defence Instruments. Global Policy Trends and Legal Challenge, 2018, S. 295. (zitiert: *Chaisse/Sejko*, in: Bungenberg/Hahn/Herrmann/Müller-Ibold, EYIEL Trade Defence)

Chan, Sunny S.H.: InnoLux Corp v European Commission: Establishment of the effects doctrine in extra-territoriality of EU competition law?, E.C.L.R. 2015, S. 463.

Charny, David: Regulatoy Competition and the Global Coordnation of Labour Standards, in: Daniel C. Esty/Damien Géradin (Hrsg.), Regulatogy Competition and Economic Integration. Comparative Perspectives, 2001, S. 311.

Chauffour, Jean-Pierre/Maur, Jean-Christophe: Beyond Market Access, in: Jean-Pierre Chauffour/Jean-Christophe Maur (Hrsg.), Preferential Trade Agreements Policies for Development. A Handbook, 2011, S. 17.

Chi, Manjiao: The China-EU BIT as a Stepping Stone Towards a China-EU FTA: A Policy Analysis, in: Marc Bungenberg/ Markus Krajewski/ Christian Tams/Jörg Philipp Terhechte/ Andreas R. Ziegler (Hrsg.), European Yearbook of International Economic Law 8 (2017), 2017, S. 475. (zitiert: *Chi*, in: Bungenberg/Krajewski/Tams/Terhechte/Ziegler, EYIEL 2017)

Chmeis, Ahmad: Kartellsanktionsrecht. Verfahrensrechtliche Konvergenz innerhalb der Europäischen Union unter besonderer Berücksichtigung des deutschen Rechts, 2018.

Cho, Sungjoon: Breaking the Barrier Between Regionalism and Multilateralism: A New Perspective on Trade Regionalism, Harv. Int'l L. J. 2001, S. 412.

Choi, Jay Pil/Gerlach, Heiko A.: Global Cartels, Leniency Programs and International Antitrust Cooperation, IJIO 2012, S. 528

Cîrlig, Carmen-Cristina/Puccio, Laura: The future partnership between the European Union and the United Kingdom. Negotiating a framework for relations after Brexit. Study of the European Parliamentary Research Service, PE 628.220, 2018.

Cohen, Joshua/Sabel, Charles F.: Global Democrazy?, N.Y.U.J. Int'l Poli. 2005, S. 763.

Connor John M.:/Lande, Robert H.: Cartels As Rational Business Strategy: Crime Pays, Cardozo L. Rev. 2012, 427 (462 ff.).

Ders.: Global Price Fixing, 2. Aufl. 2007.

Ders.: The Effectiveness of Antitrust Sanctions on Modern International Cartels, J Ind Compet Trade 2006, S. 195

Ders.: The Private International Cartels (PIC) Data Set: Guide and Summary Statistics, 1990-July 2016, 2. Aufl. 2016.

Corr, Christopher F.: Trade Protection in the New Millennium: The Ascendancy of Antidumping Measures, Nw. J. Int'l L. & Bus. 1997, S. 49.

Cottier, Thomas: Anti-Trust Rules in Domestic Jurisdiction, in: Thomas Cottier/Krista Nadakavukaren Schefer (Hrsg.), Elgar Encyclopedia of International Economic Law, 2017, S. 481.

Cremona, Marise: The European Union and Regional Trade Agreements, in: Christoph Herrmann/Jörg Philipp Terhechte, European Yearbook of International Economic Law 1 (2010), 2010, S. 245. (zitiert: *Cremona*: in: Herrmann/Terhechte, EYIEL 2010)

Dabbah, Maher M.: Competition Law and Policy in the Middle East, 2007.

Ders.: International and Comparative Competition Law, 2010.

Ders.: The Internationalisation of Antitrust Policy, 2003.

Daiber, Birgit: Das Freihandelsabkommen zwischen der EU und Südkorea, EuR 2015, S. 542

Damro, Chad/Guay, Terrence: European Competition Policy and Globalization, 2016.

Ders.: Destructive Issue Linkages: The International Politics of EU Failure, Antitrust Bull. 2012, S. 565.

Ders: The new trade politics and EU competition policy: shopping for convergence and co-operation, JEPP 2006, S. 867.

Daugéliené, Rasa/Puskunigis, Paulius: The Scope and Specificity of Economic Relations Between the EU and the United Kingdom in Brexit Case, in: David Ramiro Troitiño/ Tanel Kerikmäe/ Archil Chochia (Hrsg.), Brexit. History, Reasoning and Perspectives, 2018, S. 265.

Dauses, Manfred A./Ludwigs, Markus: Handbuch des EU-Wirtschaftsrechts. Begründet von Manfred A. Dauses, herausgegeben von Markus Ludwigs. Loseblattsammlung. Stand: 45. Ergänzungslieferung Juli 2018.

Dawar, Kamala/Holmes, Peter: Competition Policy, in: Jean-Pierre Chauffour/Jean-Christophe Maur (Hrsg.), Preferential Trade Agreements Policies for Development. A Handbook, 2011, S. 347.

Deckwirth, Christina: Vom Binnenmarkt zum Weltmarkt. Die Liberalisierung und Globalisierung des europäischen Dienstleistungssektors, 2010.

Demedts, Valerie: The long-term potential of an interim-solution. An assessment of the EU's first and second generation bilateral competition cooperation agreements in context, Diss. Ghent University 2017. Verfügbar unter: https://biblio.u gent.be/publication/8535639/file/8535929.pdf (zuletzt besucht: 14.2.2019).

Desta, Melaku G./Barnes, Naomi J.: Competition Law in Regional Trade Agreements: An Overview, in: Lorand Bartels/Federico Ortino (Hrsg.), Regional Trade Agreements and the WTO Legal System, 2006, S. 239.

Dethmers, Frances/Blondeel, Jonathan: EU enforcement policy on abuse of dominance: Some statistics and facts, E.C.L.R. 2017, S. 147.

Di Benedetto, Fabrizio: Towards an International Legal Framework for Competition Law: An EU Perspective, CYIL 2017, S. 91.

Dias Pereira, Alexandre L.: Vertical restraints on internet sales in EU competition law, E.C.L.R. 2017, S. 478.

DiMaggio, Paul J./Powell, Walter W.: The Iron Cage Revisited: Institutional Isomorphism and Collective Rationality in Organizational Fields, Am.Soc.Rev. 1983, S. 147.

Do, Kim Them: Globale Netzwerke als Gestaltungschance für internationale Politik. Eine Analyse des International Competition Network, 2009.

Drexl, Josef: Gestaltungsansätze zu einer internationalen Wettbewerbspolitik. Handlungsanregungen für das weitere Vorgehen, in: Peter Oberender (Hrsg.), Internationale Wettbewerbspolitik, 2006, S. 41.

Ders.: The Transplantability of the EU's Competition Law Framework into the ASEAN Region, in: Burton Ong (Hrsg.), The Regionalisation of Competition Law and Policy within the ASEAN Economic Community, 2018, S. 210.

Ders.: WTO und Kartellrecht – Zum Warum und Wie dieser Verbindung in Zeiten der Globalisierung, ZWeR 2004, S. 191.

Dursun, Deniz: Exportkartellausnahmen in einer globalen Handelsordnung, 2015.

Elhauge, Einer/Geradin, Damien: Global Competition Law and Economics, 2. Aufl. 2011.

Emerson, Michael/Movchan, Veronika (Hrsg.): Deepening EU-Ukrainian Relations. What, Why and How?, 2016.

Esteva Mosso, Carles: The ICN and Global Competition Convergence. Reflections on Its Origins, Its Achievements and Its Future, in: Paul Lugard (Hrsg.), The International Competition Network at Ten. Origins, Accomplishments and Aspirations, 2011, S. 163.

Evans, David S./Jenny, Frédéric: Trustbusting Goes Global, in: David S. Evans/ Frédéric Jenny (Hrsg.), Trustbusters. Competition Policy Authorities Speak Out, S. 7.

Evenett, Simon J.: What can we really learn from the competition provisions of RTAs?, in: Philippe Brusick/ Ana Maria Alzarez/Lucian Cernat (Hrsg.), Competition Provisions in Regional Trade Agreements: How to Assure Development Gains, 2005, S. 37.

Ezrachi, Ariel: Sponge, JAE 2017, S. 49.

Farmer, Beth: Global Competition Implications for Enforcement, in: Larry C. Backer (Hrsg.), Harmonizing Law in an Era of Globalization. Convergence, Divergence, and Resistance, 2007, S. 185.

Fels, Allan: International Integration of Competition Laws, in: Tzong-Leh Hwang (Hrsg.), The Role of Competition Law/Policy In the Socio-Economic Development, 2007, S. 167.

Fingleton, John/Fletcher, Amelia/Forwood, Nicholas/Nikpay, Ali/Turner Jon/Vickers, John Whish Richard: The Implications of Brexit for UK Competition Law and Policy, J.C.L.& E 2017, S. 389.

Fox Eleanor M./Crane, Daniel A.: Global Issues in Antitrust and Competition Law, 2010.

Dies./Fingleton, John /Mitchel, Sophie: The Past and Future of International Antitrust: Gaps, Overlaps and the Institutional Challenge in: David Lewis (Hrsg.), Building New Competition Law Regimes, 2013, S. 163.

Dies./Healey, Deborah: When the State Harms Competition – The Role for Competition Law, Antitrust L. J. 2014, S. 769.

Dies.: Equality, Discrimination, and Competition Law: Lessons from and for South Africa and Indonesia, Harv. Int'l. L. J. 2000, S. 579

Dies.: GE/Honeywell: the U.S. Merger that Europe Stopped – a Story of the Politics of Convergence in: Eleanor M. Fox/Daniel Crane, Antitrust Stories, 2007, S. 331.

Dies.: Monopolization and Abuse of Dominance: Why Europe Is Different, Antitrust Bull. 2014, S. 129;

Dies.: Monopolization, Abuse of Dominance, and the Indeterminacy of Economics: The U.S./E.U. Divide, Utah L. Rev. 2006, S. 725.

Dies.: The WTO's First Antitrust Case—Mexican Telecom: A Sleeping Victory for Trade and Competition, J. Int'l Econ. L. 2006, S. 271.

Dies.: Interview mit Jonathan Fried, Concurrences Review Special Issue: Competition and Globalization in Developing Economies 2016, S. 26. Verfügbar unter: http://www.elig.com/docs/c8798-nyu_concurrences_brochure_2016.pdf (zuletzt besucht: 20.2.2019).

Franz, Alexander/Jüntgen, David A.: Die Pflicht von Managern zur Geltendmachung von Schadensersatzansprüchen aus Kartellverstößen, BB 2007, S. 1681.

Gadbaw, R. Michael: Competition Policy, in: Cathleen Cimino-Isaacs/Jeffrey J. Schott (Hrsg.), Trans-Pacific Partnership. An Assessment, 2016, S. 323.

Gal, Michal S.: Competition Policy for Small Market Economies, 2003.

Ders.: International Antitrust Solutions: Discrete Steps or Causally Linked?, in: Josef Drexl/Warren S. Grimes/Clifford A. Jones/Rudolph J.R. Peritz/ Edward T. Swaine (Hrsg.), More Common Ground for International Competition Law?, 2011, S. 239.

Garcia, Maria: Building Global Governance One Treaty at a Time? A Comparison of the US and EU Approaches to Preferential Trade Agreements and the Challenge of TTIP, in: Elaine Fahey (Hrsg.), Institutionalisation beyond the Nation State. Transatlantic Relations: Data, Privacy and Trade Law, 2018, S. 213.

Gaßner, Katrin: Fusionskontrollverfahren in Drittstaaten, in: Christoph H. Seibt (Hrsg.), Beck'sches Formularbuch Mergers & Acquisitions, 3. Aufl. 2018, S. 1759.

Geiger, Rudolf/Khan, Daniel-Erasmus/Kotzur, Markus (Hrsg.): EUV/AEUV. Vertrag über die Europäische Union und Vertrag über die Arbeitsweise der Europäischen Union. Kommentar, 6. Aufl. 2017.

Geradin, Damien: The Perils of Antitrust Proliferation: The Globalization of Antitrust and the Risks of Overregulation of Competitive Behavior, Chic J Int Law 2009, S. 189.

Gerber, David J.: Global Competition. Law, Markets, and Globalization, 2009.

Glöckle, Carolin/Würdemann, Aike: Die Appellate Body-Krise der WTO – eine Analyse der US-Kritikpunkte, EuZW 2018, S. 976.

Glöckner, Jochen: Kartellrecht – Recht gegen Wettbewerbsbeschränkungen, 2. Aufl. 2017.

Göhler, Daniel: Die Außenhandelsbeziehungen der EU zwischen Multilateralismus und Regionalismus: Einleitende Bemerkungen und Konzeption des Sammelbandes, in: Gabriel J. Felbermayr/Daniel Göler/Christoph Herrmann/Andreas Kalina (Hrsg.), Multilateralismus und Regionalismus in der EU-Handelspolitik, 2017, S. 9.

Goldman, Calvin S./Facey, Brian A.: Antitrust and Trade Policy: International Business Perspective, in: Barry E. Hawk (Hrsg.), International Antitrust & Policy. Twenty-fifth Annual Fordham Corporate Law Institute Conference on International Antitrust Law & Policy, 1998, 1999, S. 279. (zitiert: *Goldman/Facey*, in: Hawk Fordham Corp. L. Inst. 1998)

Goode, Walter: Dictionary of Trade Policy Terms, 4. Aufl. 2003.

Göranson, Lennard/Reindl, Andreas: Organisation für wirtschaftliche Zusammenarbeit und Entwicklung (OECD), in: Jörg Philipp Terhechte (Hrsg.), Internationales Kartell- und Fusionskontrollverfahrensrecht, 2008, S. 1916.

Grabitz, Eberhard/Hilf, Meinhard/Nettesheim, Martin: Das Recht der Europäischen Union: EUV/AEUV. Begründet von Eberhard Grabitz, fortgeführt von Meinhard Hilf, herausgegeben von Martin Nettesheim. Loseblattsammlung. 65. Ergänzungslieferung. Stand: August 2018

Ders./Hilf, Meinhard: Das Recht der Europäischen Union, Begründet von Eberhard Grabitz, fortgeführt von Meinhard Hilf, herausgegeben von Martin Nettesheim. Loseblattsammlung, 40. Auflage 2009.

von der Groeben, Hans/Schwarze, Jürgen/Hatje, Armin (Hrsg.): Europäisches Unionsrecht. Vertrag über die Europäische Union – Vertrag über die Arbeitsweise der Europäischen Union – Charta der Grundrechte der Europäischen Union Art.

Grosse Rude-Khan, Henning/Ononaiwu, Chantal: The Cariforum-EU Economic Partnership Agreement, in: Simon Lester/Bryan Mercurio/Lorand Bartels (Hrsg.), Bilateral and Regional Trade Agreements, Band 2, 2 Aufl. 2016, S. 133.

Gupta, Sayantan: Changing Faces of International Trade: Multilateralism to Regionalism, JICLT 2008, S. 260.

Gürkaynak, Gönenç: Interview mit Randy Tritell, Concurrences Review Special Issue: Competition and Globalization in Developing Economies 2016, S. 24. Verfügbar unter: http://www.elig.com/docs/c8798-nyu_concurrences_brochure_2016.pdf (zuletzt besucht: 20.2.2019).

Guski, Roman: Refragmentierung des europäischen Kartellrechts? Dimensionen eines möglichen EU-Austritts, in: Malte Kramme/Christian Baldus/Martin Schmidt-Kessel (Hrsg.), Brexit und die juristischen Folgen, S. 261.

Guzman, Andrew T.: A Compliance-Based Theory of International Law, Cal. L. Rev. 2002, S. 1823.

Ders.: The Cost of Credibility: Explaining Resistance to Interstate Dispute Resolution Mechanisms, J Legal Stud. 2002, S. 303.

Hachmeister, Sarah J.: Internetvertrieb und Kartellrecht. Unter besonderer Berücksichtigung des Vertriebskartellrechts, 2017.

Heimler, Alberto/Jenny, Frédéric: Regional Agreements, in: David Lewis (Hrsg.), Building New Competition Law Regimes, 2013, S. 183.

Ders.: Competition Policy as a Tool of EU Foreign Policy: Multilateralism, Bilateralism, and Soft Convergence in: Federiga Bindi (Hrsg.), The Foreign Policy of the European Union. Assessing Europe's Role in the World, 2010, S. 82.

Held, David/Goldblatt, David/McGrew, Anthony G./Perraton, Jonathan: Global Transformations: Politics, Economics and Culture S. 2.

Herrmann, Christoph/Müller-Ibold, Till: Die Entwicklung des europäischen Außenwirtschaftsrechts, EuZW 2016, S. 646.

Ders./Ohler, Christoph/Weiß, Wolfgang: Welthandelsrecht, 2. Aufl. 2007.

Ders./Würdemann, Aike: Der wirtschaftsvölkerrechtliche und unionsrechtliche Rahmen für regionale Integrationsgemeinschaften, in: Gabriel J. Felbermayr/Daniel Göler/Christoph Herrmann/Andreas Kalina (Hrsg.), Multilateralismus und Regionalismus in der EU-Handelspolitik, 2017, S. 33.

Ders.: Brexit, WTO und EU-Handelspolitik, EuZW 2017, S. 961.

Ders.: Stellungnahme für die öffentliche Anhörung des Ausschusses für Wirtschaft und Energie des Deutschen Bundestages am 5.09.2016. Unionsrechtlichen und verfassungsrechtlichen Fragen des Abschlusses und der vorläufigen Anwendung des Comprehensive Economic and Trade Agreement (CETA) zwischen der EU (inkl. Mitgliedstaaten) und Kanada, Ausschussdrucks. 18(9)939.

Ders.: Welthandelsorganisation (WTO), in: Jörg Philipp Terhechte (Hrsg.), Internationales Kartell- und Fusionskontrollverfahrensrecht, 2008, S. 1891.

Hesse, Renata B.: Section 2 Remedies and U.S. v. Microsoft: What Is to Be Learned?, Antitrust L. J. 2009, S. 847.

Heydon, Ken: RTA Market Access and Regulatory Provisions — Regulatory Provisions in Regional Trade Agreements: The "Singapore Issues", WTO Seminar on Regionalism and the WTO, 26.4.2002, OECD Trade Directorate. Verfügbar unter: https://www.oecd.org/trade/tradedev/1840564.pdf (zuletzt besucht: 14.2.2019).

Ders./Woolcock, Stephen: The Rise of Bilateralism. Comparing American, European and Asian approaches to preferential trade agreements, 2009.

Hilpold, Peter: International Competition Law and Regional Trade Agreements, in: Paul J.J. Welfens/Franz Knipping/Suthiphand Chirathivat/Cillian Ryan (Hrsg.), Integration in Asia and Europe, 2006, S. 241.

Ders.: Regulating International Competition Issues by Regional Trade Agreements: A Stepping Stone Towards a Plurilateral Trade Agreement?, in: Christoph Herrmann/Markus Krajewski/Jörg Philipp Terhechte (Hrsg.), European Yearbook of International Economic Law 4 (2013), 2013, S. 71. (zitiert: *Hilpold*, in: Herrmann/Krajewski/Terhechte, EYIEL 2013)

Hoffmeister, Frank: Bilateral Developments in EU Trade Policy Seven Years After Lisbon: A Look into the Spaghetti-Bowl à la Bruxelloise (2010–2016), in: Marc Bungenberg/ Markus Krajewski/Christian Tams/Jörg Philipp Terhechte/Andreas R. Ziegler (Hrsg.), European Yearbook of International Economic Law 8 (2017), 2017, S. 411. (zitiert: *Hoffmeister*, in: Bungenberg/Krajewski/Tams/Terhechte/Ziegler, EYIEL 2017)

Hollman, Hugh M./Kovacic, William E.: The International Competition Network: Ist Past, Current and Future Role, MJIL 2011, S. 274.

Holmes, Peter/Papadopoulos, Anestis/Kayali, Bahri Ö./Sydorak, Anna: Trade and competition in RTAs: A missed opportunity?, in: Philippe Brusick/Ana Maria Alzarez/Lucian Cernat (Hrsg.), Competition Provisions in Regional Trade Agreements: How to Assure Development Gains, 2005, S. 65.

Holzmüller, Tobias: Einseitige Wettbewerbsbeschränkungen als Regelungsproblem des internationalen Kartellrechts, 2009.

Hope, Einer: Introduction, in: Einar Hope/Per Maeleng (Hrsg.), Competition and Trade Policies. Coherence or Conflict?, 1998, S. 1.

Horn, Henrick/Mavroidis, Petros C./Sapir, André: Beyond the WTO? An Anatomy of EU and US Preferential Trade Agreements, Bruegel Blueprint Series VII 2009, S. 1.

Ders./Mavroidis, Petros C.: International Trade: Dispute Settlement, in: Andrew T. Guzman/Alan O. Sykes (Hrsg.), Research Handbook in International Economic Law, 2007, S. 177.

Horn, Norbert: Legal Problems of Codes of Conduct for Multinational Enterprises, 1980.

Huck, Winfried: ASEAN und EU: Vertrauen, Konsultation und Konsens statt „immer engerer Union", EuZW 2018, S. 886.

Hufbauer, Gary/Kim, Jisun: International Competition Policy and the WTO, Antitrust Bull. 2009, S. 327.

Hughes, Paul: UK Competition Law Enforcement Post-Brexit: Choppy Waters Ahead, Kluwer Competition Law Blog, 1.2.2019.

Hujo, Philipp: Die wettbewerbsrechtliche Beurteilung von einseitigem Missbrauchsverhalten („Unilateral Conduct") in den Vereinigten Staaten von Amerika und der Europäischen Union. Eine Untersuchung im Bereich des Preismissbrauchs und der Zugangsverweigerung, 2012.

Hussey, Karen/Tidemann, Carl: Agriculture in the Australia–EU economic and trade relationship, in: Annmarie Elijah/Donald Kenyon/Karen Hussey/Pierre van der Eng (Hrsg.), Australia, the European Union and the New Trade Agenda, 3. Aufl. 2017, S. 97.

Immenga, Ulrich/Mestmäcker, Ernst-Joachim: Wettbewerbsrecht. Band 1: EU. Kommentar zum Europäischen Kartellrecht, Herausgegeben von Torsten Körber, Heike Schweitzer, Daniel Zimmer, begründet von Ulrich Immenga und Ernst-Joachim Mestmäcker. 5. Auflage 2012.

Ders.: Internationales Wettbewerbsrecht. Unilateralismus, Bilateralismus, Multilateralismus in: Christian Tietje/Gerhard Kraft/Rolf Sethe (Hrsg.), Beiträge zum Transnationalen Wirtschaftsrecht, Heft 31, 2004.

Ingen-Housz, Clara: Interview with Gabriel McGann, Senior Managing Counsel, Competition, Coca-Cola, im Vorlauf der Concurrences Review „Antitrust in Asia Conference" am 18 Mai 2018. Verfügbar unter: https://www.eventbrite.co m/e/interview-with-gabriel-mcgann-antitrust-in-asia-conference-tickets-45452098 450# (zuletzt besucht: 20.2.2019).

International Business Publications: European Union Free Trade Agreements Handbook.

James, Charles A.: Rede v. 17.10.2001, International Antitrust in the 21st Century: Cooperation and Convergence, OECD Global Forum on Competition. Verfügbar unter: https://www.justice.gov/atr/speech/international-antitrust-21st-century-cooperation-and-convergence (zuletzt besucht: 15.2.2019).

Janow, Merit E.: Transatlantic Cooperation on Competition Policy, in: Simon J. Evenett/Alexander Lehmann/Benn Steil, Antitrust Goes Global. What Future For Transatlantic Cooperation, 2000, S. 29.

Jenny, Frédéric: Competition, Trade and Development before and after Cancun, in: Tzong-Leh Hwang/Chiyuan Chen (Hrsg.), The Future Development of Competition Framework, 2004, S. 13.

Ders.: International Cooperation on Competition: Myth, Reality and Perspective, Antitrust Bull. 2003, S. 985.

Joekes, Susan/Evans, Phil: Competition and Development. The Power of Competitive Markets, 2008.

Joelson, Mark R.: An International Antitrust Primer. A Guide to the Operation of United States, European Union and Other Key Competition Laws in the Global Economy, 4. Aufl. 2017.

Jofer, Florian: Vertikalvereinbarungen als Regelungsproblematik des internationalen Handels-und Kartellrecht, 2004.

Johnson, Boris: Rede v. 3.2.2020, Rede in Greenwich, verfügbar unter https://www.gov.uk/government/speeches/pm-speech-in-greenwich-3-february-2020 (zuletzt besucht am 13.9.2020).

Jones Keith R./Harrison, Farin: Criminal Sanctions : An overview of EU and national case law, Concurrences e-Competitions Bulletin 2015, N° 64713, S. 1.

Jones, Alison/Sufrin, Brenda: EU Competition Law. Text, Cases, and Materials, 6. Aufl. 2016.

Kainer, Friedemann/Persch, Johannes: Das Prinzip der Einheit des Binnenmarktes: Keine Rosinen für Drittstaaten, EuZW 2018, S. 932.

Kamann, Hans-George: Internationale Zusammenhänge, in: Hans-George Kamann/StefanOhlhoff/Sven Völcker (Hrsg.), Kartellverfahren und Kartellprozess. Handbuch, 2017, S. 32.

Kameoka, Etsuko: Competition Law and Policy in Japan and the EU, 2014.

Kampf, Roger: Does Intellectual Property Belong to the Trade Family?, in: Christoph Herrmann/Bruno Simma/Rudolf Streinz (Hrsg.), European Yearbook of International Economic Law. Special Issue: Trade Policy between Law, Diplomacy and Scholarship – Liber amicorum in memoriam Horst G. Krenzler, 2015, S. 87. (zitiert: Kampf, in: FS Krenzler)

Kantzenbach, Erhard: Globalisierung und Wettbewerb – einige Anmerkungen, in: Andreas Fuchs/Hans-Peter Schwintowski/Daniel Zimmer (Hrsg.), Wirtschafts- und Privatrecht im Spannungsfeld von Privatautonomie, Wettbewerb und Regulierung: Festschrift für Ulrich Immenga zum 70. Geburtstag, 2004, S. 213. (zitiert: *Kantzenbach*, in: FS Immenga)

Ders.: Wettbewerbspolitik in einer globalisieren Weltwirtschaft, in: Theresia Theurl/Christian Smekal (Hrsg.), Globalisierung. Globalisiertes Wirtschaften und nationale Wirtschaftspolitik, 2001, S. 231.

Kaplow, Louis: On the choice of welfare standards in competition law, in: Daniel Zimmer (Hrsg.), The Goals of Competition Law. The fifth ASCOLA Workshop on Comparative Competition Law, 2012, S. 3.

Ders.: Recoupment, Market Power, and Predatory Pricing,Antitrust L. J. 2018, S. 167.

Kapp, Thomas: Freihandel zwischen EU und Amerika in Sicht: Bleibt unser Kartellrecht auf der Strecke?, WUW 2013, S. 331.

Karamanian, Susan L.: Book Review: An International Antitrust Primer: a Guide to the Operation of the United States, European Union, and Other Key Competition Laws in the Global Economy by Mark R. Joelson, AJIL 2002, S. 1012.

Kasteng, Jonas: The Abolition of Antidumping Measures in the EU: An Example and Inspiration for the TTIP, in: Jagdish N. Bhagwati/Pravin Krishna/Arvind Pamagariya (Hrsg.), The World Trade System. Trends and Challenges, 2017, S. 317.

Katona, Krisztian: Interview with Frédéric Jenny, Chairman of OECD Competition Committee, the Antitrust Source, June 2018. Verfügbar unter: https://www.ame ricanbar.org/content/dam/aba/multimedia/antitrust_law/jun18_jenny_intrvw_6 _21f.pdf (zuletzt besucht: 20.2.2019).

Keim, Clemens: TRIPS-plus Patentschutzklauseln in bilateralen Freihandelsabkommen der EU. Ihre Auswirkungen auf den Zugang zu Arzneimitteln und das internationale Regime zum Schutz geistigen Eigentums, 2017.

Kennedy, Kevin: Competition Law and the World Trade Organisation. The Limits of Multilateralism, 2001.

Kenyon, Donald/van der Eng, Pierre: Australia and the EU: Partners in the New Trade Agenda in: Annmarie Elijah/Donald Kenyon/Karen Hussey/Pierre van der Eng (Hrsg.), Australia, the European Union and the New Trade Agenda, 3. Aufl. 2017, S. 257.

Kerber, Wolfgang/Budzinski, Oliver: Competition of Competition Laws: Mission Impossible?, in: Richard A. Epstein/Michael Greve (Hrsg.), Competition Laws in Conflict. Antitrust Jurisdiction in the Global Economy, 2004, S. 31.

Khalfaoui, Anna/Gehring, Markus W.: What Role for TDIs Between the EU and the UK After Brexit: A Trade or Competition Solution to a Future Problem?, in: Marc Bungenberg/Michael Hahn/Christoph Herrmann/Till Müller-Ibold, European Yearbook of International Economic Law. Special Issue: Trade Defence Instruments. Global Policy Trends and Legal Challenges, 2018, S. 159. (zitiert: *Khalfaoui/Gehring*, in: Bungenberg/Hahn/Herrmann/Müller-Ibold, EYIEL Trade Defence)

Kim, Soo Yeon: Deep Integration and Regional Trade Agreements, in: Lisa L. Martin (Hrsg.), The Oxford Handbook of The Political Economy of International Trade, 2015, S. 360.

Klauß, Ingo: Die Aufsicht über ein Gemeinsames Wettbewerbsgebiet. Grundlagen, Entwicklungslinien und Perspektiven der behördlichen Zusammenarbeit bei der Aufsicht über grenzüberschreitend wirkende Wettbewerbsbeschränkungen, 2008.

Klein, Joel: Einleitendes Kurtzreferat, in: Bundeskartellamt (Hrsg.), Megafusionen – Eine neue Herausforderung für das Kartellrecht?, Dokumentationen der IX. Internationalen Kartellrechtskonferenz in Berlin 10./11.5.1999, 2000, S. 138.

Kleinert, Jörn/Klodt, Henning: Die fünfte Fusionswelle: Aufmaße und Hintergründe, in: Peter Oberender (Hrsg.), Megafusionen. Motive, Erfahrungen und wettbewerbspolitische Probleme, 2002, S. 9.

Kling, Michael/Thomas, Stefan: Kartellrecht, 2. Aufl. 2016.

Klodt, Henning: Internationale Politikkoordination. Leitlinien für den globalen Wirtschaftspolitiker, 1999.

Ders.: Wege zu einer globalen Wettbewerbsordnung. Mit Dokumenten zur internationalen Wettbewerbspolitik, 2003.

Knorr, Andreas: Wettbewerbsregeln statt Antidumpingregeln, List Forum für Wirtschafts- und Finanzpolitik, Band 25, 1999, S. 414

Konings, Jozef/Van Cayseele, Patrick/Warzynski, Frédéric: The Dynamics of Industrial Markups in Two Small Open Economies: Does National Competition Policy Matter?, IJIO 2001, S. 841.

Koopmann, Georg/Vogel, Lars: Asymmetrie und Divergenz internationaler Handelsabkommen. Regionale und bilaterale versus globale Integration, Wirtschaftsdienst 2009, S. 53.

Körber, Torsten: Wettbewerb vs. Arbeitsplätze? – Anmerkungen zum Ministererlaubnisverfahren Edeka/Tengelmann, NZKart 2016, S. 245.

Kovacic, William E./Lopez-Galdos, Marianela: Lifecycles of Competition Systems: Explaining Variation in the Implementation of New Regimes, L&CP 2016, S. 85.

Ders.: The Modern Evolution of U.S. Competition Policy Enforcement Norms, Antitrust L. J. 2003, S. 377.

Ders.:Transatlantic Turbulances: The Boing-Mc Donald Douglas Merger and International Competition Policy, Antitrust L. J. 2001, S. 805.

Krajewski, Markus: Wirtschaftsvölkerrecht, 4. Aufl. 2017.

Krenzler, Horst G./Herrmann, Christoph/Niestedt, Marian: EU-Außenwirtschafts- und Zollrecht. Begründet von Horst G. Krenzler, herausgegeben von Christoph Herrmann und Marian Niestedt. Loseblattsammlung. Stand: 12. Ergänzungslieferung Oktober 2018.

Langen, Eugen/Bunte, Hermann-Josef (Hrsg.): Kartellrecht. Kommentar. Band 1: Deutsches Kartellrecht, 13. Aufl. 2018

Laprévote, François-Charles/Frisch, Sven/Can, Burcu: Competition Policy within the Context of Free Trade Agreements. E15Initiative. International Centre for Trade and Sustainable Development (ICTSD) and World Economic Forum, 2015. Verfügbar unter: www. e15initiative.org/ (zuletzt besucht: 14.2.2019).

Ders.: Antitrust in wonderland: Trade defense through the competition looking-glass, Concurrences Review N° 2-2015, Art. N° 72444, S. 1.

Ders.: Interview with Johannes Laitenberger, Concurrences Review Special Issue: New frontiers of antitrust 2016.

Lenz, Carl-Otto/Borchardt, Klaus D.(Hrsg.): EU-Verträge Kommentar, EUV – AEUV – GRCh, 6 Auflage 2012.

Levenstein, Margaret C./Suslow, Valerie Y.: How Do Cartels Use Vertical Restraints? Reflections on Bork's The Antitrust Paradox, J.L. & Econ 2014, S. 33.

Levy, Philip I.: A Political-Economic Analysis of Free-Trade Agreements, Amer. Econ. Rev. 1997, S. 506.

Lo, Chang-Fa: A Comparison of BIT and the Investment Chapter of Free Trade Agreement from Policy Perspective, Asian J. WTO & Int'l Health L & Pol'y 2008, S. 147.

Ders.: The Trend of Including Competition Chapter in Free Trade Agreements-Implications on the Establishing International Competition Network and the Convergence of Competition Policy, in: Tzong-Leh Hwang (Hrsg.), The Role of Competition Law/Policy In the Socio-Economic Development, 2007, S. 47.

Luo, Yan: Anti-Dumping in the WTO, the EU and China. The Rise of Legalization in the Trade Regime and its Consequences 2010.

Maher, Imelda: Regulating Competition, in: Christine Parker/Colin Scott/Nicola Lacey/John Braithwaite (Hrsg.), Regulating Law, 2004, S. 187.

Mandsdörfer, Marco/Timmerbeil, Sven: Das Modell der Verbandshaftung im europäischen Kartellbußgeldrecht, EuZW 2011, S. 214.

Mao, Xiaofei/Glass, Tobias: Das neue Antimonopolgesetz der Volksrepublik China, GRUR Int 2008, S. 105

Marco Colino, Sandra: The Perks of Being a Whistleblower: Designing Efficient Leniency Programs in New Antitrust Jurisdictions, Vand. J. Transnat'l L. 2017, S. 535.

Marcos, Francisco: The Prohibition of Single-Firm Market Abuses: US Monopolization versus EU Abuse of Dominance, Int Co Commerc Law Rev 2017, S. 338.

Mardsen, Philip: A Competition Policy for the WTO, 2003.

Ders./Whelan, Peter: The Contribution of Bilateral Trade or Competition Agreements to Competition Law Enforcement Cooperation between the EU and Mexico, 2005. Paper presented at the Centre for Economic Policy Research (CEPR) Conference, Brussels and Paris, April and October 2005. Verfügbar unter: http://dx.doi.org/10.2139/ssrn.980527 (zuletzt besucht: 11.2.2019).

Markopoulos, Titos: Die Prognoseentscheidung in der europäischen Fusionskontrolle, 2009.

Marshall, Fiona: Competition Regulation and Policy at the World Trade Organisation, 2010.

Martyniszyn, Marek: Anti-Trust Rules, in: Thomas Cottier/Krista Nadakavukaren Schefer (Hrsg.), Elgar Encyclopedia of International Economic Law, 2017, S. 479.

Ders.: Anti-Trust, Human Rights and Development, in: Thomas Cottier/Krista Nadakavukaren Schefer (Hrsg.), Elgar Encyclopedia of International Economic Law, 2017, S. 491.

Ders.: Foreign State's Entanglement in Anticompetitive Conduct, World Competition 2017, S. 299.

Ders.: Japanese Approaches to Extraterritoriality in Competition Law, ICLQ 2017, S. 747.

Ders.: On Extraterritoriality and the Gazprom Case, ECLR 2015, S. 291.

Ders.: The Role of UNCTAD in Competition Law and Policy, in: Thomas Cottier/Krista Nadakavukaren Schefer (Hrsg.), Elgar Encyclopedia of International Economic Law, 2017, S. 489.

Mathis, James: Regional Trade Agreements in the GATT/WTO. Artical XXIV and the Internal Trade Requirement, 2002.

Matshuhita, Mitsuo/Schoenbaum, Thomas J./Mavroidis, Petros C./Hahn, Michael: The World Trade Organization. Law, Practice, and Policy, 3. Aufl. 2015.

Ders.: International Competition Network (ICN), in: Thomas Cottier/Krista Nadakavukaren Schefer (Hrsg.), Elgar Encyclopedia of International Economic Law, 2017, S. 484.

Ders.: The Role of the WTO in Competition Policy, in: Thomas Cottier/Krista Nadakavukaren Schefer (Hrsg.), Elgar Encyclopedia of International Economic Law, 2017, S. 485.

Mavroidis, Petros C./Van Siclen, Sally J.: The Application of the GATT/WTO Dispute Resolution System to Competition Issues, JWT 1997, S. 5.

May, Theresa: Rede v. 2.3.2018, Zukünftigen Wirtschaftspartnerschaft des Vereinigten Königreichs mit der Europäischen Union. Deutsche Übersetzung verfügbar unter: https://www.gov.uk/government/speeches/pm-speech-on-our-future-economic-partnership-with-the-european-union.de (zuletzt besucht: 15.2.2019).

Dies.: Rede v. 17.1.2017, The government's negotiating objectives for exiting the EU. Verfügbar unter: https://www.gov.uk/government/speeches/the-governments-negotiating-objectives-for-exiting-the-eu-pm-speech (zuletzt besucht: 15.2.2019).

Melo Araujo, Billy A.: The EU Deep Trade Agenda. Law and Policy, 2016.

Meng, Werner: Extraterritoriale Jurisdiktion im öffentlichen Wirtschaftsrecht, 1994.

Mercurio, Bryan: The Flow-On Effect: How the TPP Will Re-Shape Trade Relations in East Asia, in: Marc Bungenberg/Christoph Herrmann/Markus Krajewski/Jörg Philipp Terhechte (Hrsg.), European Yearbook of International Economic Law 7 (2016), 2016, S. 515. (zitiert: *Mercurio*, in: Bungenberg/Herrmann/Krajewski/Terhechte, EYIEL 2016)

Mesenbrink, Lars: Das Antimonopolgesetz der VR China im Spannungsfeld zwischen Politik und Wettbewerbsrecht. Eine Untersuchung am Beispiel des Kartellverbots und der Fusionskontrolle, 2010.

Messerling, Patrick A.: Should Antidumping Rules be Replaced by National or International Competition Rules, World Competition 1995, S. 37.

Meunier, Sophie: Managing Globalization? The EU in International Trade Negotiations, JCMS 2007, S. 905.

Miller, Nathan H.: Strategic Leniency and Cartel Enforcement, AER 2009, S. 750.

Möller, Silke: Verbraucherbegriff und Verbraucherwohlfahrt im europäischen und amerikanischen Kartellrecht, 2008.

Monopolkommission, Strafrechtliche Sanktionen bei Kartellverstößen, Sondergutachten 72, 2015.

Möschel, Wernhard: Wettbewerb der Wettbewerbsordnungen, WuW 2005, S. 599.

Müller, Wolfgang/Khan, Nicholas/Scharf, Tibor: EC and WTO Anti-Dumping Law. A Handbook, 2. Aufl. 2009.

Müller-Ibold, Till: EU Trade Defence Instruments and Free Trade Agreements: Is Past Experience an Indication for the Future? Implications for Brexit?, in: Marc Bungenberg/Michael Hahn/Christoph Herrmann/Till Müller-Ibold, European Yearbook of International Economic Law. Special Issue: Trade Defence Instruments. Global Policy Trends and Legal Challenges, 2018, S. 191. (zitiert: *Müller-Ibold*, in: Bungenberg/Hahn/Herrmann/Müller-Ibold, EYIEL Trade Defence)

Ders./Herrmann, Christoph: Die Entwicklung des europäischen Außenwirtschaftsrechts, EuZW 2018, S. 749.

Nagy, Csongor István: EU and US Competition Law: Divided in Unity? The Rule on Restrictive Agreements and Vertical Intra-brand Restraints, 2013.

Neumann, Felix: Export des europäischen Beihilfenrechts, Eine Analyse der Europäisierung des internationalen Subventionsrechts durch bilaterale Handelsabkommen, 2019.

Neuwahl, Nanette: Ceta as a Potential Model for (Post-Brexit) UK-EU Relations, Eur Foreign Aff Rev 2017, S. 279.

Neven, Damien J./Röller, Lars-Hendrik: On the Scope of Conflict in International Merger Control, JICT 2003, S. 235.

Ng, Wendy: The Political Economy of Competition Law in China, 2018.

Nguyen, Tu Thanh: Competition Law, Technology Transfer and the TRIPS Agreement. Implications for Developing Countries, 2010.

Nicolaides, Phedon: For a World Competition Authority, J World Trade 1996, S. 131.

Noonan, Chris: The Emerging Principles of International Competition Law, 2008.

Nörr, Knut W./Waibel, Dieter: Konstitutionalisierung der Weltwirtschaft, in Claus Dieter Classen/Armin Dittmann/Frank Fechner/Ulrich M. Gassner/Michael Kilian (Hrsg.), "In einem vereinten Europa dem Frieden der Welt zu dienen...". Liber amicorum Thomas Oppermann, 2001, S. 346. (zitiert: *Nörr/Waibel*, in: FS Oppermann)

Nowak, Carsten: Multilaterale und bilaterale Elemente der EU-Assoziations-, Partnerschafts- und Nachbarschaftspolitik, EuR 2010, S. 746.

Oxman, Bernhard H.: Jurisdiction of States, in: Rüdiger Wolfrum (Hrsg.), The Max Planck Encyclopedia of Public International Law, Band VI: International Organizations or Institutions, History of to Martens Clause, 2012, S. 546.

Paemen, Hugo: A New Trade Policy, in: Dirk Arts/Rene Foqué/Wouter Devroe (Hrsg.), Mundi et Europea Civis – Liber Amicorum Jaques Steenbergen, 2014, S. 131. (zitiert: *Paemen*, in: FS Steenbergen)

Palacios Prieto, Alejandra: Setting up an Efficient Autonomous Competition Agency in Mexico in: James Keyte (Hrsg.), International Antitrust Law & Policy: Fordham Competition Law 2015, 2016, S. 65.

Palim, Mark R. A.: The Worldwide Growth of Competition Law: An Empirical Analysis, Antitrust Bull. 1998, S. 105.

Panagariya, Arvind: The Regionalism Debate: An Overview, World Economy 1999, S. 477.

Pang, Eul-Soo: The U.S.-Singapore Free Trade Agreement. An American Perspective on Power, Trade, and Security in the Asia Pacific, 2011.

Papadopoulos, Anestis S.: The International Dimension of EU Competition Law and Policy, 2010.

Parret, Laura: The Multiple Personalities of EU Competition Law: Time for a Comprehensive Debate on its Objectives, in: Daniel Zimmer (Hrsg.), The Goals of Competition Law. The fifth ASCOLA Workshop on Comparative Competition Law, 2012, S. 61.

Passaro, Nicholas A.: Exploring if differences in US and EU antitrust law are substantive or superficial by re-trying US cases in the EU, G.C.L.R. 2018, S. 72.

Peet, John: Freihandel, in: Meinhard Knoche/Gabriel J. Felbermayr/Ludger Wößmann (Hrsg.), Hans-Werner Sinn und 25 Jahre deutsche Wirtschaftspolitik, 2016, S. 134. (zitiert: *Peet*, in: FS Sinn)

Pelkmans, Jacques/Hu, Weinian/Mustilli, Federica/Di Salvo, Mattia/Francois, Joseph/Bekkers, Eddy/Manchin, Miriam/Tomberger, Patrick: Tomorrow's Silk Road: Assessing an EU-China Free Trade Agreement, 2. Aufl. 2018.

Penev, Slavica/Filipović, Sanja: Competition law and policy in Serbia in the context of the EU accession process, in: Pradeep S. Metha (Hrsg.), Evolution of Competition Laws and their Enforcement. A political economy perspective, 2012, S. 146.

Petersmann, Ernst-Ulrich: Democratic Legitimacy of the CETA and TTIP Agreements?, in: Thilo Rensmann (Hrsg.), Mega-Regional Trade Agreements, 2017, S. 37.

Petrasincu, Alex: Horizontale, vertikale und konglomerate Zusammenschlüsse in der europäischen und amerikanischen Fusionskontrolle, 2009.

Pierce, Richard J.: Antidumping Laws as a Means of Facilitating Cartelization, Antitrust L. J. 2000, S. 740.

Piilola, Anu: Assesing Theories of Global Governance: A Case Study of International Antitrust Regulation, Stan. J Int'L. 2003, S. 207.

Pimlott, Nick/Ellard, Caroline: Competition law post-Brexit: an amputation and some transplants, Comp. L.I. 2018, S. 5.

Piris, Jean-Claude: Which Options Would Be Available for the United Kingdom in the Case of a Withdrawal from the EU? in Patrick J. Birkinshaw/Andrea Biondi (Hrsg.), Britain Alone! The Implications and Consequences of United Kingdom Exit from the EU, 2016, S. 111.

Platt Majoras, Deborah: Convergence, Conflict, and Comity: The Search for Coherence in International Competition Policy, in: Barry E. Hawk, International antitrust law & policy. Thirty-fourth Annual Fordham Competition Law Institute Conference on International Antitrust Law & Policy 2007, 2008, S. 1. (zitiert: *Platt Majoras*, in: Hawk, Fordham Corp. L. Inst. 2007)

Podszun, Rupprecht: Die Ministererlaubnis – Einbruch der Politik ins Recht der Wirtschaft, NJW 2016, S. 617.

Ders.: Internationales Kartellverfahrensrecht. Ein Beitrag zur Konstitutionalisierung des globalen Wirtschaftsrechts, 2003.

Ders.: Neue Impulse für ein globalisiertes Kartellrecht. „Weltkartellrecht" zwischen Digitalisierung, Regionalisierung und Verfahrensharmonisierung, ZWeR 2016, S. 360.

Ders.: Verwaltungskooperationsabkommen der Europäischen Union, in: Jörg Philipp Terhechte (Hrsg.), Internationales Kartell- und Fusionskontrollverfahrensrecht, 2008, S. 2048.

Prusa, Thomas J.: Antidumping Provisions in Preferential Trade Agreements, in: Jagdish N. Bhagwati/Pravin Krishna/Arvind Pamagariya (Hrsg.), The World Trade System. Trends and Challenges, 2017, S. 117.

Ders.: Trade Remedy Provisions, in: Jean-Pierre Chauffour/Jean-Christophe Maur (Hrsg.), Preferential Trade Agreements Policies for Development. A Handbook, 2011, S. 179.

Purps, Stephan/Beaumunier, Mathilde: „Gun Jumping" nach Altice: Im Westen was Neues?, NZKart 2017, 224.

Rasek, Arno: Verwaltungskooperation im International Competition Network (ICN), in: Jörg Philipp Terhechte (Hrsg.), Internationales Kartell- und Fusionskontrollverfahrensrecht, 2008, S. 2019.

Rennie, Jane: Competition Regulation in SAFTA, AUSFTA and TAFTA: A Spaghetti Bowl of Competition Provisions, Int. T.L.R. 2007, S. 30.

Ricardo, David: Principles of Political Economy and Taxation, 1817.

Rodríguez de las Heras Ballell, Teresa: Global Markets, Global Corporations: How European Competition Policy Responds to Globalization, in: Janet Laible/ Henri J. Barkey (Hrsg.), European Reponses to Globalization. Resistance, Adaptation and Alternatives, 2006, S. 65.

Roesen, Katrin: Mehrfache Sanktionen im internationalen und europäischen Kartellrecht, 2009.

Rothstein, Robert L.: Global Bargaining: UNCTAD and the Quest for a New International Economic Order, 1979.

Sapir, André: EU trade policy, in: Harald Badinger/ Volker Nitsch (Hrsg.), Routledge Handbook of the Economics of European Integration, 2016, S. 205.

Scherer, Frederic M.: Competition Policies for an Integrated World Economy, 1994.

Schmitt, Eva M.: Die Europäische Union als liberalisierungsbereiter Akteur in der Doha-Runde der Welthandelsorganisation?, in: Gabriel J. Felbermayr/Daniel Göler/Christoph Herrmann/Andreas Kalina (Hrsg.), Multilateralismus und Regionalismus in der EU-Handelspolitik, 2017, S. 223.

Schroeder, Werner: Freihandelsabkommen und Demokratieprinzip – Eine Untersuchung zur parlamentarischen Legitimation gemischter Verträge, EuR 2018, S. 119.

Schroll, Gregor: Der Einfluss interner und externer Faktoren auf die Effektivität der Kronzeugenprogramme der EU-Kommission und des Bundeskartellamtes, 2012.

Schulte-Nölke, Hans/Terhechte, Jörg Philipp: Historischer Abriss, in: Jörg Philipp Terhechte (Hrsg.), Internationales Kartell- und Fusionskontrollverfahrensrecht, 2008, S. 271.

Schürnbrand, Jan/Janal, Ll. M.: Examens-Repetitorium Verbraucherschutzrecht, 3. Aufl. 2018.

Scott, Sheridan: The ICN's Role in the International Integration of Global Competition Policies, in: Fair Trade Commission, Executive Yuan (Hrsg.), Creating a new order for competition in response to the industrial restructuring. Taiwan 2009 International Conference on Competition Policies/Laws, 2010, S. 165.

Sekine, Takemasa: Competition Related Provisions in Eat Asian FTAs: Their Trends and Possible Impact of Mega FTAs, Chinese (Taiwan) Y.B. Int'l L.& Aff. 2014, S. 86.

Semertzi, Aliki: The Preclusion of Direct Effect in the Recently Concluded EU Free Trade Agreements, CMLR 2014, S. 1125.

Sester, Peter/Cárdenas, José Luis: Vereinbarungen zur kartellrechtlichen Konvergenz in internationalen Abkommen zur Liberalisierung des Handels. Am Beispiel des Assoziationsabkommens zwischen der EU und Chile, RIW 2006, S. 179.

Shaviro, Daniel: Some Observations Concerning Multi-Jurisdictional Tax Competition, in: Daniel C. Esty/Damien Géradin (Hrsg.), Regulatogy Competition and Economic Integration. Comparative Perspectives, 2001, S. 49.

Shin, Hyun Yoon: Die Kartellaufsicht an Unternehmen in Südkorea in Burkhard Hess/ Klaus J. Hopt/Ulrich Sieber/ Christian Stark (Hrsg.), Unternehmen im globalen Umfeld. Aufsicht, Unternehmensstrafrecht, Organhaftung und Schiedsgerichtsbarkeit in Ostasien und Deutschland: fünftes Internationales Symposium der Fritz Thyssen Stiftung in Köln, 2017, S. 85.

Smyrnova, Kseniya: Issues of Competition Law in the EU-Ukraine, EU-Moldova and EU-Georgia Association Agreements: Comparative Aspects, in: Alexander Trunk/Nazar Panych/Susanne Rieckhof (Hrsg.), Legal Aspects of the EU Association Agreements with Georgia, Moldova and Ukraine in the Context of the EU Eastern Partnership Initiative, 2017, S. 81.

Sokol, D. Daniel: International Antitrust Institutions, in: Andrew T. Guzman (Hrsg.), Cooperation, Comity, and Competition, 2011, S. 187.

Ders.: Order without (Enforceable) Law: Why Countries Enter into Non-Enforceable Competition Policy Chapters in Free Trade Agreements, Chi.-Kent L. Rev. 2008, S. 231.

Solano, Oliver/Sennekamp, Andreas: Competition Provisions in Regional Trade Agreements, OECD Trade Policy Papers, 2006, No. 31, S. 1. Verfügbar unter: https://doi.org/10.1787/344843480185 (zuletzt besucht: 14.2.2019).

Stancke, Fabian: TTIP, CETA und die Rolle des Wettbewerbsrechts in internationalen Freihandelsabkommen, EuZW 2016, S. 567.

Steenbergen, Jacques: Competition and Trade Policy and the Challenge of Globalisation, in: Inge Goevaere/ Reinhard Quick/ Marco Bronchers (Hrsg.), Trade and Competition Law in the EU and Beyond, 2011, S. 3.

Stephan, Paul B.: Global Governance, Antitrust, and the Limits of Cooperation, Cornell Int'l L.J 2005, S. 173.

Stewart, Richard B.: Pyramids of Sacrifice? Problems of Federalism in Mandating State Implementation of National Environmental Policy, Yale LJ 1977, S. 1196.

Streinz, Rudolf: Brexit – Weg, Ziele, Lösungsmöglichkeiten, in: Malte Kramme/Christian Baldus/Martin Schmidt-Kessel (Hrsg.), Brexit und die juristischen Folgen, 2017, S. 17.

Ders.: Europarecht, 10. Aufl. 2016.

Stucke, Maurice E.: What is competition?, in: Daniel Zimmer (Hrsg.), The Goals of Competition Law. The fifth ASCOLA Workshop on Comparative Competition Law, 2012, S. 27.

Sullivan, E. Thomas/Harrison, Jeffrey: Understanding Antitrust and its Economic Implications, 6. Aufl. 2014.

Suslow, Valerie Y.: The Changing International Status of Export Cartel Exemptions, ASIL 2005, S. 785.

Sutherland, Philip/Kemp, Katharine: Competition Law of South Africa, 2006.

Sweeney, Brendan J.: International Competition Law and Policy: A Work in Progress, MJIL 2009, S. 58.

Ders.: International Governance of Competition and the Problem of Extraterritorial Jurisdiction, in: John Duns/Arlen Duke/Brendan Sweeney (Hrsg.), Comparative Competition Law, 2015, S. 345.

Ders.: The Internationalisation of Competition Rules, 2010.

Szepesi, Stefan: Comparing EU Free Trade Agreements: Competition Policy and State Aid, ECDPM InBrief 2004, S. 1.

Tarullo, Daniel K.: Norms and Institutions in Global Competition Policy, Am. J. In'l. 2000, S. 478.

Tauschinsky, Eljalill/Weiß, Wolfgang: Unionsinteresse und Bürgernähe in der Handelspolitik, EuR 2018, S. 3.

Taylor, Martyn D.: International Competition Law. A New Dimension for the WTO?, 2006.

Teh, Robert: Competition Provisions in Regional Trade Agreements, in: Antoni Estevadeordal/Kati Suominen/ Robert Teh (Hrsg.), Regional Rules in the Global Trading System, 2009, S. 418.

Teichner, Tobias F.: Industrieförderung durch Unionspolitik. Eine Analyse der Mechanismen zur Förderung der Industrie in der Europäischen Union, 2018.

Terhechte, Jörg Philipp: Einleitung, in: Jörg Philipp Terhechte (Hrsg.), Internationales Kartell- und Fusionskontrollverfahrensrecht, 2008, S. 1.

Ders.: International Competition Enforcement Law Between Cooperation and Convergence, 2011.

Thürlimann, Robert: Kooperation von Wettbewerbsbehörden im Spannungsfeld von Rechtsharmonisierung und nationaler Abschottung, in: Patrick L. Krauskopf/ Fabio Babey (Hrsg.), Internationales Wirtschaftsrecht. Recht im Wandel zwischen Globalisierung und Re-Nationalisierung, 2017, S. 169.

Tietje, Christian: Außenwirtschaftsrecht, in: Christian Tietje (Hrsg.), Internationales Wirtschaftsrecht, 2. Aufl. 2015, S. 792.

Ders.: WTO und Recht des Weltwarenshandels, in: Christian Tietje (Hrsg.), Internationales Wirtschaftsrecht, 2. Aufl. 2015, S. 158

Tobler, Christa: Bilaterales Wettbewerbsrecht Schweiz – EU: Uneinheitlich, ineffizient und irrelevant?, ZSR 2013, S. 3.

Trebilcock, Michael/Howse, Robert/Eliason, Antonia: The Regulation of International Trade, 4. Aufl. 2012.

Tschaeni, Hanspeter/Engammare, Valérie: The Relationship between Trade and Competition in Free Trade Agreements: Developments since the 1990s and Challenges, in: Christoph Herrmann/Markus Krajewski/Jörg Philipp Terhechte (Hrsg.), European Yearbook of International Economic Law 4 (2013), 2013, S. 39. (zitiert: *Tschaeni/Engammare*, in: Herrmann/Krajewski/Terhechte, EYIEL 2013)

Utton, Michael A.: International Competition Policy. Maintaining Open Markets in the Global Economy, 2006.

Van Bael, Ivo/Bellis, Jean-François: Competition Law of the European Community, 5. Aufl. 2010.

Dies.: EU Anti-Dumping and Other Trade Defence Instruments, 5. Aufl. 2011.

Van den Bosche, Anne-Marie: EU Competition Law in 3D, in: Inge Govaere/Erwan Lannon/Peter Van Elsuwege/Stanislas Adam (Hrsg.) The European Union in the World, Essays in Honour of M. Maresceau, 2013, S. 365 (374). (zitiert: *Van den Bosche*, in: FS Maresceau)

Van der Loo, Guillaume: The EU-Ukraine Association Agreement and Deep and Comprehensive Free Trade Area. A New Legal Instrument for EU Integration Without Membership, 2016.

Van Gestel, Rob/Micklitz, Hans-Wolfgang/Poiares Maduro, Luis Miguel: Methodology in the New Legal World, EUI Working Papers LAW 2012/13, S. 1.

Van Miert, Karel: EU Competition Policy in the new trade order, Einar Hope/Per Maeleng (Hrsg.), Competition and Trade Policies. Coherence or Conflict?, 1998, S. 183.

Van Panhuys, Haro Frederik /Brinkhorst, Laurens J./Maas, H. H. (Hrsg.): International Organisation and Integration, International Organisation and Integration. A Collection of the Texts of Documents relating to the United Nations, its Related Agencies and Regional International Organisations – With Annotations, 1968.

Vanberg, Viktor J.: Consumer Welfare, Total Welfare and Economic Freedom – On the Normative Foundations of Competition Policy, in: Josef Drexl/Wolfgang Kerber/ Rupprecht Podszun (Hrsg.), Competition Policy and the Economic Approach, 2011, S. 44.

Vergano, Paolo R./Dolle, Tobias: Free Trade Agreements and Regulatory Change: Examples from the Generic and Biosimilar Sector, J World Trade 2017, S. 205.

Vermulst, Edwin: The WTO Anti-Dumping Agreement. A Commentary, 2005.

Vestager, Margrethe: Rede v. 7.11.2018, Opening of the Jean Monnet Chair of the University of Lisbon, EU Competition Law in today's global economic relations. Verfügbar unter: https://ec.europa.eu/commission/commissioners/201 4-2019/vestager/announcements/eu-competition-law-todays-global-economic-rel ations_en (zuletzt besucht: 15.2.2019).

Voß, Dirk P.: Behandlung internationaler kartellrechtlich relevanter Sachverhalte. Insbesondere der Draft International Antitrust Code, 2000.

Wagner-von Papp, Florian: Competition Law in EU Free Trade and Cooperation Agreements (and What the UK Can Expect After Brexit), in: Marc Bungenberg/ Markus Krajewski/ Christian Tams/Jörg Philipp Terhechte/ Andreas R. Ziegler (Hrsg.), European Yearbook of International Economic Law 8 (2017), 2017, S. 301. (zitiert: *Wagner-von Papp*, in: Bungenberg/Krajewski/Tams/Terhechte/Ziegler, EYIEL 2017)

Ders.: Internationales Wettbewerbsrecht, in: Christian Tietje (Hrsg.), Internationales Wirtschaftsrecht, 2. Aufl. 2015, S. 532.

Ders.: Should Google's Secret Sauce be Organic, MJIL 2015, S. 609.

Warwick Commission: The Multilateral Trade Regime: Which Way Forward? The Report of the First Warwick Commission, 2007.

Wäschle, Jonas: Die internationale Zuständigkeit für Schadensersatzklagen gegen Weltkartelle. Koordination der Gerichtspflichtigkeit in Europa und den USA, 2017.

Weck, Thomas/Reinhold, Philipp: Europäische Beihilfenpolitik und völkerrechtliche Verträge, EuZW 2015, S. 376.

Weinrauch, Roland: Competition Law in the WTO. The Rationale for a Framework Agreement, 2004.

Weiß, Wolfgang: Vertragliche Handelspolitik der EU, in: Andreas von Arnauld (Hrsg.), Europäische Außenbeziehungen. Zugleich Band 10 der Enzyklopädie Europarecht, 2014, S. 515.

Weisweiler, Sandra: Konferenz der Vereinten Nationen für Handel und Entwicklung (UNCTAD), in: Jörg Philipp Terhechte (Hrsg.), Internationales Kartell- und Fusionskontrollverfahrensrecht, 2008, S. 1947 (1953).

Weitbrecht, Andreas: Exporting Competition Policy: From Soft Pressures to Shared Values, in: Karl M. Messen (Hrsg.), Economic Law as an Economic Good. Its Rule Function and its Tool Function in the Competition of Systems, 2009, S. 279.

Wendland, Matthias: Die Auswirkungen des Brexit auf das Europäische Wettbewerbsrecht, in: Kramme/Baldus/Schmidt-Kessel (Hrsg.), Brexit und die juristischen Folgen, S. 231.

Whish, Richard/Bailey, David: Competition Law, 9. Aufl. 2018.

Ders.: Anti-competitive Agreements, in: Cavinder Bull/Lim Chong Kin (Hrsg.), Competition Law and Policy in Singapore, 2009, S. 65.

Whitman, James Q.: Consumerism Versus Producerism: A Study in Comparative Law, Yale L.J. 2007, S. 340.

Wiedemann, Gerhard: Handbuch des Kartellrechts, 3. Aufl. 2016.

Wiegandt, Dirk: Bindungswirkung kartellbehördlicher Entscheidungen im Zivilprozess. Zur Verzahnung von Kartellverwaltungs- und Kartellprivatrecht, 2018.

Wils, Wouter P. J.: The Optimal Enforcement of EC Antitrust Law. A Study in Law and Economics, 2002.

Wins, Henning: Eine internationale Wettbewerbsordnung als Ergänzung zum GATT, 2000.

Wiring, Roland: Pressefusionskontrolle im Rechtsvergleich. Eine Untersuchung zur Rechtslage in Deutschland, den Vereinigten Staaten von Amerika, dem Vereinigten Königreich, Frankreich und auf der Ebene der Europäischen Union, 2008.

Wisuttisak, Pornchai/Fong, Cheong May: Competition Law, State-Owned Enterprises and Regional Market Integration in ASEAN, in: Burton Ong (Hrsg.), The Regionalisation of Competition Law and Policy within the ASEAN Economic Community, 2018, S. 94.

Wolf, Florian: Die Zukunft der Antidumpingzölle auf Stahlprodukte aus China – Entscheidende Weichenstellungen für die europäische Stahlindustrie, ZfZ 2016, S. 166.

Woolcock, Stephen: EU Policy on Preferential Trade Agreements in the 2000s: A Reorientation towards Commercial Aims, ELJ 2014, S. 718.

Ders.: European Union policy towards Free Trade Agreements, EcIPE Working Paper, no. 03/2007, S. 1.

World Bank: A Step Ahead. Competition Policy for Shared Prosperity and Inclusive Growth, 2017.

Zanardi, Maurizio/Wooton, Ian: Anti-Dumping versus Anti-Trust: Trade and Competition Policy, in: E. Kwan Choi/James C. Hartigan (Hrsg.), Handbook of International Trade. Economic and Legal Analyses of Trade Policy and Institutions, 2005, S. 358.

Zandler, Dieter: Die wirtschaftliche Einheit als Normadressat im Kartellbußgeldrecht, NZKart 2016, S. 98.

Zanettin, Bruno: Cooperation Between Antitrust Agencies at the International Level, 2002.

Zheng, Wentong: Structural Impediments to Global Antitrust Convergence: Lessons from China, in: Nicolas Charbit/David Gerber/Elisa Ramundo (Hrsg.), Competition Law on the Global Stage. David Gerber's Global Competition Law in Perspective, 2013, S. 58.

Ziegler, Andreas: Ein halbes Jahrhundert bilaterale Beziehungen Schweiz EU, in: Werner Meng/Georg Ress/Torsten Stein (Hrsg.), Europäische Integration und Globalisierung, Festschrift zum 60-jährigen Bestehen des Europa-Instituts, 2011, S. 639 (zitiert: *Ziegler*, in: FS Europa-Institut).

Zimmer, Daniel: Das Fusionsverbot für Siemens/Alstom – ein Grund für eine Reform des Wettbewerbsrechts?, BB 2019, Umschlagteil, I.

Zimmer, Daniel: The Basic Goal of Competition Law: To Protect the Opposite Side of the Market, in: Daniel Zimmer (Hrsg.), The Goals of Competition Law. The fifth ASCOLA Workshop on Comparative Competition Law, 2012, S. 486.

Zurkinden, Philipp: Wettbewerbsrecht, in Herbert Kronke/Werner Melis/Hans Kuhn (Hrsg.), Handbuch Internationales Wirtschaftsrecht, 2. Aufl. 2017, S. 1821.